van Bühren/Nies

Reiseversicherung
AVBR- und ABRV-Kommentar

Reiseversicherung

AVBR- und ABRV-Kommentar

von

Dr. Hubert W. van Bühren
Rechtsanwalt in Köln

und

Dr. Irmtraud Nies
Rechtsanwältin in München

2., völlig neu bearbeitete Auflage

C. H. BECK'SCHE VERLAGSBUCHHANDLUNG
MÜNCHEN 1992

Die Deutsche Bibliothek – CIP-Einheitsaufnahme

Bühren, Hubert W. van:
Reiseversicherung : AVBR- und ABRV-Kommentar / von
Hubert W. van Bühren und Irmtraud Nies. – 2. Aufl. –
München : Beck, 1992
    1. Aufl. u. d. T.: Bühren, Hubert W. van: Reisegepäckversicherung
  (AVR) und Reise-Rücktrittskosten-Versicherung (ABRV)
    ISBN 3 406 35963 9
NE: Nies, Irmtraut:

ISBN 3 406 35963 9

Satz und Druck: Appl, Wemding
Gedruckt auf alterungsbeständigem (säurefreiem) Papier
gemäß der ANSI-Norm für Bibliotheken

Vorwort

Seit dem Erscheinen der ersten Auflage dieses Kommentars im Jahre 1982 hat sich eine umfangreiche Rechtsprechung zu den AVBR 80 und zu den ABRV entwickelt, die in der zweiten Auflage berücksichtigt wird. Bislang unveröffentlichte Rechtsprechung wird als Anhang II und III abgedruckt.

Die AVBR 80 und die ABRV mit den ergänzenden Klauseln haben sich trotz einiger sprachlicher Ungenauigkeiten auf dem Prüfstand der Rechtsprechung bewährt.

Die Neufassung der Bedingungen in den AVBR 92 bringt im wesentlichen keine materiellen Änderungen, sondern überwiegend redaktionelle Ergänzungen und Korrekturen unter Berücksichtigung der Rechtsprechung der letzten zehn Jahre.

Das Bundesaufsichtsamt hat die AVBR 92 für genehmigungsreif erklärt. Das Bedingungswerk wurde am 1.10.1991 dem Bundeskartellamt vorgelegt, so daß es seit 1.1.1992 vom zuständigen Deutschen Transport-Versicherungsverband unverbindlich zur Verwendung empfohlen wird.

Neben der Reisegepäck-Versicherung und der Reise-Rücktrittskosten-Versicherung gewinnt die Versicherung von Beistandsleistungen auf Reisen und Rücktransporten als spezifische Reiseversicherung zunehmend an Bedeutung. Die Allgemeinen Bedingungen für die Versicherung von Beistandsleistungen auf Reisen und Rücktransporten (ABBR 1989) sind in diesem Kommentar mit einer kurzen Anmerkung abgedruckt. Eine vollständige Kommentierung ist für die nächste Auflage ebenso beabsichtigt wie eine Kommentierung der reise-spezifischen Sonderregelungen für andere Versicherungszweige.

Die weitere Entwicklung der Reiseversicherungen hängt wesentlich von der Entwicklung des EG-Binnenmarktes ab.

Die vollständige Überarbeitung der ersten Auflage und die beabsichtigte Ausweitung dieses Kommentars waren Veranlassung, dem Kommentar bereits jetzt den Titel „Reiseversicherung" zu geben.

Der Mitbegründer dieses Kommentars, Herr Theodor Spielbrink, konnte aus beruflichen Gründen die Arbeit an diesem Kommentar nicht fortsetzen. Den von ihm bearbeiteten Teil des Kommentars zur Reisegepäck-Versicherung sowie die Kommentierung der Reise-Rücktrittskosten-Versicherung hat Frau Rechtsanwältin Dr. Irmtraud Nies, Schadenleiterin eines führenden Reise-Versicherers, übernommen.

Köln und München
im Februar 1992

Dr. Hubert W. van Bühren   Dr. Irmtraud Nies

Bearbeitervermerk

Es haben bearbeitet

Hubert W. van Bühren:

Einführung zu den AVBR
§§ 2, 4, 7, 9, 10, 11 AVBR
Anhang I

Irmtraud Nies:

§§ 1, 3, 5, 6, 8, 12, 13 AVBR
Klauseln 1–11 zu den AVBR
§ 1–5 ABRV
Klauseln 1–7 zu den ABRV
Anhang II und III

Inhaltsübersicht

Übersicht

Inhaltsverzeichnis

IX

Inhalt

Inhalt

Inhalt

XII

Inhalt

Inhalt

Inhalt

XV

Inhalt

Inhalt

Abkürzungs- und Literaturverzeichnis

Abkürzungen

Cruciger, o. V., Reisegepäck-Vers.	Reisegepäck-Versicherung in: Manes Versicherungslexikon, 9. Aufl., Berlin 1930, S. 1264
Dietz, Hausrat-Vers.	Hausrat-Versicherung 84, 2. Aufl. 1988 Karlsruhe
Dreher/Tröndle	Strafgesetzbuch und Nebengesetze, Kommentar, 45. Aufl., München 1991
DTV	Deutscher Transport-Versicherungsverband
Eichinger, Rücktritt, Berlin, 1984	Der Rücktritt des Reisenden vom Reisevertrag vor Reisebeginn
Eichler, Hermann	Versicherungsrecht Karlsruhe 1966
EVO	Eisenbahn-Verkehrsordnung v. 8. 8. 38, RGBl. II 663, (BGBl. III 934–1)
Festschrift	zum 50-jährigen Bestehen der Europäischen Güter- und Reise-Versicherungs-Aktiengesellschaft München 1969
Hans. RGZ	Hanseatische Rechts- und Gerichtszeitschrift
Hinneberg, Werner	Binnentransport-Versicherung, Dissertation Greifswald 1920
HGB	Handelsgesetzbuch
Hüffer, Uwe, Vertragsfreiheit	Die Grenzen der Vertragsfreiheit bei der Transport-Versicherung von Gütern – Ein Beitrag zur Anwendung des § 187 Abs. 1 VVG und zur aufsichtsrechtlichen Sonderstellung der Transport-Versicherung – in: Versicherungsrecht 1975, S. 871
IATA	Internationale Air Transport Association
Isermann, Reisevertragsrecht	Reisevertragsrecht, 2. Auflage, München 1991
JRPV	Juristische Rundschau für die Privatversicherung
JR	Juristische Rundschau
JW	Juristische Wochenschrift
JZ	Juristenzeitung
Knoll, Hans, Entwicklungsgeschichte	Aus der Einwicklungsgeschichte des Versicherungswesens von den Anfängen bis zur Gegenwart, Köln 1934
König, Walter, Versicherungsbetrug	Der Versicherungsbetrug – Aktuelle Formen und ihre Bekämpfung – Zürcher Beiträge zur Rechtswissenschaft, Heft 280, Zürich 1968
Koller, Transportrecht	Transportrecht, Kommentar, München 1990
KVO	Kraftverkehrsordnung für den Güterfernverkehr mit Kraftfahrzeugen (Beförderungsbedingungen) idF v. 23. 12. 58, BAnz 31.IZ.58 Nr. 249
LG	Landgericht
LM	Das Nachschlagewerk des Bundesgerichtshofs in Zivilsachen, herausgegeben von Lindenmeyer und Möhring
LuftVG	Luftverkehrsgesetz
Löwe, Pauschalreiserecht	Das neue Pauschalreiserecht München 1981

Manes, Alfred, Versicherungswesen I	Versicherungswesen, Erster Band, Allgemeine Versicherungslehre, 5. Auflage, Leipzig und Berlin 1930
Manes, Alfred, Versicherungswesen II	Versicherungswesen, Zweiter Band, Güterversicherung, 5. Auflage, Leipzig und Berlin 1931
Manes, Alfred, Versicherungslexikon	Versicherungslexikon, 9. Auflage, Berlin 1930
MDR	Monatsschrift für Deutsches Recht
m. w. N.	mit weiteren Nachweisen
Münchener Kommentar	Kommentar zum Bürgerlichen Gesetzbuch, 1984–1990
Nies, Leitfaden	Reise-Rücktrittskosten-Versicherung, Leitfaden, Karlsruhe, 1985
NJW	Neue Juristische Wochenschrift
NJW-RR	NJW-Rechtsprechungsreport – Zivilrecht
OLG	Oberlandesgericht
o. V.	ohne Vornamen
Pahl, Hans, Landtransport-Versicherung	Die Landtransport-Versicherung in Deutschland, Berlin 1922
Palandt/Verfasser	Bürgerliches Gesetzbuch, Kommentar, 50. Aufl., München 1991
Prölss/Martin	Versicherungsvertragsgesetz, 24. Aufl., München 1988
Prölss/Schmidt/Sasse	Versicherungsaufsichtsgesetz, 8. Auflage, München 1978
RG	Reichsgericht
RGZ	Entscheidungen des Reichsgerichts in Zivilsachen, Amtliche Sammlung
r + s	Recht und Schaden
Schönke/Schröder	Strafgesetzbuch, 23. Aufl. Kommentar, München und Berlin 1988
SoldatenG	Soldatengesetz
Stiefel/Hofmann	Kraftfahrtversicherung, Kommentar, 14. Aufl., München 1989
Symposion, Verfasser	Symposion „80 Jahre VVG", Karlsruhe 1988
Thomas/Putzo, ZPO	Zivilprozeßordnung, 11. Auflage, München 1981
VA	Veröffentlichungen des Bundesaufsichtsamtes für das Versicherungswesen
VersR	Versicherungsrecht, Juristische Rundschau für die Individualversicherung
VHB	Allgemeine Bedingungen für die Neuwertversicherung des Hausrats gegen Feuer-, Einbruchdiebstahl-, Beraubungs-, Leitungswasser-, Sturm- und Glasbruchschäden
VVG	Versicherungsvertragsgesetz
WA	Abkommen zur Vereinheitlichung von Regeln über die Beförderung im internationalen Luftverkehr (Warschauer Abkommen)

Abkürzungen

Erster Teil. Texte

A. Allgemeine Bedingungen für die Versicherung von Reisegepäck (AVB Reisegepäck 1980)

§ 1 Versicherte Sachen und Personen

1. Versichert ist das gesamte Reisegepäck des Versicherungsnehmers und der mit ihm in häuslicher Gemeinschaft lebenden mitreisenden Familienangehörigen und Hausangestellten.

Für Reisen, die mit dem Versicherungsnehmer in häuslicher Gemeinschaft lebende Familienangehörige getrennt oder allein unternehmen, besteht Versicherungsschutz nur, wenn dies besonders vereinbart ist.

2. Als Reisegepäck gelten sämtliche Sachen des persönlichen Reisebedarfs, die während einer Reise mitgeführt, am Körper oder in der Kleidung getragen oder durch ein übliches Transportmittel befördert werden. Als Reisegepäck gelten auch Geschenke und Reiseandenken, die auf der Reise erworben werden.

Sachen, die dauernd außerhalb des Hauptwohnsitzes der Versicherten aufbewahrt werden (z. B. in Zweitwohnungen, Booten, Campingwagen), gelten nur als Reisegepäck, solange sie von dort aus zu Fahrten, Gängen oder Reisen mitgenommen werden.

3. Fahrräder, Falt- und Schlauchboote sowie andere Sportgeräte einschließlich Zubehör sind nur versichert, solange sie sich nicht in bestimmungsgemäßem Gebrauch befinden. Außenbordmotoren sind stets ausgeschlossen.

4. Pelze, Schmucksachen, Gegenstände aus Edelmetall sowie Foto- und Filmapparate und Zubehör, sind – unbeschadet der Entschädigungsgrenze in § 4 Nr. 1 – nur versichert, solange sie
a) bestimmungsgemäß getragen bzw. benutzt werden oder
b) in persönlichem Gewahrsam sicher verwahrt mitgeführt werden oder
c) einem Beherbergungsbetrieb zur Aufbewahrung übergeben sind oder
d) sich in einem ordnungsgemäß verschlossenen Raum oder einer bewachten Garderobe befinden; Schmucksachen und Gegenstände aus Edelmetall jedoch nur, solange sie außerdem in einem verschlossenen Behältnis untergebracht sind, das erhöhte Sicherheit auch gegen die Wegnahme des Behältnisses selbst bietet.

Pelze, Foto- und Filmapparate und Zubehör sind auch dann versichert, wenn sie in ordnungsgemäß verschlossenen, nicht einsehbaren Behältnissen einem Beförderungsunternehmen oder einer Gepäckaufbewahrung übergeben sind.

5. Nicht versichert sind Geld, Wertpapiere, Fahrkarten, Urkunden und Dokumente aller Art, Gegenstände mit überwiegendem Kunst- oder Liebhaberwert, Kontaktlinsen, Prothesen jeder Art, sowie Land-, Luft- und

Wasserfahrzeuge (Fahrräder, Falt- und Schlauchboote siehe aber Nr. 3).
Ausweispapiere (§ 9 Nr. 1 d) sind jedoch versichert.

§ 2 Versicherte Gefahren und Schäden

Versicherungsschutz besteht
1. wenn versicherte Sachen abhandenkommen, zerstört oder beschädigt werden, während sich das Reisegepäck im Gewahrsam eines Beförderungsunternehmens, Beherbergungsbetriebs, Gepäckträgers oder einer Gepäckaufbewahrung befindet;
2. während der übrigen Reisezeit für die in Nr. 1 genannten Schäden durch
a) Diebstahl, Einbruchdiebstahl, Raub, räuberische Erpressung, Mut- und Böswilligkeit Dritter (vorsätzliche Sachbeschädigung);
b) Verlieren – hierzu zählen nicht Liegen-, Stehen- oder Hängenlassen – bis zur Entschädigungsgrenze in § 4 Nr. 2;
c) Transportmittelunfall oder Unfall eines Versicherten;
d) Bestimmungswidrig einwirkendes Wasser, einschließlich Regen und Schnee;
e) Sturm, Brand, Blitzschlag oder Explosion;
f) höhere Gewalt.

§ 3 Ausschlüsse

1. Ausgeschlossene Gefahren
Ausgeschlossen sind die Gefahren
a) des Krieges, Bürgerkrieges, kriegsähnlicher Ereignisse oder innerer Unruhen;
b) der Kernenergie;
c) der Beschlagnahme, Entziehung oder sonstiger Eingriffe von hoher Hand.
2. Nicht ersatzpflichtige Schäden
Der Versicherer leistet keinen Ersatz für Schäden, die
a) verursacht werden durch die natürliche oder mangelhafte Beschaffenheit der versicherten Sachen, Abnutzung, Verschleiß, mangelhafte Verpackung oder mangelhaften Verschluß von Gepäckstücken;
b) während des Zeltens oder Campings innerhalb des hierfür benutzten Geländes eintreten, es sei denn, daß hierüber eine besondere Vereinbarung besteht.

§ 4 Begrenzt ersatzpflichtige Schäden

1. Schäden an Pelzen, Schmucksachen und Gegenständen aus Edelmetall sowie an Foto- und Filmapparaten und Zubehör (§ 1 Nr. 4) werden je Versicherungsfall insgesamt mit höchstens 50 v. H. der Versicherungssumme ersetzt. § 5 Nr. 1 d) und Nr. 2 Satz 2 bleiben unberührt.
2. Schäden
a) durch Verlieren (§ 2 Nr. 2 b),
b) an Geschenken und Reiseandenken, die auf der Reise erworben wurden,

2

werden jeweils insgesamt mit bis zu 10 v. H. der Versicherungssumme, maximal mit DM 500,- je Versicherungsfall ersetzt.

§ 5 Versicherungsschutz in Kraftfahrzeugen und Wassersportfahrzeugen

1a) Versicherungsschutz gegen Diebstahl oder Einbruchdiebstahl aus unbeaufsichtigt abgestellten Kraftfahrzeugen oder Anhängern besteht nur, soweit sich das Reisegepäck in einem fest umschlossenen und durch Verschluß gesicherten Innen- oder Kofferraum befindet.

b) Der Versicherer haftet im Rahmen der Versicherungssumme in voller Höhe nur, wenn nachweislich

    aa) der Schaden tagsüber zwischen 6.00 und 22.00 Uhr eingetreten ist oder

    bb) das Kraftfahrzeug oder der Anhänger in einer abgeschlossenen Garage – Parkhäuser oder Tiefgaragen, die zur allgemeinen Benutzung offen stehen, genügen nicht – abgestellt war oder

    cc) der Schaden während einer Fahrtunterbrechung von nicht länger als zwei Stunden eingetreten ist.

c) Kann der Versicherungsnehmer keine der unter b) genannten Voraussetzungen nachweisen, ist die Entschädigung je Versicherungsfall auf DM 500,– begrenzt.

d) In unbeaufsichtigt abgestellten Kraftfahrzeugen oder Anhängern **nicht** versichert sind Pelze, Schmucksachen und Gegenstände aus Edelmetall sowie Foto- und Filmapparate und Zubehör.

2. Im unbeaufsichtigten Wassersportfahrzeug besteht Versicherungsschutz gegen Diebstahl, Einbruchdiebstahl sowie Mut- und Böswilligkeit Dritter (vorsätzliche Sachbeschädigung) nur, solange sich die Sache in einem fest umschlossenen und durch Sicherheitsschloß gesicherten Innenraum (Kajüte, Backkiste o. ä.) des Wassersportfahrzeuges befinden. Pelze, Schmucksachen, Gegenstände aus Edelmetall sowie Foto- und Filmapparate und Zubehör, sind im unbeaufsichtigten Wassersportfahrzeug **nicht** versichert.

3. Als Beaufsichtigung gilt nur die ständige Anwesenheit eines Versicherten oder einer von ihm beauftragten Vertrauensperson beim zu sichernden Objekt, nicht jedoch z. B. die Bewachung eines zur allgemeinen Benutzung offenstehenden Platzes o. ä.

4. Verletzt der Versicherungsnehmer eine dieser Obliegenheiten, so ist der Versicherer gemäß § 6 VVG zur Kündigung berechtigt und in diesem Falle auch leistungsfrei.

§ 6 Beginn und Ende der Haftung, Geltungsbereich

1. Innerhalb der vereinbarten Laufzeit des Vertrages beginnt der Versicherungsschutz mit dem Zeitpunkt, an dem zum Zwecke des unverzüglichen Antritts der Reise versicherte Sachen aus der ständigen Wohnung des Versicherten entfernt werden, und endet, sobald die versicherten Sachen dort wieder eintreffen. Wird bei Reisen im Kraftfahrzeug das Reisegepäck

nicht unverzüglich nach der Ankunft vor der ständigen Wohnung entladen, so endet der Versicherungsschutz bereits mit dieser Ankunft.

2. Bei Versicherungsverträgen von weniger als einjähriger Dauer verlängert sich der Versicherungsschutz über die vereinbarte Laufzeit hinaus bis zum Ende der Reise, wenn sich diese aus vom Versicherten nicht zu vertretenden Gründen verzögert und der Versicherte nicht in der Lage ist, eine Verlängerung zu beantragen.

3. Versicherungsverträge von mindestens einjähriger Dauer verlängern sich jedoch von Jahr zu Jahr, wenn sie nicht jeweils spätestens drei Monate vor Ablauf durch eine Partei schriftlich gekündigt werden.

4. Die Versicherung gilt für den vereinbarten Bereich.

5. Fahrten, Gänge und Aufenthalte innerhalb des ständigen Wohnorts des Versicherten gelten nicht als Reisen.

§ 7 Versicherungswert, Versicherungssumme

1. Die Versicherungssumme soll dem Versicherungswert des gesamten versicherten Reisegepäcks gemäß § 1 entsprechen. Auf der Reise erworbene Geschenke und Reiseandenken bleiben unberücksichtigt.

2. Als Versicherungswert gilt derjenige Betrag, der allgemein erforderlich ist, um neue Sachen gleicher Art und Güte am ständigen Wohnort des Versicherten anzuschaffen, abzüglich eines dem Zustand der versicherten Sachen (Alter, Abnutzung, Gebrauch etc.) entsprechenden Betrages (Zeitwert).

§ 8 Prämie

Der Versicherungsnehmer hat die erste Prämie (Beitrag) gegen Aushändigung des Versicherungsscheines zu zahlen, bei mehrjährigen Verträgen die Folgeprämien jeweils am ersten Tag des Monats, in dem das Versicherungsjahr beginnt.

§ 9 Entschädigung, Unterversicherung

1. Im Versicherungsfall ersetzt der Versicherer
a) für zerstörte oder abhandengekommene Sachen ihren Versicherungswert zur Zeit des Schadeneintritts;
b) für beschädigte reparaturfähige Sachen die notwendigen Reparaturkosten und gegebenenfalls eine bleibende Wertminderung, höchstens jedoch den Versicherungswert;
c) für Filme, Ton- und Datenträger nur den Materialwert;
d) für die Wiederbeschaffung von Personal-Ausweisen, Reisepässen, Kraftfahrzeug-Papieren und sonstigen Ausweispapieren die amtlichen Gebühren.

2. Vermögensfolgeschäden werden nicht ersetzt.

3. Ist die Versicherungssumme gemäß § 7 bei Eintritt des Versicherungsfalles niedriger als der Versicherungswert (Unterversicherung), so haftet der Versicherer nur nach dem Verhältnis der Versicherungssumme zum Versicherungswert.

§ 10 Obliegenheiten

1. Der Versicherungsnehmer hat
a) jeden Schadenfall unverzüglich dem Versicherer anzuzeigen;
b) Schäden nach Möglichkeit abzuwenden und zu mindern, insbesondere Ersatzansprüche gegen Dritte (z. B. Bahn, Post, Reederei, Fluggesellschaft, Gastwirt) form- und fristgerecht geltend zu machen oder auf andere Weise sicherzustellen und Weisungen des Versicherers zu beachten;
c) alles zu tun, was zur Aufklärung des Tatbestandes dienlich sein kann. Er hat alle Belege, die den Entschädigungsanspruch nach Grund und Höhe beweisen, einzureichen, soweit ihre Beschaffung ihm billigerweise zugemutet werden kann, und auf Verlangen ein Verzeichnis über alle bei Eintritt des Schadens gemäß § 1 versicherten Sachen vorzulegen.

2. Schäden, die im Gewahrsam eines Beförderungsunternehmens oder Beherbergungsbetriebes eingetreten sind, müssen diesen unverzüglich gemeldet werden. Dem Versicherer ist hierüber eine Bescheinigung einzureichen. Bei äußerlich nicht erkennbaren Schäden ist das Beförderungsunternehmen unverzüglich nach der Entdeckung aufzufordern, den Schaden zu besichtigen und zu bescheinigen. Hierbei sind die jeweiligen Reklamationsfristen zu berücksichtigen.

3. Schäden durch strafbare Handlungen (z. B. Diebstahl, Raub, vorsätzliche Sachbeschädigung) sind außerdem unverzüglich der zuständigen Polizeidienststelle unter Einreichung einer Liste aller in Verlust geratenen Sachen anzuzeigen. Der Versicherte hat sich dies polizeilich bescheinigen zu lassen. Bei Schäden durch Verlieren (§ 2 Nr. 2 b) hat der Versicherte Nachforschungen beim Fundbüro anzustellen.

4. Verletzt der Versicherungsnehmer eine der vorstehenden Obliegenheiten, so ist der Versicherer von der Verpflichtung zur Leistung frei, es sei denn, daß die Verletzung weder auf Vorsatz noch auf grober Fahrlässigkeit beruht. Bei grobfahrlässiger Verletzung der unter den Nrn. 1 a), c), 2 und 3 bestimmten Obliegenheiten bleibt der Versicherer zur Leistung insoweit verpflichtet, als die Verletzung keinen Einfluß auf die Feststellung oder den Umfang der Entschädigungsleistung gehabt hat. Bei grobfahrlässiger Verletzung einer der unter Nr. 1 b) bestimmten Obliegenheiten bleibt der Versicherer insoweit verpflichtet, als der Umfang des Schadens auch bei gehöriger Erfüllung der Obliegenheit nicht geringer gewesen wäre. § 6 VVG bleibt unberührt.

§ 11 Besondere Verwirkungsgründe

1. Der Versicherer ist von der Verpflichtung zur Leistung frei, wenn der Versicherungsnehmer den Versicherungsfall durch Vorsatz oder grobe Fahrlässigkeit herbeigeführt hat oder aus Anlaß des Versicherungsfalls, insbesondere in der Schadenanzeige, vorsätzlich unwahre Angaben macht, auch wenn hierdurch dem Versicherer ein Nachteil nicht entsteht.

2. Wird der Anspruch auf die Entschädigung nicht spätestens sechs Monate nach schriftlicher, mit Angabe der Rechtsfolgen verbundener

Ablehnung durch den Versicherer gerichtlich geltend gemacht, so ist der Versicherer von der Verpflichtung zur Leistung frei.

§ 12 Zahlung der Entschädigung

1. Die Entschädigung wird spätestens zwei Wochen nach ihrer endgültigen Feststellung durch den Versicherer gezahlt.
2. Sind im Zusammenhang mit dem Versicherungsfall behördliche Erhebungen oder ein strafgerichtliches Verfahren gegen den Versicherten eingeleitet worden, so kann der Versicherer bis zum rechtskräftigen Abschluß dieser Verfahren die Zahlung aufschieben.

§ 13 Kündigung im Schadenfall

1. Nach Eintritt eines Versicherungsfalls können beide Parteien den Versicherungsvertrag kündigen. Die Kündigung ist schriftlich zu erklären. Sie muß spätestens einen Monat nach dem Abschluß der Verhandlungen über die Entschädigung zugehen. Der Versicherer hat eine Kündigungsfrist von einem Monat einzuhalten; seine Kündigung wird in keinem Falle vor Beendigung der laufenden Reise wirksam. Kündigt der Versicherungsnehmer, so kann er bestimmen, daß seine Kündigung sofort oder zu einem späteren Zeitpunkt wirksam wird, jedoch spätestens zum Schluß der laufenden Versicherungsperiode.
2. Hat der Versicherer gekündigt, so ist er verpflichtet, für die noch nicht abgelaufene Versicherungszeit den entsprechenden Anteil der Prämie zu vergüten.

Klauseln zu den AVB Reisegepäck 1980
(soweit diese gesondert und im einzelnen vereinbart sind)

Klausel 1. Domizilschutz

Abweichend von § 6 Nr. 5 der AVBR besteht bei Jahresverträgen Versicherungsschutz auch für die Dauer von Fahrten und Aufenthalten mit dem eigenen oder im dienstlich überlassenen Kraftfahrzeug innerhalb des ständigen Wohnorts des Versicherten, solange sich die versicherten Sachen innerhalb des Kraftfahrzeugs befinden.

Klausel 2. Erweiterter Domizilschutz

Abweichend von § 6 Nr. 5 AVBR sind bei Jahresverträgen auch Gänge, Fahrten und damit verbundene Aufenthalte innerhalb des ständigen Wohnorts des Versicherten mit versichert.

Klausel 3. Urlaubsdeckung

Bei Jahresverträgen erhöht sich die vereinbarte Versicherungssumme für Urlaubsreisen von mindestens 4 Tagen Dauer um eine zu vereinbarende Summe. Eine Anzeige der Urlaubsreise ist nicht erforderlich. Im Versicherungsfall hat der Versicherte auf Verlangen nachzuweisen, daß der Schaden auf einer solchen Urlaubsreise eingetreten ist.

6

Klausel 4. Camping

1. Abweichend von § 3 Nr. 2 b) AVBR besteht Versicherungsschutz auch für Schäden, die während des Zeltens oder Campings auf einem offiziellen (von Behörden, Vereinen oder privaten Unternehmern eingerichteten) Campingplatz eintreten.

2. Werden Sachen unbeaufsichtigt (§ 5 Nr. 3 AVBR) im Zelt oder Wohnwagen zurückgelassen, so besteht Versicherungsschutz für Schäden durch Diebstahl, Einbruchdiebstahl sowie Mut- oder Böswilligkeit Dritter (vorsätzliche Sachbeschädigung) nur, wenn

a) bei Zelten: der Schaden nicht zwischen 22.00 und 6.00 Uhr eingetreten ist. Das Zelt ist mindestens zuzubinden oder zuzuknöpfen.

b) bei Wohnwagen: dieser durch Verschluß ordnungsgemäß gesichert ist.

Pelze, Schmucksachen und Gegenstände aus Edelmetall (§ 1 Nr. 4 AVBR) sind im unbeaufsichtigten Zelt oder Wohnwagen nicht versichert.

3. Foto- und Filmapparate, Uhren, optische Geräte, Jagdwaffen, Radio- und Fernsehapparate, Tonaufnahme- und Wiedergabegeräte, jeweils mit Zubehör, sind nur versichert, solange sie

a) in persönlichem Gewahrsam sicher verwahrt mitgeführt werden oder

b) der Aufsicht des offiziellen Campingplatzes zur Aufbewahrung übergeben sind oder

c) sich in einem durch Verschluß ordnungsgemäß gesicherten Wohnwagen oder in einem fest umschlossenen und durch Verschluß gesicherten Kraftfahrzeug auf einem offiziellen Campingplatz befinden.

4. Sofern kein offizieller Campingplatz benutzt wird, sind Schäden durch Diebstahl, Einbruchdiebstahl, Raub, räuberische Erpressung, Mut- oder Böswilligkeit Dritter (vorsätzliche Sachbeschädigung) ausgeschlossen.

5. Verletzt der Versicherungsnehmer eine dieser Obliegenheiten, so ist der Versicherer gemäß § 6 VVG zur Kündigung berechtigt und in diesem Falle auch leistungsfrei.

6. Im Schadenfall hat der Versicherte neben den in § 10 AVBR vorgeschriebenen Maßnahmen unverzüglich die Leitung des Campingplatzes zu unterrichten und dem Versicherer eine schriftliche Bestätigung der Platzleitung über den Schaden vorzulegen.

Klausel 5. Skibruch-Versicherung

Abweichend von § 1 Nr. 3 AVBR gilt folgende Skibruch-Versicherung:

Versichert sind die im Versicherungsschein bezeichneten Ski mit Stöcken, Skibobs oder Schlitten.

Der Versicherer leistet Ersatz für plötzlichen Bruch der versicherten Sachen während ihres bestimmungsgemäßen Gebrauchs.

Der Versicherer leistet keinen Ersatz für

a) Schäden an Kanten und Belag, soweit diese nicht auf einen versicherten Bruch zurückzuführen sind;

b) Schäden an der Bindung sowie den Halteschlingen und Tellern der Stöcke.

Im Schadenfall ersetzt der Versicherer die nachgewiesenen Reparaturkosten bis zur Höhe des Zeitwertes. Ist eine Reparatur nach fachmännischer Bescheinigung nicht mehr möglich, wird der Zeitwert der zerstörten Sachen ersetzt. Bei Bruch eines Einzelskis werden die Kosten der Beschaffung eines Ersatzskis ersetzt, es sei denn, der Versicherungsnehmer weist durch eine Bescheinigung des Herstellers nach, daß ein Ersatzski nicht beschafft werden kann.

Werden infolge eines ersatzpflichtigen Schadens während der Reparatur oder Ersatzbeschaffung gleichwertige Geräte gemietet, so ersetzt der Versicherer auch die nachgewiesenen Mietkosten, höchstens jedoch für 10 Tage.

Klausel 6. Lieferfristüberschreitung

Abweichend von § 9 Nr. 2 AVBR ersetzt der Versicherer bei Lieferfristüberschreitung (Verzögerung bei der Auslieferung des Reisegepäcks), deren Voraussetzungen und Folgen entsprechend den gesetzlichen oder vertraglichen Bestimmungen des jeweiligen Beförderungsunternehmens festgestellt sein müssen, den hierdurch entstandenen nachgewiesenen Schaden bis zu 10 v. H. der Versicherungssumme, höchstens jedoch DM 500,–.

Klausel 7. Personengruppen

Abweichend von § 1 Nr. 1 AVBR gelten als Versicherte nur die im Versicherungsschein namentlich benannten Personen und/oder der im Versicherungsschein beschriebene Personenkreis.

Versicherungsschutz besteht für Familienangehörige und Hausangestellte nur, wenn dies ausdrücklich vereinbart ist.

Klausel 8. Dienstreisen

Versicherungsschutz besteht nur auf Dienst- und Geschäftsreisen, die im Auftrag des Versicherungsnehmers unternommen werden.

Klausel 9. Neuwertversicherung

1. Abweichend von § 7 Nr. 2 AVBR ist Versicherungswert derjenige Betrag, der allgemein erforderlich ist, um neue Sachen gleicher Art und Güte am ständigen Wohnort des Versicherten anzuschaffen (Neuwert).

2. Für technische Geräte, die älter sind als 5 Jahre, sowie für Bekleidung und Wäsche, die älter sind als 3 Jahre, ist der Versicherungswert nur der Zeitwert, wenn der durch einen Abzug für Alter, Abnutzung und Gebrauch sich ergebende Wert unter 50 v. H. des Wiederbeschaffungspreises (Neuwert) liegt.

Technische Geräte sind insbesondere Haushalts- und Küchengeräte, Foto-, Phono-, Radio- und Fernsehgeräte, Fahrräder, Camping- und Sportgeräte. Zu Bekleidung und Wäsche rechnen auch Schuhe und Pelzwerk.

Klausel 10. Jahresverträge

§ 6 Nr. 3 AVBR findet keine Anwendung.

Klausel 11. Ausschluß von Fahrrädern

Abweichend von § 1 Nr. 3 der AVBR ist der Versicherungsschutz für Fahrräder ausgeschlossen.

B. Allgemeine Bedingungen für die Versicherung von Reisegepäck (AVB Reisegepäck 1992)

§ 1 Versicherte Sachen und Personen

1. Versichert ist das gesamte Reisegepäck des Versicherungsnehmers, seiner mitreisenden Familienangehörigen sowie seines namentlich im Versicherungsschein aufgeführten Lebensgefährten und dessen Kinder, soweit diese Personen mit dem Versicherungsnehmer in häuslicher Gemeinschaft leben.

Für Reisen, die mit dem Versicherungsnehmer in häuslicher Gemeinschaft lebenden Personen gem. Satz 1 getrennt oder allein unternehmen, besteht Versicherungsschutz nur, wenn dies besonders vereinbart ist.

2. Als Reisegepäck gelten sämtliche Sachen des persönlichen Reisebedarfs, die während der Reise mitgeführt, am Körper oder in der Kleidung getragen oder durch ein übliches Transportmittel befördert werden. Als Reisegepäck gelten auch Geschenke und Reiseandenken, die auf der Reise erworben werden. Gegenstände, die üblicherweise nur zu beruflichen Zwecken mitgeführt werden, sind nur gemäß besonderer Vereinbarung versichert.

Sachen, die dauernd außerhalb des Hauptwohnsitzes des Versicherten aufbewahrt werden (z. B. in Zweitwohnungen, Booten, Campingwagen), gelten nur als Reisegepäck, solange sie von dort aus zu Fahrten, Gängen oder Reisen mitgenommen werden.

3. Falt- und Schlauchboote sowie andere Sportgeräte jeweils mit Zubehör sind nur versichert, solange sie sich nicht in bestimmungsgemäßem Gebrauch befinden. Außenbordmotoren sind stets ausgeschlossen.

4. Pelze, Schmucksachen und Gegenstände aus Edelmetall sowie Foto- und Filmapparate und tragbare Videosysteme jeweils mit Zubehör, sind – unbeschadet der Entschädigungsgrenze in § 4 Nr. 1 – nur versichert, solange sie

a) bestimmungsgemäß getragen bzw. benutzt werden oder

b) in persönlichem Gewahrsam sicher verwahrt mitgeführt werden oder

c) einem Beherbergungsbetrieb zur Aufbewahrung übergeben sind oder

d) sich in einem ordnungsgemäßen Raum eines Gebäudes, eines Passagierschiffes oder einer bewachten Garderobe befinden; Schmucksachen und Gegenstände aus Edelmetall jedoch nur, solange sie außerdem in einem verschlossenen Behältnis untergebracht sind, das erhöhte Sicherheit auch gegen die Wegnahme des Behältnisses selbst bietet.

Pelze, Foto-, Filmapparate und tragbare Videosysteme jeweils mit Zubehör sind auch dann versichert, wenn sie in ordnungsgemäß verschlossenen nicht einsehbaren Behältnissen einem Beförderungsunternehmen oder einer Gepäckaufbewahrung übergeben sind.

5. Nicht versichert sind Geld, Wertpapiere, Fahrkarten, Urkunden und Dokumente aller Art, Gegenstände mit überwiegendem Kunst- oder Liebhaberwert, Kontaktlinsen, Prothesen jeder Art, sowie Land-, Luft- und Wasserfahrzeuge jeweils mit Zubehör, einschließlich Fahrräder, Hängegleiter und Segelsurfgeräte (Falt- und Schlauchboote siehe Nr. 3). Ausweispapiere (§ 9 Nr. 1 d) sind jedoch nicht versichert.

§ 2 Versicherte Gefahren und Schäden

Versicherungsschutz besteht

1. Wenn versicherte Sachen abhandenkommen, zerstört oder beschädigt werden, während sich das Reisegepäck im Gewahrsam eines Beförderungsunternehmens, Beherbergungsbetriebs, Gepäckträgers oder einer Gepäckaufbewahrung befindet;

2. während der übrigen Reisezeit für die in Nr. 1 genannten Schäden durch

a) Diebstahl, Einbruchdiebstahl, Raub, räuberische Erpressung, Mut- und Böswilligkeit Dritter (vorsätzliche Sachbeschädigung);

b) Verlieren – hierzu zählen nicht Liegen-, Stehen- oder Hängenlassen – bis zur Entschädigungsgrenze in § 4 Nr. 2;

c) Transportmittelunfall oder Unfall eines Versicherten;

d) Bestimmungswidrig einwirkendes Wasser, einschließlich Regen und Schnee;

e) Sturm, Brand, Blitzschlag oder Explosion;

f) höhere Gewalt.

3. Wenn Reisegepäck nicht fristgerecht ausgeliefert wird (den Bestimmungsort nicht am selben Tag wie der Versicherte erreicht).
Ersetzt werden die nachgewiesenen Aufwendungen für Ersatzkäufe bis zu 10 v. H. der Versicherungssumme, höchstens DM 750,00.

§ 3 Ausschlüsse

1. Ausgeschlossene Gefahren
Ausgeschlossen sind die Gefahren

a) des Krieges, Bürgerkrieges, kriegsähnlicher Ereignisse oder innerer Unruhen;

b) der Kernenergie. Der Ersatz von Schäden durch Kernenergie richtet sich in der Bundesrepublik Deutschland nach dem Atomgesetz. Die Betreiber von Kernanlagen sind zur Deckungsvorsorge verpflichtet und schließen hierfür Haftpflichtversicherungen ab.

c) der Beschlagnahme, Entziehung oder sonstiger Eingriffe von hoher Hand.

2. Nicht ersatzpflichtige Schäden
Der Versicherer leistet keinen Ersatz für Schäden, die

a) verursacht werden durch die natürliche oder mangelhafte Beschaffenheit der versicherten Sachen, Abnutzung oder Verschleiß;

b) während des Zeltens oder Campings innerhalb des hierfür benutzten Geländes eintreten, es sei denn, daß hierüber eine besondere Vereinbarung besteht.

§ 4 Begrenzt ersatzpflichtige Schäden

1. Schäden an Pelzen, Schmucksachen und Gegenständen aus Edelmetall sowie an Foto- und Filmapparaten und tragbaren Videosystemen jeweils mit Zubehör (§ 1 Nr. 4) werden je Versicherungsfall insgesamt mit höchstens 50 v. H. der Versicherungssumme ersetzt. § 5 Nr. 1d) und Nr. 2 Satz 2 bleiben unberührt.

2. Schäden
a) durch Verlieren (§ 2 Nr. 2b),
b) an Geschenken und Reiseandenken, die auf der Reise erworben wurden, werden jeweils insgesamt mit bis zu 10 v. H. der Versicherungssumme, maximal mit DM 750,– je Versicherungsfall ersetzt.

§ 5 Versicherungsschutz in Kraftfahrzeugen und Wassersportfahrzeugen

1. a) Versicherungsschutz gegen Diebstahl oder Einbruchdiebstahl aus unbeaufsichtigt abgestellten Kraftfahrzeugen oder Anhängern besteht nur, soweit sich das Reisegepäck in einem fest umschlossenen und durch Verschluß gesicherten Innen- oder Kofferraum befindet.
b) Der Versicherer haftet im Rahmen der Versicherungssumme in voller Höhe nur, wenn nachweislich
aa) der Schaden tagsüber zwischen 6.00 und 22.00 Uhr eingetreten ist oder
bb) das Kraftfahrzeug oder der Anhänger in einer abgeschlossenen Garage – Parkhäuser oder Tiefgaragen, die zur allgemeinen Benutzung offen stehen, genügen nicht – abgestellt war oder
cc) der Schaden während einer Fahrtunterbrechung von nicht länger als zwei Stunden eingetreten ist.
c) Kann der Versicherungsnehmer keine der unter b) genannten Voraussetzungen nachweisen, ist die Entschädigung je Versicherungsfall auf DM 500,– begrenzt.
d) In unbeaufsichtigt abgestellten Kraftfahrzeugen oder Anhängern nicht versichert sind Pelze, Schmucksachen und Gegenstände aus Edelmetall sowie Foto-, Filmapparate und tragbare Videosysteme jeweils mit Zubehör.
2. Im unbeaufsichtigten Wassersportfahrzeug besteht Versicherungsschutz gegen Diebstahl, Einbruchdiebstahl sowie Mut- und Böswilligkeit Dritter (vorsätzliche Sachbeschädigung) nur, solange sich die Sachen in einem fest umschlossenen und durch Sicherheitsschloß gesicherten Innenraum (Kajüte, Backkiste o. ä.) des Wassersportfahrzeuges befinden. Pelze, Schmucksachen, Gegenstände aus Edelmetall sowie Foto- und Filmapparate und Videosysteme jeweils mit Zubehör, sind im unbeaufsichtigten Wassersportfahrzeug **nicht** versichert.
3. Als Beaufsichtigung gilt nur die ständige Anwesenheit eines Versicherten oder einer von ihm beauftragten Vertrauensperson beim zu sichernden

Objekt, nicht jedoch z. B. die Bewachung eines zur allgemeinen Benutzung offenstehenden Platzes o. ä.

4. Verletzt der Versicherungsnehmer oder Versicherte eine dieser Obliegenheiten, so ist der Versicherer nach Maßgabe des § 6 Abs. 1 und Abs. 2 VVG zur Kündigung berechtigt oder auch leistungsfrei.

§ 6 Beginn und Ende des Versicherungsschutzes, Geltungsbereich

1. Innerhalb der vereinbarten Laufzeit des Vertrages beginnt der Versicherungsschutz mit dem Zeitpunkt, an dem zum Zwecke des unverzüglichen Antritts der Reise versicherte Sachen aus der ständigen Wohnung des Versicherten entfernt werden, und endet, sobald die versicherten Sachen dort wieder eintreffen. Wird bei Reisen im Kraftfahrzeug das Reisegepäck nicht unverzüglich nach der Ankunft von der ständigen Wohnung entladen, so endet der Versicherungsschutz bereits mit dieser Ankunft.

2. Bei Versicherungsverträgen von weniger als einjähriger Dauer verlängern sich der Versicherungsschutz über die vereinbarte Laufzeit hinaus bis zum Ende der Reise, wenn sich diese aus vom Versicherten nicht zu vertretenden Gründen verzögert und der Versicherte nicht in der Lage ist, eine Verlängerung zu beantragen.

3. Versicherungsverträge von mindestens einjähriger Dauer verlängern sich jedoch von Jahr zu Jahr, wenn sie nicht jeweils spätestens drei Monate vor Ablauf durch eine Partei schriftlich gekündigt werden.

4. Die Versicherung gilt für den vereinbarten Bereich.

5. Fahrten, Gänge und Aufenthalte innerhalb des ständigen Wohnorts des Versicherten gelten nicht als Reisen.

§ 7 Versicherungswert, Versicherungssumme

1. Die Versicherungssumme soll dem Versicherungswert des gesamten versicherten Reisegepäcks gemäß § 1 entsprechen. Auf der Reise erworbene Geschenke und Reiseandenken bleiben unberücksichtigt.

2. Als Versicherungswert gilt derjenige Betrag, der allgemein erforderlich ist, um neue Sachen gleicher Art und Güte am ständigen Wohnort des Versicherten anzuschaffen, abzüglich eines dem Zustand der versicherten Sachen (Alter, Abnutzung, Gebrauch etc.) entsprechenden Betrages (Zeitwert).

§ 8 Prämie

Der Versicherungsnehmer hat die erste Prämie (Beitrag) gegen Aushändigung des Versicherungsscheines zu zahlen, bei mehrjährigen Verträgen die Folgeprämien jeweils am ersten Tag des Monats, in dem das Versicherungsjahr beginnt.

§ 9 Entschädigung, Unterversicherung

1. Im Versicherungsfall ersetzt der Versicherer

a) für zerstörte oder abhandengekommene Sachen ihren Versicherungswert zur Zeit des Schadeneintritts;

b) für beschädigte reparaturfähige Sachen die notwendigen Reparaturkosten und gegebenenfalls eine bleibende Wertminderung, höchstens
jedoch den Versicherungswert;
c) für Filme, Bild-, Ton- und Datenträger nur den Materialwert;
d) für die Wiederbeschaffung von Personal-Ausweisen, Reisepässen, Kraftfahrzeug-Papieren und sonstigen Ausweispapieren die amtlichen
Gebühren.
2. Vermögensfolgeschäden werden nicht ersetzt.
3. Ist die Versicherungssumme gemäß § 7 bei Eintritt des Versicherungsfalles niedriger als der Versicherungswert (Unterversicherung), so haftet der
Versicherer nur nach dem Verhältnis der Versicherungssumme zum Versicherungswert.

§ 10 Obliegenheiten

1. Der Versicherungsnehmer oder Versicherte hat
a) jeden Schadenfall unverzüglich dem Versicherer anzuzeigen;
b) Schäden nach Möglichkeit abzuwenden und zu mindern, insbesondere
Ersatzansprüche gegen Dritte (z. B. Bahn, Post, Reederei, Fluggesellschaft, Gastwirt) form- und fristgerecht geltend zu machen oder auf
andere Weise sicherzustellen und Weisungen des Versicherers zu beachten;
c) alles zu tun, was zur Aufklärung des Tatbestandes dienlich sein kann. Er
hat alle Belege, die den Entschädigungsanspruch nach Grund und Höhe
beweisen, einzureichen, soweit ihre Beschaffung ihm billigerweise zugemutet werden kann, und auf Verlangen ein Verzeichnis über alle bei
Eintritt des Schadens gemäß § 1 versicherten Sachen vorzulegen.
2. Schäden, die im Gewahrsam eines Beförderungsunternehmens (einschließlich Schäden durch nicht fristgerechte Auslieferung gem. § 2 Nr. 3)
oder Beherbergungsbetriebes eingetreten sind, müssen diesen unverzüglich
gemeldet werden. Dem Versicherer ist hierüber eine Bescheinigung einzureichen. Bei äußerlich nicht erkennbaren Schäden ist das Beförderungsunternehmen unverzüglich nach der Entdeckung aufzufordern, den Schaden
zu besichtigen und zu bescheinigen. Hierbei sind die jeweiligen Reklamationsfristen zu berücksichtigen.
3. Schäden durch strafbare Handlungen (z. B. Diebstahl, Raub, vorsätzliche Sachbeschädigung) sind außerdem unverzüglich der zuständigen Polizeidienststelle unter Einreichung einer Liste aller in Verlust geratenen
Sachen anzuzeigen. Der Versicherte hat sich dies polizeilich bescheinigen
zu lassen. Bei Schäden durch Verlieren (§ 2 Nr. 2b) hat der Versicherte
Nachforschungen beim Fundbüro anzustellen.
4. Verletzt der Versicherungsnehmer oder Versicherte eine der vorstehenden Obliegenheiten, so ist der Versicherer von der Verpflichtung zur Leistung frei, es sei denn, daß die Verletzung weder auf Vorsatz noch auf grober Fahrlässigkeit beruht. Bei grobfahrlässiger Verletzung der unter den
Nm. 1a), c), 2 und 3 bestimmten Obliegenheiten bleibt der Versicherer zur
Leistung insoweit verpflichtet, als die Verletzung keinen Einfluß auf die
Feststellung oder den Umfang der Entschädigungsleistung gehabt hat. Bei

grobfahrlässiger Verletzung der unter Nr. 1b) bestimmten Obliegenheiten bleibt der Versicherer insoweit verpflichtet, als der Umfang des Schadens auch bei gehöriger Erfüllung der Obliegenheit nicht geringer gewesen wäre, § 6 VVG bleibt unberührt.

5. Hat eine vorsätzliche Obliegenheitsverletzung Einfluß weder auf die Feststellung des Versicherungsfalles noch auf die Feststellung oder den Umfang der Entschädigung, so entfällt die Leistungsfreiheit gemäß Nr. 4, wenn die Verletzung nicht geeignet war, die Interessen des Versicherers ernsthaft zu beeinträchtigen und wenn außerdem den Versicherungsnehmer oder Versicherten kein erhebliches Verschulden trifft.

§ 11 Besondere Verwirkungsgründe

1. Der Versicherer ist von der Verpflichtung zur Leistung frei, wenn der Versicherungsnehmer oder Versicherte den Versicherungsfall durch Vorsatz oder grobe Fahrlässigkeit herbeigeführt hat oder aus Anlaß des Versicherungsfalls, insbesondere in der Schadenanzeige, vorsätzlich unwahre Angaben macht, auch wenn hierdurch dem Versicherer ein Nachteil nicht entsteht.

2. Wird der Anspruch auf Entschädigung nicht spätestens sechs Monate nach schriftlicher, mit Angabe der Rechtsfolgen verbundener Ablehnung durch den Versicherer gerichtlich geltend gemacht, so ist der Versicherer von der Verpflichtung zur Leistung frei.

§ 12 Zahlung der Entschädigung

1. Ist die Leistungspflicht des Versicherers dem Grunde und der Höhe nach festgestellt, so hat die Auszahlung der Entschädigung binnen zwei Wochen zu erfolgen. Jedoch kann ein Monat nach Anzeige des Schadens als Abschlagszahlung der Betrag beansprucht werden, der nach Lage der Sache mindestens zu zahlen ist.

2. Die Entschädigung ist seit Anzeige des Schadens mit 1 Prozent unter dem Diskontsatz der Deutschen Bundesbank zu verzinsen, mindestens jedoch mit 4 Prozent und höchstens mit 6 Prozent pro Jahr.

Die Verzinsung entfällt, soweit die Entschädigung innerhalb eines Monats seit Anzeige des Schadens gezahlt wird. Zinsen werden erst fällig, wenn die Entschädigung fällig ist.

3. Die Entstehung des Anspruchs auf Abschlagszahlung und der Beginn der Verzinsung verschieben sich um den Zeitraum, um den die Feststellung der Leistungspflicht des Versicherers dem Grunde oder der Höhe nach durch Verschulden des Versicherungsnehmers verzögert wurde.

4. Sind im Zusammenhang mit dem Versicherungsfall behördliche Erhebungen oder ein strafgerichtliches Verfahren gegen den Versicherten eingeleitet worden, so kann der Versicherer bis zum rechtskräftigen Abschluß dieser Verfahren die Zahlung aufschieben.

§ 13 Kündigung im Schadenfall

1. Nach Eintritt eines Versicherungsfalls können beide Parteien den Versicherungsvertrag kündigen. Die Kündigung ist schriftlich zu erklären. Sie muß spätestens einen Monat nach dem Abschluß der Verhandlungen über

die Entschädigung zugehen. Der Versicherer hat eine Kündigungsfrist von einem Monat einzuhalten; seine Kündigung wird in keinem Falle vor Beendigung der laufenden Reise wirksam. Kündigt der Versicherungsnehmer, so kann er bestimmen, daß seine Kündigung sofort oder zu einem späteren Zeitpunkt wirksam wird, jedoch spätestens zum Schluß der laufenden Versicherungsperiode.

2. Hat der Versicherer gekündigt, so ist er verpflichtet, für die noch nicht abgelaufene Versicherungszeit den entsprechenden Anteil der Prämie zu vergüten.

Auszug aus dem Versicherungsvertragsgesetz (VVG):

§ 6 Obliegenheitsverletzung

Ist im Vertrag bestimmt, daß bei Verletzung einer Obliegenheit, die vor dem Eintritt des Versicherungsfalls dem Versicherer gegenüber zu erfüllen ist, der Versicherer von der Verpflichtung zur Leistung frei sein soll, so tritt die vereinbarte Rechtsfolge nicht ein, wenn die Verletzung als eine unverschuldete anzusehen ist. Der Versicherer kann den Vertrag innerhalb eines Monats, nachdem er von der Verletzung Kenntnis erlangt hat, ohne Einhaltung einer Kündigungsfrist kündigen, es sei denn, daß die Verletzung als eine unverschuldete anzusehen ist. Kündigt der Versicherer innerhalb eines Monats nicht, so kann er sich auf die vereinbarte Leistungsfreiheit nicht berufen.

Ist eine Obliegenheit verletzt, die von dem Versicherungsnehmer zum Zwecke der Verminderung der Gefahr oder der Verhütung einer Gefahrerhöhung dem Versicherer gegenüber zu erfüllen ist, so kann sich der Versicherer auf die vereinbarte Leistungsfreiheit nicht berufen, wenn die Verletzung keinen Einfluß auf den Eintritt des Versicherungsfalls oder den Umfang der ihm obliegenden Leistung gehabt hat.

Ist die Leistungsfreiheit für den Fall vereinbart, daß eine Obliegenheit verletzt wird, die nach dem Eintritt des Versicherungsfalls dem Versicherer gegenüber zu erfüllen ist, so tritt die vereinbarte Rechtsfolge nicht ein, wenn die Verletzung weder auf Vorsatz noch auf grober Fahrlässigkeit beruht. Bei grobfahrlässiger Verletzung bleibt der Versicherer zur Leistung insoweit verpflichtet, als die Verletzung Einfluß weder auf die Feststellung des Versicherungsfalls noch auf die Feststellung oder den Umfang der dem Versicherer obliegenden Leistung gehabt hat.

Eine Vereinbarung nach welcher der Versicherer bei Verletzung einer Obliegenheit zum Rücktritt berechtigt sein soll, ist unwirksam.

Klauseln zu den AVB Reisegepäck 1992

Klausel 1. Domizil-Schutz

Abweichend von § 6 Nr. 5 der AVBR besteht bei Jahresverträgen Versicherungsschutz auch für die Dauer von Fahrten und Aufenthalten mit dem eigenen oder dem Versicherten dienstlich überlassenen Kraftfahrzeug innerhalb des ständigen Wohnorts des Versicherten, solange sich die versicherten Sachen innerhalb des Kraftfahrzeugs befinden. § 6 Nr. 1 der AVBR gilt entsprechend.

Klausel 2. Erweiterter Domizil-Schutz

Abweichend von § 6 Nr. 5 der AVB Reisegepäck sind bei Jahresverträgen auch Gänge, Fahrten und damit verbundene Aufenthalte innerhalb des ständigen Wohnorts des Versicherten mitversichert. § 6 Nr. 1 der AVBR gilt entsprechend.

Klausel 3. Urlaubs-Deckung

Bei Jahresverträgen erhöht sich die vereinbarte Versicherungssumme für Urlaubsreisen von mindestens vier Tagen Dauer um eine zu vereinbarende Summe. Eine Anzeige der Urlaubsreise ist nicht erforderlich. Im Versicherungsfall hat der Versicherte auf Verlangen nachzuweisen, daß der Schaden auf einer solchen Urlaubsreise eingetreten ist.

Klausel 4. Camping

1. Abweichend von § 3 Nr. 2 b) AVBR besteht Versicherungsschutz auch für Schäden die während des Zeltens oder Campings auf einem offiziellen (von Behörden, Vereinen oder privaten Unternehmers eingerichteten) Campingplatz eintreten.
2. Werden Sachen unbeaufsichtigt (§ 5 Nr. 3 AVBR) im Zelt oder Wohnwagen zurückgelassen, so besteht Versicherungsschutz für Schäden durch Diebstahl, Einbruchdiebstahl sowie Mut- oder Böswilligkeit Dritter (vorsätzliche Sachbeschädigung) nur, wenn
a) bei Zelten:
   der Schaden nicht zwischen 22.00 und 6.00 Uhr eingetreten ist. Das Zelt ist mindestens zuzubinden oder zuzuknöpfen.
b) bei Wohnwagen:
   dieser durch Verschluß ordnungsgemäß gesichert ist.
Pelze, Schmucksachen und Gegenstände aus Edelmetall (§ 1 Nr. 4 AVBR) sind im unbeaufsichtigten Zelt oder Wohnwagen nicht versichert.
3. Foto-, Filmapparate und tragbare Videosysteme jeweils mit Zubehör, Uhren, optische Geräte, Jagdwaffen, Radio- und Fernsehapparate, Tonaufnahme- und Wiedergabegeräte, jeweils mit Zubehör, sind nur versichert, solange sie
a) in persönlichem Gewahrsam sicher verwahrt mitgeführt werden oder
b) der Aufsicht des offiziellen Campingplatzes zur Aufbewahrung übergeben sind oder
c) sich in einem durch Verschluß ordnungsgemäß gesicherten Wohnwagen oder in einem fest umschlossenen und durch Verschluß gesicherten Kraftfahrzeug auf einem offiziellen Campingplatz befinden.
4. Sofern kein offizieller Campingplatz (Nr. 1) benutzt wird, sind Schäden durch Diebstahl, Einbruchdiebstahl, Raub, räuberische Erpressung, Mut- oder Böswilligkeit Dritter (vorsätzliche Sachbeschädigung) ausgeschlossen.

5. Verletzt der Versicherungsnehmer oder Versicherte eine dieser Obliegenheiten so ist der Versicherer nach Maßgabe des § 6 Abs. 1 und Abs. 2 VVG zur Kündigung berechtigt oder auch leistungsfrei.

6. Im Schadenfall hat der Versicherungsnehmer oder Versicherte neben den in § 10 AVB Reisegepäck vorgeschriebenen Maßnahmen unverzüglich die Leitung des Campingplatzes zu unterrichten und dem Versicherer eine schriftliche Bestätigung der Platzleitung über den Schaden vorzulegen.

Klausel 5. Fahrräder

1. Abweichend vom § 1 Nr. 5 AVBR besteht Versicherungsschutz auch für Fahrräder, solange sie sich nicht in bestimmungsgemäßen Gebrauch befinden.

2. Bei Diebstahl besteht Versicherungsschutz nur, wenn das Fahrrad zur Zeit des Diebstahls durch ein Kabelschloß oder ein Schloß mit vergleichbarem Sicherheitswert, hierzu zählen regelmäßig keine Rahmenschlösser gesichert war. § 2 Nr. 1 AVBR bleibt unberührt.

Verletzt der Versicherungsnehmer oder Versicherte diese Obliegenheit, so ist der Versicherer nach Maßgabe des § 6 Abs. 1 und Abs. 2 VVG zur Kündigung berechtigt oder auch leistungsfrei.

3. Der Versicherer ersetzt Schäden an mit dem Fahrrad lose verbundenen und regelmäßig seinem Gebrauch dienenden Sachen nur, wenn sie zusammen mit dem Fahrrad abhandengekommen sind.

4. Die Entschädigung ist je Versicherungsfall auf maximal DM 500,– begrenzt, wenn der Diebstahl zwischen 22.00 Uhr und 06.00 Uhr verübt wird.

5. Der Versicherungsnehmer oder Versicherte hat Unterlagen über den Hersteller, die Marke und die Rahmennummer der versicherten Fahrräder zu beschaffen und aufzubewahren.

Verletzt der Versicherungsnehmer oder Versicherte diese Bestimmung, so kann er Entschädigung nur verlangen, wenn er die Merkmale anderweitig nachweisen kann.

Klausel 6. Segelsurfgeräte

1. Abweichend von § 1 Nr. 5 AVBR besteht Versicherungsschutz auch für Segelsurfgeräte, solange sie sich nicht in bestimmungsgemäßen Gebrauch befinden.

2. Bei Diebstahl besteht Versicherungsschutz nur, wenn das Segelsurfgerät zur Zeit des Diebstahls durch ein Kabelschloß oder ein Schloß mit vergleichbarem Sicherheitswert gesichert war. § 2 Nr. 1 AVBR bleibt unberührt.

Verletzt der Versicherungsnehmer oder Versicherte diese Obliegenheit, so ist der Versicherer nach Maßgabe des § 6 Abs. 1 und Abs. 2 VVG zur Kündigung berechtigt oder auch leistungsfrei.

3. Die Entschädigung ist je Versicherungsfall auf maximal DM 500,– begrenzt, wenn der Diebstahl zwischen 22.00 Uhr und 06.00 Uhr verübt wird.

4. Der Versicherungsnehmer oder Versicherte hat Unterlagen über den

Hersteller, die Bezugsquelle, die Marke und die Fabrikationsnummer der versicherten Segelsurfgeräte zu beschaffen und aufzubewahren.

Verletzt der Versicherungsnehmer oder Versicherte diese Bestimmung, so kann er Entschädigung nur verlangen, wenn er die Merkmale anderweitig nachweisen kann.

Klausel 7. Personengruppen

Abweichend von § 1 Nr. 1 AVBR gelten als Versicherte nur die im Versicherungsschein namentlich benannten Personen und/oder der im Versicherungsschein beschriebene Personenkreis.

Versicherungsschutz besteht für Familienangehörige und sonstige Personen gemäß § 1 Nr. 1 Abs. 1 AVBR nur, wenn dies ausdrücklich vereinbart ist.

Sofern für den Personenkreis gem. § 1 Nr. 1 AVBR bei dem selben Versicherer Verträge bestehen, erfolgt bei gemeinsamen Reisen eine Addition der Versicherungssummen (Summenausgleich).

Klausel 8. durch Dienstreisen

Versicherungsschutz besteht nur auf Dienst- und Geschäftsreisen, die im Auftrag des Versicherungsnehmers unternommen werden.

Klausel 9. Neuwertversicherung

1. Abweichend vom § 7 Nr. 2 AVBR ist Versicherungswert derjenige Betrag, der allgemein erforderlich ist, um neue Sachen gleicher Art und Güte am ständigen Wohnort des Versicherten anzuschaffen (Neuwert).

2. Für technische Geräte, die älter sind als fünf Jahre, sowie für Bekleidung und Wäsche die älter sind als drei Jahre, ist der Versicherungswert nur der Zeitwert, wenn der durch einen Abzug für Alter, Abnutzung und Gebrauch sich ergebende Wert unter 50 v. H. des Wiederbeschaffungspreises (Neuwert) liegt.

Technische Geräte sind insbesondere Haushalts- und Küchengeräte, Foto-, Filmapparate und tragbare Videosysteme jeweils mit Zubehör, Phono-, Radio und Fernsehgeräte, Camping und Sportgeräte. Zur Bekleidung und Wäsche rechnen auch Schuhe und Pelzwerk.

Klausel 10. Jahresverträge

§ 6 Nr. 3 AVBR findet keine Anwendung.

Klausel 11. Reisedauer

1. Die Versicherung gilt für alle Reisen, die von den versicherten Personen innerhalb des Versicherungsjahres unternommen werden.

2. Versicherungsschutz besteht nicht für Reisen, die die im Versicherungsvertrag festgelegte Maximaldauer der einzelnen Reise überschreiten.

3. Der Versicherungsschutz verlängert sich über die vereinbarte Maximaldauer hinaus bis zum Ende der Reise, wenn sich diese aus vom Versicherten nicht zu vertretenden Gründen verzögert.

C. Allgemeine Bedingungen
für die Reise-Rücktrittskosten-Versicherung (ABRV)

§ 1 Versicherungsumfang

1. Der Versicherer leistet Entschädigung:

a) bei Nichtantritt der Reise für die dem Reiseunternehmen oder einem anderen vom Versicherten vertraglich geschuldeten Rücktrittskosten;

b) bei Abbruch der Reise für die nachweislich entstandenen zusätzlichen Rückreisekosten und die hierdurch unmittelbar verursachten sonstigen Mehrkosten des Versicherten, vorausgesetzt, daß An- und Abreise in dem versicherten Arrangement enthalten sind; dies gilt auch im Falle nachträglicher Rückkehr. Bei Erstattung dieser Kosten wird in bezug auf Art und Klasse des Transportmittels, der Unterkunft und Verpflegung auf die durch die Reise gebuchte Qualität abgestellt. Wenn abweichend von der gebuchten Reise die Rückreise mit Flugzeug erforderlich wird, werden nur die Kosten für einen Sitzplatz in der einfachsten Flugzeugklasse ersetzt.

Nicht gedeckt sind Heilkosten, Kosten für Begleitpersonen sowie Kosten für die Überführung eines verstorbenen Versicherten.

2. Der Versicherer ist im Umfang von Ziffer 1 leistungspflichtig, wenn infolge eines der nachstehend genannten wichtigen Gründe entweder die Reiseunfähigkeit des Versicherten nach allgemeiner Lebenserfahrung zu erwarten ist oder ihm der Antritt der Reise oder deren planmäßige Beendigung nicht zugemutet werden kann:

a) Tod, schwerer Unfall oder unerwartete schwere Erkrankung des Versicherten, seines Ehegatten, seiner Kinder, Eltern, Geschwister, Großeltern, Enkel, Schwiegereltern, Schwiegerkinder oder, wenn die Reise für zwei Personen gemeinsam gebucht wurde, der zweiten Person, vorausgesetzt, daß diese gleichfalls versichert ist;

b) Impfunverträglichkeit des Versicherten oder, im Falle gemeinsamer Reise, seines Ehegatten, der minderjährigen Kinder oder Geschwister des Versicherten oder der Eltern eines minderjährigen Versicherten, sofern der Angehörige ebenfalls versichert ist;

c) Schwangerschaft einer Versicherten oder, im Falle gemeinsamer Reise, des versicherten Ehegatten oder der versicherten Mutter eines minderjährigen Versicherten;

d) Schaden am Eigentum des Versicherten oder, im Falle gemeinsamer Reise, eines der in Ziffer 2 b) genannten versicherten Angehörigen des Versicherten infolge von Feuer, Elementarereignis oder vorsätzlicher Straftat eines Dritten, sofern der Schaden im Verhältnis zu der wirtschaftlichen Lage und dem Vermögen des Geschädigten erheblich oder sofern zur Schadenfeststellung seine Anwesenheit notwendig ist.

§ 2 Ausschlüsse

1. Der Versicherer haftet nicht:
a) bei Tod, Unfall oder Krankheit von Angehörigen, die das 75. Lebensjahr vollendet haben *(aufgehoben gemäß Klausel 2)*;
b) für die Gefahren des Krieges, Bürgerkrieges oder kriegsähnlicher Ereignisse und solche, die sich unabhängig vom Kriegszustand aus der feindlichen Verwendung von Kriegswerkzeugen sowie aus dem Vorhandensein von Kriegswerkzeugen als Folge einer dieser Gefahren ergeben, politische Gewalthandlungen, Aufruhr, sonstige bürgerliche Unruhen und Kernenergie.

2. Der Versicherer ist von der Verpflichtung zur Leistung frei, wenn für den Versicherungsnehmer/Versicherten der Versicherungsfall bei Abschluß der Versicherung voraussehbar war oder der Versicherungsnehmer/Versicherte ihn vorsätzlich oder grobfahrlässig herbeigeführt hat.

§ 3 Versicherungswert, Versicherungssumme, Selbstbehalt

1. Die Versicherungssumme soll dem vollen ausgeschriebenen Reisepreis (Versicherungswert) entsprechen. Kosten für darin nicht enthaltene Leistungen (z. B. für Zusatzprogramme) sind mitversichert, wenn sie bei der Höhe der Versicherungssumme berücksichtigt wurden.

Der Versicherer haftet bis zur Höhe der Versicherungssumme abzüglich Selbstbehalt; sollten die nachweislich entstandenen zusätzlichen Rückreisekosten den Versicherungswert übersteigen, so ersetzt der Versicherer auch den über den Versicherungswert hinausgehenden Betrag abzüglich Selbstbehalt.

2. Bei jedem Versicherungsfall trägt der Versicherte einen Selbstbehalt. Dieser wird – soweit nicht anders vereinbart – auf DM 50,– je Person festgelegt.

Wird der Versicherungsfall durch Krankheit ausgelöst, so trägt der Versicherte von dem erstattungsfähigen Schaden 20 v. H. selbst, mindestens DM 50,– je Person.

§ 4 Obliegenheiten des Versicherungsnehmers/Versicherten im Versicherungsfall

1. Der Versicherungsnehmer/Versicherte ist verpflichtet:
a) dem Versicherer den Eintritt des Versicherungsfalles unverzüglich mitzuteilen und gleichzeitig die Reise bei der Buchungsstelle oder im Falle der schon angetretenen Reise beim Reiseveranstalter zu stornieren;
b) dem Versicherer jede gewünschte sachdienliche Auskunft zu erteilen und ihm alle erforderlichen Beweismittel von sich aus zur Verfügung zu stellen, insbesondere ärztliche Atteste über Krankheiten, Unfälle, Impfunverträglichkeit bzw. Schwangerschaft im Sinne von § 1 Ziffer 2 unter Beifügung der Buchungsunterlagen einzureichen;
c) auf Verlangen des Versicherers die Ärzte von der Schweigepflicht in bezug auf den Versicherungsfall zu entbinden, soweit diesem Verlangen rechtswirksam nachgekommen werden kann.

2. Verletzt der Versicherungsnehmer/Versicherte eine der vorstehenden Obliegenheiten, so ist der Versicherer von der Verpflichtung zur Leistung frei, es sei denn, daß die Verletzung weder auf Vorsatz noch auf grober Fahrlässigkeit beruht. Bei grobfahrlässiger Verletzung bleibt der Versicherer insoweit verpflichtet, als die Verletzung weder Einfluß auf die Feststellung des Versicherungsfalles noch auf die Feststellung oder den Umfang der dem Versicherer obliegenden Leistung gehabt hat.

§ 5 Zahlung der Entschädigung

Ist die Leistungspflicht des Versicherers dem Grunde und der Höhe nach festgestellt, so hat die Auszahlung der Entschädigung binnen zwei Wochen zu erfolgen.

Klauseln und Sonderbedingungen zu den ABRV

Klausel 1. Änderung des Selbstbehaltes bei Kreuzfahrten

Bei jedem Versicherungsfall trägt der Versicherte einen Selbstbehalt. Dieser wird auf DM 100,– je Person festgelegt. Wird der Versicherungsfall durch Krankheit ausgelöst, so trägt der Versicherte von dem erstattungsfähigen Schaden 20 v. H. selbst, mindestens DM 100,– je Person.

Klausel 2. Aufhebung der Altersbegrenzung

§ 2 Nr. 1 a) findet keine Anwendung. (Die Aufhebung der Altersbegrenzung gilt auch, wenn nicht ausdrücklich vereinbart).

Klausel 3. Nicht beanspruchte Reiseleistungen

Abweichend von § 1 Nr. 1 b) ABRV ersetzt der Versicherer bei Abbruch der Reise zusätzlich Aufwendungen des Versicherten für gebuchte, jedoch nicht in Anspruch genommene Leistungen, sofern dies im Versicherungsschein gesondert vereinbart wurde.

Klausel 4. Personengruppen

Der Versicherer ist im Umfang von § 1 Nr. 1 ABRV auch dann leistungspflichtig, wenn sich die Risiken gem. § 1 Nr. 1 a)–d) für die im Versicherungsschein namentlich benannten Personen oder den im Versicherungsschein beschriebenen Personenkreis verwirklicht haben.

Klausel 5. Zahlungsunfähigkeit des Reiseveranstalters

Sofern im Versicherungsschein gesondert vereinbart, leistet der Versicherer Entschädigung:
a) bei Nichtantritt der Reise wegen Zahlungsunfähigkeit des Reiseveranstalters für den vom Versicherten im voraus gezahlten Reisepreis;
b) bei Abbruch der Reise wegen Zahlungsunfähigkeit des Reiseveranstalters für notwendige und nachweislich entstandene zusätzliche Rückrei-

sekosten. § 1 Nr. 1 b) ABRV gilt entsprechend. Zusätzlich erstattet der Versicherer Aufwendungen des Versicherten für gebuchte, jedoch wegen Zahlungsunfähigkeit des Reiseveranstalters nicht in Anspruch genommene Reiseleistungen.

Zahlungsunfähigkeit des Reiseveranstalters liegt vor, wenn die für die Durchführung der Reise vorgesehenen Leistungsträger ihre Leistung gegenüber dem Versicherten wegen tatsächlicher oder vermuteter Zahlungsunfähigkeit des Reiseveranstalters verweigern und dadurch mindestens einer der unter a) oder b) genannter Tatbestände eintritt.

In Höhe der vom Versicherer wegen Zahlungsunfähigkeit des Reiseveranstalters geleisteten Entschädigung gehen ohne weiteres Ansprüche des Versicherten gegen Dritte auf den Versicherer über.

Klausel 6. Verzicht auf Selbstbehalt

In Abänderung von § 3 Nr. 1 und 2 ABRV wird auf einen Selbstbehalt verzichtet.

Klausel 7. Nachreise

In Erweiterung des Versicherungsumfanges nach § 1 ABRV besteht auch Versicherungsschutz für die Hinreisemehrkosten, wenn die Reise verspätet angetreten wurde.

Sonderbedingungen zu den ABRV für gemietete Ferienwohnungen

Sofern die Versicherung bei Abschluß von Mietverträgen für Ferienwohnungen, Ferienhäuser oder Ferienappartements in Hotels genommen wird, erhält § 1 Ziffer 1 der Allgemeinen Bedingungen für die Reise-Rücktritts-kosten-Versicherung (ABRV) folgende Fassung:

Der Versicherer leistet Entschädigung:

a) Bei Nichtbenutzung der Ferienwohnung, des Ferienhauses oder Ferienappartements im Hotel aus einem der in § 1 Ziffer 2 ABRV genannten wichtigen Gründe für die dem Vermieter oder einem anderen vom Versicherten vertraglich geschuldeten Rücktrittskosten;

b) bei vorzeitiger Aufgabe der Ferienwohnung, des Ferienhauses oder des Ferienappartements im Hotel aus einem der in § 1 Ziffer 2 ABRV genannten wichtigen Gründe für den nicht abgewohnten Teil der Mietkosten, falls eine Weitervermietung nicht gelungen ist.

Die übrigen Bestimmungen der ABRV gelten sinngemäß.

Zweiter Teil. Kommentar zu den Allgemeinen Bedingungen für die Reisegepäck-Versicherung (AVBR 1980/1992)

A. Einführung

1. Die historische Entwicklung der Reisegepäckversicherung. Der Grundge- **1** danke der Reisegepäckversicherung ist so alt wie der Versicherungsgedanke selbst: Wer sich aus seiner häuslichen Umgebung heraus auf Reisen begibt, sieht sich einer unbekannten und gefahrvollen Umgebung gegenüber, in der die Gefahr eines Verlusts der mitgeführten Gegenstände als besonders groß angesehen wird (vgl. *Hinneberg*, S. 1 und *Knoll*, S. 5).

So wurde bereits in der frühesten Menschheitsgeschichte eine **Gefahrgemeinschaft** gebildet, welche gemeinsam das Risiko einer Reise trug (vgl. *Knoll* S. 7; *Manes*, Versicherungswesen, Band I, S. 32, 33). Dieser Begriff der Gefahrgemeinschaft bildet noch heute die Grundlage für alle Definitionen des Versicherungswesens (vgl. *Manes*, Band I, S. 2; *Bruck/Möller*, § 1 Anm. 3 m. w. N.).

Bereits aus der Zeit des babylonischen Herrschers Hamurabi (etwa 17. Jahrhundert vor Christus) wird von einer Gefahrgemeinschaft berichtet, die die Teilnehmer einer Karawane in der Form gebildet hatten, daß der während der Reise durch Raub oder Überfall eintretende Schaden von allen Reiseteilnehmern gemeinsam getragen werden sollte (vgl. *Manes*, Versicherungswesen, Band I, S. 33 und *Knoll*, S. 5 und 6).

Diese besonders bei Seetransporten gebildete Gefahrgemeinschaft, die **2** über die Phönizier nach Griechenland und von dort aus in das römische Reich gelangte, ist ebenso wie das römische Seedarlehen nur ein Vorläufer des heutigen Versicherungswesens. Die eigentliche Geschichte des Versicherungswesens beginnt erst in der Mitte des 14. Jahrhunderts. Der älteste überlieferte **Seeversicherungsvertrag** von Genua aus dem Jahr 1347 wird von den meisten Autoren als der erste Versicherungsvertrag überhaupt bezeichnet (vgl. *Manes*, Versicherungswesen, Band I, S. 7 und *Knoll*, S. 11).

Seit dieser ersten beurkundeten Transportversicherung dauerte es jedoch noch 5 Jahrhunderte bis zur urkundlichen Erwähnung einer Reisegepäckversicherung im Jahre 1873 (vgl. *van Bühren*, Dissertation, S. 11 und 12).

Als „Erfinder" und Begründer der ersten **Reisegepäckversicherung** im heu- **3** tigen Sinne gilt der ungarische Holzhändler **Max von Engel** (vgl. *Cruciger,* Reisegepäckversicherung, in Manes, Versicherungslexikon, S. 1266).

Am 9. Mai 1907 wurde die „Europäische Reisegepäckversicherungs-AG" in Budapest mit einem Kapital von 300 000 Kronen gegründet, an dem die Münchener Rückversicherungs-Gesellschaft sich mit 50 000 Kronen beteiligte (vgl. Festschrift, S. 10).

In Deutschland unterhielt die ungarische „Europäische" seit 1909 ein Zentralbüro, welches für deutsche Reisende den Abschluß einer Reisegepäckversicherung ermöglichte. Im Jahre 1918 wurde dann die ungarische Agentur in eine deutsche Versicherungs-Aktiengesellschaft umgewandelt (vgl. *Ollick*, VA **80**, 284). Etwa um die gleiche Zeit boten auch andere Gesellschaften diesen Versicherungszweig an (vgl. *Ollick*, VA **80**, 284 m.w.N.). Im Jahre 1926 wurde die Reisegepäckversicherung bereits von 16 Versicherungsgesellschaften betrieben (vgl. Neumann's Jahrbuch, 1926, S. 566/567).

Im Jahre 1941 waren es 51 Gesellschaften (vgl. Neumann's Jahrbuch, 1941, S. LXIII), im Jahre 1972 gab es bereits 95 Versicherungsgesellschaften mit diesem Versicherungszweig (vgl. Neumann's Jahrbuch, III 72, S. 192).

Führend auf diesem Markt blieb bis zum heutigen Tage die „Europäische", welche im Jahre 1918 mit der Deutschen Reichsbahn einen Monopolvertrag abgeschlossen hatte, der durch einen Vertragsschluß mit der Deutschen Bundesbahn im Jahre 1953 erneuert wurde. Wesentlich an diesem Monopolvertrag ist der Verzicht der „Europäischen" auf jegliche Regreßmöglichkeit gegenüber der Bundesbahn (vgl. *van Bühren*, Dissertation, S. 20 ff.).

4   **2. Die wirtschaftliche Bedeutung der Reisegepäckversicherung.** Das Prämienaufkommen im Bereich der Reisegepäckversicherungen belief sich im Jahre 1990 auf 165,2 Mio. DM. Die Schadenquote betrug 55,5%. Diese Schadenquote darf nicht überbewertet werden, da im Bereich der Reisegepäckversicherung mit einem Kostenanteil von bis zu 50% gerechnet werden muß.

Gleichwohl ist festzustellen, daß die bis zur Einführung der AVB Reisegepäck 1980 unbefriedigend hohe Schadenquote (vgl. Einführung RdNr. 4 der 1. Auflage) sich kontinuierlich verbessert hat.

Ebenfalls positiv auf die Schadenquote hat sich die restriktive Zeichnungspolitik vieler Gesellschaften ausgewirkt: Der Anteil des kurzfristigen Reisegepäckgeschäfts ist bei den Kompositversicherungen zurückgegangen, da diese die Reisegepäckversicherung vielfach nur noch als reine Servicesparte betreiben.

Die Hälfte des Prämienaufkommens in der Reisegepäckversicherung entfällt auf die beiden Spezialversicherer (Europäische und ELVIA), während die andere Hälfte von den Kompositversicherern abgedeckt wird.

5   **3. Die Rechtsgrundlagen der Reisegepäckversicherung.** Die Reisegepäckversicherung ist seit ihrer Entstehung in Rechtsprechung und Rechtslehre unangefochten der **Transportversicherung** zugeordnet worden (vgl. *Ollick* VA **80**, 284 und *van Bühren*, Dissertation, S. 29 ff. m.w.N.).

Diese Zuordnung ist deshalb von besonderer Bedeutung, weil die Transportversicherung gemäß § 187 VVG von den Beschränkungen des VVG befreit ist; außerdem war die Transportversicherung in der bis zum 1. 2. 1976 gültigen Fassung von § 148 VVG nicht aufsichtpflichtig.

Das erste Durchführungsgesetz/EWG zum VAG vom 18. Dezember 1975 (Bundesgesetzblatt Teil I Nr. 146 vom 24. 12. 1975) unterstellte die Transportversicherung bezüglich ihrer finanziellen Ausstattung dem Bundesaufsichtsamt, während die Vertragsfreiheit gemäß § 187 VVG für die Transportversicherung erhalten blieb.

Die Reisegepäckversicherung wurde systemwidrig (vgl. *van Bühren,* Dissertation, S. 70 ff.) aus der Transportversicherung ausgegliedert und der **Sachversicherung** zugeordnet, so daß nunmehr die Reisegepäckversicherung auch der Bedingungsaufsicht des Bundesaufsichtsamtes unterliegt (vgl. *Ollick* VA **80,** 284; zur Begründung und Problematik der Unterstellung der Reisegepäckversicherung unter die Bedingungsaufsicht vgl. *Prölss/Schmidt/ Frey,* § 1 RdNr. 33, 34). Unmittelbar nach Inkrafttreten des ersten Durchführungsgesetzes/EWG zum VAG ordnete das Bundesaufsichtsamt durch Rundschreiben vom 25. 2. 1976 (VA **76,** 129) an, daß alle die Reisegepäckversicherung betreibenden Versicherungsunternehmen die Bedingungen und Tarife einzureichen hatten. Die bisherigen Bedingungen wurden bis zur Schaffung einheitlicher Bedingungen genehmigt, wobei Bestimmungen, die die Belange der Versicherungsnehmer gefährdeten (§ 81 Abs. 2 Satz 1 VAG), gestrichen wurden (vgl. Rundschreiben des BAV vom 2. 3. 1976 in VA **76,** 129).

4. Zustandekommen der AVBR 1980. Mit Rundschreiben R 4/76 (VA **76,** **6** 129) forderte das **BAV** alle Gesellschaften darüber hinaus auf, einheitliche Bedingungen zu erarbeiten und diese zur Genehmigung einzureichen. Der **DTV** hatte, als sich diese Entwicklung abzeichnete, bereits im Herbst 1975 eine **Kommission** gebildet, die den Auftrag erhielt, aus allen vorhandenen AVB einheitliche Bedingungen zu erarbeiten. Bis 1980 wurden acht Entwürfe erstellt und jeweils mit den Versicherern einerseits und dem BAV andererseits erörtert. Die umfangreichen Materialien und die Entwicklung der Entwürfe spiegeln die besondere Schwierigkeit der Aufgabe wieder, trotz der von allen Beteiligten als notwendig erkannten Einschränkungen des Deckungsumfangs noch einen verbraucher- und marktgerechten Versicherungsschutz zu gestalten.

Die Interessenrichtung der Versicherer war vorgeprägt durch die lang- **7** jährig negative Entwicklung der Reisegepäckversicherung. Zu dieser Entwicklung hatten insbesondere die gewaltige Ausweitung des Ferntourismus (Aufsuchen der Gefahr in den fernsten Winkeln der Erde), die starke Steigerung der Gepäckwerte und demzufolge des durchschnittlichen Schadenbetrages sowie die erheblich gewachsenen Probleme im Zusammenhang mit der Betrugsanfälligkeit der Reisegepäckversicherung (subjektive Risiken) beigetragen. Die aufgrund der schlechten Schadenerfahrungen objektiv berechtigte Forderung der Versicherer nach einschneidenden Beschränkungen des Deckungsumfangs hat ihren Niederschlag vor allem in der gewichtigsten Neuerung gefunden, der Ausgestaltung als **Einzelgefahrendeckung** anstelle der bisher aus der Tradition der Transportversicherung üblichen Allgefahrendeckung. Das BAV hat im Interesse der Verbraucher noch weitergehende Beschränkungen des Deckungsumfangs verhindert und unter anderem den Einschluß der Gefahr des Verlierens durchgesetzt.

Insgesamt wurde das Ergebnis sowohl von seiten des BAV (vgl. *Ollick* VA **80,** 284/285) als auch des DTV als **ausgewogener Kompromiß** gewertet.

Die durch das BAV im Wege des Sammelgenehmigungsverfahrens am **8** 2. 9. 1980 genehmigten Bedingungen enthielten noch keine Klausel für die Versicherung von Reisegepäck zum **Neuwert** – auf Initiative einiger Versicherer war eine solche Klausel jedoch bereits in Vorbereitung und sollte nach Genehmigung Bestandteil der AVBR werden – und keine Regelungen für **Gruppenverträge**. Inzwischen hat das BAV am 20.1. 82 die Klauseln 7–10 genehmigt, die sowohl die Versicherung von Reisegepäck zum Neuwert regeln (insoweit in strenger Anlehnung an die Hausratversicherung), als auch den Rahmen für Gruppenverträge abstecken. Gegenstand der Regelungen für Gruppenverträge sind nach dem Willen des BAV nur die formellen Besonderheiten von Gruppenverträgen, nicht aber der materielle Deckungsumfang.

9   5. Die **AVBR 1992** hat das **BAV** in der abgedruckten Fassung als genehmigungsreif bezeichnet. Ab Januar 1992 können beim BAV für dieses Bedingungswerk Einzelgenehmigungen beantragt werden. Damit steht das neue Bedingungswerk für die Sommersaison 1992 zur Anwendung bereit.

10   Die AVBR 92 nehmen die praktischen Erfahrungen aus der Anwendung der AVBR 80 auf. Der Kreis der versicherten und mitversicherten Personen wird auf den namentlich im Versicherungsschein benannten Lebensgefährten und dessen Kinder ausgeweitet. Die Hausangestellten zählen dagegen nicht mehr zum Kreis der mitversicherten Personen.

11   Eine Reihe auslegungsfähiger Begriffe wird mit den AVBR 92 klargestellt. Eine materielle Veränderung des Versicherungsschutzes folgt daraus nicht, da die Textfassung der AVBR 92 die Ergebnisse der Rechtsprechung zu den Begriffen aufgreift. Danach wird klargestellt, daß Gegenstände, die üblicherweise nur zu beruflichen Zwecken mitgeführt werden, nicht zu den Gegenständen des persönlichen Reisebedarfs zählen, § 2 Nr. 2 AVBR 92. Tragbare Videosysteme werden ausdrücklich neben Foto- und Filmapparaten genannt. Der verschlossene Raum eines Passagierschiffes wird einem verschlossenen Raum in einem Gebäude gleichgestellt.

12   Hängegleiter werden ausdrücklich vom Versicherungsschutz ausgeschlossen, § 1 Nr. 5 AVBR 92. Für Fahrräder und Segelsurfgeräte bietet die Grunddeckung der AVBR 92 keinen Versicherungsschutz. Mit den Klauseln 5 und 6 kann dazu analog zum Versicherungsschutz für Sportgeräte, § 1 Nr. 3 AVBR 92, Versicherungsschutz vereinbart werden. Das bedeutet, daß das Gebrauchsrisiko nicht versicherbar ist.

13   Mit Rücksicht auf die Rechtsprechung zu den Rechtsbegriffen des Risikoausschlusses und der verhüllten Obliegenheit wurden an betreffender Stelle in § 5 sowie in den Klauseln 4, 5 und 6 Rechtsfolgebelehrungen bei Obliegenheitsverletzungen mit einem Hinweis auf § 6 VVG eingefügt.

14   Der Versicherungsschutz bei verspäteter Auslieferung von Reisegepäck wurde unter § 2 Nr. 3 den Leistungstatbeständen aus der Grunddeckung zugeordnet. Die Skibruch-Klausel wird mit den AVBR 92 nicht mehr angeboten.

15   Die Obliegenheiten wenden sich nach der ausdrücklichen Textfassung an den Versicherungsnehmer **oder den Versicherten**. Die Frage, inwieweit das Verschulden des Versicherten Einfluß auf die Leistungspflicht des Versicherers hat, findet für dieses Bedingungswerk damit eine ausdrückliche Regelung.

B. AVB Reisegepäck 1980/1992
AVBR 80

§ 1 Versicherte Sachen und Personen

1. Versichert ist das gesamte Reisegepäck des Versicherungsnehmers und der mit ihm in häuslicher Gemeinschaft lebenden mitreisenden Familienangehörigen und Hausangestellten.
Für Reisen, die mit dem Versicherungsnehmer in häuslicher Gemeinschaft lebende Familienangehörige getrennt oder allein unternehmen, besteht Versicherungsschutz nur, wenn dies besonders vereinbart ist.

2. Als Reisegepäck gelten sämtliche Sachen des persönlichen Reisebedarf, die während einer Reise mitgeführt, am Körper oder in der Kleidung getragen oder durch ein übliches Transportmittel befördert werden. Als Reisegepäck gelten auch Geschenke und Reiseandenken, die auf der Reise erworben werden.
Sachen, die dauernd außerhalb des Hauptwohnsitzes der Versicherten aufbewahrt werden (z. B. in Zweitwohnungen, Booten, Campingwagen), gelten nur als Reisegepäck, solange sie von dort aus zu Fahrten, Gängen oder Reisen mitgenommen werden.

3. Fahrräder, Falt- und Schlauchboote sowie andere Sportgeräte einschließlich Zubehör sind nur versichert, solange sie sich nicht in bestimmungsgemäßem Gebrauch befinden. Außenbordmotoren sind stets ausgeschlossen.

4. Pelze, Schmucksachen, Gegenstände aus Edelmetall sowie Foto- und Filmapparate und Zubehör, sind – unbeschadet der Entschädigungsgrenze in § 4 Nr. 1 – nur versichert, solange sie
   a) bestimmungsgemäß getragen bzw. benutzt werden oder
   b) in persönlichem Gewahrsam sicher verwahrt mitgeführt werden oder
   c) einem Beherbergungsbetrieb zur Aufbewahrung übergeben sind oder
   d) sich in einem ordnungsgemäß verschlossenen Raum oder einer bewachten Garderobe befinden; Schmucksachen und Gegenstände aus Edelmetall jedoch nur, solange sie außerdem in einem verschlossenen Behältnis untergebracht sind, das erhöhte Sicherheit auch gegen die Wegnahme des Behältnisses selbst bietet.
Pelze, Foto- und Filmapparate und Zubehör sind auch dann versichert, wenn sie in ordnungsgemäß verschlossenen, nicht einsehbaren Behältnissen einem Beförderungsunternehmen oder einer Gepäckaufbewahrung übergeben sind.

5. Nicht versichert sind Geld, Wertpapiere, Fahrkarten, Urkunden und Dokumente aller Art, Gegenstände mit überwiegendem Kunst- oder Liebhaberwert, Kontaktlinsen, Prothesen jeder Art, sowie Land-, Luft- und Wasserfahrzeuge (Fahrräder, Falt- und Schlauchboote siehe aber Nr. 3). Ausweispapiere (§ 9 Nr. 1 d) sind jedoch versichert.

AVBR 92

§ 1 Versicherte Sachen und Personen

1. Versichert ist das gesamte Reisegepäck des Versicherungsnehmers, seiner mitreisenden Familienangehörigen sowie seines namentlich im Versicherungsschein aufgeführten Lebensgefährten und dessen Kinder, soweit diese Personen mit dem Versicherungsnehmer in häuslicher Gemeinschaft leben.

Für Reisen, die mit dem Versicherungsnehmer in häuslicher Gemeinschaft lebenden Personen gem. Satz 1 getrennt oder allein unternehmen, besteht Versicherungsschutz nur, wenn dies besonders vereinbart ist.

2. Als Reisegepäck gelten sämtliche Sachen des persönlichen Reisebedarfs, die während der Reise mitgeführt, am Körper oder in der Kleidung getragen oder durch ein übliches Transportmittel befördert werden. Als Reisegepäck gelten auch Geschenke und Reiseandenken, die auf der Reise erworben werden. Gegenstände, die üblicherweise nur zu beruflichen Zwecken mitgeführt werden, sind nur gemäß besonderer Vereinbarung versichert.

Sachen, die dauernd außerhalb des Hauptwohnsitzes des Versicherten aufbewahrt werden (z. B. in Zweitwohnungen, Booten, Campingwagen), gelten nur als Reisegepäck, solange sie von dort aus zu Fahrten, Gängen oder Reisen mitgenommen werden.

3. Falt- und Schlauchboote sowie andere Sportgeräte jeweils mit Zubehör sind nur versichert, solange sie sich nicht in bestimmungsgemäßen Gebrauch befinden. Außenbordmotoren sind stets ausgeschlossen.

4. Pelze, Schmucksachen und Gegenstände aus Edelmetall sowie Foto- und Filmapparate und tragbare Videosysteme jeweils mit Zubehör, sind – unbeschadet der Entschädigungsgrenze in § 4 Nr. 1 – nur versichert, solange sie
a) bestimmungsgemäß getragen bzw. benutzt werden oder
b) in persönlichem Gewahrsam sicher verwahrt mitgeführt werden oder
c) einem Beherbergungsbetrieb zur Aufbewahrung übergeben sind oder
d) sich in einem ordnungsgemäßen Raum eines Gebäudes, eines Passagierschiffes oder einer bewachten Garderobe befinden; Schmucksachen und Gegenstände aus Edelmetall jedoch nur, solange sie außerdem in einem verschlossenen Behältnis untergebracht sind, das erhöhte Sicherheit auch gegen die Wegnahme des Behältnisses selbst bietet.

Pelze, Foto-, Filmapparate und tragbare Videosysteme jeweils mit Zubehör sind auch dann versichert, wenn sie in ordnungsgemäß verschlossenen nicht einsehbaren Behältnissen einem Beförderungsunternehmen oder einer Gepäckaufbewahrung übergeben sind.

5. Nicht versichert sind Geld, Wertpapiere, Fahrkarten, Urkunden und Dokumente aller Art, Gegenstände mit überwiegendem Kunst- oder Liebhaberwert, Kontaktlinsen, Prothesen jeder Art, sowie Land-, Luft- und Wasserfahrzeuge jeweils mit Zubehör, einschließlich Fahrräder, Hängegleiter und Segelsurfgeräte (Falt- und Schlauchboote siehe aber Nr. 3). Ausweispapiere (§ 9 Nr. 1 d) sind jedoch nicht versichert.

Übersicht

28

A. Vorbemerkung

Der Titel des § 1 „Versicherte Sachen und Personen" kündigt die Risikobe- 1
schreibung für die genannten Begriffe an. Zur sekundären Risikoabgrenzung
enthält § 1 Risikoausschlüsse für bestimmte Sachgruppen.
Über die risikobeschreibenden Grundregeln der Fragen Wer ist versichert
und Was ist versichert hinaus enthält § 1 eine Fülle von Detailregeln zu
Beginn und Ende des Versicherungsschutzes und zu versicherten Gefahren
für bestimmte Sachgruppen.

Neben den rechtsbegründenden Grundregeln zu versicherten Personen 2
und Sachen weist § 1 Elemente der weiteren Regelungsfelder des Bedingungswerkes auf. Die Regelungsmethodik gibt Anlaß zur Darstellung des
Meinungsstandes zu den Begriffen der Risikoabgrenzung und der verhüllten Obliegenheit. Die Obhut über besonders wertvolle Gegenstände kann
von dem Versicherten selber oder einer beauftragten Vertrauensperson
wahrgenommen werden. Das verlangt eine Klärung gegenüber dem von der
Rechtsprechung entwickelten Begriff des Repräsentanten.

B. Versicherte Personen

I. Versicherungsnehmer – Versicherte Personen

1. Einzelvertragliche Regelungen

Die Reisegepäck-Versicherung wird überwiegend einzelvertraglich von 3
natürlichen Personen abgeschlossen. Die vertragsschließende Person ist
zugleich Versicherungsnehmer(in) und versicherte Person.

2. Formen des Vertragsschlusses in der Praxis

a) Zahlkarten: Der Versicherer legt Zahlkartenvordrucke als Aufforderung zum 4
Abschluß der Versicherungsverträge auf. Der Anhang zu den Einzahlungsvordruk-
ken enthält den Abdruck der AVBR sowie die Angaben des Versicherers zur Rechts-

form des Unternehmens, sowie zur Vertretungsbefugnis. Der Versicherungsvertrag kommt durch Einzahlung der Versicherungsprämie zustande. Die gewünschte Laufzeit des Versicherungsvertrages mit Beginn und Ende der Reise ist auf der Zahlkarte einzutragen. Die Vordrucke enthalten Tabellen zur Laufzeit der Verträge und zur Höhe der Versicherungssumme. Aus den Angeboten kann der Versicherungsbedarf ausgewählt werden.

b) **Versicherungspolicen:** Von Reisevermittlern werden handschriftlich oder über Datenverarbeitungssystem (Start) Einzelpolicen erstellt. Der Versicherungsnehmer erhält die Versicherungspolice.

c) Von Reisegroßveranstaltern wird der Abschluß von **Reiseversicherungen buchungstechnisch im Zusammenhang** mit einer Reisebuchung angeboten. Dabei wird die Reisegepäck-Versicherung mit anderen Reiseversicherungen, z. B. Reisekranken-Versicherung, Reiseunfall-Versicherung, Reisehaftpflicht-Versicherung, gelegentlich auch der Reise-Rücktrittskosten-Versicherung, zu sog. Versicherungspaketen gebündelt. Die **Bestätigung** des Vertragsabschlusses erfolgt über das Datensystem des Reiseveranstalters. Der Abschluß des Versicherungsvertrages ist aus einem Vermerk auf der **Buchungsbestätigung** des Reiseveranstalters und aus der in Rechnung gestellten Versicherungsprämie ersichtlich. Der Versicherungsnehmer erhält mit der Buchungsbestätigung einen Versicherungsausweis mit Abdruck der AVBR.

d) **Gruppenversicherungsverträge** werden bevorzugt für geschlossene Reisegruppen vereinbart. Es wird für die gesamte Reisegruppe eine Versicherungspolice ausgestellt. Mit der Police wird eine Mehrzahl von Einzelverträgen gebündelt. Die Namen der versicherten Personen werden in der Teilnehmerliste dokumentiert.

e) **Kollektivverträge:** Einzelne Reiseveranstalter vereinbaren mit dem Reiseversicherer einen Versicherungsvertrag zugunsten eines jeden Reiseteilnehmers dieses Veranstalters. Diese sog. **Kollektivverträge** sind Verträge zugunsten Dritter gem. § 328, I BGB. Der Versicherte eines solchen Vertrages kann den Anspruch auf Versicherungsleistung selbständig geltend machen.

Nach dem Rundschreiben des BAV R 2/69 ist es den Versicherern **verboten, mit dem Reiseangebot den Zwang zum Abschluß der Versicherung zu verbinden.** In den Angeboten zur Reisebuchung muß darauf hingewiesen werden, daß die Reise unter Verzicht auf das gesamte Versicherungsangebot gebucht werden kann. Macht der Reiseinteressent von dem Ablehnungsrecht Gebrauch, so hat der Veranstalter den Reisepreis in Höhe der Gesamtprämie zu ermäßigen.

5   Ungeachtet der unterschiedlichen äußeren Form des Vertragsschlusses liegt bei sämtlichen einzelvertraglichen Versicherungsverträgen a–d die gleiche Rechtsform vor.

6   Für **Unklarheiten,** die sich aus der vereinfachten Form des Versicherungsabschlusses ergeben, hat der Versicherer als Verwender des Vordrucks einzutreten. Dies gilt insbesondere bei dem Abschluß von Versicherungsverträgen über Zahlkartenvordrucke.

7   Vertragsabschlüsse durch **Einzahlung der Versicherungsprämie** über Zahlkartenvordrucke des Versicherers, kommen am Ort der Niederlassung des Versicherers zustande, § 270 BGB.

8   Hat ein Versicherungsagent den Abschluß der Versicherung vermittelt, kommt der Versicherungsvertrag durch das **Ausstellen der Versicherungspolice** zustande. Am Ort des Vertragsschlusses oder am Ort der Vermittlung des Vertrages besteht der **Gerichtsstand der Agentur,** § 48 VVG. Agenten i. S. des § 48 VVG sind z. B. Reisebüro, Reiseveranstalter, D-Bundesbahn, Bank, Versicherungsagent.

9   Bei **Kollektivverträgen** hat der Reiseunternehmer als Versicherungsnehmer den versicherten Reiseteilnehmern in Abänderung der §§ 74 ff. VVG ein

eigenes Recht zu verschaffen, Ansprüche aus dem Versicherungsvertrag geltend zu machen. Die Geltendmachung von Ansprüchen aus dem Vertrag darf nicht von der Zustimmung des Versicherungsnehmers abhängen. Der Versicherer hat den Vertrag mit dem Reiseunternehmen entsprechend dem Rundschreiben des Bundesaufsichtsamtes für das Versicherungswesen, R 2/69 vom 28. 5. 69, Ziff. 3 (VA **69**, 167) zu vereinbaren.

Der Versicherer hat sicherzustellen, daß den versicherten Personen aus **10** Kollektiv- und Gruppenversicherungsverträgen rechtzeitig vor Reiseantritt ein Versicherungsausweis ausgehändigt wird.

Versäumt der Versicherer seine Informationspflichten gem. der Anord- **11** nung des BAV R 2/69 (VA **69**, 167), erlangen die Versicherten gleichwohl Versicherungsschutz auf der Grundlage der AVBR. Die AVBR werden unter den erleichterten Voraussetzungen des § 23 Abs. 3 AGBG Vertragsinhalt, wenn bei Abschluß des Vertrages auf die AVBR so hingewiesen wird.

Der Versicherungsausweis muß den Versicherten über Name und **12** Anschrift des Versicherungsträgers, über die AVBR, über die Mitteilungs- und Anzeigepflichten des Versicherten sowie sein selbständiges Verfügungsrecht über die Ansprüche aus dem Versicherungsvertrag unterrichten.

Gemäß aufsichtsrechtlicher Verfügung haben sich die Versicherer ver- **13** pflichtet, versicherten Personen aus Kollektivverträgen (§ 328 BGB, § 74 VVG) und aus Gruppenversicherungsverträgen bei der Geltendmachung von Rechten aus dem Versicherungsvertrag die **gleiche Rechtsstellung** zu verschaffen wie Versicherungsnehmern, die den Reisegepäck-Versicherungsvertrag unmittelbar mit dem Versicherer abgeschlossen haben.

Da Versicherungsnehmer aus Einzelverträgen und versicherte Personen **14** aus Gruppen- und Kollektivvereinbarungen nach den AVB stets die gleichen Rechte und Pflichten treffen, werden die Rechte und Pflichten aus den AVBR bezogen auf **den Versicherten** erörtert. Dem trägt die Textfassung der AVBR 92 Rechnung. Dort wird der „Versicherungsnehmer oder Versicherte" angesprochen (§§ 10, 11, Klauseln 1, 4, 5, 6 AVBR 92).

II. Familienangehörige, häusliche Gemeinschaft

1. Familienangehörige

Versichert sind neben dem im Versicherungsschein bezeichneten Versi- **15** cherten die mit ihm in häuslicher Gemeinschaft lebenden mitreisenden **Familienangehörigen** und Hausangestellten. Zu den Familienangehörigen zählen nur Verwandte im familienrechtlichen Sinn. Verlobte und Personen, die mit dem Versicherten in eheähnlicher Gemeinschaft leben, sind in den Versicherungsschutz nicht einbezogen (AG München, 3. 6. 1981, 8 C 16632/80 A II Familienangehörige 1.; LG Düsseldorf, VersR **83**, 683 = NJW **85**, 2427; a. A. *Ollick,* VA **80**, 285; *Prölss/Martin,* § 1 AVBR, Anm. 2). Die Einbeziehung Angehöriger und Partner außerhalb des Kreises der Familienangehörigen würde den Kreis der potentiell mitversicherten Personen unabsehbar und unkalkulierbar ausweiten.

Leben in häuslicher Gemeinschaft bedeutet eine auf gewisse Dauer ange- **16**

legte **Wohn- und Wirtschaftsgemeinschaft**. Allein räumliches Zusammenleben oder vorübergehender Aufenthalt bei dem Versicherten genügt nicht. Vorübergehende Abwesenheit hebt das Leben in häuslicher Gemeinschaft nicht auf, sofern der Versicherte keinen neuen Lebensmittelpunkt begründet. Ein Zweitwohnsitz, z. B. während der Wochentage aus beruflichen Gründen, steht dem Leben in häuslicher Gemeinschaft nicht entgegen, sofern der Lebensmittelpunkt am Hauptwohnsitz verbleibt.

17   **Polizeiliche Wohnsitzanmeldung** ist zwar nicht konstitutiv für das Bestehen einer häuslichen Gemeinschaft, stellt aber ein gewichtiges Indiz dar. Wird jedoch eine Wohngemeinschaft begründet, ohne daß der Hauptwohnsitz an diesen Ort verlegt wird, spricht das gegen das Leben in häuslicher Gemeinschaft.

18   **Längere Abwesenheit** und die Verlagerung des Lebensmittelpunktes führen aus der häuslichen Gemeinschaft heraus. Studenten, die in den Ferien zu Besuch in das elterliche Haus zurückkehren, leben noch in häuslicher Gemeinschaft mit den Eltern, wenn sie von den Eltern Unterhalt beziehen. Der Grundwehrdienst hebt die häusliche Gemeinschaft nicht auf. Berufssoldaten und Soldaten auf Zeit begründen bei dienstlich veranlaßtem Standortwechsel nicht in jedem Fall einen neuen Lebensmittelpunkt (vgl. *Ollick*, VA **80**, 285 der auch bei längerer Abwesenheit durch Wehrdienst und Studium die häusliche Gemeinschaft nicht aufgehoben sieht). Zur Verlegung des Wohnsitzes kann der Soldat verpflichtet werden, § 18 SoldatenG. Die Verlegung des Wohnsitzes ist deshalb nicht in jedem Fall mit der Veränderung des tatsächlichen Lebensmittelpunktes verbunden.

19   **Hausangestellte** sind alle im Bereich der Hauswirtschaft und der Kinderbetreuung oder als Chauffeur beschäftigten Personen, nicht aber Arbeitnehmer, die im Rahmen eines Kleinbetriebes oder einer Landwirtschaft beschäftigt werden, auch wenn sie Familienanschluß haben (a. A. *Ollick*, VA **80**, 285). Die Einbeziehung der Hausangestellten in den Kreis der mitversicherten Personen hat keine nennenswerte praktische Bedeutung.

2. Gemeinsame Reise

20   Von einer **gemeinsamen Reise** kann nur dann gesprochen werden, wenn die mitreisenden Personen dasselbe Reiseziel haben und der **überwiegende Teil der Reise gemeinsam** unternommen wird. Eine vorübergehende Trennung während der Reise zu einzelnen Ausflügen oder Spaziergängen unterbricht die gemeinsame Reise nicht (vgl. AG Lemgo, VersR **89**, 743). Auch während getrennt unternommener Ausflüge des Versicherten und der Familienangehörigen besteht Versicherungsschutz.

21   Reist der Versicherte mit dem Flugzeug an, während ein Familienangehöriger zum selben Ort mit dem Auto fährt, besteht Versicherungsschutz auch für den Familienangehörigen, sofern die getrennte Anreise zum gemeinsamen Reiseziel führt und die Reise sodann überwiegend gemeinschaftlich fortgesetzt wird.

22   Begleiten Familienangehörige den Versicherten z. B. nur auf der Anreise bis zum Flughafen, so sind diese Begleiter des Versicherten nur bis zum Ort

der Trennung mitversichert. Reist der Versicherte weiter, während der Familienangehörige an den Heimatort zurückfährt, besteht während dieser Rückreise für den Familienangehörigen kein Versicherungsschutz aus der Reisegepäck-Versicherung gem. § 1 Nr. 1.

Die Einbeziehung in den Versicherungsschutz reicht nur so weit, wie **23** nach der **Gesamtbetrachtung** von einer gemeinsamen Reise gesprochen werden kann, und das vom Versicherer übernommene Risiko im wesentlichen nur **gegenständlich erweitert** ist (vgl. OLG Hamm, VersR 78, 1064 = r + s 79, 22). Dieser Rahmen wird überschritten, wenn die beiden Reisenden getrennte Wege gehen und kein Zusammenhang zwischen den Reisen der beiden Personen besteht. Bei gemeinsamer Reise ist das versicherte Interesse den gleichen Gefahren ausgesetzt. Dagegen wird bei getrennter Reise das Risiko durch zusätzliche oder andere Gefahren zeitlich und räumlich erweitert (vgl. *Prölss/Martin*, § 1 AVBR, Anm. 2). Reisen etwa Familienangehörige gemeinsam ins Ausland und trennen sich dort ihre Wege zu geschäftlichen Aktivitäten oder zu einer Besichtigungsreise, so besteht für den Familienangehörigen des Versicherten nur bis zum Trennungspunkt Versicherungsschutz.

Die **Voraussetzungen** der Familienangehörigkeit, des Lebens in häuslicher **24** Gemeinschaft und der gemeinsamen Reise gelten **kumulativ**. Versicherungsschutz aus der Mitversicherungsregelung besteht nur dann, wenn alle drei Merkmale zusammentreffen. Weder können nicht verwandte angehörige Reisebegleiter Versicherungsschutz für sich in Anspruch nehmen, noch können Familienangehörige, die mit dem Versicherten in häuslicher Gemeinschaft leben, bei getrennter Reise Versicherungsschutz beanspruchen, es sei denn, daß dazu eine besondere Vereinbarung getroffen worden war.

3. Selbständig reisende Familienangehörige

Mit Sondervereinbarung kann der Versicherungsschutz gem. § 1 Nr. 1 **25** Satz 2 für die in häuslicher Gemeinschaft lebenden Familienangehörigen des Versicherten auch während solcher Reisen vereinbart werden, die diese Personen getrennt von der versicherten Bezugsperson unternehmen. Diese erweiterte Deckung für die Familienangehörigen wird mit der Vereinbarung einer erhöhten Versicherungssumme (Grunddeckung und Erhöhungsbetrag gem. Klausel 3 – Urlaubsdeckung addiert) angeboten.

C. Versicherte Sachen

I. Der Begriff des Reisegepäcks (Grundzüge)

§ 1 Nr. 2 bestimmt den **Begriff** des versicherten Reisegepäcks **funktional 26** (vgl. *van Bühren*, Dissertation, S. 85 ff., m. w. N.). Versichert ist das Interesse des Reisenden an den Sachen des **persönlichen Reisebedarfs**. Auf die Eigentumslage kommt es deshalb nicht an. Auch geliehene Gegenstände, die der Versicherte auf der Reise mitführt und die ihrer Zweckbestimmung nach während der Reise Verwendung finden sollen, sind versichert. Gegenstände, die nach ihrer Natur gewerblichen Zwecken dienen (z. B. Rohstoffe, industrielle Zwischenprodukte) können nicht persönlicher Reisebedarf sein. Auch Teile ortsfester Einrichtungen oder Sachgesamtheiten können bereits nach ihrer Eigenart nicht persönlicher Reisebedarf und mithin nicht Reisegepäck sein.

27   **Sachen** i. S. der Reisegepäck-Versicherung sind nur unbelebte, bewegliche Gegenstände. Auf Reisen mitgenommene **lebende Tiere** wie Hunde, Katzen oder auch Reitpferde können nicht unter den Begriff des Reisegepäcks gefaßt werden. Dem steht das natürliche Begriffsverständnis des Wortes Gepäck entgegen. Das Interesse des Versicherten als Tierhalter kann nur über die Tierversicherung abgedeckt werden (a. A. *Prölss/Martin,* § 1 AVBR, Anm. 4).

28   Als Reisegepäck gelten im Sprachgebrauch zunächst die Sachen, die in Koffern und Taschen oder als separates Gepäckstück mitgeführt werden. Ähnlich eng ist der Begriff des Reisegepäcks in der EVO (§§ 25 ff. EVO, insbesondere § 25 Abs. 1). Demgegenüber weitet § 1 Nr. 2 den Begriff ausdrücklich aus auf die am Körper oder in der Kleidung getragenen Gegenstände (Kleidung, Uhren, Schmuck, Brillen). Mit dieser ausdrücklichen erweiternden Regelung wird der natürliche Sprachgebrauch als Grundlage des Begriffsverständnisses bestätigt.

29   Daraus folgt weiter, daß Gegenstände von besonderem Umfang (z. B. Container voll Hausrat) nicht unter den Begriff des Reisegepäcks gefaßt werden können. Auch das Transportmittel selbst und dessen Zubehör (außer Fahrräder, Falt- und Schlauchboote, vgl. § 1 Nr. 3) sind nicht Reisegepäck. Ein Rollstuhl ist jedoch während des Transports Reisegepäck. (Krankenfahrstühle mit eigenem Antrieb, s. u. RdNr. 213).

30   Abgrenzungsprobleme ergeben sich gegenüber **Kraftfahrzeugzubehör.** Die Liste des versicherten Fahrzeugzubehörs, die Bestandteil von § 12 AKB ist (vgl. *Stiefel/Hofmann,* § 12 RdNr. 10, 11) bietet eine erste Abgrenzung. Die in dieser Liste als versichertes Fahrzeugzubehör genannten Sachen sind **kein Reisegepäck.** Fest oder in Halterungen eingebaute Radios oder Tonband-(Kassetten-)Geräte, Gepäckträger, serienmäßiges Werkzeug sowie die notwendig im Fahrzeug mitzuführenden Gegenstände wie etwa das Warndreieck und der Verbandskasten etc. werden nicht vom Deckungsschutz der Reisegepäck-Versicherung erfaßt (AG Freiburg, VersR 80, 964; AG Lemgo, VersR 89, 743). Die Abgrenzung gilt auch dann, wenn keine Fahrzeug-Versicherung abgeschlossen wurde. Für Werkzeug, das über die serienmäßige Ausstattung hinaus mitgeführt wird, ist ebenfalls die Deckung der Fahrzeug-Versicherung einschlägig.

Fahrzeugersatzteile werden ebenfalls nicht vom Deckungsschutz der Reisegepäck-Versicherung erfaßt.

31   Die in Teil 3 der Liste zu § 12 AKB beispielhaft genannten „**nicht kaskoversicherbaren**" **Gegenstände** (z. B. Autoatlas, Fotoausrüstung, Rasierapparat) zählen zum persönlichen Reisebedarf und unterliegen der Deckung der **Reisegepäck-Versicherung.** Zum persönlichen Reisebedarf zählen auch Gegenstände, die nicht ausschließlich als Kfz-Zubehör Verwendung finden, z. B. Kindersitze und Werkzeug, das mehrfachem Zweck dienen kann.

Als Reisegepäck gelten auch die durch ein **übliches Transportmittel** beför- 32
derten Sachen. Versichert ist damit auch das Gepäck, das sich während der
Beförderung nicht in unmittelbarem Gewahrsam des Versicherten befindet.
Der Begriff bezieht den Versicherungsschutz auch auf das zur Beförderung
aufgegebene **unbegleitete Reisegepäck**. Gepäck, das vor Reiseantritt des Versicherten per Bahn, Post oder Luftfracht an das Reiseziel geschickt wird, ist
vom Deckungsschutz erfaßt, sofern die Laufzeit des Vertrages die gesamte
Beförderungszeit und damit den potentiellen Zeitpunkt des Schadeneintritts
umfaßt. (Zu verspätet ausgeliefertem Gepäck s. u., § 6 RdNr. 32 ff.)

Die Eintrittpflicht des Versicherers besteht unabhängig davon, ob das 33
Gepäck aufgrund eines **gesonderten Transportvertrages**, aufgrund **vertraglicher Nebenpflichten** aus dem Reise- und Personenbeförderungsvertrages
oder **privat unentgeltlich** aus Gefälligkeit befördert wird.

Reist ein Versicherter per Flug und wird sein Gepäck von einem Dritten 34
im Pkw zum Reiseziel oder zurück an den Heimatort transportiert, besteht
Versicherungsschutz, sofern die Gegenstände am Reiseziel dem persönlichen Reisebedarf dienen.

Unter welchen Voraussetzungen ein Transport durch ein **übliches Trans-** 35
portmittel geschieht, bestimmt sich nach den örtlichen Gegebenheiten. Bei
einer Trekking-Tour kann auch der Transport durch Träger oder Lasttiere
als üblicher Transport angesehen werden. Voraussetzung ist, daß an jenem
Ort das gewählte Transportmittel gewohnheitsmäßig zur Beförderung von
Gegenständen Verwendung findet.

II. Persönlicher Reisebedarf

Im Rahmen der Definition des Reisegepäcks kommt dem Begriff des **per-** 36
sönlichen Reisebedarfs eine Schlüsselstellung zu. Zwischen den persönlichen
Bedürfnissen des reisenden Versicherten und der **konkreten Reise** muß ein
Zusammenhang bestehen. Der Freiheit des Versicherten, nach subjektivem
Ermessen beliebige Gegenstände als Sachen seines persönlichen Reisebedarfs auszuwählen, wird damit ein objektives Korrektiv gegenübergestellt
(vgl. *van Bühren*, Dissertation, S. 88).

Versicherte Gegenstände sind danach nur solche Sachen, die nach Art, 37
Ziel, Zweck und Dauer der konkreten Reise erkennbar den spezifischen
Bedürfnissen des Reisenden zu dienen geeignet erscheinen. Daher genügt
grundsätzlich die Möglichkeit der Entstehung eines konkreten Bedarfs.
Auch nur vorsorglich mitgeführte Sachen gehören zum Reisebedarf, sofern
die Entstehung der akuten Bedarfslage nicht außerhalb jeder Wahrscheinlichkeit liegt **(potentieller Reisebedarf)**.
Auf die tatsächliche Benützung oder Verwendung während der Reise
kommt es nicht an. Objektiv nicht nutzbare Gegenstände, die aufgrund
eines plausiblen Irrtums als Reisebedarf (Putativbedarf) mitgeführt werden,
sind im Zweifel mitversichert (zu weitgehend allerdings *Ollick*, VA 80, 285).

Kein Reisebedarf ist etwa eine noch vom Vortag im Fahrzeug befindliche 38
Sportausrüstung während einer Kurzreise in den Nachbarort aus gesell-
schaftlichem Anlaß, z. B. zum Besuch eines Theaters. Gegenstände, die von

der Arbeitsstelle, dem Zweitwohnsitz nach Hause transportiert werden, um dort Verwendung zu finden, dienen während der Fahrt nicht als Reisebedarf und sind deshalb nicht versichert (LG München I, VersR **91**, 690). Eine Skiausrüstung ist im Rahmen einer Badereise an die Nordsee ebensowenig Reisebedarf wie etwa Pelze bei einer Reise in die Tropen oder Abendgarderobe bei einer reinen Abenteuerreise. Bei einer Einkaufsfahrt ist eine Kameraausrüstung in der Regel nicht zum Reisebedarf zu rechnen. Führt der Versicherte während einer Tagesreise Gepäck in einem Umfang mit, das üblicherweise nur während der Dauer einer mehrwöchigen Reise benötigt wird, besteht für das über den Bedarf der Tagesreise hinausgehende Gepäck kein Versicherungsschutz (vgl. OLG Köln, VersR **71**, 540; *Prölss/Martin*, § 1 AVBR, Anm. 4 b).

39   Maßgebender Bezug ist die **gesamte Reise**, § 6 Nr. 1. Mitgeführte Sachen, die auch nur während eines Abschnitts dieser Reise dem persönlichen Reisebedarf des Versicherten dienen sollen, sind während der gesamten Reise versichert, also auch während der Reiseabschnitte, innerhalb derer sie nach den Vorstellungen des Versicherten nicht gebraucht werden.

40   Gegenstände, die von einem nicht versicherten Reisebegleiter mitgeführt werden und sowohl von diesem als auch von dem Versicherten genutzt werden sollen, zählen nicht zum persönlichen Reisebedarf des Versicherten (a. A. *Prölss/Martin*, § 1 AVBR, Anm. 4). Eine andere Auslegung würde zur Umgehung der Mitversicherungsregel, § 1 Nr. 1, führen. Überdies wäre der Versicherungswert, § 7, nicht feststellbar, wenn es im Belieben des Versicherten stünde, einzelne Gegenstände der Reisebegleitung als eigenen Reisebedarf zu deklarieren.

41   Gegenstände, die im Fahrzeug auf der **Anreise** bis zum **Abflughafen** mitgenommen und dort im Fahrzeug zurückgelassen werden, sind nur dann Reisebedarf, wenn es sich um spezifischen Bedarf für die Anreise zum Flughafen oder für die Heimreise von dort handelt. (Die im Ergebnis zutreffende Entscheidung des LG Bielefeld (VersR **81**, 747) wählt als Ansatz die nicht tragfähige Konstruktion einer Mehrheit von selbständigen Reisen; dem folgen trotz richtiger einleitender Bemerkungen auch die Anmerkungen von *Schmidt*, VersR **81**, 747. Hier wird jedoch verkannt, daß solche Fälle über die funktionale Zuordnung der betreffenden Sachen zu lösen sind.)

42   **Während der Reise erworbener Reisebedarf** fällt unter den Versicherungsschutz. Voraussetzung ist, daß die hinzuerworbenen Sachen nach ihrer Art und Zweckbestimmung geeignet sind, noch während der Reise Verwendung zu finden und tatsächlich der Bedarfsdeckung während der Reise dienen. Während der Reise gekaufte und getragene Lederbekleidung ist zum versicherten Reisebedarf zu rechnen (AG Bremen, VersR **81**, 927). Erwirbt der Versicherte jedoch am letzten Tag seines Urlaubs zahlreiche Kleidungsstücke, so dienen diese Sachen in der Regel nicht mehr dem persönlichen Reisebedarf (LG Düsseldorf, VersR **89**, 42).

43   Gegenstände, die während der Reise lediglich unter Wahrnehmung einer günstigen Einkaufsmöglichkeit zur **Verwendung nach Beendigung der Reise** erworben werden, unterliegen nicht dem Versicherungsschutz (vgl. *Ollick*,

VA 80, 286; nicht eindeutig *Prölss/Martin*, § 1 AVBR, Anm. 4 b). Eine in Fernost gekaufte Kamera, die noch während der Reise genutzt werden soll, gehört zum persönlichen Reisebedarf und ist versichert. Eine unterwegs erworbene Heimvideoanlage oder EDV-Hardware, die am Heimatort Verwendung finden soll, ist nicht versichert (LG München I, 18. 8. 1987, 28 O 3404/87, A II, Reisebedarf 5).

Unterwegs erworbene **Andenken und Geschenke** sind begrifflich kein Rei- **44** sebedarf, da sie erst am Heimatort Verwendung finden sollen; hier gilt jedoch die Sonderregelung in § 1 Nr. 2 Satz 2 (s. § 4 RdNr. 12). Der Wert dieser Gegenstände wird dem Versicherungswert nicht hinzugerechnet, § 7 Nr. 1 S. 2 (s. u. § 7 RdNr. 5).

Dagegen erhöht der Wert des unterwegs erworbenen Reisebedarfs den Versicherungswert, § 7, so daß **Unterversicherung** (§ 9 Nr. 3) entstehen kann.

Nicht dem Reisebedarf dienen Sachen, die lediglich Gegenstand einer **45** **Beförderung** sind. Dies gilt etwa für Hausrat und Sachen des täglichen Bedarfs, zu deren Erwerb eigens eine **Einkaufsfahrt** unternommen wurde. Kein versicherter Reisebedarf sind auch Gegenstände (z. B. gebrauchte Kleidung und Wäsche), die vom Zweitwohnsitz zum Hauptwohnsitz transportiert werden und dort gereinigt werden sollen (LG München I, VersR **91**, 690).

Umzugsgut, das erst am neuen Wohnsitz Verwendung finden soll, ist kein **46** versicherter Reisebedarf. Dies betrifft z. B. die Beförderung von Gegenständen zur Ausstattung der Zweitwohnung, einer „Studentenbude" oder eines Ferienhauses. Ebenso gehören Sachen, die während einer Reise für Dritte befördert werden, nicht zum versicherten Reisegepäck.

Versicherungsschutz besteht unabhängig vom **Zweck der Reise**. Während **47** privater, dienstlich veranlaßter, beruflicher, gewerblicher oder zu Forschungszwecken dienender Reise besteht gleichermaßen Versicherungsschutz. Jedoch sind stets ausschließlich die Sachen des persönlichen Reisebedarfs versichert.

Kein Versicherungsschutz besteht für Gegenstände, die **primär berufsbe- 48** **zogen** oder zu anderen Zwecken mitgeführt werden. Das betrifft insbesondere **Handelswaren**, Musterkollektionen, Kataloge und Werbeschriften sowie die von Monteuren oder im Reparatur- und Wartungsdienst Beschäftigten mitgeführten Werkzeuge und Ersatzteile (vgl. *Ollick*, VA **80**, 286; vgl. § 1 Nr. 2 AVBR 92, s. u. RdNr. 222). Kein Versicherungsschutz besteht für die Dias und Fachbücher, die ein Arzt zur Verwendung bei einem Fachkongreß als Reisegepäck mit sich führt (OLG München, VersR **87**, 1031). Kein Versicherungsschutz besteht auch für eine Kamera, die zu dem Zweck mitgeführt wird, vor Ort den Verlauf der auftragsgemäß erledigten Bauarbeiten zu dokumentieren.

Ob eine **Reiseschreibmaschine** oder ein **Diktiergerät**, das während der **49** Reise mitgeführt wird, dem persönlichen Reisebedarf dient, etwa zur Dokumentation des Reiseverlaufs, oder ob es zu beruflichen Zwecken mitgeführt wird, ist im Einzelfall anhand der konkreten Umstände zu ermitteln (*van Bühren/Nies*, Aktuelle Probleme, S. 7). Soweit Gegenstände sowohl zu privaten als auch zu beruflichen Zwecken mitgeführt werden, bestimmt sich der Versicherungsschutz danach, welchem Zweck der Gegenstand vorrangig dienen soll (LG Düsseldorf, VersR **83**, 683 = NJW **85**, 2427).

50   Nicht zum persönlichen Reisebedarf zählen auch Gegenstände, die mitgeführt werden, damit sie am Zielort als Entgelt für Kost und Unterkunft den Gastgebern überlassen werden.

51   **Ausstattungen,** die der versicherte Reisende mit Rücksicht auf seine **Unterhaltspflicht** gegenüber seiner Familie, welche am Zielort lebt, mitbringt, sind nicht versichert.

52   **Gastgeschenke,** welche während der Reise als Aufmerksamkeit und aus Höflichkeit überbracht werden, zählen dagegen zum persönlichen Reisebedarf.

Wann mitgenommene Geschenke als Gastgeschenke anzusehen sind oder als Ausstattung und Unterhaltsbeitrag für die Familie, ist nicht geregelt. Die Leistungsbegrenzung gem. § 4 Nr. 2 (für Geschenke und Reiseandenken, die von der Reise mitgenommen werden) kann zur Orientierung herangezogen werden. Die analoge Anwendung auf Gastgeschenke, die vom Abreiseort ins Zielland mitgenommen werden, ist jedoch nicht zulässig.

53   Medikamente und medizinisches Gerät (Einwegspritzen), die vorsorglich zu eigenem Bedarf auf die Reise mitgenommen werden, zählen zum versicherten persönlichen Reisebedarf.

Der Notfallkoffer eines Arztes, der aus berufsethischen Gründen von Ärzten zur Nothilfe bei Dritten stets mitgeführt wird, dient jedoch nicht dem persönlichen Reisebedarf des Arztes. Vielmehr ist diese Ausrüstung dem beruflichen Reisebedarf des Arztes zuzuordnen.

54   Die von Berufsmusikern bei Konzertreisen mitgeführten **Musikinstrumente** dienen beruflichem Reisebedarf und sind nicht versichert. Dagegen besteht Versicherungsschutz für Musikinstrumente von Laienmusikern, auch wenn damit gelegentlich während der Reise gegen Entgelt aufgespielt werden soll.

Führen Reporter, Forschungsreisende oder Filmemacher Fotoausrüstungen während der Reise mit, so spricht der erste Anschein dafür, daß diese Geräte beruflichen Zwecken dienen.

55   **Während der Reise erworbene Geschenke und Andenken** (Souvenirs), die ihrer Bestimmung erst nach Beendigung der Reise zugeführt werden und nicht dem persönlichen Bedarf des Versicherten während der Reise dienen, sind durch die Definition des versicherten Reisegepäcks nicht erfaßt. Die Sonderregelung in § 1 Nr. 2 S. 2 bezieht deshalb die während der Reise erworbenen Geschenke und Reiseandenken ausdrücklich in den Versicherungsschutz mit ein. Allerdings ist das Deckungsversprechen der Höhe nach limitiert (im einzelnen s. u. § 4 Nr. 2 b).

Der Wert der Souvenirs wird dem Versicherungswert nicht zugerechnet, § 7 Nr. 1 S. 2.

56   Welche Gegenstände der Versicherte als Geschenk oder Reiseandenken kauft, unterliegt ausschließlich seinem subjektiven Ermessen. Eine objektive Abgrenzung ist lediglich gegenüber solchen Gegenständen zu ziehen, die

nach ihrer Eigenart offenkundig für berufliche und gewerbliche Zwecke erworben werden. Bei anderen Gegenständen ist letztlich eine beliebige Deklaration des Versicherten möglich (vgl. *Ollick*, VA 80, 286, Fußnote 42). Die Leistungsbegrenzung nach § 4 Nr. 2 b relativiert dieses Problem jedoch und kann als praxisgerechtes Regulativ angesehen werden.

Soweit Gegenstände erworben werden, die folkloristischen oder kunstge- 57 werblichen Charakter tragen, kann sich eine **Kollision** mit dem Ausschluß von Gegenständen mit überwiegendem **Kunst- oder Liebhaberwert**, § 1 Nr. 5 ergeben. Eine Buddhastatue oder eine Elfenbeinfigur aus Fernost, eine geschnitzte Holzmaske aus Afrika oder eine Ikone aus Osteuropa sind zunächst Kunstgegenstände, die dem Ausschluß nach § 1 Nr. 5 unterfallen. Zu bewerten ist, ob der Erinnerungswert oder der Kunst- und Liebhaberwert überwiegt. Bei Gegenständen, deren Wert im Rahmen der Höchstentschädigungsgrenze für Geschenke und Reiseandenken, § 4 Nr. 2, liegt, steht in aller Regel der Souvenir-Charakter im Vordergrund. Bei höherwertigen Gegenständen, die als Kunstwerke anzusprechen sind, besteht gemäß § 1 Nr. 5 insgesamt kein Leistungsanspruch.

III. Dauernd außerhalb des Hauptwohnsitzes aufbewahrte Sachen

Das Inventar von **Zweitwohnungen, Ferienhäusern, Mobilheimen, Wohnwa-** 58 **gen oder Sportbooten** ist kein Reisegepäck. Versicherungsschutz besteht nur dann, wenn von dort aus Fahrten, Gänge oder Reisen unternommen werden, bei welchen die mitgeführten Gegenstände wiederum als persönlicher Reisebedarf dienen.

Einen Zweitwohnsitz begründet nicht, wer sich 5 Monate in einem frem- 59 den Land aufhält und dort zeitweilig einen Sprachkurs besucht (LG Frankfurt, VersR 83, 364). Ergibt sich jedoch aus den Umständen, daß der Versicherte beabsichtigt, sich an diesem Ort dauernd niederzulassen, so sind Gegenstände, welche sich in seiner Unterkunft befinden, nicht als Reisegepäck versichert (LG München I, 6. 11. 1990, 28 O 14767/89, A II, Zweitwohnsitz 2).

§ 1 Nr. 2, 2. Abs. nimmt nur solche Gegenstände vom Versicherungs- 60 schutz aus, die **dauernd in** der **Zweitunterkunft** aufbewahrt werden. Gegenstände, welche vom Hauptwohnsitz mitgenommen werden und am Zweitdomizil dem persönlichen Reisebedarf dienen, unterliegen auch während der Zeit der Aufbewahrung in der Zweitwohnung dem Versicherungsschutz. Dies kann sowohl für höchstpersönlichen Reisebedarf an Wäsche und Hygiene, als auch für Sportgeräte gelten.

Daraus folgen Abgrenzungsschwierigkeiten bei der Ermittlung des **Versi-** 61 **cherungswertes** zur Feststellung einer etwaigen Unterversicherung, § 7. Das Zurücklassen der Gegenstände in der Zweitwohnung während der Abwesenheit der Versicherten ist ein deutliches Indiz dafür, daß die zurückgelassenen Gegenstände ständig in jener Zweitwohnung aufbewahrt werden, so daß sie nicht vom Versicherungsschutz aus der Reisegepäck-Versicherung erfaßt werden. Der Wert solcher Gegenstände ist nicht zum Versicherungswert zu rechnen.

Gegenstände, die erstmals in die Zweitwohnung etc. verbracht wurden sind auf ihre Zweckbestimmung zu prüfen. Soweit es sich um Gegenstände handelt, die nach ihrer Eigenart als Einrichtungs- und Ausstattungsgegenstände für die Zweitwohnung etc. geeignet sind, besteht kein Versicherungsschutz (z. B. Kaffeemaschine, Küchenausstattung und Geschirr etc.); sie rechnen insgesamt nicht zum versicherten Reisegepäck.

62   **Latenter Reisebedarf,** z. B. Schiffs- und Segelbekleidung, die ständig auf dem Boot verwahrt wird, gehört während der Aufbewahrung dort nicht zum versicherten Reisegepäck. Werden solche Gegenstände von dem Zweitdomizil zu Fahrten, Gängen oder Reisen mitgenommen, besteht auch für diese Gegenstände Versicherungsschutz.

D. Sportgeräte

I. Einleitung

63   **Sportgeräte** gehören nach dem allgemeinen Verständnis des Sammelbegriffs vorrangig zum persönlichen Reisebedarf. Die Sachgruppe wird mit primärer Risikobeschreibung als versichertes Reisegepäck bezeichnet und zugleich gegenüber Land-, Luft- und Wasserfahrzeugen, § 1 Nr. 5, abgegrenzt. Fahrräder, Falt- und Schlauchboote werden in die Regelung für Sportgeräte mit einbezogen.

64   **Fahrzeuge** sind auch dann vom Versicherungsschutz **ausgeschlossen,** wenn sie als Sportgerät angesehen werden, § 1 Nr. 5. Anderenfalls wäre die rechtsbegründende Einbeziehung der Fahrräder, Falt- und Schlauchboote unter die Bestimmung für Sportgeräte nicht erforderlich.

65   Der generelle Ausschluß von **Außenbordmotoren** in § 1 Nr. 3 gehört sachlich zu den Ausschlußtatbeständen des § 1 Nr. 5. Die Anordnung unter § 1 Nr. 3 dient der Klarheit und vermeidet Mißverständnisse zum Umfang des Versicherungsschutzes für Falt- und Schlauchboote mit Außenbordmotor.

II. Der Ausschluß des Gebrauchsrisikos

66   Versicherungsschutz besteht, **solange** sich die Sportgeräte **nicht in bestimmungsgemäßem Gebrauch** befinden. Der Text des § 1 Nr. 3 grenzt den Versicherungsschutz zeitlich ein. Ziel der Bestimmung ist es jedoch, die spezifischen Gefahren des Gebrauchs vom Versicherungsschutz auszunehmen. Der Versicherungsschutz für den Schaden an einem Sportgerät hängt materiell nicht von einer zeitlichen Komponente ab, sondern davon, ob eine typische Gefahr des Gebrauchs ursächlich oder mitursächlich zur Entstehung des Schadens beigetragen hat.
Für die Sachgruppe der Sportgeräte enthält § 1 Nr. 3 materiell den Ausschluß des Gebrauchsrisikos.

67   Der Ausschluß des Gebrauchsrisikos bei Sportgeräten betrifft all jene Gefahren, welche in der rechtsbegründenden Beschreibung der versicherten Risiken, § 2 Nr. 2 a–f, aufgeführt werden und die in **Kausalzusammenhang mit dem Gebrauch des Gerätes stehen.**

Zu den **ausgeschlossenen Risiken** bei Sportgeräten gehören das **Unfall-** und 68 das **Verlustrisiko** und die Gefahren des § 2 Nr. 2 d u. e, soweit diese als spezifisches Gebrauchsrisiko wirksam werden.

Für Schäden, die der Versicherte selber oder die ein Dritter aus Fahrläs- 69 sigkeit an dem versicherten Gepäck verursacht und für Schäden durch Abnutzung besteht ohnedies keine anspruchsbegründende Norm. § 1 Nr. 3 normiert daher insoweit auch keinen Risikoausschluß.

Nicht ausgeschlossen sind die Gefahren, die nicht in Kausalzusammenhang mit 70 **dem Gebrauchsrisiko stehen.** Dieses Verständnis entspricht dem Grundanliegen der Reisegepäck-Versicherung, die benannten von außen einwirkenden Risiken zu versichern, das Gebrauchsrisiko der Gegenstände jedoch konsequent auszuschließen. Dem Verbot der extensiven Auslegung risikobeschränkender Klauseln wird mit diesem Begriffsverständnis Rechnung getragen (*Prölss/Martin*, VVG, Vorbem. III A 7 m. w. N.).

Der Deckungsschutz für **Diebstahl** sowie für **höhere Gewalt** bleibt sonach 71 auch während des Gebrauchs von Sportgeräten bestehen. Ebenso bleibt der Versicherungsschutz für **vorsätzliche regelwidrige** – d. h. böswillige – **Sachbeschädigung** durch Dritte bestehen.

Elementargefahren, § 2 d und e sind ausgeschlossen, soweit diese Risiken 72 im Zusammenhang mit dem Gebrauch des Gerätes wirksam werden. Kein Versicherungsschutz besteht z. B., wenn ein Surfgerät während der Benutzung durch aufkommenden Sturm beschädigt wird. Der Sturm kann in einem solchen Fall den Schaden nur verursachen, weil das Surfbrett in Gebrauch ist.

III. Die versicherten Sportgeräte

Zu Sportgeräten zählen alle Gegenstände, die der Ausübung von Sport, 73 Wettkampfspielen und dem körperlichen Training dienen. Bälle und Wurfgegenstände zählen dazu ebenso wie Bergsteiger-, Taucher- und Skiausrüstungen, Tennis- und Golfschläger.

Zum versicherten Sportgerät gehört auch die für den betreffenden Sport 74 notwendige **Sportkleidung,** soweit sie **Ausrüstungscharakter** hat und anderweitig nicht benutzt werden kann. So etwa die Maske und die Kleidung des Fechters, Taucherkleidung oder notwendige Schutzkleidung, wie die „Panzer" für Eishockeyspieler oder Schutzhelme, die Bergsteiger, Skifahrer, Rodler und Jockeys benutzen.

Sportbekleidung, die unabhängig von der Ausübung des Sportes getragen 75 werden kann, unterliegt nicht der Regelung des § 1 Nr. 3. Zubehör von Sportgeräten teilt die rechtliche Beurteilung der Sportgeräte.

Spielzeug wird nicht von dem Ausschluß des Gebrauchsrisikos nach § 1 76 Nr. 3 erfaßt. Sachen, die der spielerisch-sportlichen Betätigung von Kindern dienen, z. B. Kinderspielbälle, aufblasbare Wasserbälle, auch Kinderfahrräder, Roller oder Tretautos zählen nicht zum Begriff der Sportgeräte.

Spielfahrzeuge für Kinder können nicht zu den Landfahrzeugen (§ 1 77 Nr. 5) gerechnet werden. Denn diese Geräte sind vorderhand nicht dazu bestimmt, Entfernungen leichter zu überwinden. Vielmehr sollen die Kinder spielend den Umgang und die Handhabung lernen. Auch Modelle von Land-, Luft- und Wasserfahrzeugen haben selbst bei einer Ausstattung mit Funk-Fernsteuerung überwiegend Spielzeugcharakter und werden weder von dem Ausschluß in § 1 Nr. 5 noch von dem Ausschluß des Gebrauchsrisikos für Sportgeräte erfaßt. (Die Definition in § 1 Abs. 2 LuftVG, die Flugmodelle zu den Luftfahrzeugen rechnet, steht dem wegen des unterschiedlichen Abgrenzungszweckes nicht entgegen.)

78   Sportgeräte, die zur **Überwindung von Entfernungen** dienen, sind begrifflich von **Fahrzeugen** abzugrenzen. § 1 Nr. 3 bezieht Fahrräder, Falt- und Schlauchboote in die Regelung für Sportgeräte mit ein. Dagegen ist der Versicherungsschutz für Fahrzeuge mit § 1 Nr. 5 insgesamt ausgeschlossen. Für Fahrzeuge besteht auch dann kein Versicherungsschutz, wenn von Fahrzeugsport, Motorradsport etc. gesprochen wird.

79   Steht bei einem Gerät zur Fortbewegung die **körperliche Betätigung** im Vordergrund und ist die Überwindung von Entfernungen demgegenüber zweitrangig, so ist von einem **Sportgerät** zu sprechen.

80   Ist das Gerät dagegen in erster Linie ein Mittel zur **Überwindung von Entfernungen** und zur Beförderung von Gegenständen und auch Personen, so ist das Gerät auch dann als **Fahrzeug** anzusehen, wenn es mit Muskelkraft betrieben wird.

81   Sportgeräte sind danach alle Gegenstände, die in Verbindung mit dem Körper des Sporttreibenden der Fortbewegung dienen, z. B. Skier, Snowboards, Schlittschuhe, Rollschuhe, Skateboards, Rodelschlitten und Wasserski. Diese Gegenstände haben ausschließlich unterstützende Funktion zur Fortbewegung durch Muskelkraft. Der Sporttreibende nützt diese Geräte, um mit körpereigener Steuerung und unter Ausnützung der physikalischen Gesetze und der Beschaffenheit des Geländes und der Oberfläche (Schnee, Eis, Brandung etc.) hohe Geschwindigkeit und Bewegung zu erreichen.

82   **Windsurfgeräte** (Segelsurfbretter) sind nach diesen Grundsätzen als **Sportgeräte** einzuordnen (a. A. 1. Auflage, § 1 RdNr. 41). Segelsurfgeräte werden durch Körperkraft und körpereigene Steuerung unter Ausnutzung von Wind und Strömung bewegt. Der Zweck dieser Geräte ist nicht, der Fortbewegung einer Person von einem Ort zum nächsten zu dienen. Auch sind Segelsurfgeräte ungeeignet zum Transport von Gegenständen oder dritten Personen. In ihrem praktischen Nutzen unterscheiden sich diese Geräte wesentlich auch schon von kleinen Ein-Personen-Segeljollen. Denn in jenen Booten können Gegenstände transportiert werden, und es ist auch bei Ein-Personen-Booten (z. B. Laser-Jollen) möglich, eine zweite Person zu transportieren (Anm. *Kempgens*, VersR **87**, 1086). Die erreichbaren Höchstgeschwindigkeiten mit Segelsurfgeräten sind als Abgrenzungskriterium nicht geeignet. Auch bei anderer Sportausübung, z. B. Skirennen, werden Höchstgeschwindigkeiten erreicht. Ebenso steht die Notwendigkeit, beim Surfen die Vorfahrtsregeln für Wasserfahrzeuge zu beachten, der Qualifizierung als Sportgerät nicht entgegen. § 1 Nr. 5 AVBR 92 schließt Segelsurfgeräte vom Versicherungsschutz aus. Klausel 6 AVBR 92 enthält differenzierte Regelungen für den Versicherungsschutz von Segelsurfgeräten (s. u. RdNr. 227).

LG Essen (VersR **87**, 1086) ordnet Surfbretter als Wasserfahrzeuge ein. Zur Begründung wird darauf verwiesen, die Windsurfgeräte samt Mast seien nicht verpackungsfähig. Dieses Kriterium kann zur Abgrenzung nicht herangezogen werden. Im übrigen werden für den Transport von Surfgeräten als Fluggepäck spezielle Verpackungen angeboten (vgl. Anm. *Kempgens*, VersR **87**, 1086).

IV. Der bestimmungsgemäße Gebrauch

Aus der rechtlichen Bewertung von § 1 Nr. 3 als Ausschluß des Ge- **83** brauchsrisikos folgt, daß Versicherungsschutz für Sportgeräte in vollem Umfang besteht, solange sie noch nicht in Funktion gesetzt sind. Vorbereitungen zur Benutzung des Gerätes schließen den Versicherungsschutz nicht aus. Solange die Geräte zum Ort der Benutzung verbracht werden und dort abgestellt oder abgelegt sind, besteht Versicherungsschutz für alle Risiken des § 2.

Das gleiche gilt für die **Beendigung des Gebrauchs.** Der Versicherungs- **84** schutz ist insoweit ausgeschlossen, als das Gebrauchsrisiko des Sportgerätes noch wirksam wird. Da § 1 Nr. 3 materiell keine zeitliche Begrenzung des Versicherungsschutzes enthält, sondern einen materiellen Ausschluß des Gebrauchsrisikos, ist bei einer **Unterbrechung** des bestimmungsgemäßen Gebrauchs der Deckungsschutz danach zu beurteilen, ob ein Schaden in Kausalzusammenhang mit dem Gebrauch des Gerätes entstanden ist oder ob eine andere versicherte Gefahr Schadenursache war.

Skier sind noch in Gebrauch, wenn sie während einer kurzen Rast vor **85** einer Hütte abgestellt werden; gegen das Diebstahlrisiko besteht gleichwohl Versicherungsschutz. Wird der Tennisschläger oder werden Ersatzbälle mit einem Kleidungsstück am Rand des Spielfeldes abgelegt und dort gestohlen, so ist der Versicherungsschutz mit § 1 Nr. 3 für diese Sportgeräte nicht ausgeschlossen.

Wenn Sportgeräte auf der **Hin- oder Rückreise** transportiert werden, **86** besteht ohnehin Versicherungsschutz nach den allgemeinen Regen der AVBR. Denn während des Transports wird das spezifische Gebrauchsrisiko des Gerätes nicht wirksam.

Als **bestimmungsgemäß** ist jede Form der Benutzung oder Verwendung **87** anzusehen, die auch nur annähernd der Funktion der Sache entspricht. Bestimmungsgemäßer Gebrauch bedeutet nicht sport- oder regelgerechte Benutzung. So werden Langlaufskier auch dann bestimmungsgemäß genutzt, wenn damit eine Abfahrtsstrecke hinuntergefahren wird; ein Handball bleibt bestimmungsgemäß als Ball in Gebrauch, wenn damit Fußball gespielt wird. Auch mißbräuchliche Verwendung des Gerätes hebt den Ausschluß des Gebrauchsrisikos nicht auf. Explodiert eine Sportwaffe, die zur Jagdwilderei benutzt wird, besteht kein Versicherungsschutz.

Auch wenn das Sportgerät vorübergehend zu Transportzwecken benutzt wird, besteht kein Versicherungsschutz. Fahrräder, die beladen werden und deshalb geschoben werden müssen, Falt- und Schlauchboote oder Schlitten oder Skier, die zu einem Verletztentransport benutzt werden, befinden sich in bestimmungsgemäßem Gebrauch.

88   Der Versicherungsschutz für **vorsätzliche regelwidrige,** d. h. **böswillige Sachbeschädigung** (dolus directus) durch Dritte bleibt jedoch bestehen. Schadenursache ist nicht das Gebrauchsrisiko, sondern die vorsätzliche Handlung des Dritten.

89   **Zubehör** zu Sportgeräten und Ausrüstungen teilt die rechtliche Beurteilung der Hauptsache, § 97 BGB. Das Gebrauchsrisiko des Zubehörs von Sportgeräten ist ebenso wie das Gebrauchsrisiko der Hauptsache nicht versichert.

90   Das Gebrauchsrisiko von **Skiern** kann mit der **Klausel 5** zu den AVBR 80 Skibruchklausel versichert werden (vgl. Kommentierung zu Klausel 5). Mit den AVBR 92 wird dieser Deckungsschutz nicht mehr angeboten.

91   **Außenbordmotore** sind stets vom Versicherungsschutz ausgeschlossen. Insoweit enthält § 1 Nr. 3 eine sekundäre Risikobegrenzung zum Regelungsgegenstand der versicherten Sachen. Von der Systematik her gehört dieser Ausschluß in das Verzeichnis der nicht versicherten Sachen in § 1 Nr. 5. Da Außenbordmotore häufig in Verbindung mit Schlauchbooten Verwendung finden, dient die Verlagerung dieses Ausschlusses in dem Textzusammenhang mit der Regelung des Versicherungsschutzes für Schlauchboote der Klarheit.
      Die Versicherung von Außenbordmotoren bleibt damit vollständig, also auch hinsichtlich kleiner und leistungsschwacher Einheiten, der Kaskoversicherung für Wassersportfahrzeuge vorbehalten.

V. Beweislast

92   § 1 Nr. 3 enthält für die Gruppe der Sportgeräte samt Fahrrädern, Falt- und Schlauchbooten eine primäre Risikobeschreibung. Die Beweislast dafür, daß ein Gerät als versichertes Sportgerät anzusehen ist, liegt beim Versicherten (vgl. *Prölss/Martin,* § 49 VVG, Anm. 3). Der Versicherte hat danach zu beweisen, daß der Schaden durch ein versichertes Risiko eingetreten ist.

E. Eingeschränkter Versicherungsschutz für Pelze, Schmucksachen, Gegenstände aus Edelmetall sowie Foto- und Filmapparate

I. Vorbemerkung

93   Für bestimmte Wertsachen bieten die AVBR eingeschränkten Versicherungsschutz. § 1 Nr. 4 und § 5 Nr. 1 d nennen für den Versicherungsschutz von Pelzen, Schmucksachen, Gegenständen aus Edelmetall sowie Foto- und Filmapparaten besondere einschränkende Voraussetzungen. Beide Bestimmungen zielen darauf ab, dem Versicherten besondere Sorgfaltspflichten zur Abwehr von Schäden aufzuerlegen oder einzeln bezeichnete Gefahren für diese wertvollen Sachen insgesamt aus dem Deckungsschutz herauszunehmen. (Zur Systematik und Rechtsnatur des § 1 Nr. 4 s. u. RdNr. 112 ff., zu § 5 s. u. § 5 RdNr. 8 ff.) Die wirtschaftliche Berechtigung für diese einschränkenden Sonderregeln liegt in dem erhöhten Risiko

begründet, welches die Gegenstände in Anbetracht ihres typischerweise hohen Wertes darstellen.

Die Sachbegriffe **Pelze, Schmucksachen, Gegenstände aus Edelmetall, sowie 94 Foto- und Filmapparate** umfassen jeweils Gegenstände von unterschiedlichem Wert. Während die Begriffe Pelze und Schmucksachen nach allgemeinem Begriffsverständnis eine unbestimmte Wertkomponente enthalten, lassen sich Gegenstände aus Gold oder Fotoapparate auch bei geringem Wert begrifflich nicht von Sachgruppen abgrenzen, die nach dem Zweck des § 1 Nr. 4 und § 5 erfaßt werden sollen.

Die Regelungen enthalten auch keinen allgemeinen Hinweis, daß nur wertvolle Gegenstände der betreffenden Sachgruppen angesprochen werden sollen (so z. B. § 19 VHB 84. Dort wird mit dem Oberbegriff Wertsachen gearbeitet).

Nach dem **Zweck der Regelung des § 1 Nr. 4 und des § 5 Nr. 1 d)** ist die Ein- 96 schränkung des Versicherungsschutzes gleichwohl nur für **besonders wertvolle Gegenstände** der einzelnen bezeichneten Sachgruppen gewollt und geboten (vgl. *Martin*, SVR, U IV, 5, 6). Bei der Bestimmung eines Gegenstandes als wertvoll oder als geringwertig besteht ein Beurteilungsspielraum. Diese „Grauzone" wäre auch mit einem ausdrücklichen Texthinweis auf wertvolle Gegenstände der betreffenden Sachgruppen nicht zu vermeiden. Für die Versicherten entsteht aus dieser Unklarheit kein Nachteil, da sich § 1 Nr. 4 und § 5 zunächst auf sämtliche Gegenstände der Sachbegriffe beziehen. Die einschränkende Auslegung der Sachbegriffe der §§ 1 Nr. 4, 5 auf höherwertige Gegenstände kommt dem Versicherten entgegen.

II. Die Sachbegriffe

1. Pelze

Pelze sind tierische Felle einer gewissen **Qualität.** Der Begriff Pelz bein- 97 haltet eine Wertkomponente. Einfache Felle, z. B. Kanin, Lamm oder Schaf, werden nach dem Sprachgebrauch nicht von dem Begriff erfaßt (a. A. *Ollick*, VA **80**, 287). Eine exakte begriffliche Abgrenzung zwischen den Begriffen Fell und Pelz ist nicht möglich. Zum Begriff der Pelze zählen jedenfalls **Edelpelze,** z. B. Silberfuchs, Otter, Biber, Zobel, Nerz, Hermelin oder Pelze von Wildkatzen. Der Begriff umfaßt jedoch nicht nur Edelpelze, sondern auch einfache Pelze, sofern das Stück nach dem Sprachgebrauch und nach seinem Wert nicht lediglich als Fell zu bezeichnen ist.

Für das Verständnis des Begriffs Pelz ist die Art der **Verarbeitung** ohne 98 Bedeutung. Unbearbeitete Pelze zählen ebenso dazu wie Pelzmützen und -Kappen, Stolas oder hochwertig verarbeitete Pelzmäntel und Jacken aus Edelpelz. Unbearbeitete Pelze dienen jedoch i. d. R. nicht dem persönlichen Reisebedarf, sondern werden als Ware oder Souvenir mitgeführt (s. o. RdNr. 36 ff.).

Pelz-Surrogate wie Webpelze aus Wolle oder Synthetik, und Faserpelze, 99 sind keine Pelze. Pelz- oder fellgefütterte Schuhe mit Pelzverzierung sind weder nach dem Sprachverständnis des Begriffes Pelz noch nach dem

Zweck der Regelung des § 1 Nr. 4, § 5 Nr. 1 d als Pelz anzusehen. Geringfügige Pelzverzierungen an einem Kleidungsstück, z. B. ein Mantelkragen oder Manschetten aus Fell, fallen ebenfalls nicht unter den Begriff Pelz, wenn dieses Stück Pelz nur untergeordnete Zierde des Kleidungsstückes ist und dessen Charakter nicht prägt.

2. Schmucksachen

100   **Schmucksachen** sind alle Gegenstände, die mit Rücksicht auf ihren Materialwert oder aufgrund von künstlerischer Verarbeitung oder dekorativer Gestaltung als Accessoire zur Zierde getragen werden. Der Begriff Schmuck enthält zwei Komponenten: die **Zweckbestimmung** als **Zierde für den Menschen** und den **Wert des Gegenstandes.** Der Wert kann sich aus dem Material oder aus der künstlerischen oder dekorativen Verarbeitung ergeben.

101   **Echter Schmuck,** künstlerisch und kunsthandwerklich verarbeitete Edelmetalle und Edelsteine, Perlen und Korallen, handwerklich gestaltet oder naturbelassen, Ringe, Armbänder, Ketten, Colliers, Anhänger, Broschen und Manschettenknöpfe zählen dazu ebenso wie antiker Schmuck aus geringwertigem Material und Folkloreschmuck. Die Art der künstlerischen Gestaltung hat keinen Einfluß auf die Zuordnung des Gegenstandes zum Begriff Schmucksachen.

102   **Modeschmuck** ist zu den Schmucksachen zu rechnen, sofern der Gegenstand einen gewissen Wert aufweist. Eine begriffliche Abgrenzung gegenüber Schmucksachen ist nicht möglich. Der Wert von Modeschmuck kann auch dann, wenn er aus Synthetikmaterial (Plastik oder Glaskugeln) hergestellt ist, im Einzelfall höher liegen, als der Wert einer kleinen Silber- oder Goldkette.

103   **Kein Schmuck** sind rohe Lederbänder oder gewebte Textilstreifen, die am Handgelenk, als Haarband oder Halsband getragen werden. Geringwertige Accessoires sind nicht nach § 1 Nr. 4, § 5 Nr. 1 d zu beurteilen. Allein die Zweckbestimmung des Gegenstandes als Zierde für den Menschen führt nicht zur Zuordnung unter den Begriff Schmuck.

104   **Uhren** sind in erster Linie **Gebrauchsgegenstände.** Der Umstand, daß eine Uhr bestimmungsgemäß zur Zeitmessung dient, schließt jedoch nicht aus, daß die Uhr aus Gold beschaffen ist. Auch Gebrauchsgegenstände können aus Edelmetall bestehen und damit nach § 1 Nr. 4, § 5 Nr. 1 d zu beurteilen sein. Besteht der Gegenstand aus verschiedenen Materialien, kommt es darauf an, ob das Edelmetall wesentlich wertprägenden Anteil hat (BGH, VersR **83,** 573).

105   Uhren sind nach § 1 Nr. 4, § 5 Nr. 1 d zu beurteilen, wenn sie aus **Edelmetall** beschaffen sind, z. B. aus Silber, Gold oder Platin oder wenn sie mit Edelsteinen besetzt sind (LG Hamburg, VersR **83,** 770; AG Ahaus, VersR **85,** 856). Uhren mit einer teilweisen Goldauflage fallen nicht unter § 1 Nr. 4, § 5 Nr. 1 d. Edelstahl zählt nicht zum Edelmetall. Eine hochwertige Edelstahluhr ist dennoch unter die Sachgruppe des § 1 Nr. 4 zu fassen, wenn der **Schmuck- und Repräsentationswert der Uhr gegenüber dem Gebrauchswert im Vordergrund** steht.

3. Gegenstände aus Edelmetall

Gegenstände aus Edelmetall können Pillendosen, Schreibgeräte oder 106
Schlüsselanhänger und Feuerzeuge sein. Gegenstände aus verschiedenen
Materialien sind nur dann der Sachgruppe zuzuordnen, wenn der **Edelme-
tallanteil den Wert der Sache prägt.** Das trifft nicht zu für Schreibgeräte mit
Goldfeder, eine Pfeife mit silbernem Zierring. Musikinstrumente sind der
Sachgruppe zuzuordnen, wenn wesentliche wertprägende Teile aus Edel-
metall sind, z. B. eine Querflöte mit Silberkopf, wenn das Instrument im
übrigen aus versilbertem Nickel ist.

Der Begriff Edelmetall enthält keine Wertgrenze. Auch Silber- oder 107
Goldkettchen im Wert von weniger als DM 100,– sind Edelmetall. Gleichwohl ist der Versicherungsschutz für Gegenstände dieser Sachgruppe nur
dann nach § 1 Nr. 4, § 5 Nr. 1 d zu beurteilen, wenn der Gegenstand wertvoll ist.

4. Foto- und Filmapparate und Zubehör

Zu dieser Sachgruppe zählen alle **Geräte zur Aufzeichnung oder Speiche-** 108
rung von Bildern über optische, chemische oder über elektronische Systeme.
Der Begriff kennt keine Wertgrenze. Von einfachen Billigfotoapparaten bis
zu hochkomplizierten professionellen Fotoausrüstungen sind alle Geräte
samt Zubehör unter den Begriff zu fassen. § 1 Nr. 4 und § 5 Nr. 1 d finden
jedoch **keine Anwendung,** wenn **geringwertige Gegenstände** von einem Schaden betroffen werden, z. B. wenn ein Fotoapparat im Wert von weniger als
DM 100,– nicht sicher verwahrt oder aus einem unbeaufsichtigt abgestellten Fahrzeug gestohlen wird.

Videoausrüstungen fallen unter den Sammelbegriff der Foto- und Filmap- 109
parate (LG Frankfurt, 19. 5. 1983, 2/5 O 628/82, A II Foto 5.; OLG Düsseldorf, 29. 5. 1984, 4 U 139/83, A II Foto 6.; BGH, NJW **87,**
191 = VersR **86,** 1097). Die Geräte dienen ebenso wie Foto- und Filmapparate der Aufzeichnung und Wiedergabe von Bildern. Der durchschnittliche
Wert dieser Geräte liegt höher als der von Fotoapparaten und Filmkameras.
Sowohl der wirtschaftliche Wert von Videoausrüstungen als auch die ver-
gleichbare praktische Funktion verlangen daher die Einbeziehung dieser
Geräte unter den Sammelbegriff der Foto- und Filmausrüstungen. § 1 Nr. 4
AVBR 92 bezieht dementsprechend tragbare Videosysteme ausdrücklich in
die Regelung mit ein (s. u. RdNr. 226).

Andere optische Geräte, etwa Ferngläser, die vergleichbar hohen Wert 110
erlangen können wie Fotogeräte, werden von den Regeln der §§ 1 Nr. 4
und 5 Nr. 1 d nicht erfaßt. Diese Geräte sind in ihrer praktischen Funktion
mit der Sachgruppe der Foto- und Filmapparate nicht vergleichbar.

Als **Zubehör** gelten sämtliche Gegenstände, die dem wirtschaftlichen 111
Zweck der Hauptsache zu dienen bestimmt sind und zur Hauptsache in
einem dieser Bestimmung entsprechenden räumlichen Verhältnis stehen,
§ 97 BGB. Auf den Wert der einzelnen Zubehörstücke kommt es wiederum
nicht an. Hochwertige Objektive zählen dazu ebenso wie geringwertige
Blitzgeräte, Batterien und Filme.

III. Risikoabgrenzung, verhüllte Obliegenheit und die vom Versicherten mit der Beaufsichtung beauftragte Vertrauensperson

1. Überblick

112   Die Regeln für den Versicherungsschutz besonders wertvoller Gegenstände in § 1 Nr. 4 und § 5 enthalten in der **textlichen Fassung** jeweils **besondere Verwahrung als Voraussetzung für die Eintrittspflicht** des Versicherers. Der Text wurde damit als risikoabgrenzende Bestimmung verfaßt. Diese rechtliche Bewertung hat der Nachprüfung in Literatur und Rechtsprechung nicht standgehalten. Die Voraussetzung der besonderen Verwahrung verlangt materiell vorbeugendes sicherndes Verhalten. Das gab Anlaß, insbesondere § 5 als verhüllte Obliegenheit i. S. des § 6 VVG zu bewerten (vgl. *Martin*, SVR, M III 15).

Die unterschiedlichen Regelungselemente des § 1 Nr. 4 und des § 5 bedürfen zur Bestimmung der Rechtsnatur der Vorschriften der eingehenden Analyse. (Das OLG Karlsruhe, VersR **91**, 995, bewertet § 1 Nr. 4 ohne Detailanalyse unter Bezug auf die 1. Auflage als Risikoabgrenzung. Das LG Zweibrücken, VersR **91**, 997, bewertet § 1 Nr. 4 dagegen als verhüllte Obliegenheit).

113   § 1 Nr. 4 und § 5 verlangen **von dem Versicherten** besonders sorgfältige Verwahrung der wertvollen Gegenstände. § 1 Nr. 4 spricht davon, daß die Gegenstände in persönlichem Gewahrsam sicher verwahrt mitgeführt werden. Ob ausschließlich der Versicherte selber diesen Gewahrsam ausüben kann, wird nicht geregelt. § 5 Nr. 3 setzt dagegen die ständige Anwesenheit **eines Versicherten oder einer von ihm beauftragen Vertrauensperson** voraus. Die Möglichkeit, einem Dritten die Wahrnehmung der besonderen Obhutspflicht zu übertragen, ist an der Diskussion zum Begriff des Repräsentanten zu messen (s. u. RdNr. 128 ff.).

2. Die Begriffe Risikoabgrenzung und verhüllte Obliegenheit

114   Grundsätzlich kann der Versicherer den Rahmen des versicherten Risikos in dem Versicherungsvertrag auf der Grundlage von AVB frei bestimmen. Dies geschieht mit der **Risikobeschreibung und Risikoabgrenzung.** Die Gesamtheit der Bestimmungen, aus denen sich ergibt, unter welchen Voraussetzungen der Versicherer für einen Schaden einzutreten hat, sind Risikoabgrenzungen im weiteren Sinne (*Martin*, SVR, M III 1).

115   **Die Gestaltungsfreiheit des Versicherers findet ihre Grenzen an zwingenden Rechtsnormen.** Dazu sind vorrangig die Schutzvorschriften der §§ 15 a, 6 VVG zu beachten. Soweit eine Klausel in den AVB materiell als Obliegenheit anzusprechen ist, tritt Leistungsfreiheit des Versicherers nur unter den Voraussetzungen des § 6 VVG ein. Dies gilt auch für Normen, die aufgrund der Texterfassung nicht offen als Obliegenheiten erkennbar sind und daher als verhüllte Obliegenheiten bezeichnet werden (*Martin*, SVR, M III, 3).

116   Normen, die begrifflich nicht die Voraussetzungen einer Obliegenheit erfüllen und den Versicherungsschutz einschränken, unterliegen der **allge-**

meinen Inhaltskontrolle gem. § 9 Abs. 2, 2. AGBG (*Martin,* VersR **84,** 1107; *Schirmer* und *Martin* in Symposion, S. 268 ff.).

Entscheidend für die Qualifizierung der Rechtsnatur einer Norm ist **117** daher nicht die äußere Erscheinungsform, sondern der materielle Gehalt einer Versicherungsbedingung (BGHZ 51, 356). Der Versicherer kann sich den zwingenden Vorschriften des §§ 15 a, 6 VVG nicht mit der Wahl der textlichen Fassung und der Bezeichnung einer Versicherungsbestimmung als Risikobeschreibung entziehen (BGH VersR **79,** 343; BGH VersR **80,** 153).

Die **Auslegungsschwierigkeiten** bei der Bestimmung einer Norm als ver- **118** hüllte Obliegenheit oder als Risikobeschreibung ergeben sich zum einen aus der Tatsache, daß **§ 6 VVG keine Legaldefinition** für den Begriff der Obliegenheit enthält. Die textliche Fassung einer Klausel gibt nur dann einen sicheren Hinweis auf deren Rechtsnatur, wenn die Bestimmung als Obliegenheit bezeichnet wird.

Eine **verhüllte Obliegenheit** liegt jedoch vor, wenn der Versicherer zwar **119** grundsätzlich für dieses Risiko Deckungsschutz bieten will und Leistungsfreiheit nur dann eintreten soll, wenn der Versicherte das einzeln beschriebene vorbeugende sichernde Verhalten schuldhaft unterläßt und der Verstoß gegen diese Sorgfaltspflichten ein solches Gewicht hat, daß der Versicherer sich veranlaßt sieht, das Vertragsverhältnis zu kündigen, § 6 VVG (vgl. *Prölss/Martin,* § 6 VVG, Anm. 3 B d).

Nennt die Norm als Voraussetzung für die Leistungspflicht individuell **120** besondere Verwahrung oder besonderen Verschluß, so deutet das zwar auf den Ausschluß eines bestimmten Risikoabschnittes hin. **Eine Risikoabgrenzung** liegt jedoch nur dann vor, wenn mit der Norm individualisierend ein Wagnis beschrieben wird, für das der Versicherer unter keinen Voraussetzungen eintreten will (BGH VersR **79,** 343; BGH VersR **83,** 573; BGH VersR **86,** 781; *Prölss/Martin,* § 1 AVBR Anm. 5 B a).

Zur Beurteilung der Rechtsnatur einer Norm ist daher nicht nur die **121** Texterfassung und der materielle Schwerpunkt einer Norm als Beschreibung eines ausgeschlossenen Zustandes oder als Pflicht zu sicherndem Verhalten festzustellen. Es ist darüber hinaus der **Rang und der Stellenwert der Norm in dem Gesamtgefüge des angebotenen Deckungsschutzes** zu gewichten.

Zunächst kann allein die Feststellung einer Handlungsnorm dann nicht **122** zur Einordnung als Obliegenheit führen, wenn das beschriebene Handeln des Versicherten gerade die Eintrittspflicht des Versicherers für das daraus folgende Risiko auslöst. Eine solche Bestimmung hat risikobeschreibenden rechtsbegründenden Charakter (*Martin,* SVR, M III 5).

An das Handeln eines Versicherten kann auch dann nicht der Verlust des **123** Versicherungsschutzes unter den Voraussetzungen des § 6 VVG geknüpft werden, wenn dieses Verhalten des Versicherten als üblich erscheint. Beruht das Verhalten, mit welchem der Versicherte ein höheres Wagnis herbeiführt, auf einer **autonomen Entscheidung des Versicherten** (*Bischoff,* VersR **72,** 799) so widerspricht es dem Grundanliegen von Obliegenheiten, an dieses Verhalten die Sanktion der Leistungsfreiheit des Versicherers unter der Voraussetzung des schuldhaften Herbeiführens des Wagnisses durch den Versicherten zu knüpfen (*Martin*, SVR, M III 8).

124 Ein stets wiederkehrendes erhöhtes Wagnis kann von dem Versicherungsschutz eines Vertrages ausgeschlossen werden, wenn es sich dabei um einen eng begrenzten Ausschnitt des versicherten Risikos handelt und wenn der **wirtschaftliche Wert des insgesamt angebotenen Deckungsschutzes mit dem Ausschluß nicht ausgehöhlt wird**, d. h. wenn mit dem Ausschluß der Vertragszweck nicht gefährdet wird, § 9 Abs. 2, 2. AGBG (vgl. BGH, VersR **72**, 575 zur Einbruchdiebstahl-Versicherung; *Schirmer* und *Martin* im Symposion „80 Jahre VVG", S. 268). Ist eine Bestimmung danach als Risikoausschluß einzuordnen, so kann die Klausel bei Verstoß gegen diese Maßstäbe unwirksam sein (vgl. *Schirmer*, Symposion S. 298 ff.).

125 Verhüllte Obliegenheiten erhalten ihre Bedeutung auch aus den **Rechtsfolgen** (vgl. *Martin*, SVR, M III 9). Bei Verstoß gegen eine verhüllte Obliegenheit wird der Versicherer von der Leistung frei, wenn der Versicherte die sichernden Maßnahmen unterlassen hat und wenn er den **Kausalitäts- und Verschuldensgegenbeweis** nicht führen kann. Daraus folgt im Umkehrschluß, daß die Beachtung der sichernden Maßnahme als vernünftiges und gebotenes Verhalten auf Anhieb einleuchten muß und ein sorgfältiger Versicherter diese Maßnahme aus wohlverstandenem Eigeninteresse auch beachtet. Nur ein Verstoß gegen derart einleuchtende Sicherungsmaßnahmen erlaubt die Verschuldensvermutung des § 6 VVG (vgl. *Prölss/Martin*, § 6 VVG Anm. 3 B d bb.

126 Die Voraussetzung der **Vertragskündigung, § 6 Abs. 1 Satz 3 VVG** macht deutlich, daß der Gesetzgeber eine schuldhafte Verletzung als derart schwerwiegend ansehen will, daß sich daraus eine Erschütterung des vertraglichen Vertrauensverhältnisses mit der Notwendigkeit zur Kündigung ergibt. Der Versicherer bleibt zur Leistung verpflichtet, wenn der Vertrag nicht gekündigt wird, d. h. wenn der Versicherer die Verletzung der Obliegenheit als schuldlos oder unbedeutend ansieht.

127 Das Erfordernis der **Kündigung** hat bei der Reisegepäck-Versicherung häufig keine praktische Bedeutung. Denn die Gepäck-Versicherungen werden weit überwiegend als kurzfristige Versicherungen abgeschlossen, so daß der Vertrag regelmäßig zu dem Zeitpunkt bereits abgelaufen ist, an welchem die Obliegenheitsverletzung im Schadenfall zu beurteilen ist (LG Freiburg, 02. 02. 1990, 5 O 605/89, A II, Foto 10). Das versicherte Interesse ist in dem Zeitpunkt bereits weggefallen (BGH, VersR **81**, 186).

3. Die Haftung des Versicherten für das Verschulden des Repräsentanten und der mit der Beaufsichtigung beauftragten Vertrauensperson

128 a) Ein **Repräsentant** kann ohne ausdrückliche Benennung in den AVB die Rechte und Pflichten des Versicherten wahrnehmen. Einem Repräsentanten kann der Versicherte deshalb auch die Obhut für einen wertvollen Gegenstand gem. § 1 Nr. 4 c und § 5 Nr. 3 übertragen. Für das Verschulden des Repräsentanten hat der Versicherungsnehmer einzustehen (vgl. OLG Köln, VersR **74**, 877; OLG Hamm, VersR **74**, 1194).

Die Stellung eines Dritten als Repräsentant hängt zentral davon ab, ob **129** die betreffende Person bezogen auf **die vertraglichen Rechte und Pflichten des Versicherungsnehmers** an dessen Stelle getreten ist (vgl. mit umfangreichen Nachweisen *Prölss/Martin,* § 6 VVG Anm. 8 B; *Martin,* SVR, O II).

Repräsentant ist, **„wer in dem Geschäftsbereich, zu dem das versicherte 130 Risiko gehört, aufgrund eines Vertretungs- oder eines ähnlichen Verhältnisses an die Stelle des Versicherungsnehmers getreten ist"** (vgl. *Prölss/Martin,* § 6 VVG Anm. 8 B m. w. N.; OLG Hamm, VersR 88, 240). Im Rahmen der Reisegepäck-Versicherung kann diese Stellung einem **Ehegatten** oder einer anderen **mitversicherten Person** zukommen (s. o. RdNr. 15–19; LG München I, VersR 77, 858; OLG Hamburg, VersR 79, 736; OLG München, VersR 86, 585 zu den VHB 74; AG Stadthagen, r + s 87, 324; vgl. weiter OLG Köln, r + s 91, 138).

Die Diskussion zum Begriff des **Repräsentanten** erhält ihr Gewicht durch **131** die **Rechtsfolge des Eintretenmüssens für das Verschulden des Dritten.** Diese haftungsrechtliche Folge ist Wesensgehalt der Repräsentantenstellung. Steht fest, daß der Dritte Repräsentant des Versicherten ist, schließt sich daran unvermittelt die haftungsrechtliche Folge an.

Obgleich die rechtliche Bedeutung des Repräsentantenbegriffs in den **132** daran anknüpfenden haftungsrechtlichen Folgen liegt, wird die Diskussion vorwiegend zur Begriffsbestimmung geführt.

Der wirtschaftliche Hintergrund für die restriktive Rechtsprechung zum **133** Repräsentantenbegriff liegt darin, daß z. B. bei der Überlassung eines Kfz oder der Verpachtung einer Werkstatt (vgl. OLG Hamm, VersR 88, 240; OLG Celle, VersR 88, 617; OLG Köln, VersR 91, 533) die wirtschaftliche Bedeutung eben dieses Geschäftes im Vordergrund steht. Die versicherungsrechtlichen und **haftungsrechtlichen Folgen treten ein, ohne daß der Versicherungsnehmer dazu eine ausdrückliche Vereinbarung trifft.** Aus diesen Rechtsfolgen kann jedoch für den Versicherungsnehmer das Risiko der Existenzgefährdung erwachsen. Müßte der Versicherungsnehmer für die schuldhafte Herbeiführung eines Schadens durch den Dritten gegenüber dem Versicherer einstehen, so würde er bei grob schuldhafter Verletzung von Sorgfalts- und Obhutspflichten durch den Dritten den Versicherungsschutz verlieren und er würde bei Untergang des überlassenen Kfz oder der Räumlichkeit keinen Ersatz erhalten. Diese Rechtsfolge soll nach der Rechtsprechung nur dann eintreten, wenn der Dritte weitreichende Verfügungs- und Vertretungsbefugnisse bezogen auf den Versicherungsvertrag übernommen hat.

Die **Stellung des Repräsentanten** wird aus diesen Gründen als die **unabding- 134 bare Voraussetzung für das Eintretenmüssen des Versicherten für Drittverschulden angesehen.**

Die Grundlage dafür bietet § 6 VVG. § 278 BGB ist im Rahmen der §§ 6 **135** VVG, 61 VVG nicht anwendbar, weil die Bestimmungen keine vertraglichen Verpflichtungen des Versicherten gegenüber dem Versicherer zur Schadenverhütung begründen, sondern Obliegenheiten enthalten, die bei Verstoß die Leistungsfreiheit des Versicherers nach sich ziehen (OLG Hamm, VersR 88, 240). Andererseits wird § 61 VVG, der den

Anspruchsverlust des Versicherungsnehmers bei vorsätzlicher und grob fahrlässiger Herbeiführung des Versicherungsfalles bestimmt, nicht für zwingend oder halbzwingend erklärt (*Martin*, Symposion S. 327 ff.).

136   Die Fragestellung des Einrückens in die Vertragsstellung des Versicherungsnehmers/Versicherten trifft die Problematik der besonderen Sicherung von wertvollem Gepäck in § 1 Nr. 4 und in § 5 letztlich nicht. Denn bei der Reisegepäck-Versicherung, die überwiegend als kurzzeitige Versicherung für die Dauer einer Reise abgeschlossen wird, stellt sich nicht die Frage des Eintritts in die Verfügungsgewalt über vertragliche Rechte und über geschäftliche Beziehungen.

137   **Relevant** ist für den Versicherten wie auch für den Versicherer die Frage, unter welchen **Voraussetzungen** und mit welchen **Rechtsfolgen** der Versicherte die geforderte **besondere Obhut** über **wertvolles Gepäck auf Dritte übertragen** kann. Die Fragestellung betrifft daher ausschließlich **die Risikoverwaltung.** (Zur Entwicklung eines differenzierten Repräsentantenbegriffs mit eingehender Begründung: *Bach*, VersR **90**, 235 ff.)

138   Die Rechtsfigur des Repräsentanten kann diese Fragestellung weder für die Interessen des Versicherten noch für die Belange des Reisegepäck-Versicherers sachgerecht beantworten. Die Frage, unter welchen Voraussetzungen sich **der Versicherte seiner Obliegenheiten zur Sicherung des Reisegepäcks durch** Übertragung der Obhut auf einen Dritten „entschlagen" kann, ist mit dem Hinweis auf den Begriff des Repräsentanten nicht ausreichend beantwortet.

139   Dem Interesse des Versicherten, die Sicherung des Reisegepäcks einem Dritten zu übertragen, ohne für dessen schuldhafte Versäumung der Obhutspflicht eintreten zu müssen, steht das legitime Interesse des Versicherers gegenüber, nicht mit einer derart erweiterten Haftung aus der schuldhaften Versäumung der Obhutspflichten durch den beauftragten Sachverwalter belastet zu werden. Aus Billigkeitsgründen steht es jedoch dem Versicherten nicht frei, die Lage des Versicherers wesentlich dadurch zu verschlechtern, daß er die versicherten Sachen aus der Hand gibt und sich der Obhut über sie mit der Folge „entschlägt", daß der Versicherer für den Schaden eintreten muß, der durch das Verhalten des Sachverwalters des Versicherten entsteht (BGH, VersR **89**, 737).

140   b) § 5 Nr. 3 erfaßt das Problem der **Gefahrverwaltung durch Übertragung der Obhut auf Dritte** bei der Begriffsbestimmung der Beaufsichtigung eines Fahrzeuges. Als Beaufsichtigung gilt die ständige Anwesenheit eines Versicherten oder **einer von ihm beauftragten Vertrauensperson beim zu sichernden Objekt.**

141   **Analog zu § 5 Nr. 3** kann der Versicherte auch im Rahmen des § 1 Nr. 4 b die sichernde Obhut für einen wertvollen Gegenstand einer Vertrauensperson übertragen. Denn sowohl in § 1 Nr. 4 b als auch in § 5 ist die besondere Sicherung wertvollen Gutes Voraussetzung für den vollen Versicherungsschutz. Die Sachgruppen des § 1 Nr. 4 und des § 5 Nr. 1 d sind identisch (s. o. RdNr. 93 ff.). Auch die Risikosituation ist die nämliche. Die Gefahrverwaltung ist deshalb für beide Bestimmungen gleich zu beurteilen.

Der Versicherte kann unter einzeln genannten Voraussetzungen die 142
Wahrnehmung der ihm obliegenden Obhut auf einen Dritten übertragen,
der nicht zu den Unternehmungen des § 2 Nr. 1 zählt und der auch nicht
die Voraussetzungen eines Repräsentanten erfüllt. § 5 Nr. 3 verlangt nicht,
daß die beauftragte Vertrauensperson in Rechte und Pflichten aus dem Versicherungsvertrag eintritt oder auf diese Rechte und Pflichten auch nur einwirken kann (vgl. *Bach*, VersR 90, 235 ff., der für einen differenzierten
Repräsentantenbegriff plädiert, um einen Sinnbezug des Begriffs zur betreffenden Handlungsnorm herzustellen).

Der Repräsentant und die vom Versicherten mit der Beaufsichtigung 143
beauftragte Vertrauensperson unterscheiden sich in ihrer wirtschaftlichen
und rechtlichen Bedeutung grundlegend.

Im Gegensatz zum **Repräsentanten** hat die **beauftragte Vertrauensperson** 144
keinen Bezug zum Versicherungsvertrag. Der Versicherte überträgt der Vertrauensperson auch keine Verfügungsbefugnisse und räumt auch nicht die
Nutzung von Wirtschaftsgütern ein, wie dies z. B. bei der Überlassung von
Kraftfahrzeugen oder der Benutzung einer Wohnung oder Werkstatt der
Fall ist (vgl. RdNr. 133). Vielmehr dient die Übertragung der Obhut auf
den Dritten ausschließlich der Wahrnehmung der Obhutspflichten für den
Versicherten. Die Obhut über das zu sichernde Gut ist nicht Nebenpflicht
des Dritten gegenüber einem vorrangigen anderen wirtschaftlichen Zweck.
Für den Versicherten ergibt sich kein Interessenskonflikt des Inhalts, daß
er einer dritten Person etwa einen Pkw zur Benutzung überlassen will
und er damit in Einklang zu bringen hat, daß diese Person geeignet sein
soll, wie der Versicherte selber die Obhut über diesen Gegenstand auszuüben.

Im Rahmen des § 5 Nr. 3 steht ausschließlich das Interesse des Versiche- 145
rers an einer durchgehenden Wahrnehmung der Obhutspflichten ohne Ausweitung der Haftung dem Interesse des Versicherten gegenüber, zeitweilig
die Obhut über das Reisegepäck einem Dritten zu übertragen. Andere legitime wirtschaftliche Interessen des Versicherten stehen nicht im Raum. Der
Anspruchsverlust aus Drittverschulden führt in der Reisegepäck-Versicherung anders als etwa in der Hausrat-Versicherung nicht zur Existenzgefährdung (vgl. *Martin*, Symposion S. 331 ff.).

Die Übertragung der Obhut des Gepäcks auf einen beauftragten Dritten 146
stellt die Ausnahme dar gegenüber der grundsätzlichen Verpflichtung des
Versicherten selber, die Obhut über sein Reisegepäck auszuüben.

Die Beaufsichtigung gem. § 5 Nr. 3 betrifft insbesondere die **Sicherung der** 147
wertvollen Gegenstände. Der Versicherer hat daher ein legitimes Interesse
daran, den Versicherten nicht von den Rechtsfolgen des Anspruchsverlustes
bei schuldhafter Verletzung der Aufsicht zu entlassen, wenn die Obhut
einem Dritten übertragen ist.

Der Reisegepäck-Versicherer ist in weit höherem Maß als Versicherer 148
anderer Risiken darauf angewiesen, daß der Versicherte selber die Sicherung besonders wertvoller Gegenstände wahrnimmt. Die Übertragung der
Obhut auf Dritte würde in der Reisegepäck-Versicherung zu einer Auswei-

tung der Haftung des Versicherers führen, die aus Billigkeitsgründen der Versichertengemeinschaft nicht zugemutet werden kann.

149   Bei dieser Interessenlage erscheint es sachgerecht, den **Versicherer durch die Übertragung der Obhut über das Gepäck auf einen Dritten nicht mit einem höheren Risiko zu belasten.** Der Versicherte soll zwar die Freiheit haben, zeitweilig die Obhut über sein Reisegepäck einem Dritten zu übertragen. Er soll sich jedoch nicht auf diese Weise seiner Obhutspflichten und des Risikos der Leistungsfreiheit bei Vernachlässigung der Obhut entäußern (vgl. *Bach,* VersR **90,** 235 ff.). **Der Versicherte hat daher für die schuldhafte Verletzung der Obhutspflicht durch die beauftragte Vertrauensperson in gleicher Weise einzutreten wie für die Verletzung der Obhutspflichten durch einen Repräsentanten.**

150   Dem Gedanken der Gefahrengemeinschaft aller Versicherten widerspräche es, wenn sich der Versicherte der notwendigen Sicherung eines Gutes durch Übertragung der Risikoverwaltung auf einen Dritten ohne weiteres und mit der Folge entledigen könnte, daß der Versicherer trotz schwerwiegenden Verschuldens des Dritten zur Leistung verpflichtet bliebe, während er bei gleich schwerem Verschulden des Versicherten selbst leistungsfrei wäre (OLG Hamm, VersR **88,** 240 zum Repräsentantenbegriff). Die Erwägung trifft auch auf die Übertragung der Obhut über Reisegepäck auf eine beauftragte Vertrauensperson zu, die nicht Repräsentant ist; (BGH, VersR **89,** 737, der für den Repräsentanten dargestellte Interessengegensatz ist entsprechend für die beauftragte Vertrauensperson zu entscheiden).

151   Das Urteil LG Nürnberg-Fürth (VersR **91,** 224) macht die rechtliche Problematik für die Praxis deutlich. Es war dem Versicherer nicht zuzumuten, für den Schaden einzutreten, der aus der grob fahrlässigen Vernachlässigung der Obhutpflichten durch die beauftragten Begleiterinnen entstanden war. Der Bezeichnung der Begleiterinnen als Repräsentanten des Versicherten kann jedoch nicht zugestimmt werden.

    Der entschiedene Fall zeigt über die Rechtsproblematik hinaus, daß eine andere haftungsrechtliche Bewertung unredlichem Verhalten der Versicherten Tür und Tor öffnen würde.

152   **c) Vertrauensperson** des Versicherten kann nur sein, **wen der Versicherte persönlich kennt.** Flüchtige Urlaubsbekanntschaften können nicht Vertrauenspersonen des Versicherten sein. Insbesondere können nicht Hotel- oder Gaststättenbedienstete, die der Versicherte vorwiegend aus ihrer beruflichen Tätigkeit kennt, Vertrauensperson sein. Anderes gilt nur, wenn sie als Bedienstete des Beherbergungsbetriebes in dieser Funktion Gegenstände zur Aufbewahrung übernehmen, § 2 Nr. 1.

153   Auch **Urlaubsbekanntschaften** aus dem Heimatland können nicht Vertrauensperson des Versicherten bezüglich der Wahrnehmung von Obhutspflichten sein (LG Berlin, 10. 06. 1982, 7 S 46/81, A II, Foto 3).

154   **Polizisten und privates Wachpersonal,** Hotelportiers oder Parkplatzwächter, die allgemeine Aufgaben der Überwachung haben, können **nicht Vertrauenspersonen** des Versicherten sein. Denn sie sind aufgrund ihrer beruflichen Stellung ihrem Dienstherrn gegenüber zu Vertrauen und Dienst verpflichtet, nicht aber einzelnen Reisenden, die sie um eine Gefälligkeit bitten. Die

beruflichen Verpflichtungen haben stets Vorrang vor der Gefälligkeit, so daß auf eine Beaufsichtigung durch eine solche Person kein Verlaß ist (AG München, 20. 02. 1985, 8 C 23938/84, A II Beaufsichtigung 3.; LG Paderborn, VersR **86**, 481).

Vertrauenspersonen können neben den Familienangehörigen die Personen 155 sein, **mit denen zusammen der Versicherte die Reise unternimmt** (OLG Karlsruhe, VersR **91**, 995 = ZfS **91**, 104). Bei Reisegruppen sind jedoch nur die Mitreisenden Vertrauenspersonen des Versicherten, die der Versicherte persönlich kennt.

Der Versicherte muß die Vertrauensperson **mit der Beaufsichtigung des** 156 **Gepäcks beauftragt** haben. Dazu reicht nicht aus, daß der Versicherte einen wertvollen Gegenstand sichtbar in der Nähe der Vertrauensperson ablegt ohne diesen ausdrücklich zu bitten, auf die Sache zu achten (AG Tettnang, 22. 2. 1990, 7 C 1465/89 A II. Grobe Fahrlässigkeit – öffentliche Gebäude 4).

Die beauftragte Vertrauensperson muß bereit und in der Lage sein, das Reise- 157 gepäck des Versicherten auch tatsächlich in Obhut zu halten. Ein Kind ist keine geeignete Vertrauensperson zur Bewachung eines beladenen Fahrzeugs oder wertvollen Gutes, das am Strand abgelegt wird. Kinder lassen sich voraussehbar und verständlicherweise ablenken oder einschüchtern. Ihre Anwesenheit hat gegenüber Dieben keine Präventivwirkung. Kinder sind rein tatsächlich nicht in der Lage, einen Angriff von Dieben abzuwehren.

Vertrauensperson zur verläßlichen Beaufsichtigung des Reisegepäcks 158 kann auch **nicht** sein, **wer erkennbar und voraussehbar vorrangig andere Pflichten und Aufgaben wahrzunehmen** hat, als die Bewachung des Gepäcks. Z. B. kann eine Frau, die kleine Kinder zu betreuen hat, nicht außerdem noch Gepäck oder ein Fahrzeug beaufsichtigen.

d) Der Versicherte hat für die Auswahl der beauftragten Vertrauensper- 159 son einzutreten. Beauftragt der Versicherte eine Vertrauensperson mit der Beaufsichtigung des Gepäcks, die voraussehbar nicht in der Lage ist, die Obhut wirksam auszuüben, trifft den Versicherten eigenes Verschulden aus der unzureichenden Beaufsichtigung seines Gepäcks.

IV. Systematik des § 1 Nr. 4

§ 1 Nr. 4 regelt den Versicherungsschutz für die besonders wertvollen 160 Sachen einschränkend gegenüber dem Versicherungsschutz für das übrige Reisegepäck. Die Klauseln verlangen zum Teil die Beachtung **besonderer Sorgfaltspflichten.** Bei der Verwahrung wird besonders sichernder Verschluß vorausgesetzt. Für Schmucksachen und Gegenstände aus Edelmetall ist der Versicherungsschutz in aufgegebenem Gepäck grundsätzlich ausgeschlossen.

Die nicht vollständige Aufzählung der versicherten Risiken nach über- 161 wiegend objektiven Kriterien veranlaßte den BGH (VersR **86**, 1097 = NJW **87**, 191), § 1 Nr. 4 in seiner Gesamtheit als risikoabgrenzende Bestimmung zu qualifizieren. Den Regelungen, die vorbeugendes sicherndes Verhalten verlangen, maß der BGH gegenüber dem Gesamtbild nur nachrangige Bedeutung zu.

Dieser Bewertung kann nicht uneingeschränkt zugestimmt werden. Die Regelungsinhalte des § 1 Nr. 4 lassen zwei gleichgewichtige Ordnungsgesichtspunkte erkennen.

162   Zum einen wird der Versicherungsschutz für die **verschiedenen Sachgruppen unterschiedlich** geregelt. Für Pelze, Foto- und Filmapparate und Zubehör wird weitergehend Versicherungsschutz geboten als für Schmucksachen und Gegenstände aus Edelmetall.

163   Zum anderen sind die unterschiedlichen Gefahrbereiche in § 2 Nr. 1 und Nr. 2 zu erkennen. § 1 Nr. 4 c und § 1 Nr. 4 letzter Satz enthalten die Regelung des Versicherungsschutzes für die wertvollen Gegenstände für die **Zeit der reiseamtlichen Verwahrung.** Die genannten Beförderungs- und Aufbewahrungsunternehmen entsprechen § 2 Nr. 1.
       § 4 a, b und d enthalten Regelungen zum Versicherungsschutz für die wertvollen Gegenstände während der übrigen Reisezeit. Dieses Risikofeld entspricht § 2 Nr. 2.

164   Für die Zeit, in welcher der Versicherte die wertvollen Gegenstände selber bei sich führt oder selber verwahrt, nennen § 1 Nr. 4 b und d **vorbeugendes sicherndes Verhalten** als Voraussetzung für die Eintrittspflicht des Versicherers. Dieser Regelungsinhalt ist deshalb nach seiner Rechtsnatur eine **verhüllte Obliegenheit.**

165   Dagegen nennen § 1 Nr. 4 c und der **letzte Satz des § 1 Nr. 4** einzelne **objektive Voraussetzungen** für den Versicherungsschutz. Der Versicherer will ausschließlich bei Aufbewahrung der wertvollen Sachen durch einen Beherbergungsbetrieb Versicherungsschutz gewähren. Für andere Stellen gilt die Regelung nicht (BGH, VersR **86,** 1097 = NJW **87,** 191). § 1 Nr. 4 letzter Satz schließt den Deckungsschutz für Schmucksachen und Gegenstände aus Edelmetall in aufgegebenem Gepäck grundsätzlich und ohne denkbare Ausnahme vom Versicherungsschutz aus. Die Regelungsinhalte, welche die Verwahrung oder Beförderung der wertvollen Gegenstände in reiseamtlicher Verwahrung betreffen, sind deshalb als **Risikoabgrenzungen** zu qualifizieren.

166   Die Grundtatbestände der versicherten Gefahren, nämlich Allgefahrendeckung für das Reisegepäck in reiseamtlicher Verwahrung, § 2 Nr. 1, und Einzelgefahrendeckung während der übrigen Reisezeit, § 2 Nr. 2, verlangen die unterschiedliche Gestaltung der einschränkenden Regelungen. Gegenüber dem Grundprinzip der Allgefahrendeckung können Einschränkungen nur als Risikoausschluß formuliert werden. Regeln zu besonderer Sicherung des Gepäcks während der übrigen Reisezeit, in welcher der Versicherte das Gepäck selber sichert, enthalten verhüllte Obliegenheiten.

V. Die einzelnen Regelungstatbestände

1. Bestimmungsgemäß Tragen und Benutzen (§ 1 Nr. 4 a)

167   Bestimmungsgemäßes Tragen und Benutzen der wertvollen Gegenstände begründet den Versicherungsschutz. Diese Handlungsnorm weist kein Element vorbeugenden sichernden Verhaltens auf. § 1 Nr. 4 a) enthält deshalb keine Obliegenheit (vgl. BGH, VersR **80,** 1042; s. o. RdNr. 121).

Der Versicherungsschutz für die versicherten Gefahren und Schäden **168**
gemäß § 2 findet seine Grenze bei grob fahrlässigem Herbeiführen des
Schadens, § 11 (OLG München, VersR **85**, 753; LG Frankfurt, VersR **87**,
677; vgl. AG Bremerhaven, VersR **88**, 1264).

Grob fahrlässig handelt, wer einen wertvollen Ring beim Baden am **169**
Strand anbehält (OLG München, VersR **85**, 753); wer eine Rolex-Uhr im
Wert von DM 18 250,– in einer Zahnarztpraxis in der Jackentasche läßt
(LG Frankfurt, VersR **87**, 677). Für den Diebstahl von Goldschmuck, der
bei einem nächtlichen Gang durch Rio de Janeiro offen getragen wird,
besteht nach § 11 kein Versicherungsschutz, OLG Hamburg, VersR **86**,
1068 = MDR **86**, 941. Der Pelzmantel, der in einer belebten Bahnhofs-
oder Flughalle mit Rücksicht auf die Temperaturen in diesen Räumen über
die Schultern gehängt getragen wird, ist zwar „bestimmungsgemäß getragen"; wird das wertvolle Stück gestohlen, besteht gleichwohl kein Versicherungsschutz, weil der Schaden unter den gegebenen Umständen grob fahrlässig herbeigeführt wurde (OLG München, VersR **89**, 744).

Bestimmungsgemäß getragen wird Schmuck am Körper oder an der Klei- **170**
dung, z. B. Halsketten oder Armbänder, die ihrem Schmuckzweck entsprechend um den Hals oder am Arm getragen werden, Anstecker, Broschen
oder Krawattenknöpfe und -nadeln, die an die Kleidung angesteckt werden. Ohrringe und -stecker oder Ohrclips sowie Schmuck, der von Damen
aus besonderem Anlaß in den Haaren getragen wird. Pelze, die als Kleidungsstück in ihrer Funktion getragen werden oder nur lose über die
Schultern oder den Arm gehängt werden (z. B. eine Pelzstola). Die Kamera
wird bestimmungsgemäß getragen, wenn sie am Schulterriemen um den
Hals gehängt wird, schräg über die Schulter gehängt wird oder auch nur in
der Hand gehalten oder wenn sie kurzzeitig neben dem Versicherten abgestellt wird (AG Bremerhaven, VersR **88**, 1264). **Nicht bestimmungsgemäß
getragen** wird **eine Uhr,** die während des Schwimmens **abgelegt** ist (LG Köln,
VersR **81**, 672).

Bestimmungsgemäßes Tragen setzt nicht eine allgemeine Übung voraus, **171**
ein solches Schmuckstück oder Pelzstück nach allgemeinen Modevorstel-
lungen oder hergekommenen Gepflogenheiten zu tragen (a. A. *Olick,*
VA **88**, 288; LG Hamburg, VersR **91**, 690).

Bestimmungsgemäß benutzt wird eine Kamera, die der Versicherte in der **172**
Hand hält, um damit Aufnahmen zu machen. Die Zubehörteile, die während dieses Vorganges am Boden abgestellt werden, sind dagegen nicht
benutzt (vgl. AG Bremerhaven, VersR **88**, 1264). Benutzt werden die Armbanduhr, die der Versicherte am Handgelenk oder in einer Tasche seiner
Kleidung trägt, und die wertvolle Taschenuhr, die an der Kleidung befestigt
oder in einer Tasche der Kleidung mitgeführt wird. Nicht mehr bestimmungsgemäß getragen wird der Ring, der zum Händewaschen vom Finger
gezogen und auf der Waschkonsole abgelegt wird (a. A. *Prölss/Martin,* § 1
AVBR, Anm. 6 B a oder der Schmuck, der nachts auf einem Nachtschränk-
chen neben dem Versicherten abgelegt ist.

Schmucksachen werden nicht mehr in einer ihrer Bestimmung entspre- **173**
chenden Weise getragen, wenn sie vom Körper oder der Kleidung abge-

nommen werden und für eine nicht völlig unbedeutende Zeitspanne nicht mehr in dieser besonderen Obhut der betreffenden Person sind, weil diese sich einer anderen, ihre Aufmerksamkeit beanspruchende Tätigkeit zugewendet hat (BGH, VersR **80**, 1042). Bei – wenn auch kurzzeitig – Ablegen kommt dem Element der sicheren Verwahrung, § 1 Nr. 4 b Bedeutung zu, so daß ab diesem Augenblick die Beurteilung nach § 1 Nr. 4 b geschieht.

2. „In persönlichem Gewahrsam sicher verwahrt mitgeführt" (§ 1 Nr. 4 b)

174 § 1 Nr. 4 b enthält nach der Textfassung und nach dem Inhalt die **Aufforderung** an den Versicherten **zu vorbeugendem sichernden Verhalten.** Versicherungsschutz wird gewährt, wenn der Versicherte das wertvolle Gut entsprechend dem Wert und dem hohen Diebstahlanreiz besonders sichert. Die Beachtung gesteigerter Sorgfalt und Umsicht kann von einem Reisenden, der auf die Sicherheit seines wertvollen Gutes bedacht ist, als selbstverständliche Maßnahme erwartet werden (s. o. RdNr. 118). § 1 Nr. 4 b enthält somit eine **verhüllte Obliegenheit.**

175 Die Bezeichnung **in persönlichem Gewahrsam sicher verwahrt mitgeführt** ist als **einheitlicher Tatbestand** zu verstehen. Die einzelnen Elemente müssen kumulativ vorhanden sein. Weder reicht es zur Begründung der Eintrittspflicht des Versicherers aus, daß etwa persönlicher Gewahrsam im strafrechtlichen Sinne besteht, noch reicht sichere Verwahrung durch Verpakkung, die vor Sicht-, Stoß- oder Witterungseinflüssen schützt aus, noch begründet allein die Feststellung, daß der Versicherte den wertvollen Gegenstand mitgeführt hatte, die Voraussetzungen der Eintrittpflicht nach § 1 Nr. 4 b. Nur bei Zusammentreffen sämtlicher Merkmale wird der Obliegenheit des Versicherten zum vorbeugenden sichernden Verhalten Genüge getan.

176 Der Versicherer ist von der Verpflichtung zur Leistung frei, wenn eines der Merkmale objektiv nicht vorliegt, der Verschuldens- und Kausalitätsgegenbeweis nicht geführt wird und der Versicherer den zugrundeliegenden Versicherungsvertrag binnen Monatsfrist kündigt, § 6 I VVG (vgl. o. RdNr. 125/126).

177 Der persönliche Gewahrsam ist zunächst von dem Versicherten selber wahrzunehmen. § 1 Nr. 4 b enthält keine ausdrückliche Regelung der Frage, welche Personen neben dem Versicherten den besonderen persönlichen Gewahrsam wahrnehmen können. In Betracht kommen jedenfalls Ehegatten und mitversicherte Personen (LG München, VersR **77**, 858; OLG Hamburg, VersR **79**, 736).

178 Bei der **Beaufsichtigung** eines Fahrzeuges kann die Beaufsichtigung von dem Versicherten selber oder auch **eine von ihm beauftragte Vertrauensperson** wahrgenommen werden § 5 Nr. 3. Diese Bestimmung ist **analog auf § 1 Nr. 4** anzuwenden. Denn beide Bestimmungen regeln die besondere Sorgfalt bei der Sicherung der wertvollen Gegenstände (s. o. RdNr. 141 zur analogen Anwendung des § 5 Nr. 3 und zum Begriff der beauftragten Vertrauensperson).

179 **Sichere Verwahrung** findet statt, wenn der Gegenstand **entsprechend dem**

Wert und den äußeren Umständen der Gefährdung verpackt, gesichert und körpernah getragen oder gehalten wird, so daß naheliegende Gefahren des Verlustes oder der Beschädigung vermieden werden (AG München, VersR **85**, 1080; AG München, VersR **91**, 333).

Gegenüber dem **Risiko des Diebstahls** findet sichere Verwahrung nur statt, 180 wenn der Versicherte jederzeit bereit und in der Lage ist, einen möglichen Diebstahlversuch abzuwehren.

Hat der Versicherte eine Vertrauensperson mit der Sicherung beauftragt, 181 bleibt der Versicherungsschutz nur dann bestehen, wenn diese Vertrauensperson das wertvolle Gut auch tatsächlich sichert. Der Versicherte hat sowohl dafür einzutreten, daß die beauftragte Vertrauensperson in der Lage ist, die Obhut über das Gut auszuüben, als auch für die schuldhafte Versäumung der Obhutspflicht durch die beauftragte Person (s. o. RdNr. 140 ff.). Dies folgt analog aus § 5 Nr. 3. Der Versicherte hat sich die mangelnde Sicherung durch die beauftragte Vertrauensperson zurechnen zu lassen (vgl. LG Krefeld, VersR **82**, 62; LG Nürnberg-Fürth, VersR **91**, 224).

Nicht sicher verwahrt ist Schmuck, wenn der Versicherte die Tasche mit 182 dem Schmuck am Strand so ablegt, daß er weder Körperkontakt hält, noch Blickkontakt mit der jederzeitigen Möglichkeit des Zugriffs (AG Wiesbaden, 16. 08. 1983, 98 C 807/83, A II Sichere Verwahrung 2.); – der Fotokoffer, der während einer längeren Bahnfahrt ins Gepäcknetz gelegt wird, während der Versicherte in Halbschlaf verfällt (Beschluß LG München I, 25. 04. 1983, 13 T 6251/83, A II Sichere Verwahrung 2.); – die Kamera, die noch im Gepäckraum eines Taxis ist, während der Versicherte anderes Gepäck in eine Entfernung von 5–6 m bringt (LG München I, 20. 07. 1983, 31 S 3546/83, A II Persönlicher Gewahrsam 1.); – ein Fotokoffer, der im Transferbus vom Flughafen zum Hotel neben dem Versicherten abgestellt ist und dort unbemerkt gestohlen werden kann (AG München, VersR **85**, 1080); – eine Kamera, die auf dem Dach eines Autos derart befestigt wird, daß beim Anhalten des Fahrzeuges darauf jedermann freien Zugriff hat (AG München, 14. 02. 1990, 151 C 39955/89 A II Übergabe Beförderungsunternehmen 2.); eine Rolex-Uhr, die sich in einer über die Lehne eines freien Nachbarstuhles gehängte Handtasche befindet (LG Köln, VersR **91**, 772).

Sicher verwahrt hält der Versicherte sein Gepäck, wenn er seine Sachherr- 183 schaft jederzeit durch unmittelbaren Zugriff auf sein Reisegepäck konkretisieren kann (LG München I, 20. 07. 1983, S 3546/83 A II Persönlicher Gewahrsam 1.; AG München, VersR **85**, 1080). Eine Fotoausrüstung ist in einer umgehängten Leinentasche in der Regel sicher verwahrt (LG Berlin, VersR **86**, 135); eine Kamera kann sicher verwahrt sein, wenn das Gepäckstück, in welchem sich der wertvolle Gegenstand befindet, den Wert des Inhalts nicht erkennen läßt und der Versicherte das Gepäckstück unmittelbar neben sich abstellt (OLG Stuttgart, NJW-RR **89**, 682); eine Videokamera, die in einem Einkaufszentrum neben dem Versicherten abgestellt wird, während dieser seine Einkäufe zahlt (LG München I, 28. 03. 1990, 31 S 12070/89 A II, Sichere Verwahrung 12.).

Der wertvolle Gegenstand muß in persönlichem Gewahrsam sicher ver- 184 wahrt **mitgeführt** werden. Aus § 1 Nr. 4 b ist kein Versicherungsschutz begründet, wenn ein wertvoller Gegenstand z. B. im Hotelzimmer gut versteckt wird. Die Voraussetzungen des Versicherungsschutzes für zurückgelassene Gegenstände regelt § 1 Nr. 4 c und d. Nicht sicher verwahrt ist ein wertvoller Gegenstand, der etwa auf einem Schiff oder Boot derart abgelegt ist, daß er bei einem Schwanken des Bootes ins Meer fällt.

185   Hat der Versicherte oder die von ihm beauftragte Vertrauensperson das wertvolle Gut nicht im persönlichen Gewahrsam sicher verwahrt mitgeführt, so bleibt der Versicherer gleichwohl zur Leistung verpflichtet, wenn der Versicherte den **Kausalitäts- oder Verschuldensgegenbeweis** führt, § 6 I VVG (vgl. AG Regensburg, VersR **85**, 660).

186   Der **Verschuldensgegenbeweis** folgt z. B. aus dem Schadenhergang, wenn der Versicherte seine Kameraausrüstung auf einem Wochenmarkt neben sich abstellt, um einen Stein aus dem Schuh zu entfernen. In diesem Fall hat der Versicherte den Schaden nicht durch grobe Fahrlässigkeit herbeigeführt (LG Frankfurt, NJW-RR **86**, 387 hat die Systematik des § 6 Abs. 1 VVG bei der Beurteilung nicht beachtet).

187   Aus dem Sachverhalt ergibt sich z. B. der Verschuldensgegenbeweis, wenn ein Versicherter beim Ein- und Aussteigen in ein Taxi oder ein Trampfahrzeug nach der Bauart des Fahrzeuges sein wertvolles Gepäck nicht im Griff behalten kann und das Fahrzeug mit dem wertvollen Gut davonfährt (vgl. zur Problematik des Trampens AG München, 16. 6. 1982, 7 C 5569/82, A II Grobe Fahrlässigkeit – Trampen 1.; OLG München, Beschluß vom 29. 09. 1982, 8 W 1495/82 A II Grobe Fahrlässigkeit – Trampen 2. mit Anm.). Der Verschuldensgegenbeweis folgt z. B aus den Umständen, wenn Eltern ihrem kleinen Kind nacheilen, um es vor Schaden zu bewahren, und deshalb wertvolles Gut kurzzeitig nicht sicher verwahren. Ein Verschulden trifft den Versicherten allerdings, wenn eine solche Situation vorsehbar und vermeidbar war. Ein Versicherter, der seiner Ehefrau die Obhut der kleinen Kinder und die Sicherung einer wertvollen Kamera aufbürdet, genügt der Obliegenheit zur Sicherung des Gepäcks nicht, wenn absehbar ist, daß die Ehefrau neben der Obhut der Kinder nicht auch noch auf das Gepäck achten kann.

3. Übergabe an einen Beherbergungsbetrieb zur Aufbewahrung (§1 Nr. 4 c)

188   Der Leistungstatbestand entspricht § 2 Nr. 1. Dieser Tatbestand enthält daher eine **Risikobeschreibung,** zugleich eine Risikoabgrenzung. Denn der Versicherer bietet bei der Aufbewahrung wertvoller Gegenstände bei anderen Institutionen keinen Versicherungsschutz (BGH, VersR **86**, 1097 = NJW **87**, 191; s. o. RdNr. 132).

189   Voraussetzung des § 1 Nr. 4 c ist ein gesonderter, wenn auch konkludent geschlossener Verwahrungsvertrag. Das Einbringen des zu sichernden Gutes in den Beherbergungsbetrieb reicht nicht aus. Ebenso reicht das Abstellen in dem Foyer oder einem (Gepäck-) Raum des Betriebes nicht aus, auch nicht nach einer mündlichen Bitte an das Personal um Beaufsichtigung (*Prölss/Martin*, § 1 AVBR, Anm. 6 B c; *Ollick*, VA **80**, 288). Die

Übergabe einer Filmausrüstung an einen Hotelangestellten zum Transport
auf das Hotelzimmer begründet keinen Verwahrvertrag. Der Transport ist
in der Regel eine Serviceleistung mit Gefälligkeitscharakter (AG München,
VersR **89**, 1259). Der Inhaber des Beherbergungsbetriebes oder sein bevoll-
mächtigter Vertreter muß bewußt die Obhutspflicht über den konkreten
Gegenstand übernommen haben. Das Bewußtsein, daß ein Gepäckstück mit
allgemeinem Reisebedarf aufzubewahren ist, reicht nicht aus. Mit der Übergabe eines Gegenstandes an den Hotelier oder einen Mitarbeiter des Beherbergungsbetriebes, der dazu befugt ist, mit dem Auftrag, diesen Gegenstand in einem Safe aufzubewahren, wird zugleich ein Verwahrungsvertrag
(§ 688 BGB), geschlossen.

**4. Aufbewahrung in einem ordnungsgemäß verschlossenen Raum oder einer
bewachten Garderobe (§ 1 Nr. 4 d)**

§ 1 Nr. 4 d nennt zwei Risikotatbestände und knüpft daran für die Sach- **190**
gruppen Pelze, Foto-, Filmapparate und Zubehör sowie Schmucksachen
und Gegenstände aus Edelmetall unterschiedliche Verwahr- und Siche-
rungserfordernisse.
Die Verwahrung an einer bewachten Garderobe ist inhaltlich dem Risikobereich des § 2 Nr. 1 zuzuordnen, so daß diese Alternative als risiko-
beschreibend anzusehen ist. Das bedeutet, daß für Schmucksachen und
Gegenstände aus Edelmetall de facto kein Versicherungsschutz besteht,
wenn sie an einer bewachten Garderobe abgegeben werden, denn an Gar-
deroben werden kaum besondere Schließfächer und Tresore bereitgehalten.

Das **Verschließen des Zimmers** und **den Verschluß innerhalb des Zimmers** hat **191**
der Versicherte selber zu besorgen. Die Bestimmung ist deshalb als **verhüllte
Obliegenheit** anzusehen. Dem steht nicht entgegen, daß die Textfassung
einen besonderen Verwahrzustand als Voraussetzung für den Versicherungsschutz nennt.

Als **Raum** ist jeder Raum innerhalb eines festen Gebäudes oder Schiffes **192**
anzusprechen. § 1 Nr. 4 d AVBR 92 bezieht Räume in Passagierschiffen
ausdrücklich mit ein. Der Wohnraum in einem Fahrzeug, z. B. Wohnwagen, fällt nicht unter diesen Begriff.

Ein Raum ist **ordnungsgemäß verschlossen** i. S. von § 1 Nr. 4 d, wenn der **193**
bestimmungsgemäße Zugang unter Gebrauch der **Verriegelung der Tür verschlossen** ist und bei objektiver Betrachtung im Falle des Offenstehens eines
Fensters die Gefahr des unbefugten Eindringens nach gewöhnlichem Lauf
der Dinge nicht erhöht ist (LG Frankfurt, VersR **89**, 366 = NJW-RR **89**,
97). Die vorhandenen Schlösser müssen vollständig in Funktion gesetzt
sein, so daß der Raum unzugänglich wird. Bei offenem oder gekippten Fenster ist ein Raum im Parterre oder Hochparterre nicht verschlossen. Je nach
örtlicher und baulicher Beschaffenheit erleichtert auch ein offenes Fenster
oder eine offene Balkontür im ersten Stock derart den Zugang, daß der
Raum nicht als verschlossen anzusehen ist.

Der Umstand, daß **Hotelpersonal** mit einem **Zweitschlüssel** Zugang zu **194**
dem Zimmer hat, steht der Feststellung, daß der Raum verschlossen war,

nicht entgegen. Ebenso ist das Hotelzimmer oder das Appartement auch dann als verschlossen anzusehen, wenn der **Schlüssel** an der dafür bestimmten **Rezeption** des Beherbergungsbetriebes abgegeben wird und dort kein sicherer Platz vor dem Zugriff Unbefugter gewährleistet ist.

195   Eine **bewachte Garderobe** verlangt die ständige Anwesenheit einer Aufsichtsperson. Dabei trägt der Versicherte das Risiko, daß die Garderobe durchgehend bewacht ist (LG München, 2. 9. 1986, 28 O 6695/86, A II Garderobe bewacht 2). Dies entspricht der Rechtsqualität der Bestimmung als Risikoabgrenzung.

196   Die Garderobe eines Lokals ist unbewacht, wenn dort lediglich der Inhaber des Lokals neben anderen Tätigkeiten im Foyer auch für Ordnung bei den abgelegten Kleidungsstücken sorgt (LG Flensburg zu AVBSP 76, VersR 81, 671). Der Versicherer **haftet nicht** für den Diebstahl eines Pelzmantels, der aus einer nur **zeitweilig bewachten Garderobe** gestohlen wird.

197   Ein Indiz für die ständige Bewachung der Garderobe am Eingang von Veranstaltungen, Oper, Theater und in Restaurants ist die Ausgabe von **Garderobenmarken.**
       Bei Zahlung eines Entgelts ist häufig eine Prämie für eine Garderoben-Versicherung enthalten. Zwischen der Reisegepäck-Versicherung und der **Garderoben-Versicherung** ergibt sich dann eine **Doppelversicherung, § 59 VVG.**

198   Für **Schmucksachen** und Gegenstände aus **Edelmetall** besteht Versicherungsschutz nur, solange sie **außerdem** in einem **verschlossenen Behältnis** untergebracht sind, das **erhöhte Sicherheit auch gegen die Wegnahme des Behältnisses selbst bietet.** Dieses zusätzliche Erfordernis enthält zwar die Beschreibung eines Verwahrzustandes als Voraussetzung für den Versicherungsschutz. Der Versicherte hat jedoch diesen Verschluß zu bewirken. Falls die Unterkunft die Voraussetzungen dazu nicht bietet, hat der Versicherte auf andere Weise die Voraussetzungen des Versicherungsschutzes zu schaffen. Dazu bietet § 1 Nr. 4 a und b weitere Handlungsalternativen.

199   **Behältnisse, die erhöhte Sicherheit auch gegen die Wegnahme des Behältnisses selbst bieten,** sind zunächst alle Tresore, die zur Aufbewahrung von Wertsachen bestimmt sind, gleichgültig ob sie individuell in dem Zimmer des Versicherten eingerichtet sind oder zentral im Beherbergungsbetrieb oder Schiff bereitstehen. Verschließbare Möbelstücke, auch kleinere Möbelstücke mit verschließbaren Schubfächern, Sekretäre und in Schränken fest angeschraubte Kassetten genügen dem Erfordernis (*Martin*, SVR, H III 37). Nicht ausreichend sind alle Behältnisse, die dazu bestimmt sind, Reisegepäck zu befördern, wie etwa Koffer, Taschen, Gepäcksäcke.

200   **Verschlossen** ist ein Behältnis nur, wenn es **mit Schlüsseln oder dergleichen verschlossen** ist. Einfache Konstruktionen reichen aus. Das Schloß kann durch Schlüssel oder Zahlenkombination gesichert sein. Dagegen reicht nicht aus, daß eine Schranktür zugezogen ist. Von einem verschlossenen Schrank kann nicht gesprochen werden, wenn zwar das Schloß an der Schranktür betätigt wurde, die Schranktüren gleichwohl ohne Zuhilfenahme technischer Werkzeuge und ohne Gewaltanwendung durch Heraus-

ziehen der Schranktüren geöffnet werden können (vgl. auch *Martin*, SVR, H III 39). Verschlossen ist ein Möbelstück dann nicht, wenn der Schlüssel leicht auffindbar im selben Raum abgelegt ist (LG Hamburg, VersR 86, 1235). Verliert der Versicherte den Schlüssel oder wird dieser gestohlen, gilt das Behältnis weiter als verschlossen.

Pelze, Foto- und Filmapparate und Zubehör sind auch dann versichert, wenn 201 **sie in ordnungsgemäß verschlossenen, nicht einsehbaren Behältnissen einem Beförderungsunternehmen oder einer Gepäckaufbewahrung übergeben sind.** Ordnungsgemäß verschlossen heißt mit Schlüssel (oder Zahlenschloß) verschlossen (OLG München, VersR 87, 1031). Gepäckbehältnisse mit Reißverschluß sind nur dann verschlossen, wenn das Ende mit einem Vorhängeschloß oder dergleichen versehen ist, das ein Hemmnis gegen das Öffnen darstellt. Kisten sind verschlossen, wenn sie vernagelt sind, Kartons, wenn sie fest verschnürt oder mit Klebeband verklebt sind (vgl. *Ollick*, VA 80, 289).

Das Behältnis darf nicht einsehbar sein. Offene Taschen und durchsich- 202 tige Gepäckbehältnisse genügen nicht. Eine Kameratasche, die speziell auf die Form des Gerätes zugeschnitten ist, so daß der Inhalt schon an der Form des Behältnisses zu erkennen ist, ist kein Behältnis i. S. des § 1 Nr. 4. Dagegen ist ein Fotokoffer, der verschlossen ist, ein Behältnis i. S. der Regelung auch dann, wenn Sachkundige aus der Größe und dem Format des Koffers auf dessen Inhalt schließen können.

Beförderungsunternehmen, sind entsprechend § 2 Nr. 1 (s. u. § 2 RdNr. 33) 203 sowohl die Reiseveranstalter selbst auch als deren Leistungsträger, z. B. Fluggesellschaften, Reisebusunternehmen, Bahn, Post, Reedereien, Taxibetriebe und Speditionen sowie Unternehmen des Güter-Nah- und Fernverkehrs. Es kommt nicht darauf an, ob die Beförderung des Gepäcks als Nebenleistung aus dem Reisevertrag übernommen wird oder ob der Versicherte einen gesonderten Gepäckbeförderungs- oder Frachtvertrag geschlossen hat. Es kommt nicht darauf an, ob es sich um begleitetes oder unbegleitetes Reisegepäck handelt.

Gepäckaufbewahrung (s. u. § 2 Nr. 1, RdNr. 42) wird an Bahnhöfen und 204 Flughäfen angeboten. Dem Begriff entsprechen auch Dienstleistungseinrichtungen von Reiseveranstaltern, Speditionen und Handelsbetrieben, sofern die Aufbewahrung im Rahmen des Gewerbes erfolgt und Haftung für das Gepäck übernommen wird. Übergibt der Versicherte sein Gepäck einem **Gepäckträger,** trägt er das Risiko dafür, daß es sich tatsächlich um einen Bediensteten eines Beförderungsunternehmens handelt. Macht sich ein vermeintlicher Gepäckträger mit dem Gepäck des Versicherten davon, besteht kein Versicherungsschutz. Es liegt kein Diebstahl, sondern Unterschlagung bzw. Betrug vor.

Die Aufbewahrung in Schließfächern auf Bahnhöfen oder in Flughafen- 205 gebäuden entspricht der Übergabe an eine Gepäckaufbewahrung, *Ollick*, VA 80, 288.

F. Nicht versicherte Sachen

206 § 1 Nr. 5 beinhaltet eine **gegenständlich bezogene primäre Risikoabgrenzung.** Die Rechtsfolge des Ausschlusses vom Versicherungsschutz knüpft ausschließlich an die Zugehörigkeit zu einem der genannten Sachbegriffe. Systematisch zutreffend ist die Risikobegrenzung unter § 1 „Versicherte Sachen und Personen" geregelt.

207 **Geld und Wertpapiere.** Der Begriff Geld bezeichnet alle gültigen Zahlungsmittel in Münzen oder Banknoten. Ungültige Münzen und Banknoten sind entweder als Geschenke oder Reiseandenken anzusehen (s. o. RdNr. 35). Antike Münzen sind als Gegenstände mit überwiegendem Kunst- oder Liebhaberwert von der Versicherung ausgeschlossen (s. u. RdNr. 210).

Wertpapiere sind alle Urkunden, die eine Forderung verbriefen. Der Begriff umfaßt alle Formen von Wertpapieren, von der Inhaberschuldverschreibung, § 793 BGB, über Orderpapiere bis hin zu Inhaberverpflichtungszeichen, § 807 BGB, und Legitimationspapiere mit Wertpapiercharakter. Besondere praktische Bedeutung hat der Risikoausschluß für Schecks, Reiseschecks, Eintrittskarten, Sparbücher, Postwertzeichen. Gepäckscheine, Garderobemarken und Quittungen zählen nicht zu den Wertpapieren.

208 **Fahrkarten** zählen begrifflich zu den Urkunden. Während einer Reise haben Fahrkarten aller Art, Bahnfahrkarten, Schiffsfahrscheine, Schipässe, Flugtickets besondere Bedeutung.

Gepäckscheine sind Urkunden. Als solche sind sie von der Versicherung ausgeschlossen. Damit ist nicht der Diebstahl des Gepäckstückes vom Versicherungsschutz ausgeschlossen, auf welche sich der Gepäckschein bezieht. Die Eintrittsvoraussetzung für das Abhandenkommen des Gepäckstückes ist gesondert zu prüfen.

209 **Dokumente aller Art.** Dieser Begriff ist weiter als der der Urkunden, § 267 StGB. Es zählen jede Art von geschäftlichen oder wissenschaftlicher Dokumenten dazu, Aufzeichnungen oder Pläne. Der Sachwert von Dokumenten ist in der Regel gegenüber dem verkörperten materiellen, wirtschaftlichen oder wissenschaftlichen Wert nachrangig.

210 **Gegenstände mit überwiegendem Kunst- oder Liebhaberwert.** Dazu zählt die ganze Bandbreite der bildenden Kunst, Malerei, Grafik, Plastik und Kunstgewerbe und Gegenstände, deren Gebrauchswert hinter einem nicht definierbaren Liebhaberwert zurücktritt.

211 **Kontaktlinsen, Prothesen** sind Hilfsmittel, die Körperteile in ihrer Gestalt teilweise auch in ihrer **Funktion ersetzen.** Dazu gehören künstliche Gliedmaßen aller Art, Glasaugen, Zahnprothesen.

Hilfsmittel, die die körpereigenen Funktionen **unterstützen** wie z. B. Brillen, Hörgeräte, Krücken, Stützmanschetten, Korsetts, Zahnspangen, Perücken oder Haarteile sowie Rollstühle sind versichert. Kontaktlinsen sind gesondert wegen des hohen Wertes und der außerordentlichen Gefahr des Verlustes und der Beschädigung durch ausdrückliche Regelung ausgeschlossen.

Land-, Luft- und Wasserfahrzeuge. Diese Sachgruppe ist in ihrem wesentli- **212** chen Kernbereich ohnehin nicht unter den Begriff des Reisegepäcks zu fassen. In der Regel dienen diese Fahrzeuge als Transportmittel und sind daher von vornherein nicht Reisegepäck. Abgrenzungsprobleme ergeben sich jedoch gegenüber Sportgeräten (s. o. RdNr. 78 ff.). Dabei hat der Ausschluß für Fahrzeuge Vorrang gegenüber der rechtsbegründenden Regelung des Versicherungsschutzes für Sportgeräte.

Landfahrzeuge sind zunächst alle motorgetriebenen Fahrzeuge, die zur **213** Beförderung von Personen und Sachen und zur Fortbewegung im allgemeinen Straßenverkehr dienen. Auch schienengebundene Fahrzeuge zählen zu den Landfahrzeugen gem. § 1 Nr. 5. Die Voraussetzung einer Fahrerlaubnis für das Führen des Fahrzeuges zeigt jedenfalls die Zugehörigkeit zur Sachgruppe Fahrzeuge an. Jedoch ist das Erfordernis der Zulassung und der Erlaubnispflicht für das Führen des Fahrzeuges kein negatives Abgrenzungsmerkmal gegenüber dem Begriff Fahrzeug. Auch Fahrräder mit Hilfsmotor und Mofas mit einer Höchstgeschwindigkeit von nicht mehr als 25 km/h sind Landfahrzeuge damit vom Versicherungsschutz ausgeschlossen. **Krankenfahrstühle** mit bauartbedingter Höchstgeschwindigkeit von nicht mehr als 10 km/h sind ebenfalls geeignet und dazu bestimmt, im allgemeinen Straßenverkehr zum Transport und zur Fortbewegung von Personen und Sachen genutzt zu werden. Insofern werden sie vom Begriff des Landfahrzeuges erfaßt. Für diese Einordnung spricht auch § 12 IV i. V. m. § 23 der Orthopädie-Verordnung vom 4. 10. 1989, BGBl. 1989 I S. 1834. Danach erhalten Behinderte unter gewissen Voraussetzungen alternativ Zuschüsse zu einem elektrobetriebenen Rollstuhl, einem Behindertenfahrrad oder einem behindertengerecht ausgestatteten Motorfahrzeug. Andererseits besteht zwischen dem Gebrauchswert handgetriebener Rollstühle oder elektrogetriebener Rollstühle für die Benutzer, die auf die Geräte zur Fortbewegung auch im engsten Lebensraum angewiesen sind, kein derart wesentlicher Unterschied, daß dies eine rechtlich differenzierte Betrachtung erlaubt. **Handbetriebene Rollstühle zählen als persönlicher Reisebedarf zum versicherten Gut.**

Luftfahrzeuge sind alle Gegenstände gem. § 1 II LuftVG. Damit sind ins- **214** besondere auch solche Luftfahrzeuge vom Versicherungsschutz ausgeschlossen, die als Sportgeräte benutzt werden, nämlich **Fallschirme,** LG Köln, VersR **90,** 47, **Gleitschirme,** AG München, 25. 1. 1990, 111 C 27762/89, A II Gleitschirm. Ausgeschlossen ist auch das **Zubehör.** § 1 Nr. 5 AVBR 92 schließt Hängegleiter ausdrücklich vom Versicherungsschutz aus. Wird ein Ultraleichtmotor gestohlen, der als Zubehör für einen Fluggleiter mitgeführt wurde, besteht kein Versicherungsschutz. A. A. ist das LG Dortmund (VersR **87,** 557), dort wird der Ultraleichtmotor als versichertes Gut bewertet mit dem Hinweis, daß das Gerät auch für andere Zwecke als nur für den Fluggleiter Verwendung finden kann. Dabei wurde außer acht gelassen, daß die Qualifizierung als persönlicher Reisebedarf davon abhängt, zu welchem konkreten Zweck ein Gegenstand während der Reise mitgeführt wird (s. o. RdNr. 37). Der Hinweis auf mögliche gewerbliche

Nutzung kann nicht Grundlage für die Anerkennung als persönlicher Reisebedarf sein. Anderes Zubehör, das zum Drachen- oder Gleitschirmfliegen notwendig ist, wie z. B. Haltegurte, teilt das Schicksal der Hauptsache, § 97 BGB, und ist deshalb nicht versichert.

215 **Wasserfahrzeuge** sind alle motorbetriebenen Boote und Geräte samt Zubehör, z. B. Motorboote oder Water-Flip, ein motorgetriebenes Brett, außerdem Segelboote, Katamarane und Ruderboote. Nicht unter den Ausschlußtatbestand fallen die Gegenstände des § 3, Falt- und Schlauchboote. Kajaks werden nicht ausdrücklich genannt. Jedoch sind sie weder zum Transport von Sachen geeignet noch zur Beförderung dritter Personen. In ihrer Eigenart sind diese Boote deshalb den Sportgeräten zuzurechnen. Auf den Versicherungsschutz für Falt- und Schlauchboote weist der Klammertext in § 1 Nr. 5 nochmals ausdrücklich hin. § 1 Nr. 5 AVBR 92 schließt Segelsurfgeräte ausdrücklich vom Versicherungsschutz aus, s. u. RdNr. 227. Der Versicherungsschutz muß ausdrücklich mit Klausel 6 zu den AVBR 92 vereinbart werden.

216 **Ausweispapiere** zählen zu dem Begriff Urkunden und Dokumente. Von dem Ausschluß für diese Sachgruppe werden Ausweispapiere durch ausdrückliche risikobeschreibende Regelung in den Versicherungsschutz einbezogen. Der Umfang des Versicherungsschutzes für Ausweispapiere ergibt sich aus § 9 Nr. 1 d.

217 Ausweise sind Urkunden, die Angaben über die Identität einer Person und über besondere Eigenschaften enthalten. Ausweise sind sämtliche öffentlichen Identitätspapiere, Personalausweis, Reisepaß, aber auch Zugangsausweise zu Behörden oder Firmen oder besonderen Einrichtungen, zu denen aus öffentlichem oder privatem Sicherheitsbedarf Zugang nur mittels Ausweis gewährt wird; Lizenzen für die Ausübung genehmigungspflichtiger Tätigkeiten oder das Führen von Fahrzeugen. Beglaubigung und der Legitimation dienen. Der Begriff umfaßt sowohl amtliche Ausweispapiere, als auch Ausweise privater Organisationen (Mitgliedsausweise von Parteien, Gewerkschaften, Automobilklubs oder Vereinen).

218 **Abgrenzungsprobleme** ergeben sich **gegenüber Fahrtausweisen.** Zeitkartenausweise für öffentliche Verkehrsbetriebe sind Ausweise und damit versichert. Die jeweiligen Wochen- oder Monatswertmarken sind Fahrkarten. Der Seniorenpaß, der zum vergünstigten Erwerb von Bahnfahrkarten berechtigt, ist Ausweis. Kreditkarten sind nicht der Sachgruppe der Ausweise sondern der Sachgruppe Geld–Wertpapiere zuzurechnen. Sie unterliegen nicht dem Versicherungsschutz.
Führerscheine und Pilotenlizenzen, Schiffahrtspatente, Hochschuldiplome und Gewerbescheine sowie Studenten- und Schülerausweise sowie Presseausweise sind als Ausweise gemäß § 9 Nr. 1 d, versichert.

G. § 1 AVBR 92

219 § 1 Nr. 1 AVBR 92 bezieht den **namentlich im Versicherungsschein aufgeführten Lebensgefährten und dessen Kinder** in den Versicherungsschutz mit ein, **soweit diese Personen mit dem Versicherungsnehmer in häuslicher Gemeinschaft leben.** Dem Erfordernis der Klarheit bei der Bezeichnung der versicherten Personen trägt diese Neuregelung Rechnung; denn Voraussetzung für die Einbeziehung in den Versicherungsschutz aus dem Vertrag ist die namentliche Benennung des Lebensgefährten in dem Versicherungsschein. Es kommen nur Lebensgefährten in den Genuß des Versicherungsschutzes, die mit dem Versicherungsnehmer in häuslicher Gemeinschaft leben (s. o. RdNr. 15). Nicht versichert sind kurzfristige Bekannte und Personen, die lediglich unter derselben Adresse wohnen.

Die **Hausangestellten** des Versicherungsnehmers werden nicht mehr als 220 mitversicherte Personen genannt. Die Regelung des § 1 Nr. 1 AVBR 80 hatte keine praktische Bedeutung erlangt (s. o. RdNr. 19).

Selbständig reisende Lebenspartner des Versicherungsnehmers genießen 221 nur Versicherungsschutz, wenn eine gesonderte Vereinbarung getroffen wurde (s. o. RdNr. 25).

§ 1 Nr. 2 AVBR 92 nimmt ausdrücklich Gegenstände, **die üblicherweise nur** 222 **zu beruflichen Zwecken mitgeführt werden,** vom Versicherungsschutz aus der Grunddeckung der Reisegepäck-Versicherung aus. Für diese Gegenstände besteht Versicherungsschutz, wenn dies gesondert vereinbart ist. Die textliche Veränderung enthält eine Klarstellung. Der Begriff des persönlichen Reisebedarfs auf der Grundlage der AVBR 80 umfaßte nicht die Gegenstände, die zu beruflichen Zwecken mitgeführt wurden (s. o. RdNr. 48).

§ 1 Nr. 3 AVBR 92 bezieht Fahrräder nicht in die Gruppe der Sportge- 223 räte ein. Der Versicherungsschutz für Fahrräder wird unter § 1 Nr. 5 AVBR 92 ausgeschlossen. Das Risiko kann jedoch mit Klausel 5 – Fahrräder – versichert werden.

Die Liste der **wertvollen Gegenstände** ist durch die Benennung der **tragba-** 224 **ren Videosysteme** ergänzt worden. Die Veränderung dient der Klarstellung. Videogeräte waren von der Rechtsprechung auch unter der Textfassung der AVBR 80 in die Regelung des § 1 Nr. 4 miteinbezogen worden. (s. o. Rdnr. 109).

§ 1 Nr. 4 d AVBR 92 nennt ergänzend auch den Raum eines **Passagierschif-** 225 **fes.** Inhaltlich ergibt sich damit gegenüber § 1 Nr. 4 d AVBR 80 keine Veränderung, da Räume in Passagierschiffen im Wege der Auslegung wie Räume innerhalb eines Gebäudes zu behandeln waren.

Die Regelung für **Foto- und Filmapparate** und Zubehör wird durch das 226 gesamte Bedingungswerk der AVBR 92 auf **tragbare Videosysteme** erstreckt.

§ 1 Nr. 5 AVBR 92 ergibt eine wesentlich veränderte Rechtssituation. 227 Der Versicherungsschutz wird für Fahrräder und Segelsurfgeräte im Rahmen der Grunddeckung aus den AVBR 92 ausgeschlossen. Das Risiko kann auf der Grundlage der Klauseln 5 und 6 jedoch versichert werden. Wellensurfgeräte sind reine Sportgeräte.

Hängegleiter werden ausdrücklich vom Versicherungsschutz ausgeschlos- 228 sen. Diese Geräte sind im Rahmen der Reisegepäck-Versicherung nicht versicherbar. Die Neufassung enthält insoweit eine Klarstellung, da Hängegleiter gem. § 1 II LuftVG zu den Luftfahrzeugen zählen und deshalb von dem generellen Ausschluß des Versicherungsschutzes für Luftfahrzeuge in § 1 Nr. 5 AVBR 80 erfaßt werden.

AVBR 80

§ 2 Versicherte Gefahren und Schäden

Versicherungsschutz besteht

1. wenn versicherte Sachen abhandenkommen, zerstört oder beschädigt werden, während sich das Reisegepäck im Gewahrsam eines Beförderungsunternehmens, Beherbergungsbetriebs, Gepäckträgers oder einer Gepäckaufbewahrung befindet;
2. während der übrigen Reisezeit für die in Nr. 1 genannten Schäden durch
   a) Diebstahl, Einbruchdiebstahl, Raub, räuberische Erpressung, Mut- und Böswilligkeit Dritter (vorsätzliche Sachbeschädigung);
   b) Verlieren – hierzu zählen nicht Liegen-, Stehen- oder Hängenlassen – bis zur Entschädigungsgrenze in § 4 Nr. 2;
   c) Transportmittelunfall oder Unfall eines Versicherten;
   d) Bestimmungswidrig einwirkendes Wasser, einschließlich Regen und Schnee;
   e) Sturm, Brand, Blitzschlag oder Explosion;
   f) höhere Gewalt.

AVBR 92

§ 2 Versicherte Gefahren und Schäden

Versicherungsschutz besteht

1. Wenn versicherte Sachen abhandenkommen, zerstört oder beschädigt werden, während sich das Reisegepäck im Gewahrsam eines Beförderungsunternehmens, Beherbergungsbetriebs, Gepäckträgers oder einer Gepäckaufbewahrung befindet;
2. während der übrigen Reisezeit für die in Nr. 1 genannten Schäden durch
   a) Diebstahl, Einbruchdiebstahl, Raub, räuberische Erpressung, Mut- und Böswilligkeit Dritter (vorsätzliche Sachbeschädigung);
   b) Verlieren – hierzu zählen nicht Liegen-, Stehen- oder Hängenlassen – bis zur Entschädigungsgrenze in § 4 Nr. 2;
   c) Transportmittelunfall oder Unfall eines Versicherten;
   d) Bestimmungswidrig einwirkendes Wasser, einschließlich Regen und Schnee;
   e) Sturm, Brand, Blitzschlag oder Explosion;
   f) höhere Gewalt.
3. Wenn Reisegepäck nicht fristgerecht ausgeliefert wird (den Bestimmungsort nicht am selben Tag wie der Versicherte erreicht).
Ersetzt werden die nachgewiesenen Aufwendungen für Ersatzkäufe bis zu 10 v. H. der Versicherungssumme, höchstens DM 750,–.

Übersicht

A. Vorbemerkung

§ 2 regelt enumerativ und abschließend die Gefahren, deren Verwirkli- **1** chung Gegenstand der Reisegepäck-Versicherung ist. Durch diese **primäre Risikobeschreibung** gestaltet der Versicherer das Produkt „Reisegepäck-Versicherung" und bestimmt den Vertragszweck i. S. von § 9 II 2 AGBG (vgl. *Prölss/Martin,* § 49 VVG, Anm. 1 B).

I. Die bisherigen AVB

Die bis 1980 verwendeten AVB, die auch heute noch Gegenstand langfri- **2** stiger Verträge sein können, sahen für die Reisegepäck-Versicherung das Prinzip der **Allgefahrendeckung** vor, weil die Reisegepäck-Versicherung seit ihrer Entstehung in Rechtsprechung und Rechtslehre unangefochten der **Transportversicherung** zugeordnet wurde (vgl. im einzelnen *van Bühren,* Dissertation, S. 29 ff. m. w. N.).

Die Zunahme des Reiseverkehrs und der Zahl geschäftlich unerfahrenen Reiseteilnehmer hat die Vertragsfreiheit gemäß § 187 Abs. 1 VVG als unbillig erscheinen lassen, so daß dieser Versicherungszweig durch das Erste Durchführungsgesetz/EWG zum VAG der **Sachversicherung** zugeordnet wurde (vgl. Einführung RdNr. 5 m. w. N.).

Die in den früheren AVB gewährte Allgefahrendeckung wurde nur durch die Gefahren eingeschränkt, die auch in den AVBR 80 gemäß § 3 vom Versicherungsschutz ausgeschlossen sind.

Das versicherte Risiko wurde in den alten AVB negativ durch Ausschlüsse umgrenzt, es lag eine **sekundäre Risikoabgrenzung** vor (vgl. § 3 RdNr. 1). Der Versicherte mußte daher lediglich beweisen, daß anläßlich der versicherten Reise ein Schaden eingetreten war, während dem Versicherer gegebenenfalls die Beweislast dafür oblag, daß der Schaden durch eine ausgeschlossene Gefahr – Risikoausschluß – eingetreten war (vgl. *Bruck,* Privatversicherungsrecht S. 647).

II. Die AVBR 80

Angesichts des ungünstigen Schadenverlaufs der Sparte Reisegepäck- **3** Versicherung haben die Versicherer die Zuordnung der Reisegepäck-Versicherung zur Sachversicherung zum Anlaß genommen, das Prinzip der Allgefahrendeckung aufzugeben und in den neuen AVBR nur noch **Einzelgefahrendeckung** anzubieten. Durch das hohe subjektive Risiko sahen die Versicherer sich veranlaßt, das Ergebnis dieser Sparte nicht nur auf der Prämien-, sondern auch auf der Schadenseite zu sanieren (vgl. *Martin*, SVR, A I 14).

Das Bundesaufsichtsamt, das zunächst auf einer Beibehaltung der Allgefahrendeckung bestanden hatte, hat diese Regelung akzeptiert, zumal der Wunsch der Versicherungswirtschaft, den Versicherungsschutz in einem vernünftigen Rahmen zu begrenzen, sachlich berechtigt erschien. Schließlich wird durch das Prinzip der Einzelgefahrendeckung nicht nur die Schadenbearbeitung erleichtert, sondern es werden beim breiten Publikum auch keine falschen Vorstellungen über **Grenzen** und **Inhalt** des Versicherungsschutzes erweckt.

4 Die Aufgabe des Allgefahrenprinzips hat nicht nur materiell-rechtlich zu einer Schlechterstellung der Versicherten geführt, auch die Beweislast ist zuungunsten der Versicherten verteilt worden: Nach den früheren Bedingungen mußte der Versicherte lediglich beweisen, daß anläßlich der versicherten Reise ein Schaden am Reisegepäck eingetreten war; der Versicherer hatte dann die Beweislast dafür, daß der Versicherungsfall durch ein vom Versicherungsschutz ausgeschlossenes Risiko eingetreten war. Nunmehr muß der **Versicherte** nicht nur den **Beweis** für **Verlust** und/oder **Beschädigung** des Reisegepäcks erbringen, er hat auch die **Beweislast** dafür, daß der Schaden durch eine **versicherte Gefahr** eingetreten ist (vgl. § 10 RdNr. 9 ff.).

6 **Allgefahrendeckung** besteht ausnahmsweise auch in den AVBR 80 dann, wenn sich das Reisegepäck im besonderen Drittgewahrsam befindet (§ 2 Nr. 1).

Die geschichtliche Entwicklung der Reisegepäck-Versicherung dürfte Anlaß und einzige Erklärung für den systemwidrigen Aufbau von § 2 sein: der Ausnahmetatbestand wird in § 2 Nr. 1 geregelt, während der Regelfall erst in § 2 Nr. 2 genannt wird.

Aus Gründen der Übersichtlichkeit erfolgt die Kommentierung in der Reihenfolge dieser Vorschrift.

B. Versicherungsschutz bei besonderem Drittgewahrsam (§ 2 Nr. 1)

7 § 2 gewährt in Nr. 1 dieser Vorschrift einen umfassenden und lückenlosen Versicherungsschutz für die Zeit, in der das Reisegepäck sich im Gewahrsam eines **Beförderungsunternehmens, Beherbergungsbetriebes, Gepäckträgers** oder einer **Gepäckaufbewahrung** befindet. Während der übrigen Reisezeit deckt die Reisegepäck-Versicherung nur die in § 2 Nr. 2 abschließend aufgezählten Gefahren.

8 Der Versicherte und die mitversicherten Personen genießen umfassend Versicherungsschutz für die Zeit, in der das Reisegepäck ihrer unmittelbaren Einwirkungsmöglichkeit entzogen und bestimmten Institutionen anvertraut ist.

§ 2 Nr. 1 findet auch dann Anwendung, wenn das Gepäck mit Post oder Bahn vorausgeschickt wird („Unbegleitetes Reisegepäck"). Voraussetzung ist jedoch auch hier, daß es sich um Gegenstände des persönlichen Reisebedarfs handelt – außer Schmuck und Gegenstände aus Edelmetall – und die Reise kurz darauf angetreten wird.

Versicherungsschutz besteht bei **Abhandenkommen, Zerstörung** oder **9** **Beschädigung,** gleichviel aus welcher Ursache.

In diesem engen Bereich der „reise- und beförderungsvertraglichen" Verwahrung und Beförderung ist somit die frühere Allgefahrendeckung (vgl. oben RdNr. 3) aufrechterhalten worden, ohne daß jedoch hieraus geschlossen werden kann, die Reisegepäck-Versicherung tendiere auch weiterhin zur Allgefahrendeckung (so *Ollick,* VA **80,** 229; *Prölss/Martin,* § 2 AVBR, Anm. 2).

Anders als in § 2 Nr. 2 ist in § 2 Nr. 1 auch ein Schaden gedeckt, der **10** durch Fahrlässigkeit Dritter eintritt. Entscheidend ist allein, daß das Reisegepäck während der Zeit einen Schaden erlitten hat, als es sich im Gewahrsam eines **Beförderungsunternehmens, eines Beherbergungsbetriebes, einer Gepäckaufbewahrung oder eines Gepäckträgers** befand. Grund für diesen weitreichenden Versicherungsschutz ist die Tatsache, daß keine oder nur eine beschränkte Einwirkungsmöglichkeit des Versicherten besteht, solange das Reisegepäck sich im Gewahrsam einer der genannten Institutionen befindet.

Die Entwicklungsgeschichte von § 2 Nr. 1 in den dem Bundesaufsichts- **11** amt vorgelegten Entwürfen zeigt, daß die Aufzählung in § 2 Nr. 1 **abschließend** ist, zumal die Gepäckaufbewahrung erst bei den späteren Entwürfen in § 2 Nr. 1 aufgenommen wurde. Befindet sich das Reisegepäck im Gewahrsam anderer Dritter, so gilt § 2 Nr. 2 (vgl. *Ollick,* VA **80,** 289; *Prölss/Martin,* § 2 AVBR, Anm. 2).

Eine ausweitende Auslegung, etwa auf eine **Zollbehörde,** bei der eine Videokamera hinterlegt wird, ist **nicht zulässig** (vgl. BGH, VersR **86,** 1097 = NJW **87,** 191).

Bei den Gewahrsamsvorschriften gemäß § 2 Nr. 1 handelt es sich um eine **12** **primäre Risikobeschränkung** (vgl. *Bruck/Möller,* § 6 Anm. 12; *Prölss/Martin,* § 49 VVG, Anm. 1 B, § 3 RdNr. 1).

Es liegt eine Risikobeschreibung vor, aus der sich ergibt, daß der Versicherer nur dann alle Gefahren trägt, wenn sich das Reisegepäck im Gewahrsam der vier genannten Institutionen befindet (vgl. im übrigen zur Abgrenzung zwischen Risikobegrenzung und Obliegenheiten § 1 RdNr. 114 ff.).

Beruft sich der Versicherte auf die Allgefahrendeckung in § 2 Nr. 1, so **13** hat er die **Beweislast** (vgl. *Prölss/Martin,* § 49 VVG, Anm. 1 B) dafür, daß der Schaden während des vorgenannten speziellen Drittgewahrsams eingetreten ist. Kann er diesen Beweis nicht führen, so bleibt es bei den Ansprüchen aus § 2 Nr. 2.

I. Versicherte Gefahren in der Allgefahrendeckung

Versicherungsschutz wird unabhängig von der Schadenursache gewährt bei:
– Abhandenkommen
– Zerstörung
– Beschädigung

1. Abhandengekommene Sachen

14   „Abhandengekommen" ist ein Gegenstand gemäß § 935 BGB dann, wenn der **unmittelbare Besitzer** ohne sein Zutun oder seinen Willen den Besitz verloren hat (vgl. *Palandt/Bassenge*, § 935 RdNr. 1; OLG Düsseldorf, VersR **58**, 295; *Martin*, SVR, B II 9).

15   Bei **fehlgeleitetem** Reisegepäck kann es mitunter zweifelhaft sein, ob es „abhandengekommen" ist. Gerade bei Flugreisen kommt es häufig vor, daß Reisegepäck unpünktlich am Zielflughafen eintrifft oder an einem völlig anderen Flughafen aufgefunden wird.

Dem Versicherten kann nicht zugemutet werden, unbegrenzt zu warten, bis fehlgeleitete Gepäckstücke wieder auftauchen. Eine feste Zeitgrenze läßt sich nicht setzen, *Prölss/Martin* (§ 2 AVBR, Anm. 1 b) halten eine Frist von ein bis zwei Wochen für angemessen. Abhandengekommen ist ein fehlgeleitetes Gepäckstück so lange nicht, wie mit dem Wiederauffinden des Gepäckstücks gerechnet werden kann (vgl. *Ollick*, VA **80**, S. 289). Es kommt entscheidend darauf an, ob nach den Erfahrungen aus vergleichbaren Fällen die Wahrscheinlichkeit besteht, daß die fehlgeleiteten Gepäckstücke noch gefunden werden. Andererseits würde es dem Sinn der Reisegepäck-Versicherung widersprechen, diesen Suchzeitraum über Gebühr auszudehnen.

16   Abhandengekommen ist Reisegepäck erst dann, wenn es unwahrscheinlich ist, daß der Versicherte es alsbald zurückerhält; diese Bewertung muß jeweils **in die Zukunft gesehen, nicht durch nachträgliche objektive Betrachtung,** vorgenommen werden (vgl. *Martin*, SVR, B II 10; *Ollick*, VA **80**, 289).

17   Gemäß § 32 Abs. 1 EVO gilt ein fehlendes Gepäckstück nach Ablauf einer Woche als verloren; § 13 Abs. 1 des Gesetzes über das Postwesen geht von einer angemessenen Beförderungszeit aus. Fluggesellschaften stellen in der Regel die sog. „endgültige Verlustbestätigung" nach einem Suchzeitraum von vier bis sechs Wochen aus. Im Bereich der Reisegepäck-Versicherung können die vorgenannten Fristen als Maßstab herangezogen werden.

18   Wird fehlgeleitetes Gepäck **wiedererlangt,** so entfällt der Anspruch auf die Versicherungsleistung; nach erfolgter Schadenregulierung muß die Entschädigung **zurückgezahlt** werden (vgl. *Prölss/Martin*, § 2 AVBR, Anm. 1 a; vgl. im übrigen § 12 RdNr. 12).

19   Der Versicherte wird ohnehin unabhängig vom Ausgang einer Suchaktion für dringend benötigte, unentbehrliche Gegenstände Ersatz beschaffen müssen (z. B. Rasierapparat, Kosmetikartikel, Badekleidung usw.). Die Kosten hierfür sind vom Versicherer nicht – auch nicht kulanzweise – zu übernehmen (vgl. *Prölss/Martin*, § 2 AVBR, Anm. 1 b); a. A. *Ollick*, VA **80**, 289).

Der Versicherte kann sich gegen derartige „Lieferfristüberschreitungen" 20 durch Vereinbarung von **Klausel 6.** schützen. Diese Klausel wird in der Regel ohne Zusatzprämie von den Versicherern angeboten. In den AVBR 92 ist der Deckungsschutz aus Klausel 6 in Nr. 3 des § 2 aufgenommen worden (vgl. unten RdNr. 106 ff.).

Wenn der Versicherer bei Antragstellung schuldhaft Klausel 6. nicht 21 angeboten hat, kann seine Eintrittspflicht aus culpa in contrahendo in Betracht kommen (vgl. *Prölss/Martin*, § 2 AVBR, Anm. 1 b). Ansonsten könnte der Versicherte seine Schadenersatzansprüche nur gegen das Beförderungsunternehmen geltend machen.

In der Praxis hat sich unter den renommierten Fluggesellschaften bei ver- 22 späteter Auslieferung von Fluggepäck eine Kulanzpraxis mit Zahlung von Überbrückungsgeld am auswärtigen Zielort entwickelt (vgl. *van Bühren/ Nies*, Aktuelle Probleme, S. 32).

2. Zerstörte Sachen

„Zerstört" ist eine Sache dann, wenn die Beschädigung einen Grad 23 erreicht hat, der eine Wiederherstellung entweder völlig ausschließt oder Reparaturkosten erfordert, die über dem Zeitwert des beschädigten Gegenstandes liegen (vgl. *Stiefel/Hofmann*, § 12 RdNr. 7; *Prölss/Martin*, § 55 VVG, Anm. 2 B m. w. N.).

Zerstörung ist lediglich ein Mehr gegenüber der Beschädigung (vgl. *Stiefel/Hofmann*, a. a. O.); es spielt daher für den Eintritt des Versicherungsfalles keine Rolle, ob die Sache beschädigt oder zerstört wurde, da in beiden Fällen gleichermaßen Schadenersatz geleistet wird. Oberbegriff für beide Fälle ist der „Sachschaden" (vgl. *Martin*, SVR, B III 15).

3. Beschädigte Sachen

„Beschädigt" ist ein Gegenstand des Reisegepäcks dann, wenn eine Ein- 24 wirkung erfolgt ist, welche die Brauchbarkeit einer Sache beeinträchtigt (vgl. BGH, VersR **83,** 1169; *Prölss/Martin*, § 1 AHB, Anm. 3 a).

Eine Verletzung der Sachsubstanz ist nicht erforderlich (vgl. BGH, VersR **79,** 853; OLG Hamm, VersR **78,** 28); es genügt, wenn der Zustand der Sache sich in substanzbezogener Weise **nachteilig verändert** hat (vgl. *Martin*, SVR, B II 4).

„Nachteilig" ist jede Veränderung, durch die der Wert oder die Gebrauchsfähigkeit einer Sache **vermindert** wird (vgl. *Martin*, SVR, B III 4).

Der Begriff der Beschädigung ist weit auszulegen, so daß auch eine **Ver-** 25 **schmutzung,** die durch eine Reinigung behoben werden kann, eine Beschädigung i. S. von § 2 Nr. 1 darstellt.

Bloßes **Nichtfunktionieren,** z. B. einer Uhr oder eines Rasierapparates 26 **ohne äußere Einwirkung,** ist keine „Beschädigung".

II. Voraussetzungen des „besonderen Drittgewahrsams"

Allgefahrendeckung besteht nur dann, wenn das versicherte Gepäck sich „im Gewahrsam eines Beförderungsunternehmens, Beherbergungsbetriebs, Gepäckträgers oder einer Gepäckaufbewahrung befindet" (§ 2 Nr. 1).

1. Begriff des Gewahrsams

27 „Gewahrsam" ist nach der Begriffsdefinition im Strafrecht die von einem Herrschaftswillen getragene tatsächliche Sachherrschaft, deren Ausübung keine Hindernisse entgegenstehen (vgl. *Dreher/Tröndle*, § 242 RdNr. 9 m. w. N.).

28 Anders als im Strafrecht, wo auch Mitgewahrsam als fremder Gewahrsam anzusehen ist (vgl. *Dreher/Tröndle*, § 242 RdNr. 10 m. w. N.) ist **Alleingewahrsam** der in § 2 Nr. 1 aufgezählten Einrichtungen erforderlich. Der besonders weite Versicherungsschutz (Allgefahrendeckung) in § 2 Nr. 1 wird nur deshalb gewährt, weil dem Versicherten jede Einwirkungsmöglichkeit auf sein Reisegepäck fehlt, wenn er es einer der vier Institutionen aus § 2 Nr. 1 anvertraut hat. Behält er diese Einflußmöglichkeit in Form eines Mitgewahrsams, besteht Versicherungsschutz nur gemäß § 2 Nr. 2.

29 Reisegepäck, das der Versicherte in seinem **Hotelzimmer** abstellt, befindet sich sowohl in seinem Gewahrsam als auch im untergeordneten **Mitgewahrsam** des Hoteliers. Da der Reisende jedoch Einwirkungsmöglichkeiten auf sein Reisegepäck hat, kommen ihm die Privilegien aus § 2 Nr. 1 nicht zugute.

30 Bei **Flugreisen** befindet sich Handgepäck, das in der Ablage über den Sitzen verstaut wird, nicht im Gewahrsam des Beförderungsunternehmens (vgl. AG München, VersR **85**, 255); anders verhält es sich mit den Gepäckstücken, die gesondert im Gepäckraum des Flugzeuges befördert werden.

31 Gewahrsam der in § 2 Nr. 1 aufgezählten Institutionen ist nur dann anzunehmen, wenn mit den Gewahrsamsnehmern eine **Vereinbarung** über die Annahme des Gepäcks zum Zwecke der Aufbewahrung oder des Transports getroffen wurde (vgl. *Ollick*, VA **80**, 289). Es genügt, ist aber auch erforderlich, daß der Verwahrende die ordnungsgemäße **Beaufsichtigung** des Gepäcks als **Hauptpflicht** übernimmt (vgl. BGH, VersR **86**, 1098).

32 Es reicht daher **nicht** aus, wenn das Reisegepäck mit Einverständnis des Hoteliers an einer bestimmten Stelle des Beherbergungsunternehmens **abgestellt** wird, selbst wenn der Hotelier oder seine Angestellten zusagen, „ein Auge auf die Sache zu werfen" (vgl. *Ollick*, VA **80**, 288).

2. Beförderungsunternehmen

33 „**Beförderungsunternehmen**" sind alle üblichen Transportunternehmen, die **gewerbsmäßig** Gepäck und/oder Personen befördern (vgl. § 1 RdNr. 203).

34 Die Beförderung durch Privatpersonen aus **Gefälligkeit** zählt **nicht** hierzu, in derartigen Fällen besteht Versicherungsschutz nur nach § 2 Nr. 2.

35 Beförderungsunternehmen ist einmal der **Reiseveranstalter** selbst, im übrigen die Einrichtung, mit welcher der Versicherte seine Reise durchführt. Beförderungsunternehmen i. S. von § 2 Nr. 1 ist auch das **Transportunternehmen,** mit dem das Gepäck unabhängig vom eigenen Reiseweg zum Zielort gebracht wird („Unbegleitetes Reisegepäck").

36 Im Alleingewahrsam der **Fluggesellschaft** befindet sich das Reisegepäck, welches am **Schalter** abgegeben und im **Gepäckraum** befördert wird; ebenso

verhält es sich mit den Gepäckstücken, die der Omnibusunternehmer im Kofferraum unterhalb des Fahrgastraumes transportiert (vgl. LG Frankfurt, VersR 86, 1099). Handgepäck, das der Versicherte im Fahrgastraum transportiert, ist nur gemäß § 2 Nr. 2 versichert (vgl. AG München, VersR 85, 255).

3. Beherbergungsbetrieb

„Beherbergungsbetriebe" sind in erster Linie Hotels und Pensionen. Hierzu 37 gehören aber auch Appartementhäuser, soweit diese hotelähnlich geführt werden und Bedienungs- und Aufsichtspersonal haben.

Eine Privatunterkunft, fällt nicht unter den Begriff des „Beherbergungsbe- 38 triebes".

4. Gepäckträger

„Gepäckträger" i. S. von § 2 Nr. 1 sind vertraglich oder öffentlich bestellte 39 Personen, die ihre Dienste als Gepäckträger anbieten. Es muß sich um einen „berufsmäßigen" (vgl. *Prölss/Martin*, § 2 AVBR, Anm. 1) Gepäckträger handeln; beliebige Personen, die sich als Gelegenheitsarbeiter ein Taschengeld verdienen wollen, zählen dazu nicht.

Die Beweislast für die rechtsbegründende Tatsache, das Gepäck einem 40 echten Gepäckträger übergeben zu haben, liegt beim Versicherten. Irrt sich der Reisende über die Person des vermeintlichen Gepäckträgers und nutzt dieser die Gelegenheit, das ihm übergebene Gepäck beiseite zu schaffen, besteht kein Versicherungsschutz. Der Schaden ist dann durch Betrug oder Unterschlagung eingetreten (vgl. *van Bühren/Nies,* Aktuelle Probleme, S. 30).

Wird ein Gepäckträger eines Hotels oder eines Reiseunternehmens tätig, 41 ist in der Regel bereits Gewahrsam des Hotels oder des Reiseunternehmens mit der Übergabe des Gepäcks begründet.

5. Gepäckaufbewahrung

„Gepäckaufbewahrung" (vgl. § 1 RdNr. 204) ist in der Regel die Aufbe- 42 wahrung auf Bahnhöfen oder Flughäfen und zwar sowohl bei Abgabe des Gepäcks an einem Schalter gegen Übergabe des Gepäckscheins als auch bei Aufbewahrung in Schließfächern.

Denkbar ist auch eine private Gepäckaufbewahrung, beispielsweise bei 43 einem Reiseunternehmen. Voraussetzung ist jedoch, daß ein entsprechend eingerichteter „Betrieb" zur Aufbewahrung von Reisegepäck vorhanden ist und zwar mit entsprechenden Räumen, Sicherungsmöglichkeiten usw. Die Gepäckaufbewahrung muß „professionell" erfolgen, so daß eine gelegentliche Aufbewahrung von Reisegepäck, selbst wenn ein verbindlicher Vertrag geschlossen und ein Entgelt gezahlt wird, nicht unter § 2 Nr. 1 fällt.

Handgepäck, das im Bus oder im Flugzeug abgelegt wird, wird nicht vom 44 Reiseunternehmen „aufbewahrt", da es an solchen abgelegten Gepäckstücken keinen Gewahrsam hat (vgl. AG München, VersR 85, 255).

C. Versicherungsschutz während der übrigen Reisezeit (§ 2 Nr. 2)

45   Wenn der Versicherte selbst oder andere als die in § 2 Nr. 1 genannten Institutionen während der Reisezeit (§ 6) Gewahrsam am Reisegepäck haben, besteht nur **Einzelgefahrendeckung.**

46   Es wird zwar ebenfalls Ersatz für Abhandenkommen, Zerstörung oder Beschädigung geleistet; die Leistungspflicht des Versicherers besteht jedoch nur dann, wenn der Schaden durch eines der in § 2 Nr. 2 a–f aufgezählten Ereignisse (Gefahren) verwirklicht worden ist (vgl. *Ollick,* VA 80, 289).

47   Der Versicherte muß nicht nur den Schaden, sondern auch die Ursächlichkeit einer versicherten Gefahr darlegen und beweisen (vgl. *Prölss/Martin,* § 2 AVBR, Anm. 2).

48   Ein Verstoß gegen § 129 I VVG, der die Allgefahrendeckung für das Transportrisiko vorschreibt, liegt nicht vor, da die Reisegepäck-Versicherung nicht – mehr – als Transportversicherung anzusehen ist (vgl. Einführung RdNr. 5 m. w. N.; *Prölss/Martin,* § 129 VVG, Anm. 2 B).

49   Ebensowenig verstößt diese Regelung gegen § 9 II AGBG, da durch die Aufzählung der versicherten Gefahren nicht etwa der äußere Eindruck eines weitergehenden Vertragszwecks vermittelt wird (vgl. *Prölss/Martin,* § 2 AVBR, Anm. 2).

I. Diebstahl (§ 2 Nr. 2 a)

50   Der Diebstahl ist in der Reisegepäck-Versicherung der am häufigsten auftretende Schadenfall. „Diebstahl" ist gemäß der Legaldefinition in § 242 StGB die Wegnahme einer fremden beweglichen Sache in der Absicht, sich diese rechtswidrig anzueignen. Der Diebstahl ist in allen Erscheinungsformen versichert und zwar sowohl der **Einbruchdiebstahl** als auch der **Trickdiebstahl.** Die ausdrückliche Erwähnung des Einbruchdiebstahls in § 2 Nr. 2 beugt der Gefahr vor, daß im Hinblick auf den sonst in der Sachversicherung nur gegen Einbruchdiebstahl möglichen Versicherungsschutz als argumentum e contrario gefolgert wird, nach den AVBR sei lediglich der einfache Diebstahl gedeckt (vgl. *Prölss/Martin,* § 2 AVBR, Anm. 2 A; *Ollick,* VA 80, 289).

51   **Gewahrsam** ist ein tatsächliches Herrschaftsverhältnis zwischen einer Person und einer Sache, das von einem Herrschaftswillen getragen ist (vgl. *Schönke/Schröder,* § 242 RdNr. 23).
Ein tatsächliches Herrschaftsverhältnis besteht, wenn der Gewahrsamsinhaber seinen Einwirkungswillen verwirklichen kann, ohne daß ihm Hindernisse entgegenstehen (vgl. *Schönke/Schröder,* § 242 RdNr. 25 m. w. N.).

52   Von einer **Gewahrsamslockerung** spricht man, wenn trotz räumlicher Entfernung des Gewahrsamsinhabers noch eine Einwirkungsmöglichkeit im Rahmen des Sozialüblichen besteht: Der Halter hat Gewahrsam an einem geparkten Pkw und den in ihm zurückgelassenen Gegenständen, selbst wenn er den Autoschlüssel verloren und ein Dritter diesen gefunden hat (vgl. BGH, VRS 62, 274).

Von einem „Trickdiebstahl" spricht man dann, wenn der Täter eine 53
Gewahrsamslockerung herbeiführt, indem er beispielsweise sich bestimmte
Gegenstände zur Ansicht oder zum kurzfristigen Gebrauch übergeben läßt,
um sie dann wegzunehmen.

Hier bestehen oft Abgrenzungsprobleme zum **Gewahrsamsbetrug:** Wer
einem „falschen" Gepäckträger oder Hotelangestellten sein Gepäck übergibt, wird nicht Opfer eines Trickdiebstahls, sondern eines Betruges, da er
den Gewahrsam freiwillig aufgibt.

Ein „**Trickdiebstahl**" liegt auch dann vor, wenn zwei Täter den Versicher- 54
ten ansprechen, einer lenkt den Versicherten durch das Gespräch ab, der
andere entwendet währenddessen das Reisegepäck (vgl. OLG Bremen,
VersR 77, 1024).

Anders verhält es sich bei dem Reisenden, der die „Beschlagnahme" des 55
Gepäcks durch einen „falschen" Kriminalbeamten oder Zollbeamten dul-
det. Hier liegt Gewahrsamsverlust ohne Willen des Gewahrsamsinhabers
vor, so daß der Tatbestand von § 242 StGB verwirklicht ist (vgl. *Schönke/
Schröder,* § 242 RdNr. 35 m. w. N.).

Es ist nicht erforderlich, daß das Gepäck dem Versicherten selbst ent- 56
wendet wird, auch Reisegepäck, das kurzfristig einem Dritten überlassen
und diesem entwendet wird, bleibt versichertes Reisegepäck des Versicherten (a. A. *Prölss/Martin,* § 2 AVBR, Anm. 2 A; vgl. § 1 RdNr. 128 ff.).

Verschafft sich der Täter den Gewahrsam am Reisegepäck durch **Betrug** 57
(Gewahrsamsbetrug) ist ebensowenig Versicherungsschutz gegeben wie bei
Unterschlagung oder **Fundunterschlagung** (vgl. *Prölss/Martin,* § 2 AVBR,
Anm. 2 A).

II. Einbruchdiebstahl (§ 2 Nr. 2 a)

Ob ein Einbruchdiebstahl vorliegt, richtet sich nach den strafrechtlichen 58
Qualifizierungsmerkmalen in § 243 StGB.

Der Oberbegriff „Einbruchdiebstahl" ist zu eng und falsch (vgl. *Prölss/
Martin,* § 1 AERB, Anm. 3 C), es genügt jeder erschwerte Diebstahl gemäß
§ 243 StGB n. F.; die Frage, ob einfacher oder Einbruchdiebstahl oder
erschwerter Diebstahl vorliegt, kann im Rahmen von § 2 Nr. 1 a nur von
akademischer Bedeutung sein, da für alle Tatbestände in gleicher Weise
gehaftet wird.

III. Raub (§ 2 Nr. 2 a)

„Raub" ist gemäß § 249 StGB die Wegnahme fremder beweglicher 59
Sachen in Zueignungsabsicht „mit Gewalt gegen eine Person oder unter Anwendung von Drohungen mit gegenwärtiger Gefahr für Leib oder Leben".

Raub ist somit ein aus Diebstahl und Nötigung zusammengesetztes
Delikt, der Täter nimmt fremde Sachen weg, indem er sein Opfer dazu
nötigt, die Wegnahme zu dulden (vgl. *Schönke/Schröder,* § 249 RdNr. 1
m. w. N.).

„Räuberischer Diebstahl" (§ 252 StGB) ist versichert, da § 2 Nr. 2 a alle 60
erschwerten oder privilegierten Formen des Diebstahls deckt. Der räuberi-

sche Diebstahl ist die Verteidigung der Diebesbeute mit Gewalt oder Drohung mit gegenwärtiger Gefahr für Leib oder Leben (vgl. *Schönke/Schröder,*
§ 252 RdNr. 1). Tritt der Schaden bei der Gewaltanwendung nach dem
Diebstahl ein, so liegt in der Regel eine vorsätzliche Sachbeschädigung vor,
die gleichfalls zum versicherten Risikobereich (§ 2 Nr. 2 a) gehört.

IV. Räuberische Erpressung (§ 2 Nr. 2 a)

61   Gemäß § 252 StGB liegt eine räuberische Erpressung vor, wenn „die
Erpressung durch **Gewalt** gegen eine Person oder unter Anwendung von
Drohungen mit gegenwärtiger Gefahr für Leib oder Leben begangen" wird.
Anders als in der Einbruchdiebstahl-Versicherung ist nicht erforderlich, daß
sich der Adressat der Drohung oder der Gewalt und die betroffenen Sachen
schon bei Beginn der Zwangslage am Schadenort befinden, denn im
Bereich der Reisegepäck-Versicherung ist der Versicherungsschutz nicht auf
einen bestimmten Versicherungsort beschränkt (vgl. *Prölss/Martin,* § 2
AVBR, Anm. 2 A; die entgegenstehende Auffassung der Vorauflage wird
aufgegeben).

V. Mut- oder Böswilligkeit Dritter (vorsätzliche Sachbeschädigung) (§ 2 Nr. 2 a)

62   Eine „vorsätzliche Sachbeschädigung" liegt gemäß § 303 StGB vor, wenn
die bestimmungsgemäße Brauchbarkeit einer Sache nicht nur geringfügig
beeinträchtigt wird (vgl. *Schönke/Schröder,* § 303 RdNr. 8; *Dreher/Tröndle,*
§ 303 StGB, RdNr. 5).
Auch das **Beschmutzen** der Sache kann eine Sachbeschädigung sein, selbst
wenn die eigentliche Sachsubstanz nicht verletzt wird. Ebenso liegt eine
Sachbeschädigung vor, wenn Gegenstände mit Farbe beschmiert oder mit
Plakaten beklebt werden (vgl. *Schönke/Schröder,* a. a. O.; *Dreher/Tröndle,*
§ 303 StGB, RdNr. 6 m. w. N. und Beispielen).

63   Die Sachbeschädigung muß **vorsätzlich** begangen werden (vgl. zum Vorsatzbegriff § 11 RdNr. 5). Die fahrlässige Sachbeschädigung ist weder straf-
bar, noch unterliegt sie dem Versicherungsschutz in § 2 Nr. 2 a. Wird beispielsweise das Reisegepäck durch Unachtsamkeit eines Mitreisenden
beschädigt, besteht kein Versicherungsschutz bei dem Reisegepäck-Versicherer, sondern allenfalls bei dem Haftpflicht-Versicherer des Schädigers.
Die fahrlässige Sachbeschädigung ist entgegen *Prölss/Martin* (§ 2 AVBR,
Anm. 2 C) auch nicht „höhere Gewalt". Wäre diese Auslegung zutreffend,
so hätte es der besonderen Erwähnung der vorsätzlichen Sachbeschädigung
nicht bedurft, da diese noch weniger als die fahrlässige Sachbeschädigung
durch Dritte vom Versicherten zu verhindern ist.

64   Die Aufzählung bestimmter Straftatbestände in § 2 Nr. 2 ist abschließend.
Nicht versichert sind daher Schäden durch **Betrug** oder **Unterschlagung.**
Schäden durch Unterschlagung sind in beschränktem Umfang bereits durch
§ 2 Nr. 1 abgedeckt. Demgegenüber muß der Versicherte den Verlust von
Reisegepäck durch Betrug entschädigungslos hinnehmen (vgl. oben
RdNr. 57).

VI. Verlieren von Reisegepäck (§ 2 Nr. 2 b)

Der Einschluß dieser Gefahr ist auf die Initiative des **Bundesaufsichtsamtes** 65 zurückzuführen, das die Versicherungswirtschaft aufgefordert hatte, auch das „Verlieren und Liegenlassen" in den Katalog der gedeckten Gefahren aufzunehmen. Die Versicherer weigerten sich zunächst, dieser Aufforderung des Bundesaufsichtsamtes nachzukommen, da die Auffassung bestand, der Einschluß von „Verlieren und Liegenlassen" könne dazu führen, daß regelmäßig die Prämie von solchen Schäden aufgezehrt werde, die nicht eindeutig abgrenzbar seien.

Da das Bundesaufsichtsamt weder die Fälle des „Verschlampens", noch 66 die des auf Vergeßlichkeit beruhenden Verlierens gedeckt sehen wollte, wurde ein **Kompromiß** zwischen den Forderungen des Bundesaufsichtsamtes und den Bedenken der Versicherer gefunden: § 2 Nr. 2 deckt nunmehr im Rahmen der Entschädigungsgrenzen von § 4 Nr. 2 auch Schäden, die durch „Verlieren" eintreten.

„Verlieren" ist jede Art des Abhandenkommens, **bemerkt** oder **unbemerkt.** 67 Dies ergibt sich nicht nur aus dem allgemeinen Sprachgebrauch (auch den aus dem Lift fallengelassenen Skistock hat man „verloren"), sondern auch aus der Entwicklungsgeschichte von § 2 Nr. 2: Der 6. Musterentwurf, den der Transportversicherungsverband dem Bundesaufsichtsamt vorgelegt hatte, enthielt neben den jetzt noch vorhandenen Einschränkungen (Liegen-, Stehen- oder Hängenlassen) als vierten Ausschluß „ungeklärtes Verschwinden". Erst der Hinweis des auf Verbraucherfreundlichkeit bedachten Bundesaufsichtsamtes, daß „Verlieren" in 90 % aller Fälle ungeklärt sei, hat dazu geführt, daß diese Einschränkung in der endgültigen Fassung der AVBR weggefallen ist. Ein versichertes „Verlieren" liegt somit auch dann vor, wenn beispielsweise ein Skistock oder ein Fotoapparat aus dem Lift oder andere Gegenstände bei einer Schiffsreise über Bord fallen (vgl. *Ollick,* VA 80, 290).

Prölss/Martin (§ 2 AVBR, Anm. 2 B) nennen zwei weitere Auslegungs- 68 möglichkeiten, welche die Entstehungsgeschichte der AVBR allerdings unberücksichtigt lassen: einmal könne man § 2 Nr. 2 b) so verstehen, daß der Versicherte nur das **Abhandenkommen** beweisen müsse, während Liegen-, Stehen- oder Hängenlassen **sekundäre Risikoabgrenzungen** sein sollen; hierzu müsse der Versicherte alle Auskünfte erteilen, die der Versicherer gegebenenfalls für den Nachweis des Ausschlusses benötige.

Als dritte Auslegungsmöglichkeit soll entsprechend einem gelegentlich zu 69 beobachtenden Sprachgebrauch unter „Verlieren" nur „**Fallenlassen**" zu verstehen sein. Wie *Prölss/Martin* (a. a. O.) zutreffend ausführen, ginge bei diesen beiden weiteren Auslegungen die Darlegungs- und Beweislast des Versicherten sehr weit, zu entschädigen wären praktisch nur rekonstruierbare oder sofort bemerkte Verluste.

Die hier vertretene Auffassung, daß unter „Verlieren" jede Art des 70 Abhandenkommens außer „Liegen-, Stehen- und Hängenlassen" zu verstehen ist, berücksichtigt nicht nur die Entwicklungsgeschichte der AVBR, sondern auch und vor allem die Interessenlage zwischen Versichertem und

Versicherer: Der Versicherungsschutz für „Verlieren" ist ohnehin in doppelter Hinsicht eingeschränkt, nämlich einmal wird gemäß § 4 Nr. 2 lediglich Entschädigung bis zu 10 % der Versicherungssumme, max. DM 500,– geleistet; zum anderen gilt auch der Ausschluß der groben Fahrlässigkeit (§ 11 AVBR), so daß nur bei **einfacher Fahrlässigkeit** entschädigt wird. Aus diesem Grund sind Liegen-, Stehen- oder Hängenlassen expressis verbis ausgeschlossen, da bei diesen Tatbeständen der Vorwurf der groben Fahrlässigkeit regelmäßig begründet wäre (vgl. *Prölss/Martin,* § 2 AVBR, Anm. 2 B b).

71   Es ist daher auch folgender Fall als „Verlieren" gedeckt: Der Versicherte packt bei der Abreise in zwei gleiche Einkaufstüten Wäsche und Abfall, den er an einem Autorastplatz in einen Abfallbehälter werfen will. Seine Ehefrau hat während des Einpackens die beiden Tüten vertauscht, so daß der Versicherte die Tüte mit der Wäsche in den Abfallbehälter wirft. Ob grobe Fahrlässigkeit vorliegt, ist Tatfrage.

   Ein **im Taxi vergessenes** und später nicht mehr auffindbares Gepäckstück ist nicht durch „Verlieren", sondern durch – nicht versichertes – „**Liegenlassen**" abhandengekommen (vgl. AG Düsseldorf, VersR **87**, 1087).

VII. Transportmittelunfall (§ 2 Nr. 2 c)

72   Transportmittel können jeder Gegenstand und jedes Tier sein, die dazu bestimmt oder geeignet sind, Gegenstände zu befördern.

73   Ein „Unfall" eines Transportmittels liegt vor, wenn auf das Transportmittel von außen her plötzlich mit mechanischer Gewalt eingewirkt wird (vgl. § 12 Abs. 1 II AKB; *Prölss/Martin,* § 180 a VVG, Anm. a m. w. N.).

74   Es ist **nicht** erforderlich, daß eine **Beschädigung** des Transportmittels eintritt (vgl. *Prölss/Martin,* § 2 AVBR, Anm. 2 C; a. A. *Ollick,* VA **80**, 290). Das Umkippen eines Fahrzeuges wegen falscher Ladung oder Achsbruchs ist ein Transportmittelunfall (vgl. *Koller,* Transportrecht, § 34 KVO, RdNr. 28).

75   Die Beschädigung ist **Folge** eines Unfalls, **nicht seine Voraussetzung.** Beispiel: Ein Kind läuft auf die Straße, der Fahrer eines Reisebusses muß abbremsen, so daß der Bus in einen Straßengraben fährt. Auch wenn der Reisebus nicht beschädigt wird, liegt ein „Transportmittelunfall" vor, so daß Reisegepäck, welches bei der Fahrt in den Graben beschädigt wird, gemäß § 2 Nr. 2 zu entschädigen ist.

76   Der allgemeine **Sprachgebrauch** erfordert keineswegs, daß bei einem Transportmittelunfall auch das Transportmittel beschädigt worden sein muß. Ein Fahrzeuganhänger, der umkippt, aber unbeschädigt bleibt, erleidet einen „Unfall". Ebenso liegt ein Transportmittelunfall vor, wenn beispielsweise **Fahrräder auf dem Dachträger** transportiert und beim Durchfahren einer niedrigen Toreinfahrt beschädigt werden (vgl. *Prölss/Martin,* § 180 a VVG, Anm. 1 a; § 2 AVBR, Anm. 2 c). Das OLG Stuttgart (VersR **80**, 918) hat es daher folgerichtig als Transportmittelunfall angesehen, daß ein mit dem versicherten Satteltieflader beförderter Bagger durch Anstoßen an eine Brücke beschädigt wurde. Auch hier war der Tieflader selbst unbeschädigt geblieben.

Die entgegenstehende Auffassung (*Koller,* § 34 KVO, RdNr. 28 und **77** OGH Wien, VersR **86**, 274, 275) hält an dem Erfordernis der Beschädigung des Transportmittels mit der Begründung fest, daß dem Versicherungsbetrug vorgebeugt werden müsse. Der Gefahr des Mißbrauchs, die es in allen Versicherungssparten gibt, kann nur mit entsprechenden Beweisanforderungen, keineswegs jedoch mit Begriffsdefinitionen begegnet werden, die dem allgemeinen Sprachgebrauch widersprechen.

VIII. Unfall des Versicherten (§ 2 Nr. 2 c)

Der **Unfall** des Versicherten erfordert ebenso wie der Transportmittel- **78** unfall (vgl. RdNr. 73) eine plötzliche Einwirkung von außen mit mechanischer Gewalt. Anders als bei der Unfallversicherung (und entgegen der Vorauflage) ist eine **Gesundheitsbeschädigung nicht erforderlich,** da die Definition in § 2 Nr. 1 AUB Anspruchsgrundlage für die Personenunfallversicherung ist; in der Reisegepäck-Versicherung kommt es allein auf den Kausalzusammenhang zwischen plötzlicher mechanischer Gewalt von außen auf den Versicherten und dem Schaden an dem versicherten Reisegepäck an (ebenso *Prölss/Martin,* § 2 AVBR, Anm. 2 c).

Die meisten Unfälle des Versicherten sind Transportmittelunfälle, es sind jedoch auch Konstellationen denkbar, bei denen der Versicherte auf andere Weise „aus der Bahn geworfen" wird.

Es liegt daher ein **Unfall** des unverletzten Versicherten vor,
– wenn er von einem **Radfahrer** angefahren wird und zu Boden fällt,
– wenn der Versicherte bei ruckartigem Anlegen einer Fähre **über Bord** fällt,
– wenn der Versicherte auf einer **Bananenschale** ausrutscht und hinfällt,
– wenn der Versicherte von einem einstürzenden **Hochsitz** herunterfällt,
– wenn der Versicherte in einer **Straßenbahn** durch eine Notbremsung zu Fall gebracht wird.

Entgegen *Prölss/Martin* (§ 2 AVBR, Anm. 2 c) besteht Versicherungs- **79** schutz auch bei Sportarten, die Stürze einkalkulieren, wie z. B. Skifahren, da nur der selbst verursachte Sturz, nicht aber der Sturz aufgrund mechanischer Gewalteinwirkung von außen einkalkuliert wird. Nicht versichert ist das Gebrauchsrisiko von Sportgeräten.

IX. Einwirkendes Wasser (§ 2 Nr. 2 d)

Feuchtigkeitsschäden sind gedeckt, wenn **Wasser, Regen oder Schnee 80** bestimmungswidrig auf das Reisegepäck einwirken. Zu den ersatzpflichtigen Wasserschäden gehören auch Schäden durch **Leitungswasser** oder **Abwässer.**

Nicht gedeckt sind jedoch Schäden durch die Einwirkung anderer Flüs- **81** sigkeiten, wie z. B. durch eine umgestürzte Flasche mit Alkohol oder eine nicht ordnungsgemäß verschlossene Medizinflasche, die im Koffer transportiert wird und während der Reise ausläuft.

82   **Schnee** und **Eis** sind versicherte Schadenursachen; Voraussetzung ist allerdings, daß der Schaden durch **Feuchtigkeit** („Einwirkendes Wasser") her-
vorgerufen wird. Ein nicht gedeckter Schaden tritt beispielsweise ein, wenn
Reisegepäck durch Eiszapfen beschädigt wird, die sich an einem Haus
gebildet haben und plötzlich herunterfallen.

83   Ebensowenig liegt ein „Wasserschaden" vor, wenn nach starkem Schnee-
fall das Dach eines Autoeinstellplatzes einstürzt oder Reisegepäck durch die
Wucht einer Schneelawine beschädigt wird (vgl. *Ollick*, VA 80, 290); derartige Fälle sind allenfalls Schäden durch **höhere Gewalt** und gemäß § 2 Nr. 2 f
versichert.

84   Die Einwirkung der Feuchtigkeit muß „**bestimmungswidrig**" sein. Ein
Badeanzug, der durch die Berührung mit Wasser seine Farbe verliert, ist
ebensowenig gemäß § 2 Nr. 2 d zu ersetzen wie der Schaden an einem Was-
serspielzeug oder Schlauchboot, der durch Benutzung dieser Gegenstände
im Wasser eintritt. Auch ein Kleidungsstück, das bei unsachgemäßer heißer
Wäsche in der Hotelwäscherei einläuft, ist nicht versichert, da das Kleidungsstück nicht bestimmungswidrig mit Wasser in Berührung gekommen
ist. „Bestimmungswidrig" heißt somit nicht gegen den Willen des Versicherten, sondern ausschließlich entgegen der objektiven Bestimmung des Reisegepäcks.

X. Sturm (§ 2 Nr. 2 e)

85   „Sturm" ist nach der auch in der Reisegepäck-Versicherung heranzuzie-
henden Definition in § 12 Abs. 1 I c AKB und in § 8 Nr. 1 VHB 84 eine
wetterbedingte Luftbewegung von mindestens **Windstärke 8.** Maßgebend ist
die Beaufort-Skala. Danach bedeutet Stärke 8 „stürmischen Wind, der
Zweige von Bäumen bricht, und das Gehen im Freien erschwert" (vgl. *Martin*, SVR, E II 6).

86   Diese Windstärke wird sich nicht immer eindeutig und objektiv nachweisen lassen. Aus diesem Grund ist in § 8 Nr. 2 VHB 84 bestimmt, daß eine
solche Windstärke unterstellt wird, wenn der Versicherte nachweist, daß die
Luftbewegung in der Umgebung des Schadenortes zur gleichen Zeit gleich-
artige Schäden angerichtet hat. Wird beispielsweise an einem Strand durch
einen plötzlich auftretenden Sturm ein Sonnenschirm beschädigt, so genügt
der Versicherte seiner Beweispflicht, wenn er beweist, daß auch andere ein-
wandfreie Sonnenschirme in gleicher Weise – durch Sturm – zur gleichen
Zeit beschädigt worden sind.

87   Anders als in der Hausrat-Versicherung (§ 8 Nr. 3 a VHB 84) muß der
Schaden nicht **unmittelbar** durch Sturm eingetreten sein, versichert ist jeder
Schaden, der eine adäquate Folge des Sturmes ist (vgl. *Prölss/Martin*, § 2
AVBR, Anm. 2 E).

XI. Brand (§ 2 Nr. 2 e)

88   „Brand" ist ein Feuer, das ohne einen bestimmungsmäßigen Herd entstanden ist oder ihn verlassen hat und sich aus eigener Kraft auszubreiten
vermag (vgl. § 1 II AFB, *Martin*, SVR, C I 2 m. w. N.; *Stiefel/Hofmann*, § 12
AKB RdNr. 8 m. w. N.).

Der Brand muß **adäquat kausal** für den Schadeneintritt sein; ein Brand- 89
schaden liegt auch dann vor, wenn das Feuer das Reisegepäck nicht erfaßt,
sondern wenn der Schaden lediglich durch die Hitzeeinwirkung verursacht
wird; ebenso genügt es, wenn der Schaden durch Raucheinwirkung verursacht wird, da nicht Feuerschäden, sondern Brandschäden versichert sind
(vgl. *Stiefel/Hofmann*, § 12 RdNr. 19 und RdNr. 24).

Schäden durch **Panik bei Hotelbrand** sind versichert, da adäquate Kausali- 90
tät des Brandes genügt (vgl. *Prölss/Martin*, § 2 AVBR, Anm. 2 E).

Glimm-, Seng-, Sprung- und Rußschäden sind Schadenursachen, bei denen 91
sich ein Feuer nicht aus eigener Kraft auszubreiten vermag, so daß kein
Versicherungsschutz besteht.

Fällt brennendes Holz aus dem **Kamin** auf Reisegepäck, so besteht nur 92
dann Versicherungsschutz, wenn auch das Gepäck in Brand gerät.

Schlagen **Flammen** aus dem Kamin und beschädigen Reisegepäck, so liegt 93
kein versichertes Schadenfeuer vor, da das Feuer seinen bestimmungsgemäßen Herd nicht verlassen hat; ebensowenig bei Beschädigung von Reisegepäck durch eine umgestürzte Kerze (vgl. *Martin*, SVR, C I 14).

XII. Blitzschlag (§ 2 Nr. 2 e)

Blitzschlag ist der unmittelbare Übergang eines Blitzes auf Sachen (§ 4 94
Nr. 2 VHB 84). Erforderlich ist ganz allgemein, daß der Blitz ein**schlagen**
muß (vgl. *Martin*, SVR, C II 4). Der Blitz muß nicht in die versicherte
Sache selbst einschlagen, es genügt, wenn der Blitzschlag adäquat kausal
einen Schaden verursacht. Bei den vom Blitz verursachten Sachschäden
kann es sich um **Sengschäden** oder um Schäden durch kalten Schlag (Ein-
schlag in versicherte Sachen ohne Brand- oder Sengwirkung) handeln (vgl.
Martin, SVR, C II 1).

XIII. Explosion (§ 2 Nr. 2 e)

Explosion ist eine auf dem Ausdehnungsbestreben von Gasen oder Dämp- 95
fen beruhende, plötzlich verlaufende Kraftäußerung und zwar unabhängig
davon, ob die Gase oder Dämpfe bereits vor der Explosion vorhanden
waren oder erst bei ihr gebildet wurden (vgl. *Prölss/Martin*, § 82 VVG,
Anm. 3, *Martin*, SVR, C III 1).

Brand als Explosionsfolge ist als Brandschaden zu ersetzen (vgl. *Martin*, 96
SVR, C II 8).

Zwischen der **Explosion** und dem **Schaden** muß ein adäquat kausaler 97
Zusammenhang bestehen. Es liegt somit auch ein ersatzpflichtiger Explo-
sionsschaden vor, wenn durch die Druckwelle einer in größerer Entfernung
sich ereignende Explosion ein zum Reisegepäck gehörender Spiegel, Gläser
oder andere zerbrechliche Gegenstände beschädigt werden.

Keine Explosion ist das **Bersten** von Flaschen oder sonstigen Gefäßen 98
sowie das **Zerspringen** von Glas durch Hitze, ebensowenig eine Implosion
(vgl. *Martin*, SVR, C III 3).

XIV. Höhere Gewalt (§ 2 Nr. 2 f)

99   **Höhere Gewalt** ist ein außerordentliches Ereignis, das unter den jeweils gegebenen Umständen auch durch äußerste, nach Lage der Sache vom Versicherten zu erwartende Sorgfalt nicht verhindert werden konnte (vgl. *Palandt/Heinrichs,* § 203 BGB, RdNr. 3 m. w. N.; *Palandt/Thomas,* § 651 j RdNr. 3 m. w. N.; BGHZ 100, 185). Vorhersehbarkeit oder eigenes Verschulden schließen höhere Gewalt aus (vgl. *Palandt/Heinrichs,* a. a. O., *Palandt/Thomas,* a. a.O.).

100   Es muß sich um Schadenursachen wie etwa **Naturereignisse** oder andere Ereignisse handeln, die nicht unmittelbar auf menschliches Verhalten zurückzuführen sind.

101   Eine Ersatzleistung kommt beispielsweise dann in Betracht, wenn durch eine nicht vorhersehbare **Lawine, Überschwemmung** oder **Steinschlag** das Reisegepäck beschädigt wird. Ebenso kann höhere Gewalt vorliegen, wenn der Schaden durch ein Tier eintritt, das sich losgerissen hat oder von einer Weide ausgebrochen ist.

102   Schäden durch **Fahrlässigkeit Dritter** sind **nicht** „höhere Gewalt", da die Schadenursache ein menschliches, zielgerichtetes Verhalten ist. Die entgegenstehende Auffassung von *Prölss/Martin* (§ 2 Anm. 2 F) entspricht weder dem Begriff „höhere Gewalt" noch der Entwicklungsgeschichte und dem beabsichtigten Deckungsumfang in § 2 Nr. 2 AVBR. Wäre beabsichtigt, auch die Beschädigung Dritter als versichert anzusehen, hätte es der ausdrücklichen Erwähnung des Versicherungsschutzes für vorsätzliche Sachbeschädigung nicht bedurft, da diese noch schwerer abzuwenden ist als die fahrlässige Sachbeschädigung.

103   *Prölss/Martin* sprechen in der Begründung zu ihrer Auffassung von dem „Nachweis der Unabwendbarkeit". Bei einem unabwendbaren Ereignis i. S. von § 7 StVG kommt allerdings auch menschliches Verhalten in Betracht; die Begriffe „unabwendbares Ereignis" und „höhere Gewalt" sind jedoch nicht identisch, vielmehr versteht man unter höherer Gewalt nur ein Ereignis, das nicht auf menschliches (ziel)gerichtetes Verhalten zurückzuführen ist.

104   Nur durch diese systemwidrige Auslegung des Begriffs „höhere Gewalt" kommen *Prölss/Martin* dann auch zu dem unzutreffenden Ergebnis, daß die Reisegepäck-Versicherung weiterhin zur Allgefahrendeckung tendiere (vgl. *Prölss/Martin,* § 2 AVBR, Anm. 2).

105   **Kippt** auf einem Schiff **ein Glas mit Flüssigkeit** durch die Schiffsbewegung um und beschädigt diese ein Kleidungsstück, so ist nicht höhere Gewalt die Schadenursache, sondern menschliches Verhalten, nämlich das ungeschickte Abstellen des Glases (AG München, 03. 07. 1990, 152 C 14901/90 A II Höhere Gewalt 1).

Ebensowenig liegt höhere Gwalt vor, wenn eine in der **Gepäckablage** eines Flugzeuges abgelegte **Brille** durch einen Mitreisenden beschädigt wird (vgl. AG München, VersR **85,** 255).

D. § 2 AVBR 92

Die Grundregelungen zu den versicherten Gefahren und Schäden in § 2 **106** Nr. 1 und 2 a–f sind inhaltlich und in der textlichen Fassung unverändert.

In § 2 Nr. 3 bieten die AVBR 92 als Grundleistungstatbestand Ersatz für **107** Aufwendungen bei nicht fristgerechter Auslieferung des Reisegepäcks. Diese Bestimmung löst Klausel 6 zu den AVBR 80 – **Lieferfristüberschreitung** – ab.

Der Leistungsanspruch entsteht, wenn Reisegepäck den Bestimmungsort **108** nicht am selben Tag wie der Versicherte erreicht. Gegenüber den komplexen Anspruchsvoraussetzungen der Lieferfristüberschreitungsklausel enthält § 2 Nr. 3 eine wesentliche inhaltliche wie auch sprachliche Vereinfachung. Zur Anspruchsbegründung hat der Versicherte lediglich nachzuweisen, daß das Reisegepäck den Bestimmungsort nicht am Tag der Ankunft des Versicherten selbst erreicht hat. Der Anspruch aus dem Versicherungsvertrag knüpft damit an den tatsächlichen Lebenssachverhalt an. Die Bezugnahme auf beförderungsvertragliche Regelungen oder auf gesetzliche Bestimmungen entfällt. Das erschien im Sinne der Rechtsklarheit dringend geboten (vgl. Klausel 6 AVBR 80 RdNr. 2 ff.).

Ersetzt werden die nachgewiesenen Aufwendungen für Ersatzkäufe bis **109** zu 10 v. H. der Versicherungssumme, höchstens DM 750,–.

Während nach Klausel 6 AVBR 80 der **Schaden** aus der verspäteten Aus- **110** lieferung von Reisegepäck ersetzt wurde, bestimmt § 2 Nr. 3 AVBR 92 den Ersatz der **nachgewiesenen Aufwendungen für Ersatzkäufe.**
Es kommt für die Höhe der Entschädigung nicht darauf an, ob die Ersatzkäufe für den Versicherten später, wenn er sein Gepäck ausgeliefert erhält, noch von Nutzen sind. Anderweitige Einsparungen mit Rücksicht auf den Kauf von Ersatzreisebedarf sind bei der Höhe der Entschädigung nicht zu berücksichtigen.

Anderweitiger Schaden, etwa Fahrtkosten zur Abholung des verspätet **111** angelieferten Gepäckstückes beim Flughafen, werden nach § 3 Nr. 2 nicht erstattet.

Die Leistungsgrenze wurde von DM 500,– auf DM 750,– angehoben. **112**

Zahlungen oder Sachleistungen der Fluggesellschaften bei Nichtausliefe- **113** rung des Gepäcks am Urlaubsort (toilet kit) sind bei der Erstattung zu berücksichtigen. Dies gebietet der Grundsatz des **Bereicherungsverbotes,** § 55 VVG. Bis zur Höhe der Aufwendungen des Versicherten ist jedoch neben der anderweitigen Ersatzleistung Entschädigung gem. § 2 Nr. 3 zu leisten, § 67 VVG.

AVBR 80

§ 3 Ausschlüsse

1. Ausgeschlossene Gefahren
Ausgeschlossen sind die Gefahren
a) des Krieges, Bürgerkrieges, kriegsähnlicher Ereignisse oder innerer Unruhen;
b) der Kernenergie;
c) der Beschlagnahme, Entziehung oder sonstiger Eingriffe von hoher Hand.
2. Nicht ersatzpflichtige Schäden
Der Versicherer leistet keinen Ersatz für Schäden, die
a) verursacht werden durch die natürliche oder mangelhafte Beschaffenheit der versicherten Sachen, Abnutzung, Verschleiß, mangelhafte Verpackung oder mangelhaften Verschluß von Gepäckstücken;
b) während des Zeltens oder Campings innerhalb des hierfür benutzten Geländes eintreten, es sei denn, daß hierüber eine besondere Vereinbarung besteht.

AVBR 92

§ 3 Ausschlüsse

1. Ausgeschlossene Gefahren
Ausgeschlossen sind die Gefahren
a) des Krieges, Bürgerkrieges, kriegsähnlicher Ereignisse oder innerer Unruhen;
b) der Kernenergie;*
c) der Beschlagnahme, Entziehung oder sonstiger Eingriffe von hoher Hand.
2. Nicht ersatzpflichtige Schäden
Der Versicherer leistet keinen Ersatz für Schäden, die
a) verursacht werden durch die natürliche oder mangelhafte Beschaffenheit der versicherten Sachen, Abnutzung oder Verschleiß;
b) während des Zeltens oder Campings innerhalb des hierfür benutzten Geländes eintreten, es sei denn, daß hierüber eine besondere Vereinbarung besteht.

* Der Ersatz von Schäden durch Kernenergie richtet sich in der Bundesrepublik Deutschland nach dem Atomgesetz. Die Betreiber von Kernanlagen sind zur Deckungsvorsorge verpflichtet und schließen hierfür Haftpflichtversicherungen ab.

Übersicht

A. Vorbemerkung

Der rechtsbegründenden Beschreibung der versicherten Gefahren und 1 Schäden in § 2 setzt § 3 mit Regelungen zu ausgeschlossenen Gefahren und nicht ersatzpflichtigen Schäden Grenzen. Die Bestimmung enthält **sekundäre Risikoabgrenzungen.** Mit der Formulierung der Ausschlußtatbestände werden bestimmte Gefahren, Schadenursachen und Schadentypen bezeichnet, die vom Deckungsschutz ausgenommen werden (s. o. § 1 RdNr. 124). Der Versicherer hat die tatsächlichen Voraussetzungen des Ausschlußtatbestandes nachzuweisen. Dabei genügt der Versicherer seiner Beweislast, wenn er Umstände vorträgt und beweist, aus denen nach der Lebenserfahrung typischerweise auf das Vorliegen eines Ausschlußtatbestand geschlossen werden kann. Die Regeln des Anscheinsbeweises und des Indizienbeweises kommen dem Versicherer bei der Beweisführung für das Vorliegen eines Ausschlußtatbestandes zugute. Der Versicherer hat neben den tatsächlichen Voraussetzungen des Ausschlußtatbestandes deren Kausalität für den Schadeneintritt nachzuweisen. Für den Gegenbeweis des Versicherten genügt es, die Möglichkeit einer anderen Schadenursache oder fehlender Typizität glaubhaft zu machen (vgl. *Prölss/Martin* § 49 VVG, Anm. 3 m. w. N.).

§ 3 Nr. 1 regelt den Ausschluß der **politischen Gefahren.** Die Risikogruppe 2 beinhaltet flächendeckende, nicht kalkulierbare Gefahren sowie Einzeleingriffe hoheitlichen Handelns. Die Risiken politischer Gefahren können mit der Reisegepäck-Versicherung nicht aufgefangen werden. (Zu den Ausschlüssen politischer Risiken im einzelnen *Martin*, SVR, F I 4–15 m. w. N.)

Die Bezeichnung des § 3 Nr. 2 mit „**nicht ersatzpflichtige Schäden**" ist nur 3 teilweise zutreffend. § 3 Nr. 2 a befaßt sich mit dem **Ausschluß einzelner Risiken.** Daneben steht die Regelung von Schäden aus mangelhafter Verpackung oder mangelhaftem Verschluß von Gepäckstücken als verhüllte Obliegenheit. § 3 Nr. 2 b enthält einen Ausschluß des Campingrisikos.

B. Ausgeschlossene Gefahren

I. Krieg, Bürgerkrieg, kriegsähnliche Ereignisse oder innere Unruhen

Krieg ist die Auseinandersetzung mit Waffengewalt zwischen zwei oder 4 mehreren Staaten. Für den Ausschlußtatbestand des § 3 Nr. 1 a kommt es nicht darauf an, ob eine Kriegserklärung im völkerrechtlichen Sinn vorliegt. Ausgeschlossen sind auch die Risiken des Bürgerkrieges sowie kriegsähnlicher Ereignisse. Der Ausschluß betrifft deshalb sowohl den Überfall Iraks auf Kuwait, als auch die Kriegsführung der alliierten Streitkräfte gegen den Irak, als auch die Raketenangriffe des Iraks auf Israel, wie auch die gewaltsamen Auseinandersetzungen mit Kurden und Oppositionellen im Anschluß an die kriegerischen Ereignisse im Irak oder die kriegerischen Ereignisse in Jugoslawien/Slowenien/Kroatien (Zum Begriff „Kriegsereignis in der Sachversicherung: *Krahe*, VersR **91**, 634; *Fricke*, VersR **91**, 1098).

5   Ohne Bedeutung für den Ausschlußtatbestand ist es, ob die Auseinandersetzung mit Waffengewalt zwischen einzelnen Volksgruppen stattfindet oder zwischen einer Staatsmacht und einzelnen Volksgruppen, z. B. des Iraks und kurdischen Bevölkerungsgruppen, oder ob innerhalb eines Staatsgebietes verschiedene Volksgruppen, politische oder religiöse Gruppierungen, gegeneinander kämpfen, wie z. B. im Libanon oder in Nordirland oder im Staatengebiet Jugoslawiens. Da jedwede politisch – religiöse Auseinandersetzung zwischen organisierten Gruppen unter einen der Ausschlußtatbestände des § 3 Nr. 1 a fällt, bedarf es für die Frage der Eintrittspflicht für einen Schaden aus der Reisegepäck-Versicherung keiner detaillierten Abgrenzung zwischen den einzelnen Ausschlußtatbeständen.

II. Innere Unruhen

· 6   Von **inneren Unruhen** wird bei gewalttätigen Auseinandersetzungen zwischen verschiedenen sozialen Gruppen innerhalb eines Staatsgebietes gesprochen. Der Ausschlußtatbestand der inneren Unruhen trifft bei gewaltsamen Auseinandersetzungen zwischen größeren Gruppen zu, z. B. Kreuzberger Krawalle. Die Grenze zum Bürgerkrieg liegt dort, wo politische Gruppierungen in einem ganzen Staatsgebiet gegen andere Gruppierungen kämpfen oder sich erheben. Von inneren Unruhen ist bei lokal begrenzten Auseinandersetzungen zu sprechen.

7   **Einzelne Terrorakte** sind nicht unter den Begriff zu fassen. Das gilt auch dann, wenn eine Serie von Attentaten oder Terrorakten von einer Gruppierung (RAF) verübt wird und ein Fortsetzungszusammenhang erkennbar ist. Auf das Vorliegen des Straftatbestands des Landfriedensbruchs, §§ 125, 125 a StGB, kommt es nicht an. Terrorakte, die im Zusammenhang mit dem Golfkrieg in der Türkei und Griechenland verübt wurden, fallen gleichwohl nicht unter den Ausschlußtatbestand. Allein der Motivationszusammenhang zwischen einer kriegerischen Auseinandersetzung und einzeln verübten Gewaltakten führt nicht zum Ausschluß des Deckungsschutzes für Schäden aus einzelnen Gewaltakten.

8   Zum Begriff der inneren Unruhen (vgl. OLG Koblenz, VersR **51**, 19; OLG Düsseldorf, VersR **51**, 244; BGH VersR **75**, 126 = NJW **75**, 308 = MDR **75**, 304; zum Begriff bei inneren Unruhen bei Demonstrationen *Mikosch*, NJW **69**, 20; *Diederichsen*, NJW **70**, 777; *Merten*, NJW **70**, 1625).

III. Kausalitäts- und Beweislastfragen

9   Adäquate Kausalität eines Ausschlußtatbestandes für unmittelbare und mittelbare Folgen reicht aus. Schäden aus Handlungen im Zusammenhang mit einem Ausschlußtatbestand, z. B. Plünderungen im Zusammenhang mit kriegerischen Ereignissen oder inneren Unruhen, sind nicht versichert.

10   Der Indizien-/Anscheinsbeweis der Ursächlichkeit kriegerischer Ereignisse für den Schadeneintritt ist bei zeitlicher und räumlicher Nähe des Schadens im Zusammenhang mit solchen Ereignissen geführt. Dem Versi-

cherten steht der Gegenbeweis offen, daß ein Schaden etwa durch einen Raubüberfall eingetreten ist oder daß der Diebstahl aus einem Fahrzeug unabhängig von den Zerstörungen an anderen Fahrzeugen in unmittelbarer Nähe verübt wurde. Ein solcher Gegenbeweis kann jedoch kaum geführt werden. Kausalität des Ausschlußtatbestandes liegt auch dann noch vor, wenn ein Fahrzeug bei gewaltsamen Auseinandersetzungen beschädigt oder zerstört wird und später Diebe aus diesem Fahrzeug Gepäckgegenstände entwenden.

IV. Kernenergie

Ausgeschlossen sind die Risiken der Kernenergie sowohl aus friedlicher, 11 wie auch aus kriegerischer Anwendung. Ausgeschlossen sind Schäden, die unmittelbar durch eine Kernexplosion und den Bränden, der Druckwelle und Hitzestrahlungen entstehen, als auch Strahlenschäden. Nicht versichert sind auch Schäden, die deshalb entstehen, weil Versicherte überstürzt unter Zurücklassung ihres Reisegepäcks nach einer Kernexplosion aus dem Gebiet fliehen.

V. Beschlagnahme, Entziehung oder sonstige Eingriffe von hoher Hand

Der Ausschlußtatbestand des § 3 Nr. 1 c betrifft jedweden Schaden durch 12 hoheitliches Handeln.

Ausgeschlossen sind sowohl Schäden aus **rechtmäßigen** wie auch aus 13 **rechtswidrigen Eingriffen**. Die Feststellung der Rechtmäßigkeit eines hoheitlichen Eingriffs in einem anderen Kontinent nach dem dort geltenden Landesrecht ist kaum möglich. Rechtmäßiges hoheitliches oder scheinlegales Handeln von Zollbeamten oder Ordnungskräften ist in außereuropäischen Ländern und in Staaten mit diktatorischer Staatsform kaum zu unterscheiden.

Hoheitliche Eingriffe können sich aus Zollbestimmungen, Einfuhrverbo- 14 ten sowie aus gesundheitspolizeilichen Gründen ergeben. Kein Versicherungsschutz besteht, wenn eine Zollbehörde eine Kamera oder einen Tonträger einzieht, weil dafür keine Einfuhrgenehmigung vorliege; wenn Polizei oder Militärkräfte die Kamera eines Versicherten beschlagnahmen oder zerstören, weil damit verbotene Objekte fotografiert wurden.

Verbietet die Zollbehörde die Einfuhr eines Gegenstandes und hinterlegt 15 daraufhin der Versicherte den Gegenstand bei der Zollbehörde, so ist ein Schaden, der während der Verwahrung bei der Zollbehörde eingetreten ist, jedoch nicht von dem Ausschlußtatbestand des § 3 Nr. 1 c erfaßt. Denn Schadenursache ist nicht das hoheitliche Handeln, sondern die rechtwidrige Aneignung des Gegenstandes durch Dritte. Die Eintrittpflicht ist nach allgemeinen Regeln zu beurteilen (vgl. BGH 17. 9. 86, NJW **87**, 191 = VersR **86**, 1097). Für das Abhandenkommen der Kamera aus der Verwahrung bei der Zollbehörde bestand deshalb kein Versicherungsschutz, weil die Voraussetzungen der Eintrittpflicht gem. § 1 Nr. 4 c nicht vorlagen. Der Ausschluß gem. § 3 Nr. 1 c war nicht relevant.

VI. Sonstige Eingriffe von hoher Hand

16   Damit werden Schäden bei der Zollkontrolle erfaßt, z. B. durch das Öffnen von Behältnissen mit verderblichen Waren durch Zollbeamte oder durch das Aufdrücken von Stempel auf Kleidungsstücke. Denkbar ist die Vernichtung von Gegenständen und Bekleidung aus gesundheitspolizeilichen Gründen, etwa weil im Reiseland Kontakt mit Seuchenträgern zu befürchten ist.

C. Nicht ersatzpflichtige Schäden

I. Überblick

17   § 3 Nr. 2 a enthält einen **Risikoausschluß** für Schäden, die durch **natürliche** oder **mangelhafte Beschaffenheit** der versicherten Sachen entstehen sowie durch Abnutzung und Verschleiß. Der im folgenden ebenfalls als Ausschluß formulierte Tatbestand der **mangelhaften Verpackung** oder des mangelhaften Verschlusses von Gepäcken stellt sich nach seinem materiellen Regelungsgehalt als **verhüllte Obliegenheit** dar.

II. Beschaffenheitsschäden

18   Die Regelung zum Ausschluß der Versicherung für Beschaffenheitsschäden enthält nicht die Pflicht vorbeugenden sichernden Verhaltens des Versicherten. Für diese Art Schäden besteht kein Versicherungsschutz, unabhängig davon, ob ein Verschulden des Versicherten eine Schadenursache gesetzt hat oder ob der Schadeneintritt unvermeidbar war.

19   Die Reisegepäck-Versicherung bietet **Schutz vor Gefahren von außen, nicht aber gegen Gefahren, die aus der Eigenart der Sache selber** erwachsen. Kein Versicherungsschutz besteht für den Verderb von Nahrungsmitteln. Der Verderb von Fleisch- oder Wurstwaren oder Konserven, die als Reiseproviant mitgenommen werden, ist ebensowenig versichert, wie der Verderb der tropischen Früchte, die aus dem Reiseland als Kostprobe mitgebracht werden.

20   Kein Versicherungsschutz besteht für Kleidung, die in ihrer Sachsubstanz während der Reise Einbußen erfährt, z. B. ein Pelz, der durch Hitze oder übermäßige Trockenheit Haare verliert; ein Kleidungsstück, das in der Sonne ausbleicht oder verschleißt. Kein Versicherungsschutz besteht für Oxydation und Rost, sofern dieser Schaden nicht Folge bestimmungswidrig eindringenden Wassers ist, § 2 Nr. 2 d und für Schimmelbildung.

21   **Schäden aus mangelhafter Beschaffenheit** entstehen, wenn Materialfehler zum Bruch eines Gegenstandes oder Behältnisses führen, wenn Kleidung aus Wolle minderer Qualität sich in Farbe oder Form verändert, wenn unzureichend verarbeitete Pelze durch Klimaeinwirkung Haare verlieren, Nahrungsmitteln und Flüssigkeiten durch Frost verderben, Wein und Säften versäuern, feucht verpackte Textilien verschimmeln, mangelhaft reparierter Altschäden wieder brechen.

III. Abnutzung, Verschleiß

Die Folgen des **bestimmungsgemäßen Gebrauchs** von Gegenständen sind **22** nicht versichert. Die Regelung enthält materiell einen Ausschlußtatbestand für Verschleiß und Abnutzung. Vorbeugendes sicherndes Verhalten des Versicherten kann den Eintritt der Alterungs- und Minderungserscheinung von Gegenständen nicht verhindern. Besonders sorgsamer Umgang mit den Gegenständen begründet nicht den Versicherungsschutz für Abnutzung und Verschleiß.

Für Qualitätsminderung, Versprödung, Verschleiß, optische Minderung von Gegenständen aus dem bestimmungsgemäßen Gebrauch besteht kein Versicherungsschutz.

Abgrenzungsprobleme ergeben sich in der Tatsachenbeurteilung etwa bei **23** Schäden an aufgegebenen Gepäckbehältnissen. Das Verkratzen und Abschaben eines Koffers während der Fluggepäckbeförderung ist als normale Abnutzung zu sehen. Überschreitet die äußere Beeinträchtigung ein gewisses Maß, kann dies als ersatzpflichtiger Schaden, § 2 Nr. 1, anzusehen sein. Der qualitative Sprung zu einem ersatzpflichtigen Schaden nach § 2 Nr. 1 liegt jedenfalls dann vor, wenn das Gepäckbehältnis derart beschädigt ist, daß die ordnungsgemäße Benutzung beeinträchtigt ist, etwa durch einen Riß, ein Loch, Rahmenbruch, Bruch der Schlösser etc.

Der Versicherte hat rechtsbegründend darzustellen, daß das Gepäckstück **24** über die gewöhnliche Abnutzung hinaus beeinträchtigt ist. Die Beweislast dafür, daß sich der Schaden lediglich als Abnutzung oder Verschleiß darstellt, liegt beim Versicherer.

IV. Mangelhafte Verpackung und mangelhafter Verschluß von Gepäckstücken

Diese Alternativen der Regelung des § 3 Nr. 2 a enthalten entgegen der **25** systematischen Einordnung und der textlichen Gestaltung keinen Risikoausschluß. Der Versicherte kann sich durch vorbeugendes sicherndes Handeln in vollem Umfang den Versicherungsschutz erhalten. Dies folgt aus der Bezeichnung „mangelhafte Verpackung" (OLG Hamburg, VersR 90, 1234). Ungeachtet § 131 Abs. 2 VVG (Risikoausschluß) handelt es sich hier um eine verhüllte Obliegenheit. Dem Versicherten steht der Verschuldens- und Kausalitätsgegenbeweis offen. Leistungsfreiheit des Versicherers tritt nur dann ein, wenn der zugrundeliegende Versicherungsvertrag aus Anlaß des Schadens gekündigt wird, sofern die Laufzeit des Vertrages nicht bereits geendet hat.

Der **Beweis des ersten Anscheins** spricht für schuldhaft mangelhafte Ver- **26** packung, wenn bruchempfindliche Gegenstände, Flaschen, Brillen, Glas- oder Keramikartikel, optische Geräte in Gepäckbehältnissen verwahrt werden, die zur Beförderung aufgegeben werden. Dies gilt insbesondere, wenn das Gepäckstück keine harte Schale hat. Selbst Hartschalenkoffer sind keine verläßliche sichere Verpackung gegenüber den Belastungen während der Gepäckbeförderung. Der Bruch von Behältnissen mit Flüssigkeit und anderer zerbrechlichen Gegenständen in Gepäckstücken, die zur Beförderung aufgegeben werden, ist deshalb in der Regel durch schuldhaft unzureichenden Verpackung entstanden.

27 **Offene Gepäckstücke,** oder Taschen, die nicht wenigstens mit einem Reißverschluß zugezogen oder zugebunden werden, sind nicht ausreichend verschlossen, wenn sie zur Beförderung aufgegeben werden.

28 **Besonders empfindliche Gegenstände,** z. B. Kameragerätschaften, sind in einem festen Behältnis, und darin gepolstert in einem hartwandigen Gepäckbehältnis unterzubringen. Fahrräder und Surfbretter sind mit dafür bereitstehender **Spezialverpackung** zu versehen.

29 **Kein Verschulden** trifft den Versicherten an unzureichender Verpackung, wenn ein Gegenstand, der ordnungsgemäß verpackt im Koffer zur Flugbeförderung aufgegeben werden sollte, von Sicherheitskräften herausgenommen und auf Weisung der Sicherheitskräfte gesondert versandt wird. Dem Versicherten kann dann nicht vorgehalten werden, daß er den Gegenstand für die Weiterbeförderung nicht ordnungsgemäß verpackt habe. Steht die gebuchte Weiterreise unmittelbar bevor, hat er dazu keine Möglichkeit. Gleiches gilt, wenn Sicherheitskräfte aus Koffern Einzelgegenstände herausholen und sie gesondert der Fluggesellschaft zur Weiterbeförderung übergeben. Wird ein Gegenstand, z. B. eine Kameraausrüstung, dem Versicherten zerbrochen ausgeliefert oder fehlen Einzelteile, kann sich der Versicherer nicht auf mangelhafte Verpackung, § 3 Nr. 2 a berufen.

30 Mangelhaft verschlossen ist ein aufgegebenes Gepäckstück, wenn ohne Überwindung von Hindernissen und ohne Beschädigung der Verschnürung oder des Verschlusses Zugriff auf den Inhalt des Behältnisses genommen werden kann. Behältnisse, die der Versicherte bei sich führt, sind mangelhaft verschlossen, wenn aus dem Behältnis bei bestimmungsgemäßer Benutzung ohne Hinzutreten besonderer Ereignisse Gegenstände unbemerkt herausfallen können.

V. Camping

31 § 3 Nr. 2 b enthält einen **Risikoausschluß für alle Gefahren, die während des Zeltens und Campings eintreten.** Der Ausschluß bezieht sich sowohl auf Zelten und Camping auf einem offiziellen Campingplatz wie auch auf wildes Campen (*Prölss/Martin,* § 3 AVBR, Anm. 4); vgl. AG München, 24.02. 1983, 6 C 19852/82, A II, Camping 1.).

32 Das Campingrisiko kann bei der Benutzung offizieller Campingplätze mit der Vereinbarung der Campingklausel (s. u.) versichert werden. Die Risiken des wilden Kampierens oder Campings sind grundsätzlich mit der Reisegepäck-Versicherung nicht versicherbar.

33 Der Risikoausschluß betrifft **sämtliche Gefahren,** die in **zeitlichem und örtlichen** (kumulativ) **Zusammenhang** mit dem **Zelten oder Camping stehen.** Auch solche Schäden sind ausgeschlossen, deren Eintritt von der Campingsituation unabhängig ist.

34 Kein Versicherungsschutz besteht, wenn der Versicherte unter freiem Himmel übernachtet und sein Gepäck beschädigt oder gestohlen wird (AG München, 24. 2. 1983, 6 C 19852/82, A II, Camping 1.; LG Bonn, VersR 90, 786 zur Hausrat-Versicherung).

Kein Zelten oder Camping findet statt, wenn der zu Campingzwecken 35 ausgebaute VW-Bully in der Einmündung eines Waldweges am Straßenrand abgestellt wird und der Versicherte einen längeren Spaziergang unternimmt (vgl. LG Frankfurt, NJW-RR **86**, 109).

Der Ausschluß des § 3 Nr. 2 b greift, wenn der Versicherte **außerhalb** 36 **fester Gebäude** oder **innerhalb eines Gebäudes, das für jeden Beliebigen frei zugänglich ist** (z. B. Bahnhofshallen), für eine Nacht oder einen Teil der Nacht **sich zum Schlafen einrichtet.** Wer sich nach einer durchzechten Nacht mit dem Schlafsack am Strand zur Ruhe begibt, um dort den Sonnenaufgang zu erwarten, kampiert. Jugendliche, die sich in den Bahnhofshallen während der Sommermonate über Nacht in ihren Schlafsack einrollen, oder Bergsteiger, die unter freiem Himmel übernachten, können während dieser Zeit gem. § 3 Nr. 2 b keinen Versicherungsschutz erwarten. Kommt ein Versicherter in späten Nachtstunden mit dem Zug am Bahnhof an und verbringt er bis zur Abfahrt des nächsten Zuges in den frühen Morgenstunden mehrere Stunden mitsamt seinem Gepäck auf einer Parkbank vor dem Bahnhofsgebäude, so ist es Tatfrage, ob der Versicherte kampiert hat. Wird das Gepäck gestohlen, während der Versicherte auf der Parkbank eingeschlafen ist, verwehrt § 11 Versicherungsschutz, weil der Diebstahl grob fahrlässig ermöglicht wurde (vgl. *Prölss/Martin*, § 11 AVBR, Anm. 4 a).

D. § 3 AVBR 92

§ 3 Nr. 1 b AVBR 92 fügt dem Ausschluß des Risikos der Kernenergie mit 37 einer Anmerkung einen Hinweis auf das Atomgesetz an.

§ 3 Nr. 2 a AVBR 92 nennt nicht mehr die mangelhafte Verpackung oder 38 den mangelhaften Verschluß von Gepäckstücken. Damit trägt die Neufassung der Bewertung der Klausel als verhüllte Obliegenheit durch die Rechtsprechung Rechnung (OLG Hamburg, VersR **90**, 1234; s. o. RdNr. 25).

Mangelhafte Verpackung und mangelhafter Verschluß ist nach den 39 AVBR 92 nur noch im Rahmen des § 11 relevant. Nur insoweit, als der Versicherte durch mangelhafte Verpackung oder mangelhaften Verschluß grob fahrlässig zur Entstehung des Schadens und zum Schadenumfang beigetragen hat, verliert er den Anspruch auf Versicherungsleistung.

Hat der Versicherte hochempfindliche Gegenstände in einem Behältnis 40 verwahrt, das zur Beförderung aufgegeben wurde, spricht der Beweis des ersten Anscheins für grob fahrlässige Verursachung des Schadens (s. o. RdNr. 25 ff.).

AVBR 80

§ 4 Begrenzt ersatzpflichtige Schäden

1. Schäden an Pelzen, Schmucksachen und Gegenständen aus Edelmetall sowie an Foto- und Filmapparaten und Zubehör (§ 1 Nr. 4) werden je Versicherungsfall insgesamt mit höchstens 50 v. H. der Versicherungssumme ersetzt. § 5 Nr. 1 d und Nr. 2 Satz 2 bleiben unberührt.

2. Schäden
   a) durch Verlieren (§ 2 Nr. 2 b),
   b) an Geschenken und Reiseandenken, die auf der Reise erworben wurden,
   werden jeweils insgesamt mit bis zu 10 v. H. der Versicherungssumme, maximal mit
   DM 500,- je Versicherungsfall ersetzt.

AVBR 92

§ 4 Begrenzt ersatzpflichtige Schäden

1. Schäden an Pelzen, Schmucksachen und Gegenständen aus Edelmetall sowie an
   Foto- und Filmapparaten und tragbaren Videosystemen jeweils mit Zubehör (§ 1
   Nr. 4) werden je Versicherungsfall insgesamt mit höchstens 50 v. H. der Versicherungssumme ersetzt. § 5 Nr. 1 d und Nr. 2 Satz 2 bleiben unberührt.
2. Schäden
   a) durch Verlieren (§ 2 Nr. 2 b),
   b) an Geschenken und Reiseandenken, die auf der Reise erworben wurden, werden
   jeweils insgesamt mit bis zu 10 v. H. der Versicherungssumme, maximal mit
   DM 750,– je Versicherungsfall ersetzt.

Übersicht

A. Vorbemerkung

1 § 4 AVBR bestimmt die Entschädigungsgrenzen für drei verschiedene
Tatbestände:
1. Wertsachen (§ 1 Nr. 4) werden mit höchstens 50% der Versicherungssumme ersetzt.
2. Schäden durch Verlieren (§ 2 Nr. 2 b) werden mit bis zu 10% der Versicherungssumme, maximal DM 500,– je Versicherungsfall ersetzt.
3. Schäden an Geschenken und Reiseandenken werden mit bis zu 10% der
   Versicherungssumme, maximal DM 500,– je Versicherungsfall ersetzt.

2 Rechtstechnisch handelt es sich um Risikobegrenzungen, bei denen das
außerordentliche Risiko bei Wertgegenständen ebenso berücksichtigt wird
wie das subjektiv geprägte Risiko des Verlierens.

B. Wertgegenstände

Die in § 4 Nr. 1 genannte Sachgruppe (Pelze, Schmucksachen und 3
Gegenstände aus Edelmetall sowie Foto- und Filmapparate und Zubehör)
betrifft Gegenstände, bei denen es sich in der Regel um besonders wertvolle
Sachen handelt (vgl. § 1 RdNr. 93 ff.).
Die Einschränkung des Versicherungsschutzes für Wertsachen ergibt sich
aus dem Grundkonzept der Reisegepäck-Versicherung als „Jedermann"-Versicherung, die sich am Versicherungsbedarf des verreisenden
Durchschnittsbürgers („Normalverbrauchers") orientiert. Die Versicherung
von Wertgegenständen soll in erster Linie den speziellen Versicherungssparten vorbehalten bleiben (vgl. § 1 RdNr. 93 ff.).

Die Ersatzpflicht für Pelze, Schmucksachen, Gegenstände auch Edelme- 4
tall sowie Foto- und Filmapparate ist in mehrfacher Hinsicht begrenzt:
1. Das wertvolle Reisegepäck ist nur versichert, wenn es entweder **bestimmungsgemäß getragen** oder in **bestimmter Weise** aufbewahrt wird (vgl. § 1
RdNr. 170 ff.).
2. Das wertvolle Reisegepäck ist **nicht** versichert, wenn es in **unbeaufsichtigt
abgestellten Kraftfahrzeugen** oder Anhängern oder Wassersportfahrzeugen
aufbewahrt wird (vgl. § 5 RdNr. 54).
3. Schäden an wertvollem Reisegepäck werden nur bis zu **50% der Versicherungssumme** ersetzt (§ 4 Nr. 1).

C. Entschädigungsgrenze für Wertsachen

Bei Schäden gemäß § 4 Nr. 1 kommt die Bestimmung über die Unterver- 5
sicherung (§ 9 Nr. 3) zur Anwendung. Es liegt also **nicht**, wie in § 4 Nr. 2,
eine **Erstrisikodeckung** vor (vgl. *Ollick*, VA 80, 291).

I. Unterversicherung

Liegt eine Unterversicherung gem. § 9 Abs. 3 AVBR vor, so führt dies 6
nicht zu einer weiteren Verringerung des nach § 4 Nr. 1 ermittelten Entschädigungsleistung; insoweit ist auf eine doppelte Unterversicherungsregelung verzichtet worden, da sie in der Handhabung zu kompliziert wäre und
auch häufig auf Beweisschwierigkeiten stoßen würde (vgl. OLG Karlsruhe,
r + s 87, 262, 265). Die Schadenregulierung wird vielmehr wie folgt vorgenommen:
1. Feststellung des Schadens
2. Eventuelle Kürzung im Verhältnis der Unterversicherung
3. Vergleich mit 50% der Versicherungssumme
4. Auszahlung des niedrigeren der beiden Beträge (vgl. *Ollick*, VA 80,
291; *Prölss/Martin*, § 4 AVBR Anm. 1; OLG Hamm, Vers 86, 572;
OLG Karlsruhe, r + s 87, 262).

Beispiel: 7
Versicherungssumme DM 4000,–

Wert des mitgeführten Reisegepäcks   DM 6000,–
Wert eines gestohlenen Pelzes   DM 1500,–
Das Verhältnis zwischen Versicherungssumme und Versicherungswert
DM 4000,– zu DM 6000,– ist das Verhältnis 2:3, so daß nur ⅔ des Wertes
des Pelzes ersatzpflichtig ist. Der auf diese Weise ermittelte Betrag von
DM 1000,– wird mit 50% der Versicherungssumme (DM 2000,–) vergli-
chen. Es verbleibt bei dem Entschädigungsbetrag von DM 1000,–.
Beträgt bei dem vorgenannten Beispiel der Wert des gestohlenen Pelzes
DM 4500,–, so ergibt sich aufgrund der Quote der Unterversicherung (2:3)
ein Entschädigungsbetrag in Höhe von DM 3000,–. Dieser wird mit 50%
der Versicherungssumme (DM 2000,–) verglichen. Der Versicherte erhält
die niedrigere der beiden Summen, also eine Entschädigung in Höhe von
DM 2000,–.

II. Überversicherung

8   Wenn der Versicherte auch für Wertgegenstände eine volle Entschädigung anstrebt, muß er bei der Versicherungssumme das Doppelte des tatsächlichen Wertes dieser Gegenstände berücksichtigen. Es liegt keine Überversicherung vor, da es an einer Bereicherungsabsicht des Versicherten fehlt
(vgl. *Prölss/Martin*, § 4 AVBR, Anm. 1).
Die Überversicherungsregeln dienen der Durchsetzung des **Bereicherungsverbotes** (vgl. *Bruck/Möller/Sieg*, § 51 Anm. 3 m. w. N.); an einer Bereicherungsabsicht des Versicherten fehlt es jedoch, wenn er lediglich eine
vollständige Entschädigungsleistung anstrebt (vgl. *Ollick*, VA **80**, 291;
Prölss/Martin, § 4 AVBR, Anm. 1). Auch die Interessen des Versicherers sind
nicht beeinträchtigt, da er für das erhöhte Risiko eine entsprechend höhere
Prämie erhält.
Etwas anderes gilt bei der **betrügerischen Überversicherung** (§ 51 Abs. 3
VVG), die zur **Nichtigkeit** des ganzen Vertrages führt (vgl. *Prölss/Martin*,
§ 51 VVG, Anm. 9 m. w. N.).

D. Entschädigungsgrenzen

9   Schäden durch **Verlieren** und Schäden an **Geschenken** und **Reiseandenken**
sind bis zu 10% der Versicherungssumme, max. mit DM 500,– pro Versicherungsfall gedeckt (§ 4 Nr. 2).
Verlorengegangene Gegenstände des Reisegepäcks (§ 2 Nr. 2 b) sowie
Geschenke und Reiseandenken werden ohne Rücksicht auf das Verhältnis
zum Versicherungswert und Versicherungssumme ersetzt. Es liegt allerdings
eine zweifache Höchsthaftungsgrenze vor, nämlich einmal wird Ersatz nur
bis zu 10% der Versicherungssumme geleistet, im übrigen ist die Entschädigungsleistung endgültig begrenzt auf max. DM 500,– je Versicherungsfall.

10   Im Gegensatz zu § 4 Nr. 1 liegt eine **Erstrisikodeckung** vor (vgl. *Ollick*,
VA 80, 291; a. A.: *Prölss/Martin*, § 4 AVBR, Anm. 3).

11   Bei der Versicherung auf erstes Risiko (Definition § 10 Nr. 4 AERB) wird
jeder Schaden bis zur Versicherungssumme entschädigt, ohne daß gefragt

wird, ob die Versicherungssumme dem Versicherungswert entspricht (vgl. *Prölss/Martin*, § 56 VVG, Anm. 3 A m. w. N.).

Der Versicherte erhält daher auch bei bestehender Unterversicherung für 12 verlorengegangene Gegenstände und für Geschenke oder Reiseandenken, die auf der Reise erworben wurden, stets den vollen Wertersatz, allerdings nur im Rahmen des Höchstbetrages von 10% der Versicherungssumme, max. DM 500,–.

Der Relativsatz, „die auf der Reise erworben wurden" bezieht sich nicht 13 nur auf Reiseandenken, sondern auch auf Geschenke, so daß Geschenke, die etwa vor der Reise für die Gastgeber am Urlaubsort erworben wurden, nicht unter § 4 Nr. 2 b fallen (ebenso *Prölss/Martin*, § 4 AVBR, Anm. 3). Diese Auslegung ergibt sich einmal aus dem Regelungsgedanken in § 4 Nr. 2 b, daß vor einer Reise noch ungewiß ist, ob und zu welchem Wert Geschenke oder Reiseandenken erworben werden; demgegenüber können und müssen Geschenke, die vor einer Reise erworben und während der Reise mitgeführt werden, bei der Bildung der Versicherungssumme berücksichtigt werden (vgl. § 1 RdNr. 51).

§ 4 Nr. 2 b korrespondiert mit § 7 Nr. 1. Hier ist sprachlich unmißverständlich geregelt, daß bei der Bestimmung der Versicherungssumme nur die „auf der Reise erworbenen Geschenke und Reiseandenken" unberücksichtigt bleiben.

Die Ersatzleistung gemäß § 4 Abs. 2 erfolgt „**je Versicherungsfall**". 14 Schäden gemäß § 4 Nr. 2 können somit in einer Versicherungsperiode und auch während einer Reise mehrfach auftreten (vgl. *Ollick*, VA **80**, 291).

Werden mehrere Sachen „gleichzeitig" verloren, so liegt nur ein einziger 15 Versicherungsfall vor, so daß auch nur einmal bis zu dem Höchstbetrag von DM 500,– zu entschädigen ist (vgl. *Prölss/Martin*, § 4 AVBR, Anm. 3).

Bei gleichartigen Schäden gemäß § 4 Nr. 2 AVBR von mitversicherten 16 Personen liegt nur **ein** Versicherungsfall („je Versicherungfall"), so daß auch nur einmal der Höchstbetrag von DM 500,– zu leisten ist.

Beispiel: Bei einer Bergwanderung „verlieren" durch einen einheitlichen Vorgang der Versicherte und die mitversicherte Ehefrau ihre Fotoapparate im Wert von je DM 400,–. Es handelt sich um einen einheitlichen Versicherungsfall, der bis max. DM 500,– zu entschädigen ist.

Bei mehreren Versicherungsfällen, die zeitlich auseinanderfallen oder auf 17 unterschiedliche Schadenursachen zurückzuführen sind, wird jeder Versicherungsfall isoliert entschädigt; ein Verbrauch oder eine Kürzung der Versicherungssumme für die übrige Zeit des Versicherungsvertrages findet nicht statt.

E. § 4 AVBR 92

Die Leistungsbegrenzung auf 50 v. H. der Versicherungssumme wird aus- 18 drücklich auch für tragbare **Videosysteme** bestimmt. Eine inhaltliche Veränderung ergibt sich daraus nicht, da die Videosysteme durch die Rechtsprechung den Foto- und Filmapparaten gleichgestellt wurden.

19   Die Höchstleistung bei Schäden durch Verlieren, § 4 Nr. 2 und an
Geschenken und Reiseandenken, die auf der Reise erworben wurden, § 4
Nr. 2 b, wurde von DM 500,– auf DM 750,– je Versicherungsfall ange-
hoben.

AVBR 80

§ 5 Versicherungsschutz in Kraftfahrzeugen und Wassersportfahrzeugen

1. a) Versicherungsschutz gegen Diebstahl oder Einbruchdiebstahl aus unbeaufsichtigt
   abgestellten Kraftfahrzeugen oder Anhängern besteht nur, soweit sich das Reisegepäck in einem fest umschlossenen und durch Verschluß gesicherten Innen-
   oder Kofferraum befindet.
   b) Der Versicherer haftet im Rahmen der Versicherungssumme in voller Höhe nur,
   wenn nachweislich
   aa) der Schaden tagsüber zwischen 6.00 und 22.00 Uhr eingetreten ist oder
   bb) das Kraftfahrzeug oder der Anhänger in einer abgeschlossenen Garage –
   Parkhäuser oder Tiefgaragen, die zur allgemeinen Benutzung offen stehen,
   genügen nicht – abgestellt war oder
   cc) der Schaden während einer Fahrtunterbrechung von nicht länger als zwei
   Stunden eingetreten ist.
   c) Kann der Versicherungsnehmer keine der unter b) genannten Voraussetzungen
   nachweisen, ist die Entschädigung je Versicherungsfall auf DM 500,– begrenzt.
   d) In unbeaufsichtigt abgestellten Kraftfahrzeugen oder Anhängern nicht versichert sind Pelze, Schmucksachen aus Edelmetall sowie Foto- und Filmapparate
   und Zubehör.
2. Im unbeaufsichtigten Wassersportfahrzeug besteht Versicherungsschutz gegen Diebstahl, Einbruchdiebstahl sowie Mut- und Böswilligkeit Dritter (vorsätzliche Sachbeschädigung) nur, solange sich die Sachen in einem fest umschlossenen und durch
   Sicherheitsschloß gesicherten Innenraum (Kajüte, Backkiste o. ä.) des Wassersportfahrzeuges befinden. Pelze, Schmucksachen, Gegenstände aus Edelmetall sowie
   Foto- und Filmapparate und Zubehör, sind im unbeaufsichtigten Wassersportfahrzeug nicht versichert.
3. Als Beaufsichtigung gilt nur die ständige Anwesenheit eines Versicherten oder einer
   von ihm beauftragten Vertrauensperson beim zu sichernden Objekt, nicht jedoch
   z. B. die Bewachung eines zur allgemeinen Benutzung offfenstehenden Platzes o. ä.
4. Verletzt der Versicherungsnehmer eine dieser Obliegenheiten, so ist der Versicherer
   gemäß § 6 VVG zur Kündigung berechtigt und in diesem Falle auch leistungsfrei.

AVBR 92

§ 5 Versicherungsschutz in Kraftfahrzeugen und Wassersportfahrzeugen

1. a) Versicherungsschutz gegen Diebstahl oder Einbruchdiebstahl aus unbeaufsichtigt
   abgestellten Kraftfahrzeugen oder Anhängern besteht nur, soweit sich das Reisegepäck in einem fest umschlossenen und durch Verschluß gesicherten Innen-
   oder Kofferraum befindet.
   b) Der Versicherer haftet im Rahmen der Versicherungssumme in voller Höhe nur,
   wenn nachweislich
   aa) der Schaden tagsüber zwischen 6.00 und 22.00 Uhr eingetreten ist oder
   bb) das Kraftfahrzeug oder der Anhänger in einer abgeschlossenen Garage –
   Parkhäuser oder Tiefgaragen, die zur allgemeinen Benutzung offen stehen,
   genügen nicht – abgestellt war oder

cc) der Schaden während einer Fahrtunterbrechung von nicht länger als zwei Stunden eingetreten ist.

c) Kann der Versicherungsnehmer keine der unter b genannten Voraussetzungen nachweisen, ist die Entschädigung je Versicherungsfall auf DM 500,– begrenzt.

d) In unbeaufsichtigt abgestellten Kraftfahrzeugen oder Anhängern nicht versichert sind Pelze, Schmucksachen und Gegenstände aus Edelmetall sowie Foto-, Filmapparate und tragbare Videosysteme jeweils mit Zubehör.

2. Im unbeaufsichtigten Wassersportfahrzeug besteht Versicherungsschutz gegen Diebstahl, Einbruchdiebstahl sowie Mut- und Böswilligkeit Dritter (vorsätzliche Sachbeschädigung) nur, solange sich die Sachen in einem fest umschlossenen und durch Sicherheitsschloß gesicherten Innenraum (Kajüte, Backkiste o. ä.) des Wassersportfahrzeuges befinden. Pelze, Schmucksachen, Gegenstände aus Edelmetall sowie Foto- und Filmapparate und Videosysteme jeweils mit Zubehör, sind im unbeaufsichtigten Wassersportfahrzeug nicht versichert.

3. Als Beaufsichtigung gilt nur die ständige Anwesenheit eines Versicherten oder einer von ihm beauftragten Vertrauensperson beim zu sichernden Objekt, nicht jedoch z. B. die Bewachung eines zur allgemeinen Benutzung offenstehenden Platzes o. ä.

4. Verletzt der Versicherungsnehmer oder Versicherte eine dieser Obliegenheiten, so ist der Versicherer nach Maßgabe des § 6 Abs. 1 und Abs. 2 VVG zur Kündigung berechtigt oder auch leistungsfrei.

Übersicht

A. Vorbemerkung

Der Versicherungsschutz gegen Diebstahl oder Einbruchdiebstahl aus 1 Kraftfahrzeugen oder Wassersportfahrzeugen wird in § 5 Nr. 1–4 rechtsbegründend geregelt.

Während die textliche Fassung und die formale Gestaltung risikobe- 2 schreibende Regelungen sowie Risikoabgrenzungen und einzelne sachbezogene Ausschlußtatbestände anzeigt, weist eine Analyse der Regelungstatbestände nach dem materiellen Gehalt **vier alternativ gestaffelte Eventual-Regelungen** auf, welche von der tragenden Regelung zur Beaufsichtigung des **Fahrzeuges umspannt werden.** Der jeweils nachfolgende Leistungstatbestand kommt unter der Rechtsbedingung zum Tragen, daß die Voraussetzung der Leistungspflicht aus dem vorangehenden Tatbestand nicht erfüllt ist (vgl. *Prölss/Martin*, § 5 AVBR, Anm. A., B., die von mehreren Handlungsalternativen sprechen).

Die einzelnen Regelungstatbestände sind in ihrer Rechtsnatur zwar 3 unterschiedlich gestaltet. Da **umfassender Versicherungsschutz aber stets durch**

Beaufsichtigung des Fahrzeuges oder Anhängers erreichbar ist, bestimmt sich die Rechtsnatur der Gesamtregelung nach der Qualität dieser Leistungsvoraussetzung (*Prölss/Martin*, § 5 AVBR, Anm. B., BGH, VersR **86**, 781; *Martin*, VersR **85**, 1179).

4   Während die **textliche Gestaltung** das Erfordernis des **allseitigen Verschlusses** voranstellt, kommt **materiell** der **Beaufsichtigung** des Fahrzeuges zentrale Bedeutung zu. Die Definition der Beaufsichtigung findet sich jedoch erst unter § 5 Nr. 3.

5   Die wiederum als Eventual-Regelung gestalteten Tatbestände unter § 5 Nr. 1 b aa–cc machen den materiellen Regelungsinhalt nur schwer zugänglich. Eine strukturelle Bereinigung und sprachliche Straffung der Leistungstatbestände für den Versicherungsschutz in Fahrzeugen erscheint im Interesse der Rechtsklarheit wünschenswert.

6   Die Regelung hält jedoch nach ihrem **materiellen Leistungsangebot** und in ihrer **Rechtsstruktur** einer Nachprüfung nach den **Grundsätzen des § 9 AGBG** stand. Eine unangemessene Benachteiligung enthält die Bestimmung nicht.

7   Es entspricht einem allgemeinen Grundsatz, daß wertvolle Gegenstände von dem Versicherten in besonderem Maß zu sichern sind. Insofern kann für die Sachgruppen Pelze, Schmucksachen und Gegenstände aus Edelmetall sowie Foto- und Filmapparate und Zubehör in unbeaufsichtigt abgestellten Fahrzeugen kein Versicherungsschutz erwartet werden (AG München, VersR **85**, 35; LG München I, VersR **84**, 637; LG Hamburg, VersR **84**, 930; LG Freiburg VersR **91**, 772; *Prölss/Martin*, § 5 AVBR, Anm. 1 A). Während der Nachtzeit liegt das Diebstahl- und Einbruchdiebstahlrisiko exorbitant hoch. Versicherungsschutz gegen das Diebstahlrisiko in unbeaufsichtigten Fahrzeugen kann deshalb nur bei kürzeren Fahrtunterbrechungen erwartet werden, oder wenn das Fahrzeug in einer abgeschlossenen Garage besonders gesichert ist. Auch darin liegt keine Benachteiligung des Versicherten. Ihm wird eine Sicherung abverlangt, die proportional zu dem gesteigerten Risiko während der Nachtzeit liegt.

B. Aufbau und rechtliche Bewertung des Versicherungsschutzes in Kraftfahrzeugen

I. Die verhüllte Obliegenheit der Beaufsichtigung als tragende Rechtsfigur

8   1) **Umfassender Versicherungsschutz** für jede Art versicherten Reisebedarfs in Kraftfahrzeugen wird bei **Beaufsichtigung** des Fahrzeuges bestimmt. Sämtliche Regelungen des § 5 Nr. 1 a–d sowie in Nr. 2 beziehen sich auf unbeaufsichtigt abgestellte Kraftfahrzeuge, Anhänger und Wassersportfahrzeuge. Ist das Fahrzeug beaufsichtigt, sind alle weiteren Bestimmungen für die Eintrittpflicht des Versicherers ohne Bedeutung.

9   Es kommt weder darauf an, ob das Fahrzeug verschlossen war oder ob sich der Diebstahl zur Tages- oder Nachtzeit ereignete. Auch Pelze, Schmucksachen, Gegenstände aus Edelmetall oder Foto- und Filmapparate sind in beaufsichtigt abgestellten Fahrzeugen versichert.

Die **Grundvoraussetzung** für den umfassenden Versicherungsschutz ist die 10
Beaufsichtigung. Dieser Begriff Beaufsichtigung verlangt von dem Versicherten **vorbeugendes sicherndes Verhalten.** Zur Erhaltung des vollen Versicherungsschutzes hat der Versicherte entweder das Fahrzeug zu beaufsichtigen, oder aber andere Maßnahmen zu treffen, etwa Pelze, Schmucksachen
und Gegenstände aus Edelmetall sowie Foto- und Filmapparate samt Zubehör entsprechend einer der Voraussetzungen des § 1 Nr. 4. zu sichern. Das
vorbeugende sichernde Verhalten der Regelung steht im Vordergrund. Aus
diesem Grund hat der BGH (VersR **85,** 854 = NJW **85,** 2831; *Martin* setzt
sich in der Anm. zu KG VersR **85,** 1178, S. 1179, 1180 eingehend mit der
Rechtsnatur alternativen Handlungstatbeständen im rechtsbegründen Normen auseinander, OLG Schleswig, VersR **86,** 806 mit Anm. von Diels,
ebenda) die Bestimmung als **verhüllte Obliegenheit** eingeordnet. (Dagegen
zuvor noch OLG Hamm, VersR **85,** 855; LG München I, NJW **83,** 1685 =
VersR **83,** 923 mit Anm. von *Nies,* VersR **83,** 976; LG Osnabrück, VersR **89,**
1047.) Dementsprechend wurde unter § 5 Nr. 4 die Rechtsbelehrung gem.
§ 6 VVG aufgenommen. (Zum Begriff der verhüllten Obliegenheit, s. o. § 1
RdNr. 114 ff.).

2) Hat der Versicherte das Fahrzeug zum Schadenzeitpunkt **nicht beauf-** 11
sichtigt, so besteht kein Versicherungsschutz, wenn der Versicherte den
Kausalitäts- und Verschuldensgegenbeweis gem. § 6 I VVG nicht führen
kann und der Versicherer – bei Langzeitverträgen – den Versicherungsvertrag gekündigt hat. § 5 Nr. 1 a, b und c nennt darauffolgend rechtsbegründende Voraussetzungen, unter denen der Versicherte gleichwohl Versicherungsschutz für Reisegepäck in seinem Fahrzeug erhält.

Die Bestimmungen des § 5 Nr. 1 a–d erhalten nur dann rechtsrelevante 12
Bedeutung, wenn der Versicherer von der Verpflichtung zur Leistung gem.
§ 6 VVG frei ist. Die Bestimmungen des **§ 5 Nr. 1 und 2** stellen sich somit als
Auffangtatbestand unter der Rechtsbedingung der Leistungsfreiheit des Versicherers gem. § 6 I VVG dar.

II. Die alternativen Leistungstatbestände

1) Grundvoraussetzung für den Versicherungsschutz in **unbeaufsichtigt** 13
abgestellten Kraftfahrzeugen ist der Verschluß des Koffer- oder Innenraumes, § 1 Nr. 1 a. Entscheidend ist der **tatsächliche Verwahrzustand** in dem
Fahrzeug. Zwar verlangt § 5 Nr. 1 a auch vorbeugendes sicherndes Verhalten des Versicherten – nämlich das Fahrzeug allseitig abzuschließen. Das
Handlungsmoment ist jedoch nachrangig gegenüber dem Ergebnis des Verwahrzustandes. In Fahrzeugen, die bauartbedingt nicht fest umschlossen
und verschließbar sind, besteht kein Versicherungsschutz, wenn sie unbeaufsichtigt abgestellt werden. Die Leistungsvoraussetzungen des § 5 Nr. 1 a
beinhalten daher eine Risikoabgrenzung. Der Versicherer leistet verschul-
densunabhängig nicht, wenn die Voraussetzungen objektiv nicht vorliegen.
Diese Bewertung mag für die ältere Rechtsprechung, nach der § 5 insgesamt als Risikoabgrenzung eingeordnet wurde, ausschlaggebend gewesen
sein.

14   2) Als weitere Voraussetzungen für den Versicherungsschutz in Kraftfahrzeugen nennt § 5 **Nr. 1 b kumulativ** zur Voraussetzung des § 5 Nr. 1 a, daß der Schaden tagsüber zwischen 6.00 und 22.00 Uhr eingetreten ist.

15   Die folgenden Alternativen werden mit dem Wort **oder** angebunden. Zwischen den Alternativen § 5 b aa–cc besteht rechtlich gleicher Rang. Die Sachverhalte aa–cc sind als Alternativen zu verstehen, die zur Begründung des Versicherungsschutzes vom Versicherten dazulegen und nachzuweisen sind (*Prölss/Martin*, § 5 AVBR, Anm. 1 B).

16   3) Mit § 5 Nr. 1 c wird unter der Rechtsbedingung, daß keine Beaufsichtigung des Fahrzeuges stattgefunden hat, das Fahrzeug jedoch verschlossen abgestellt war, § 5 Nr. 1 a, der Versicherte aber keine der Alternativen des § 5 Nr. 1 b aa–cc darstellen und nachweisen kann, ein weiterer rechtsbegründender Auffangtatbestand normiert. Danach kann der Versicherte pro Versicherungsfall einen Anspruch bis zur **Leistungsgrenze von DM 500,–** geltend machen.

17   4) § 5 **Nr. 1 d** stellt **risikoabgrenzend** klar, daß für Pelze, Schmucksachen und Gegenstände aus Edelmetall sowie Foto- und Filmapparate und Zubehör grundsätzlich nur bei Beachtung der verhüllten Obliegenheit zur Beaufsichtigung des Fahrzeuges Versicherungsschutz besteht. Keiner der unter § 5 Nr. 1 a–c genannten Auffangtatbestände normiert Versicherungsschutz für Gegenstände dieser Sachgruppe.

18   Die neben dem Verschluß gem. § 5 Nr. 1 a alternativ genannten Voraussetzungen der Eintrittpflicht unter § 5 b aa–cc haben wiederum unterschiedlich zu bewertenden Rechtsgehalt.

19   § 5 Nr. 1 b aa enthält rechtsbegründend eine Risikobeschreibung. Der Versicherungsschutz wird an den Nachweis für die Tatsache des Schadenzeitpunkts innerhalb der Zeitspanne von 6.00 und 22.00 Uhr geknüpft.

20   Die Regelungen unter § 5 Nr. 1 b bb und cc enthalten alternative Angebote zur Begründung des Versicherungsschutzes während der **Nachtzeit**. Dabei bleibt das Erfordernis des Verschlusses, § 5 Nr. 1, bestehen. Zwar stellt § 5 Nr. 1 b bb auf den Verwahrzustand des beladenen Fahrzeuges ab, so daß dieser Regelungsteil auf eine Risikoabgrenzung hindeutet. Jedoch wird § 5 Nr. 1 b bb in seinem materiellen Gehalt überlagert von § 5 Nr. 1 b cc. Wird nämlich ein Fahrzeug zwischen 22.00 und 6.00 Uhr in einer nicht verschlossenen Garage abgestellt, so bleibt der Versicherungsschutz gleichwohl erhalten, wenn die Fahrtunterbrechung nicht länger als 2 Stunden dauert.

      Die **Regelungen** für den Versicherungsschutz in Kraftfahrzeugen während der **Nachtzeit** sind deshalb in diesem Regelungsabschnitt wiederum als **verhüllte Obliegenheit** einzuordnen.

21   War das Fahrzeug verschlossen, kann der Versicherte aber keine der Alternativen, § 5 Nr. 1 b, bb und cc nachweisen, so begründet § 5 Nr. 1 c einen **Leistungsanspruch bis zu höchstens DM 500,–** je Versicherungsfall.

22   § 5 regelt ausschließlich den Versicherungsschutz **in** Kraftfahrzeugen und Wassersportfahrzeugen. Für **Dachgepäck**, das auf Kraftfahrzeugen mitgeführt wird oder Gepäck, das auf Krafträdern festgebunden ist, enthält § 5 keine Aussage.

III. Beweisfragen

Die Beweislast folgt aus der Rechtsstruktur der Leistungstatbestände. **23** Der Bezug auf die Beweislast des Versicherten in § 5 Nr. 1 c hat nur sprachlich klarstellenden Charakter und enthält keine Umkehr der Beweislast (a. A. LG München I, NJW **83**, 1685, das Gericht gelangt zu dieser Auffassung, da aus dem Werbetext des Versicherers auf Allgefahrendeckung geschlossen wird. Zu dem Urteil im einzelnen: *Nies,* VersR **83**, 976).

Der Versicherte trägt die Darlegungs- und Beweislast für die Beaufsichti- **24** gung des Fahrzeuges sowie die Beweislast für den Verschuldens- und Kausalitätsgegenbeweis, falls objektiv Beaufsichtigung nicht stattgefunden hat, § 6 VVG.

Für den nachfolgenden Auffangtatbestand, der vollen Versicherungs- **25** schutz mit Ausnahme der Sachgruppen § 5 Nr. 1 d gewährt, hat der Versicherte die Tatsache des Verschlusses nachzuweisen sowie die Tatsache des Schadeneintritts während der Tageszeit – 6.00–22.00 Uhr.

Gelingt der Nachweis für den Schadeneintritt während der Tageszeit **26** nicht, trifft den Versicherten die Beweislast dafür, daß das Fahrzeug entweder in einer abgeschlossenen Garage abgestellt war, oder die Fahrtunterbrechung nicht länger als zwei Stunden dauerte.

Gelingt der Nachweis dieser alternativen Leistungsvoraussetzung nicht, **27** hat der Versicherte als Voraussetzung für eine Leistung bis zur Höchstgrenze von DM 500,– jedenfalls die Tatsache des Verschlusses des Fahrzeuges nachzuweisen.

IV. Grobe Fahrlässigkeit

Die rechtsbegründende Spezialvorschrift für den Versicherungsschutz **28** gegen Diebstahl und Einbruchdiebstahl in Fahrzeuge steht ebenso wie die übrigen rechtsbegründenden Leistungstatbestände unter dem Vorbehalt des Einwandes grob fahrlässiger Verursachung des Versicherungsfalles, § 11 Nr. 1, 2 Alt. (*Prölss/Martin,* § 5 AVBR, Anm. 1 G., a. A. BAV im Geschäftsbericht des BAV **82**, 65; der Standpunkt beruht noch auf der Beurteilung des § 5 als Risikoabgrenzung. Auch unter dieser Prämisse erscheint die Auffassung jedoch nicht haltbar, die Bestimmung als Risikoabgrenzung solle jedwede Diskussion über Verschuldensfragen ausschließen.) Leistungsfreiheit gemäß § 11 tritt ein, wenn der als vertragsgemäß vorausgesetzte Standard an Sicherheit erheblich unterschritten ist (BGH, VersR **84**, 29). Der Versicherte kann nicht unter jedweder Gefahrenlage Gepäck von beliebigem Wert in seinem Fahrzeug während der Tageszeit zurücklassen, ohne sich dem Vorwurf auszusetzen, die Sorgfalt nicht zu beachten, die jedem Reisenden, der auf die Sicherheit seines Gepäcks bedacht ist, auf Anhieb einleuchten muß (vgl. § 11 RdNr. 19).

C. Die Regelungsinhalte für Kfz und Anhänger

I. Die Risiken Diebstahl und Einbruchdiebstahl als Gegenstand der besonderen Regelung des Versicherungsschutzes in Kfz

29   § 5 befaßt sich mit dem Versicherungsschutz gegen **Diebstahl oder Einbruchdiebstahl** aus Kraftfahrzeugen. Die Begriffe Diebstahl und Einbruchdiebstahl werden alternativ genannt. Die Notwendigkeit zur Benennung beider Begriffe ergibt sich aus der Terminologie anderer Versicherungssparten, die Versicherungsschutz gegen Eigentumsdelikte bieten. Dort wird aus den einzelnen Versicherungsverträgen jeweils nur das eine oder das andere Risiko versichert. (*Martin*, SVR, D II). Für die Reisegepäck-Versicherung bedarf es keiner Abgrenzung zwischen den beiden versicherungsrechtlichen Termini, da für beide Risiken Versicherungsschutz bestimmt wird. (s. o. § 2 RdNr. 50) Zur Sicherung und Verwahrung des geschützten Gutes enthält § 5 Nr. 1 a und Nr. 1 b bb eigene Regelungen, die auf die Risikosituation der Reisegepäck-Versicherung abgestellt sind.

II. Terminologie

30   § 5 Nr. 1 a bezieht sich nur auf **unbeaufsichtigt** abgestellte Fahrzeuge. Hat zur Zeit des Schaden Beaufsichtigung stattgefunden (s. u. RdNr. 67 ff.), sind die weiteren Leistungsvoraussetzungen des § 5 Nr. 1 a nicht rechtserheblich.

31   **Abgestellt** ist ein Fahrzeug, das von dem Fahrzeugführer willentlich an einem bestimmten Punkt angehalten und in Haltezustand verbracht wird oder dort willentlich zurückgelassen wird. Wird der Fahrer ohnmächtig und kommt das Fahrzeug ohne gezielte Steuerung zum Halten, ist es an diesem Punkt nicht abgestellt. Schläft der Fahrzeugführer nach überlanger Fahrt am Steuer ein und bleibt das Fahrzeug im Randgebüsch hängen, ist es dort nicht abgestellt. Das verunfallte Fahrzeug, das in beschädigtem Zustand an der Fahrbahnbegrenzung oder einem anderen Hindernis beschädigt liegen bleibt, ist abgestellt, wenn der Fahrzeugführer es dort willentlich zurückläßt. Wird der Fahrzeugführer jedoch verletzt, so daß er nicht für den Abtransport des Fahrzeuges Sorge tragen kann, ist das Fahrzeug zurückgelassen, jedoch nicht **abgestellt**. Dagegen stellt sein Fahrzeug ab, wer die Fahrt wegen eines Motorschadens nicht fortsetzen kann und das Fahrzeug noch an den Fahrbahnrand rollen läßt oder es dorthin schiebt.

32   **Abgestellt** ist jedes stehende Fahrzeug **ohne fahrbereiten und fahrfähigen Fahrer** (*Prölss/Martin*, § 5 AVBR, Anm. G. 2 b). Der Begriff Abstellen beinhaltet keine Aussage dazu, ob sich der Fahrzeugführer oder eine dritte Person in dem Fahrzeug befindet. Das am Straßenrand geparkte Fahrzeug, von dem sich Fahrer und Mitfahrer entfernen, ist abgestellt. Das gleiche gilt für das Wohnmobil oder den Wohnanhänger, der über Nacht oder während einer Reisepause auf einem Rastplatz oder an einem beliebigen Platz entlang der Reiseroute steht, während die Insassen darin ruhen oder über Nacht schlafen.

Abgestellt ist das Fahrzeug auf dem **Parkdeck** eines **Fährschiffes**. Der Ver- 33
sicherte hat das Fahrzeug dorthin willentlich verbracht und in Haltezustand
versetzt. Das Fahrzeug wird von dort wieder von dem Fahrzeugführer weg-
gefahren.

Dagegen ist das Auto auf dem **Autoreisezug** dort nicht abgestellt. Es ist 34
dem Transportunternehmen Bahn zur Beförderung übergeben. § 1 Nr. 4
Abs. 2, 2 Nr. 1 (*Prölss/Martin*, § 5 AVBR, Anm. 2 b). Der Versicherte hat
während der Beförderung weder Zugang noch Zutritt zum Fahrzeug. Der
Versicherungsschutz für Pelze und Fotoausrüstungen bleibt bestehen,
sofern sie im nicht einsehbaren verschlossenen Innen- oder Kofferraum
transportiert werden, nicht aber für Schmuck und Edelmetall.

Kraftfahrzeuge sind alle motorgetriebenen Landfahrzeuge, die nicht an 35
Schienen gebunden sind. Auf die Art des Maschinenantriebs kommt es
nicht an. Zu den Kraftfahrzeugen zählen Pkw, Lkw, Wohnmobile, Motorräder, auch Kettenfahrzeuge, wie etwa Pistenraupen oder Motorschlitten.

Für Gepäck, das in den Stauräumen von **Reisebussen** oder in einem 36
Anhänger derart untergebracht ist, daß der Versicherte keinen Zugriff darauf hat, gelten jedoch nicht die Regeln des § 5. Dieses Gepäck ist aufgegeben i. S. des § 2 Nr. 1 (LG Frankfurt, VersR **86**, 1099).

Für Anhänger gelten die gleichen Regelungen wie für Kraftfahrzeuge. 37
Anhänger sind insbesondere Wohnanhänger, Gepäckanhänger für Pkw,
Motorräder oder für Reisebusse. Der Begriff spricht auch Anhänger zu
Pferdefuhrwerken an. Planwagen, die von Pferden gezogen werden, wer-
den deshalb ebenfalls von der Regel erfaßt.

Fest umschlossen ist ein Kraftfahrzeug oder ein Anhänger nur dann, wenn 38
Dritte ohne Anwendung von Gewalt und ohne Beschädigung des Kraftfahrzeuges oder Anhängers nicht auf den Innenraum Zugriff nehmen können.

Nicht fest umschlossen sind Kfz und Anhänger, die nur mit einer aufge- 39
knüpften Plane abgedichtet sind. Der Innenraum von Jeeps oder Gelände-
fahrzeugen, der nur mit Planen abgedeckt ist, die am Fahrzeug festge-
knüpft werden, ist deshalb nicht versichert (AG München, 14. 11. 86,
3 C 17712/86, A II, Auto- Verschluß 5.). Dagegen ist die Ladefläche eines
Lkw entsprechend § 5 Nr. 1 a verschlossen, wenn die dazugehörige Plane
per Drahtseil und mit abschließbarem Schloß gegen den Zugriff Unbefugter
gesichert ist und von diesem nur unter Gewaltanwendung geöffnet werden
kann (LG Hannover, VersR **86**, 544). Ebenso gelten Cabriolets als fest
umschlossen, wenn der Innen- und Kofferraum nur unter Gewaltanwendung und durch Beschädigung des Fahrzeugs möglich ist. Nicht fest
umschlossen ist der Innenraum eines 2 CV mit Rolldach, wenn das Rolldach von außen durch Herausziehen eines Stiftes ohne Beschädigung des
Fahrzeuges geöffnet werden kann (LG München I, VersR **83**, 1128; LG
München I, NJW **85**, 1230 = VersR **86**, 885; OLG München, 23. 05. 86,
18 U 1794/86, A II Auto-Verschluß 4.).

Nicht fest umschlossen ist auch ein Fahrzeug, dessen Schiebedach oder 40
Fenster einen Spaltbreit offensteht. Unbefugte Dritte können sich dann mit

einfachen Gerätschaften Zugang zum Innen- oder Kofferraum verschaffen. Nicht fest umschlossen ist auch der Innenraum eines Campmobils, bei welchem das Dach oder Teile davon herausgeklappt sind und zwischen den festen Teilen des Daches und des Fahrzeuges nur wasserabweisender Stoff verspannt ist, der ohne Überwindung nennenswerten technischen Widerstandes beiseite geschoben werden kann (AG Düsseldorf, r + s 76, 63 dagegen Anm. *Schiffer*, r + s 76, 132).

41   **Durch Verschluß gesichert** ist das Fahrzeug oder der Anhänger, wenn die dafür vorhandene Verschlußeinrichtung ordnungsgemäß betätigt ist. Dies kann durch Betätigung eines Schlosses mit Schlüssel geschehen, einzeln für jedes Schloß oder über Zentralverriegelung. Jedoch ist die Betätigung eines Schlüssels nicht Voraussetzung. Der Kofferraum unter der Haube des VW-Käfers ist verschlossen, wenn die Verschlußeinrichtung eingerastet ist und das Fahrzeug selbst verschlossen ist, so daß Unbefugte keinen Zugang zu dem Hebel für den Kofferraum haben.

42   **Packboxen,** die an Motorrädern oder auf Kraftfahrzeugen fest verschraubt sind, genügen den Anforderungen des Verschlusses. Voraussetzung ist, daß das Behältnis selbst aus festem Material, Metall oder harter Synthetik ist und daß es derart an dem Fahrzeug angeschlossen ist, daß Unbefugte die Verschraubung nicht öffnen können. Diesen Anforderungen genügen etwa Packboxen, die vom Inneren der Box aus an ein Motorrad angeschraubt sind und sodann fest verschlossen sind, so daß Dritte keinen Zugang zu der Verschraubung haben.

43   **Dachgepäckboxen** auf Kraftfahrzeugen genügen dem Erfordernis des Verschlusses nur dann, wenn das Behältnis nicht insgesamt vom Fahrzeug abgeschraubt werden kann und das Behältnis außerdem fest umschlossen und abgeschlossen ist.

44   Das Aufbrechen eines **Skihalters** steht dem Einbruch in einen verschlossen abgestellten Pkw jedoch nicht gleich, AG Altötting, VersR 88, 1235.

45   Unverschlossen ist das Kfz, wenn die Schlüssel auf oder neben dem Fahrzeug liegen bleiben (*Prölss/Martin*, § 5 AVBR, Anm. 2 d). Nicht erforderlich ist die Betätigung des Lenkradschlosses, da dieses vor der Wegnahme des Fahrzeuges schützt, jedoch nicht vor dem Zugriff auf das Gepäck im Fahrzeug.

46   **Dachgepäck,** das auf einem Gepäckständer eines Kraftfahrzeuges oder Anhängers **verschnürt** ist, sowie Gegenstände, die auf einem offenen Anhänger transportiert werden, der nur mit einer Plane und Verschnürung vor Verlust und Witterung geschützt wird, ist nicht entsprechend § 5 Nr. 1 gesichert. Die Bestimmung ist dafür nicht einschlägig. Versicherungsschutz besteht für Dachgepäck bis an die Grenze der groben Fahrlässigkeit, § 11.

47   **Kein Versicherungsschutz** besteht danach für Dachgepäck, wenn auch die Eintrittsvoraussetzungen für den Diebstahl von Gepäck aus dem verschlossenen Fahrzeug nicht vorliegen würden. Der Diebstahl von Gegenständen der Sachgruppen § 5 Nr. 1 d aus unverschlossenem Dachgepäck ist nicht versichert. Auch der Diebstahl von Dachgepäck während längerer Fahrtunterbrechung zur Nachtzeit ist nicht versichert. Wann der Versicherte den Diebstahl von Dachgepäck im übrigen grob fahrlässig herbeigeführt hat, beurteilt sich nach den tatsächlichen Gegebenheiten. Während der Reise kann es dem Versicherten nicht verwehrt werden, bei kurzen Fahrtunterbrechungen Dachgepäck auf dem Fahrzeug zu belassen. Hält sich der Versicherte in einer besonders risikoträchtigen Gegend auf, z. B. Neapel, kann von dem Versicherten unter Umständen verlangt werden, daß er oder seine Mitreisenden das beladene Fahrzeug bewachen oder das Dachgepäck in anderer Weise in Sicherheit bringen. Das gleiche gilt für Fahrtunterbrechungen während der Nachtzeit.

Grundsätzlich bestimmt sich das **Maß der zu beachtenden Sorgfalt nach** 48 **dem Wert des zu sichernden Gutes.** Sind auf dem Dachgepäckträger nur alte Campingmöbel verschnürt, kann von dem Versicherten nur ein geringeres Maß an Sorgfalt erwartet werden, als wenn dort wertvolles Gut in einem Koffer untergebracht ist. Skier über Nacht auf einem – wenn auch verschlossenen – Skiträger zurückzulassen, ist grob fahrlässig (vgl. AG Altötting, VersR **88**, 1235, ein abschließbarer Skihalter steht der Sicherung in einem abgeschlossenen Fahrzeug nicht gleich). Es ist zumutbar, die Skier abzuladen und in der Unterkunft unterzubringen. Besteht dazu keine Möglichkeit, weil das Dachgepäck zu sperrig ist (z. B. Surfbrett), so hat der Versicherte dementsprechend für bessere Sicherung durch eine Stahlkette oder ein Stahlseil mit festem Schloß zu sorgen, das derart am Fahrzeug angeschlossen ist, daß es nur unter Gewaltanwendung mit besonderem Werkzeug weggenommen werden kann.

Für den Versicherungsschutz in Kraftfahrzeugen oder Anhängern macht 49 es keinen Unterschied, ob das Gepäck im **Fahrzeuginnenraum** oder im **Kofferraum** verpackt ist. Die Unterscheidung aus früheren Bedingungswerken wurde aufgegeben. Allerdings ist dem Versicherten u. U. grob fahrlässiges Herbeiführen des Versicherungsfalles anzulasten, wenn er erkennbar wertvolles Gut im einsehbaren Fahrzeuginnenraum zurückläßt, obgleich die Gegenstände nicht sichtbar im Kofferraum verpackt werden konnten (vgl. LG München I, 23. 12. 82, 32 O 17087/82, A II Auto – grobe Fahrlässigkeit 2., AG Neustadt/Rbge. VersR **86**, 590, OLG München, VersR **89**, 1258; AG Göttingen, VersR **89**, 1258).

Tagzeitklausel. Die Zeitbegrenzungen 6.00–22.00 Uhr entsprechen der 50 üblichen Trennung zwischen Tag und Nacht. Entscheidend ist der **Beweis des Versicherten** für den Eintritt des Versicherungsfalles zwischen 6.00 und 22.00 Uhr. (s. o. RdNr. 25)

Eine abgeschlossene Garage besteht nur, wenn dazu nicht eine unbe- 51 stimmte Vielzahl von Personen Zutritt hat. Aus diesem Grund sind Parkhäuser oder Tiefgaragen, die zur allgemeinen Benutzung offenstehen, keine verschlossenen Garagen. Ein- und Ausfahrtskontrollen zu der Garage ändern daran nichts. Sammelgaragen von Wohnkomplexen oder Hotelgaragen, die einer Mehrzahl von Personen offenstehen, genügen den Anforderungen nicht (*Prölss/Martin*, § 5 AVBR, Anm. 2 e). Hat eine Vielzahl von Personen etwa für eine Hotelgarage einen Schlüssel, ist die Garage nicht mehr verschlossen. Auch wiederholte Kontrollen zur Fernhaltung unbefug-

ter Dritter reichten nicht aus, um dem Erfordernis des § 5 Nr. 1 b bb
Genüge zu tun (a. A. *Ollick*, VA **80**, 292).

52   Ein verschlossener Hofraum genügt dem Erfordernis auch dann nicht,
wenn dieser Hofraum von einer Mauer umgeben ist. Die Garage muß **allseitig umschlossen** sein, so daß Schutz gegen Diebstahl des Autoinhalts besteht.
Mit Stahldrahtgittern allseitig abgeteilte Parkboxen in der Tiefgarage einer
Wohnanlage reichen aus.

53   Gefordert wird **nicht** eine abgeschlossene **Einzelgarage.** Den Erfordernis-
sen genügt auch eine abgeschlossene Garage, die mehreren – untereinander
bekannten – Bewohnern eines Hauses zur Verfügung steht, sofern nur
durch Verschluß gesichert ist, daß kein unbefugter Dritter Zugang hat.

54   **Fahrtunterbrechungen von nicht länger als 2 Stunden.** Innerhalb dieser Zeitspanne besteht voller Versicherungsschutz auch bei dem unbeaufsichtigten
Abstellen eines Kraftfahrzeuges oder Anhängers während der Nachtzeit.

55   Kehrt der Versicherte nach längerer Fahrtunterbrechung nach 22.00 Uhr
zum Fahrzeug zurück und entdeckt dort den Diebstahl, besteht kein Versicherungsschutz, es sei denn, daß der Versicherte nachweist, daß der Diebstahl vor 22.00 Uhr eingetreten ist.

56   Bei Fahrtunterbrechungen während der Nachtzeit von mehr als zwei
Stunden besteht für die gesamte Dauer der Fahrtunterbrechung auch während der ersten zwei Stunden kein Versicherungsschutz. Dem Versicherten
wird es kaum je gelingen, gem. § 6 II VVG den Nachweis zu führen, daß
die längere Fahrtunterbrechung für den Schaden nicht kausal war (*Prölss/
Martin*, § 5 AVBR, Anm. 2 e).

57   Kann der Versicherte weder nachweisen, daß der Schaden tagsüber zwischen 6.00 und 22.00 Uhr eingetreten ist, noch daß das Fahrzeug in einer
abgeschlossenen Garage abgestellt war oder die Fahrtunterbrechung nicht
länger als zwei Stunden dauerte, so besteht gleichwohl die Leistungspflicht
des Versicherers bis zur Entschädigungsgrenze von DM 500,– je Versicherungsfall. Entgegen dem Wortlaut des § 5 Nr. 1 d enthält die Regelung eine
leistungsbegründende Bestimmung bis zu einem Betrag von höchstens
DM 500,– je Versicherungsfall. Werden mehrere Versicherte, die jeweils
gesondert einen Gepäckversicherungsvertrag abgeschlossen haben, von
demselben Ereignis betroffen, so steht jedem der Versicherten Entschädigung bis zu höchstens DM 500,– zu.

58   Für **Pelze, Schmucksachen und Gegenstände aus Edelmetall** sowie Foto- und
Filmapparate samt Zubehör besteht in unbeaufsichtigt abgestellten Kraftfahrzeugen oder Anhängern kein Versicherungsschutz, § 5 Nr. 1 d. Da für
Diebstahl und Einbruchdiebstahl aus Kraftfahrzeuge die Regelungen § 5
Nr. 1 a–c rechtsbegründenden Charakter haben, hat die Regelung risikoabgrenzende klarstellende Rechtsqualität. Von einem Risikoausschluß kann
nicht gesprochen werden, da das Risiko nicht in den Deckungsschutz einbezogen war.

59   Der Katalog der Sachbegriffe, § 5 Nr. 1 d entspricht dem in § 1 Nr. 4
(s. o. § 1 RdNr. 93 ff.).

D. Versicherungsschutz in Wassersportfahrzeugen

Während § 5 Nr. 1 gegenüber den allgemeinen Regelungen der versicher- 60
ten Gefahren besondere Bestimmungen für den Versicherungsschutz gegen
die Gefahr von Diebstahl und Einbruchdiebstahl enthält, regelt § 5 Nr. 2
für den Versicherungsschutz in Wassersportfahrzeugen neben dem Risiko
des Diebstahls und Einbruchdiebstahls auch das Risiko der Sachbeschädigung durch **Mut- und Böswilligkeit Dritter** (vorsätzliche Sachbeschädigung)
gegenüber den allgemeinen Bestimmungen in besonderer Form. Für die
übrigen versicherten Gefahren gem. § 2 gelten die allgemeinen Regelungen.

Die Rechtsstruktur des § 5 Nr. 2 entspricht in den Grundzügen dem Auf- 61
bau des § 5 Nr. 1.
Umfassender Versicherungsschutz besteht für Gepäck in beaufsichtigten
Wassersportfahrzeugen. Insofern ist die gesamte Bestimmung des § 5 Nr. 2
als verhüllte Obliegenheit zu qualifizieren.

Für die Sachgruppen Pelze, Schmucksachen, Gegenstände aus Edelme- 62
tall sowie Foto- und Filmapparate samt Zubehör besteht in unbeaufsichtigten Wassersportfahrzeugen grundsätzlich kein Versicherungsschutz gegen
die Risiken des Diebstahls, Einbruchdiebstahls und der vorsätzlichen Sachbeschädigung. Ebenso wie § 5 Nr. 1 d ist diese Bestimmung als risikoabgrenzende Klarstellung zu verstehen.

Für die übrigen Reisegepäckgegenstände besteht in unbeaufsichtigten 63
Wassersportfahrzeugen Versicherungsschutz, sofern sie in einem fest
umschlossenen und durch Sicherheitsschloß gesicherten Innenraum
(Kajüte, Backkiste u. ä.) befinden. Für den Verschluß des Innenraumes oder
des fest verbundenen Behältnisses gelten dieselben Maßstäbe wie für den
Verschluß von Kraftfahrzeugen oder Anhängern (s. o. RdNr. 38–41).

Als **Innenraum** sind alle Innenräume zu verstehen, deren Wände Bestand- 64
teil des Wassersportfahrzeuges sind und die begehbar sind.
Mit dem Begriff **Backkiste oder ähnliches** werden alle Behältnisse angesprochen, die mit dem Wassersportfahrzeug fest verbunden oder verschraubt sind.

Der Verschluß muß daran hindern, daß sich Unbefugte ohne Beschädi- 65
gung des Wassersportfahrzeuges und ohne Zuhilfenahme von Werkzeug
Zugang oder Zugriff auf den Innenraum oder das Behältnis bekommen
können. Behältnisse oder Innenräume, die durch einfaches Aufbiegen von
Verschlußeinrichtungen oder Türen den Zugriff oder Zugang auf den
Innenraum zulassen, sind deshalb keine ausreichende Sicherung.

Als **vorsätzliche Sachbeschädigung** kommt jede Form von Vandalismus in 66
Betracht, die auf das Wassersportfahrzeug gerichtet ist und infolgedessen
das dort zurückgelassene Gepäck betrifft oder sich unmittelbar auf das
Gepäck bezieht. Versicherungsschutz besteht auch dann, wenn der Boots-
außenkörper vorsätzlich beschädigt wurde und dadurch in das Innere Wasser eingedrungen ist. In diesem Fall ist von bedingtem Vorsatz des Täters
hinsichtlich der Schäden am Inhalt des Wassersportfahrzeuges auszugehen.

E. Beaufsichtigung

67   Die Beaufsichtigung ist der zentrale Begriff in der Regelung zum Versicherungsschutz gegen Diebstahl und Einbruchdiebstahl aus Kraftfahrzeugen und Anhängern sowie in Wassersportfahrzeugen. Dem Versicherten wird damit vorbeugendes sicherndes Verhalten gegenüber den Risiken des Diebstahls und Einbruchdiebstahls aus Fahrzeugen und außerdem der vorsätzlichen Sachbeschädigung von Gepäck in Wassersportfahrzeugen abverlangt. Da jede Regelungsalternative des § 5 unter der Rechtsbedingung steht, daß keine Beaufsichtigung stattgefunden hat, sind alle Normtatbestände des § 5 als verhüllte Obliegenheit zu qualifizieren (s. o. § 1 RdNr. 112 ff.; § 5 RdNr. 6).

68   Der Wortsinn des Begriffs Beaufsichtigung verlangt Abwehrbereitschaft und Abwehrmöglichkeit des Versicherten hinsichtlich der Risiken Diebstahl und Einbruchdiebstahl und für Wassersportfahrzeuge der vorsätzlichen Sachbeschädigung. In diesem Wortverständnis liegen die Elemente des vorbeugenden sichernden Verhaltens, aus welchem auf die Rechtsnatur als verhüllte Obliegenheit folgt. Von der Beaufsichtigung muß eine gewisse Präventivwirkung ausgehen (AG Gladbeck, 10, 3. 82, 11 C 118/82, A II Beaufsichtigung 1; LG Hamburg, VersR 87, 94; AG Hamburg, NJW-RR 88, 31. Der dort verwendete Begriff der „ständigen Aufsicht" entspricht dem der Beaufsichtigung gem. § 5 Nr. 2; AG München, 29. 11. 1989, 112 C 35263/89, A II Beaufsichtigung 9; LG Köln, VersR 91, 420; LG Stuttgart, 29. 5. 1991, 5 S 477/90, A II Beaufsichtigung 14).

69   Dagegen fordert das LG Berlin (VersR 87, 811) nicht Wachsamkeit oder Aufmerksamkeit des Versicherten sondern lediglich dessen körperliche Anwesenheit in räumlicher Nähe zum Schutzobjekt. Dieser Aussage kann nicht zugestimmt werden. In dem zugrundeliegenden Fall hatten sich die Versicherten beim Fahrzeug aufgehalten. Sie waren von Dieben oder deren Hilfspersonen mit einer Reifenpanne abgelenkt worden. In dieser Zeit war Gepäck gestohlen worden. Zutreffend hätte der Fall nach § 6 I, II VVG beurteilt werden müssen. Es war dann festzustellen, daß zwar objektiv keine Beaufsichtigung stattfand, da Abwehrbereitschaft und Abwehrmöglichkeit der Versicherten in der Zeit, als sie sich von der Reifenpanne ablenken ließen, nicht vorlag. Jedoch ergab sich aus den Umständen des Falles, daß dem Versicherten kein schuldhaftes Verhalten anzulasten war. Der Verschuldensgegenbeweis ergab sich aus den Umständen dieses Falles. Es war deshalb nach den Maßstäben des § 6 VVG Versicherungsschutz zu gewähren.

70   Das Erfordernis der ständigen Anwesenheit des Versicherten oder einer von ihm beauftragten Vertrauensperson beim zu sichernden Objekt konkretisiert und verdeutlicht den Begriff der Beaufsichtigung. Abwehrbereitschaft und Abwehrmöglichkeit bestehen nämlich nicht, wenn sich die Person, die das Objekt beaufsichtigen soll, nicht bei dem Fahrzeug oder Anhänger aufhält. Das Merkmal der ständigen Anwesenheit erläutert den Begriff der Beaufsichtigung. Das Wortverständnis der Beaufsichtigung wird außer acht gelas-

sen, wenn der Sinngehalt dieses Begriffes ausschließlich auf das Erfordernis der ständigen körperlichen Anwesenheit beschränkt wird.

Keine Beaufsichtigung findet deshalb statt, wenn sich der Versicherte in 71 einigen Metern Entfernung vom Fahrzeug am Strand aufhält und von dort aus zum Fahrzeug Blickkontakt hat (LG Hannover, 26. 8. 1988, 8 S 127/88, A II Beaufsichtigung 7); ein Pkw ist unbeaufsichtigt, wenn er vor einer Gaststätte abgestellt wird und der Versicherte in einer Entfernung von 5–6 m auf der Terrasse sitzt und der Blickkontakt zum Fahrzeug durch Passantenverkehr behindert wird, LG Mannheim, VersR **88**, 1264.

Eine beauftragte **Vertrauensperson** muß in einem besonderen Vertrauens- 72 verhältnis zum Versicherten stehen (*Prölss/Martin*, § 5 AVBR, Anm. 2 c). Die Vertrauensperson muß ihrerseits bereit und in der Lage sein, das Diebstahlrisiko abzuwehren. Zum Begriff der beauftragten Vertrauensperson, zur rechtlichen Einordnung und zur Haftung des Versicherten für schuldhaftes Verhalten des Beauftragten, s. o. § 1 RdNr. 128 ff.

Personen, die aufgrund ihrer beruflichen Stellung anderen Aufgaben 73 nachzugehen haben, sind in der Regel nicht geeignete Vertrauensperson zur Sicherung eines bestimmten Objektes. Dementsprechend kann der Hotelportier ein Fahrzeug, das vor dem Hoteleingang abgestellt ist, nicht beaufsichtigen, LG Paderborn, VersR **86**, 481; ein Wächter am Ausgang eines bewachten Parkplatzes kann nicht das Risiko des Einbruchs in einzelne Fahrzeuge abwehren (AG München, 20. 2. 1985, 8 C 23938/84, A II, Beaufsichtigung 3); ein Polizist, der sich in einer Entfernung von 50 m von dem Wohnmobil der Versicherten aufhält, kann dies nicht beaufsichtigen (LG München I, 27. 6. 1990, 31 S 23656/89, A II Baufsichtigung 11)

Die Bewachung eines zur allgemeinen Benutzung offenstehenden Parkplatzes 74 **oder ähnliches** reicht zur Beaufsichtigung nicht aus. Dies folgt aus der Tatsache, daß ein Parkwächter weder bereit noch in der Lage ist, Angriffe auf das zu sichernde Objekt abzuwehren. Dies gilt auch dann, wenn der Versicherte dem Parkwächter für diesen Dienst Trinkgeld gegeben hat. Die allgemeinen Pflichten zur Bewachung des Parkplatzes bleiben von dem Auftrag des Versicherten unberührt. Der Versicherte darf sich nicht darauf verlassen, daß ein Parkwächter sein Fahrzeug samt dem Inhalt beaufsichtigt und darüber seine anderen Pflichten vernachlässigt. Dies gilt in gleicher Weise für Polizeibeamte, in deren Nähe der Versicherte sein Fahrzeug abstellt.

§ 5 Nr. 4 wurde mit Rücksicht auf § 15 a VVG der Regelung des Versi- 75 cherungsschutzes in Kraftfahrzeugen und Wassersportfahrzeugen angefügt, nachdem in der Rechtsprechung die Rechtsnatur des § 5 – abweichend von der ursprünglichen Konzeption – als verhüllte Obliegenheit i. S. des § 6 VVG erkannt wurde.

F. § 5 AVBR 92

Die Aufzählung der wertvollen Gegenstände in § 5 Nr. 1 d und Nr. 2 76 wurde mit der ausdrücklichen Benennung der tragbaren Videosysteme ergänzt. Eine inhaltliche Änderung ist damit nicht verbunden, da die Rechtsprechung bereits auf der Grundlage der AVBR 80 Videogeräte nach den Regeln für Foto- und Filmapparate beurteilte (LG Frankfurt, 19.05.83, 2/5 O 628/82, A II Foto 5, LG München I, 28.03.90, 31 S 12070/89, A II Sichere Verwahrung, 12).

77   § 5 Nr. 4 AVBR 92 weitet die Belehrung über die Rechtsfolgen der Verletzung der Obliegenheiten auf den Versicherten aus. Die Formulierung des Textes Nr. 4 wurde aus den AFB 87, § 7 Nr. 2 übernommen.

AVBR 80

§ 6 Beginn und Ende der Haftung, Geltungsbereich

1. Innerhalb der vereinbarten Laufzeit des Vertrages beginnt der Versicherungsschutz mit dem Zeitpunkt, an dem zum Zwecke des unverzüglichen Antritts der Reise versicherte Sachen aus der ständigen Wohnung des Versicherten entfernt werden, und endet, sobald die versicherten Sachen dort wieder eintreffen. Wird bei Reisen im Kraftfahrzeug das Reisegepäck nicht unverzüglich nach der Ankunft vor der ständigen Wohnung entladen, so endet der Versicherungsschutz bereits mit dieser Ankunft.
2. Bei Versicherungsverträgen von weniger als einjähriger Dauer verlängert sich der Versicherungsschutz über die vereinbarte Laufzeit hinaus bis zum Ende der Reise, wenn sich diese aus vom Versicherten nicht zu vertretenden Gründen verzögert und der Versicherte nicht in der Lage ist, eine Verlängerung zu beantragen.
3. Versicherungsverträge von mindestens einjähriger Dauer verlängern sich jedoch von Jahr zu Jahr, wenn sie nicht jeweils spätestens drei Monate vor Ablauf durch eine Partei schriftlich gekündigt werden.
4. Die Versicherung gilt für den vereinbarten Bereich.
5. Fahrten, Gänge und Aufenthalte innerhalb des ständigen Wohnorts des Versicherten gelten nicht als Reisen.

AVBR 92

§ 6 Beginn und Ende des Versicherungsschutzes, Geltungsbereich

1. Innerhalb der vereinbarten Laufzeit des Vertrages beginnt der Versicherungsschutz mit dem Zeitpunkt, an dem zum Zwecke des unverzüglichen Antritts der Reise versicherte Sachen aus der ständigen Wohnung des Versicherten entfernt werden, und endet, sobald die versicherten Sachen dort wieder eintreffen. Wird bei Reisen im Kraftfahrzeug das Reisegepäck nicht unverzüglich nach der Ankunft von der ständigen Wohnung entladen, so endet der Versicherungsschutz bereits mit dieser Ankunft.
2. Bei Versicherungsverträgen von weniger als einjähriger Dauer verlängern sich der Versicherungsschutz über die vereinbarte Laufzeit hinaus bis zum Ende der Reise, wenn sich diese aus vom Versicherten nicht zu vertretenden Gründen verzögert und der Versicherte nicht in der Lage ist, eine Verlängerung zu beantragen.
3. Versicherungsverträge von mindestens einjähriger Dauer verlängern sich jedoch von Jahr zu Jahr, wenn sie nicht jeweils spätestens drei Monate vor Ablauf durch eine Partei schriftlich gekündigt werden.
4. Die Versicherung gilt für den vereinbarten Bereich.
5. Fahrten, Gänge und Aufenthalte innerhalb des ständigen Wohnorts des Versicherten gelten nicht als Reisen.

Übersicht

A. Vorbemerkung

§ 6 enthält Regelungen zur zeitlichen und geographischen Reichweite 1
des materiellen Versicherungsschutzes, § 6 Nr. 1, Nr. 2 und Nr. 4 und 5.

Die Regelungsmethodik zeigt risikoabgrenzende Bestimmungen und ver- 2
hüllte Obliegenheiten auf. Stillschweigend ausgeschlossen wird mit § 6 Nr. 1
die Einlöseklausel, § 38 II VVG.

In § 6 Nr. 3 ist die Verlängerung von Versicherungsverträgen mit minde- 3
stens einjähriger Dauer bestimmt. Die Einordnung dieser Bestimmung zwischen den Regelungen zur materiellen Haftung trägt nicht zur Übersichtlichkeit des Bedingungswerkes bei.

B. Beginn und Ende der Haftung

I. Die Haftung nach der vereinbarten Laufzeit

Der **materielle Beginn des Versicherungsschutzes** wird an die **vereinbarte** 4
Laufzeit des Vertrages geknüpft. Die Zahlung der Prämie ist nicht Voraussetzung für den materiellen Beginn des Versicherungsschutzes. § 38 II VVG
wird weder wiederholt noch zitiert. Auch § 8 nennt die Prämienzahlung
nicht als Voraussetzung für den Beginn des Versicherungsschutzes (*Prölss/
Martin*, § 6 AVBR, Anm. 1).

Die **vereinbarte Laufzeit** ist **zeitliche Risikoabgrenzung**. Ist bei einer länge- 5
ren Reise nur für eine kürzere Zeitspanne ein Reisegepäck-Versicherungsvertrag geschlossen, hat der Versicherte gegebenenfalls den Eintritt des Versicherungsfalles innerhalb der vereinbarten Laufzeit des Vertrages nachzuweisen.

Tritt der Versicherte eine geplante Reise nicht an, kann er die Prämie 6
nicht zurückfordern. Auch kann die Herabsetzung der Versicherungssumme nach § 51 VVG nicht verlangt werden. Denn der Versicherungswert
kann sich durch Hinzuerwerb von Reisebedarf während der Reise erhöhen.
Der Wert des bei weiteren Reisen innerhalb des versicherten Zeitraumes
mitgeführten Gepäcks steht nicht fest.

Während der vereinbarten Laufzeit des Versicherungsvertrages besteht 7
Versicherungsschutz, wann immer sich der Versicherte auf Reise befindet
(LG Frankfurt, MDR **85**, 849). Auch wenn sich der Versicherungsvertrag
auf **eine** Reise bezieht, haftet der Versicherer während der Dauer einer

zweiten oder weiteren Reise, die der Versicherte innerhalb der Laufzeit des Vertrages unternimmt (AG Frankfurt, VersR **84**, 1169).

II. Reise

8   Der **Begriff der Reise hat Schlüsselfunktion** für die Reisegepäck-Versicherung. Unter **Reisen** versteht der Sprachgebrauch **jede längere Entfernung vom ständigen Wohn- und Aufenthaltsort** des Versicherten. Der Begriff wird von den Merkmalen der räumlichen Entfernung und der zeitlichen Dauer bestimmt. Die Übernachtung in einer anderen Wohnung oder in einem Hotel ist ein Indiz für eine Reise; ein Abgrenzungskriterium ist sie jedoch nicht.

9   Reise ist die **Urlaubsreise** vom Wohnort zum Ferienort, der Aufenthalt dort und die Rückreise. Eine Reise findet statt vom ständigen **Wohnort zum Zweitwohnsitz.** Auch die Fahrt vom **bisherigen Wohnort** zu einem **neuen Wohnsitz** ist eine Reise. Dies gilt auch dann, wenn der Versicherte den bisherigen Wohnsitz aufgegeben hat und der neue Wohnsitz noch nicht festgelegt ist (LG Hannover, VersR **84**, 959).

10   Die **tägliche Fahrt zur Arbeitsstelle** ist eine Reise, sofern die Arbeitsstelle außerhalb des ständigen Wohnorts des Versicherten liegt. Während der Arbeit an einer räumlich festgelegten ständigen Arbeitsstelle befindet sich der Versicherte jedoch nicht auf einer Reise.

11   Für den **Begriff der Reise kommt es auf deren Anlaß nicht an.** Versichert sind private Urlaubs- und Ferienreisen ebenso wie Geschäftsreisen oder Forschungsreisen.

12   Der Aufenthalt am Zielort einer Reise ist nicht mehr als Reise anzusehen, wenn der Versicherte an diesem Ort einen neuen Wohnsitz oder Zweitwohnsitz begründet (LG München, I, 06. 11. 1990, 28 O 14767/89, A II Zweitwohnsitz 2). Der Aufenthalt zu einem fünfmonatigen Sprachkurs im Ausland ist dagegen eine Reise, wenn der Versicherte dort keinen dauernden Zweit-Wohnsitz begründen will (LG Frankfurt, VersR **83**, 364).

13   Bestehen **mehrere Wohnungen,** z. B. bei Studenten am Wohnsitz der Eltern und am Studienort oder wird neben dem Familienwohnsitz eine Wohnung am Ort der Arbeitsstelle während der Arbeitstage genutzt, sind beide Wohnorte als gleichwertige Lebensmittelpunkte anzusehen (vgl. *Martin,* SVR, G IV 60; zu Ferien- und Zweitwohnungen s. o. § 1 RdNr. 58 ff.).

14   Unter welchen Voraussetzungen der Versicherte bei Verlassen seiner Wohnung eine Reise unternimmt, ergibt sich aus der **sekundären Risikoabgrenzung,** § 6 Nr. 5. Fahrten, Gänge und Aufenthalte innerhalb des ständigen Wohnorts des Versicherten gelten nicht als Reise.

15   Der **Wohnort** des Versicherten ist grundsätzlich die kleinste kommunale politische Gemeinde (*Ollick,* VA **80**, 292; vgl. OLG Hamm, NJW-RR **91**, 355 = VersR **91**, 689). Hält sich der Versicherte innerhalb der Grenzen seiner Wohnortgemeinde auf, besteht kein Versicherungsschutz.

16   Die **Überschreitung von Gemeindegrenzen bedeutet jedoch nicht in jedem Fall, daß eine Reise unternommen wird.** Der Besuch bei Nachbarn, deren Haus auf der anderen Straßenseite steht und sich auf dem Gebiet einer

anderen politischen Gemeinde befindet, ist keine Reise. Dagegen kann die Fahrt von einem Außenbezirk einer Großstadt in einen entfernt gelegenen Stadtteil durchaus als Reise verstanden werden.

Eine Reise liegt selbst dann nicht in jedem Fall vor, wenn Staatsgrenzen **17** überschritten werden. Ein Nachmittagsspaziergang von Kehl nach Strasbourg oder eine Einkaufsfahrt dorthin ist ebensowenig eine Reise, wie eine kurze Einkaufssfahrt von Hamburg nach Altona.

Das ablesbare Kriterium der Überschreitung der Grenzen der politischen **18** Gemeinde hat nachrangige Bedeutung gegenüber dem Begriffsverständnis der Reise nach dem allgemeinen Sprachgebrauch. Die Nachteile der Unsicherheit der Bewertung der konkreten örtlichen Gegebenheiten und Entfernungen nach dem Begriffsverständnis des Sprachgebrauchs wiegen geringer als die einer starren Beurteilung des Begriffs der Reise nach dem ausschließlichen Kriterium der Überschreitung von Gemeindegrenzen. Die Beurteilung des Begriffs der Reise allein nach dem Kriterium der Überschreitung von Gemeindegrenzen führt zu unbilligen und lebensfremden Ergebnissen.

Führt die Reise über den ständigen Wohnort hinaus, besteht auch für **die 19** **Wegstrecke innerhalb des Wohnortes** Versicherungsschutz. (*Prölss/Martin*, § 6 AVBR, Anm. 2). Für die Wegstrecke innerhalb des Wohnortes besteht jedoch nur dann Versicherungsschutz, wenn ein unmittelbarer **zeitlicher und räumlicher Zusammenhang zur weiterführenden Reise** besteht (OLG Celle, VersR **88,** 1020; LG München I, 01. 07. 1987, 31 S 6281/87, A. II Reiseantritt 2).

Bei einem Schaden am Wohnort des Versicherten liegt die Beweislast **20** dafür, daß sich der Versicherte zur Zeit des Ereignisses auf einer Reise befand beim Versicherten.

Fahrten, Gänge und Aufenthalte innerhalb des ständigen Wohnorts des **21** Versicherten sind vom Versicherungsschutz ausgeschlossen, § 6 Nr. 5 Das Domizilrisiko kann jedoch mit der **Domizilklausel** versichert werden (s. u. Klausel 1 und 2).

Ist der **Ausgangspunkt** für die Fahrt oder den Gang als **Zweitwohnsitz 22** anzusehen, besteht für die mitgeführten Sachen auch während des Ganges oder der Fahrt an diesem Ort Versicherungsschutz, **§ 1 Nr. 2.** Die Bewertung eines Wohnsitzes als Haupt- oder Nebenwohnsitz kann im Einzelfall zu Abgrenzungsschwierigkeiten führen. Der Familienwohnsitz ist in der Regel der Hauptwohnsitz. Bei Studenten ist jedoch die ständige Wohnung am Studienort ebenfalls als Hauptwohnort anzusehen. Der Wohnsitz am Studienort und der Wohnsitz bei den Eltern sind nach ihrer Gewichtung gleichrangige Wohnorte (vgl. *Martin*, SVR, G IV. 60).

III. Reisebeginn

Der **Versicherungsschutz beginnt** mit dem Zeitpunkt, an dem zum Zwecke **23** des unverzüglichen Antritts der Reise versicherte Sachen **aus der ständigen Wohnung** entfernt werden, § 6 Nr. 1.

Reisegepäck, das zur Beförderung aufgegeben wird, § 2 Nr. 1, ist auch dann **24**

schon versichert, wenn es einige Tage vor Reiseantritt vorzeitig zur Beförderung aufgegeben wird, damit es rechtzeitig am Zielort bereitsteht.

25   Auch wenn das Gepäck vor Fahrtantritt am Bahnhof in ein **Schließfach** gebracht wird, damit es von dort aus auf die Fahrt mitgenommen werden kann (*Ollick*, VA 80, 292), ist es versichert. Eine zeitliche Begrenzung in Tagen für die vorzeitige Aufgabe oder das vorzeitige Versenden von Reisegepäck gibt es nicht. Der Zeitpunkt für die Gepäckaufgabe muß jedoch bereits innerhalb der vereinbarten Laufzeit der Versicherung liegen, und das aufgegebene Gepäck muß für den persönlichen Reisebedarf des Versicherten bestimmt sein.

26   Bei **Reisen mit dem Kraftfahrzeug** hat die Bestimmung zum Beginn des Versicherungsschutzes besondere Bedeutung. Voraussetzung für den Versicherungsschutz sind drei Merkmale.

27   Das Herausschaffen des Gepäcks aus der Wohnung muß dem unverzüglichen Reiseantritt dienen. Der Nachweis dafür wird in der Regel durch den tatsächlichen Reiseantritt geführt oder durch vorliegende Reisebuchungen oder andere begleitende Umstände.

28   Die Zweckbestimmung verlangt, daß das Herausschaffen der Gegenstände dem **unverzüglichen** Reiseantritt dient. Die Bestimmung enthält eine **verhüllte Obliegenheit** (OLG Hammm, VersR **88**, 371 = r + s **87**, 52). Der Versicherte ist zur Sicherung seines Reisegepäcks verpflichtet, das Fahrzeug tatsächlich erst unmittelbar vor Reiseantritt zu beladen. Wird Gepäck aus dem verschlossenen Fahrzeug gestohlen, während der Versicherte nochmals in die Wohnung zurückkehrt, um das restliche Gepäck zu holen oder die Toilette aufzusuchen, besteht wohl Versicherungsschutz (vgl. AG Mainz, ZfS **82**, 59 zur Skiversicherung).

29   Treten jedoch unvorhergesehene Umstände ein, so daß sich der Reiseantritt verzögert, verlangt die verhüllte Obliegenheit von dem Versicherten, das Reisegepäck wieder zu entladen und in der Wohnung in Sicherheit zu bringen (*Prölss/Martin*, § 6 AVBR, Anm. 3 b; AG Hannover, VersR **90**, 1236).

30   Ist der Zeitpunkt zur Abfahrt noch ungewiß und belädt der Versicherte sein Fahrzeug, da er mit jederzeitigem überstürzten Aufbruch rechnet, besteht kein Versicherungsschutz, OLG Hamburg, VersR **84**, 958.

IV. Reiseende

31   Der Versicherungsschutz endet mit der Rückkehr des Versicherten in seine Wohnung und mit der Rückführung des Gepäcks dorthin.

32   Wird dem Versicherten **aufgegebenes Reisegepäck** erst nach seiner Rückkehr von der Reise von dem Beförderungsunternehmen ausgeliefert, besteht noch Versicherungsschutz **bis zur Auslieferung** beim Versicherten in der Wohnung.

Wird der Versicherte von der Ankunft seines Gepäcks benachrichtigt, besteht fortdauernd Versicherungsschutz, wenn der Versicherte sein Gepäck bei dem Beförderungsunternehmen oder bei der Gepäckaufbewahrung **unverzüglich abholt** und in seine Wohnung bringt.

Versäumt der Versicherte, das Gepäck unverzüglich bei dem Beförderer 33
oder aus der Gepäckaufbewahrung abzuholen, endet der Versicherungsschutz zu dem Zeitpunkt, an dem der Versicherte die Gegenstände bei
unverzüglichem Handeln hätte in seine Wohnung bringen können. Ist das
Gepäck beschädigt oder unvollständig, so hat der Versicherte den Nachweis
zu führen, daß der Versicherungsfall noch vor dem Ende des Versicherungsschutzes eingetreten war.

Deponiert der Versicherte bei Ankunft am Heimatort das Gepäck 34
zunächst in einem Schließfach, obgleich es zumutbar war, die Gegenstände
sogleich in die Wohnung zurückzubringen, endet der Versicherungsschutz
mit dem Zeitpunkt, in welchem das Gepäck im Schließfach untergebracht
wird. (LG München I, Beschluß vom 12.01.1987, 31 S 22473/86, A II
Reisedauer 4.)

Reiseunterbrechungen am Wohnort lassen den Versicherungsschutz nicht 35
in jedem Fall enden. Setzt der Versicherte seine Fahrt von seinem Wohnort
aus weiter fort, besteht jedenfalls Versicherungsschutz (AG Frankfurt,
VersR 84, 1169). Während des Aufenthaltes in der Wohnung besteht für
Gegenstände, die dorthin mitgenommen werden, kein Versicherungsschutz.
Für das Gepäck, das im Fahrzeug zurückgelassen wird, besteht nur dann
Versicherungsschutz, wenn es dort zum Zweck des – erneuten – unverzüglichen Reiseantritts verbleibt. Bei einer Übernachtung in der eigenen Woh-
nung ist das Fahrzeug auszuladen.

V. Verlängerung kurzfristiger Verträge

Reisegepäck-Versicherungen werden überwiegend als kurzzeitige Ver- 36
träge für eine bestimmte Reise vereinbart. Die Vertragsdauer wird insbesondere bei Vertragsabschlüssen im Zusammenhang mit der Buchung von Pauschalreisen auf die Dauer der gebuchten Reise festgelegt.

Verzögert sich das Reiseende aus Gründen, die der Versicherte nicht zu vertre- 37
ten hat und ist es dem Versicherten unmöglich oder unzumutbar, eine Verlängerung des Versicherungsvertrages zu beantragen, so verlängert sich der
Versicherungsschutz über die vereinbarte Laufzeit hinaus bis zum Ende der
Reise.

Nicht vom Versicherten zu vertretende Gründe für eine Verlängerung der 38
Reise können sich aus einer **Störung der Verkehrswege und Verkehrsmittel**
ergeben. Nicht zu vertreten hat der Versicherte, wenn nach einem winterli-
chen Wettereinbruch in den Bergen die Verkehrswege ins Tal versperrt sind,
wenn wegen Stürmen und Unwettern Schiffe nicht planmäßig verkehren
können oder der Flugverkehr lahm gelegt ist. Nicht zu vertreten hat der
Versicherte auch **Verzögerungen** der Rückreise aus Streiks oder aus anderen
politischen Gründen. Schäden aus politischen Risiken sind jedoch nicht versichert, s. o. § 3 RdNr. 4 ff.

Nicht zu vertreten hat der Versicherte eine verspätete Rückreise wegen 39
Krankheit oder Unfall.

Der Versicherungsschutz verlängert sich auch bei verspäteter Ausliefe- 40
rung von aufgegebenem Reisegepäck nach dem Reiseende.

41   Die Verlängerung der Versicherungsdauer tritt nur dann ein, wenn der
      **Versicherte nicht in der Lage ist, eine Verlängerung des Versicherungsvertrages
      zu beantragen.** Dies tritt ein, wenn der Versicherte technisch keine Möglich-
      keit hat, den Versicherer nachrichtlich zu erreichen. Die Vertragsdauer ver-
      längert sich auch dann, wenn der Versicherte aufgrund seiner gesundheit-
      lichen Verfassung nicht in der Lage ist, die Vertragsverlängerung zu
      veranlassen.

42   Ebenso verlängert sich die Dauer des Vertrages, wenn es für den Versi-
      cherten **unter den gegebenen Umständen unzumutbar** ist, die Vertragsverlän-
      gerung zu bedenken und zu bewirken. Eine solche Situation kann etwa
      nach einer Schiffskatastrophe oder einer Unwetterkatastrophe eintreten,
      wenn der Versicherte mit der Sicherung seines persönlichen Befindens und
      seines Gutes derart beansprucht ist, daß der Gedanke an den notwendigen
      Antrag zur Verlängerung des Versicherungsvertrages nicht bedacht werden
      kann. Unzumutbar kann der Antrag auf Vertragsverlängerung auch dann
      sein, wenn der Versicherte nach einem Unfall oder einer Katastrophe über
      längere Zeit hinweg unter Schock steht.

VI. Geographischer Geltungsbereich

43   Der Geltungsbereich der Versicherung wird vertraglich festgelegt. Gere-
      gelt wird mit primärer Risikobeschreibung die geographische Ausdehnung
      des Geltungsbereiches bestimmt.

44   § 6 Nr. 4 betrifft ausschließlich die Vereinbarung zum geographischen
      Geltungsbereich. Nicht geregelt werden damit Verträge, die den Versiche-
      rungsschutz auf bestimmte Reisearten begrenzen oder besonders gefähr-
      liche Reiseformen von dem Deckungsschutz ausnehmen.

45   Überwiegend wird die Reisegepäck-Versicherung mit **Weltgeltung** ange-
      boten. Ein differenziertes Angebot zum Geltungsbereich Europa oder Welt-
      geltung geschieht bei der Bündelung der Reisegepäck-Versicherung mit der
      Vereinbarung von Verträgen über touristische Beistandsleistungen (A I.).
      Bei solchen Vertragsbündelungen ist eine Prämiengestaltung nach dem geo-
      graphischen Geltungsbereich geboten.

C. Verlängerung von Jahresverträgen

46   Die Regelung zur Verlängerung von Jahresverträgen hat inhaltlich kei-
      nen Zusammenhang mit den übrigen Regelungen des § 6 zum materiellen
      und geographischen Geltungsbereichs des Versicherungsschutzes. Die
      Regelung entspricht der anderer Bedingungswerke, z. B. § 7 Nr. 4 Satz 2
      AERB. Die Verträge von mindestens einjähriger Dauer verlängern sich von
      Jahr zu Jahr, wenn sie nicht jeweils spätestens 3 Monate vor Ablauf durch
      eine Partei schriftlich gekündigt werden.

D. § 6 AVBR 92

Verändert wurde lediglich die Überschrift. Sachlich zutreffend ist § 6 nun 47
überschrieben: **Beginn und Ende des Versicherungsschutzes, Geltungsbereich.**

AVBR 80

§ 7 Versicherungswert, Versicherungssumme

1. Die Versicherungssumme soll dem Versicherungswert des gesamten versicherten
Reisegepäcks gemäß § 1 entsprechen. Auf der Reise erworbene Geschenke und
Reiseandenken bleiben unberücksichtigt.
2. Als Versicherungswert gilt derjenige Betrag, der allgemein erforderlich ist, um neue
Sachen gleicher Art und Güte am ständigen Wohnort des Versicherten anzuschaf-
fen, abzüglich eines dem Zustand der versicherten Sachen (Alter, Abnutzung,
Gebrauch etc.) entsprechenden Betrages (Zeitwert).

AVBR 92

§ 7 *(unverändert)*

Übersicht

A. Vorbemerkung

Die Versicherungssumme (§ 50 VVG) wird vertraglich vereinbart und 1
zwar als fester Betrag. Die Versicherungssumme ist **Prämienberechnungs-
grundlage** und **Grenze der Entschädigung** (vgl. *Martin*, SVR, S I 1).

Versicherungswert (§ 52 VVG) ist die „Soll-Versicherungssumme" und 2
deckt sich meist mit der möglichen Höchstentschädigung (vgl. *Prölss/Martin*
§ 52 VVG, Anm. 1).
Versicherungswert in der Reisegepäck-Versicherung ist der **Zeitwert**; Versicherungswert zum **Neuwert** kann durch Klausel 9 („**Neuwert-Versicherung**") vereinbart werden.

B. Versicherungssumme

Die Versicherungssumme muß zur Vermeidung der nachteiligen Folgen 3
der Unterversicherung (§ 9 Nr. 3) ausreichend sein und dem tatsächlichen
Wert des gesamten Reisegepäcks entsprechen. Der Versicherte muß bei der

119

Ermittlung der Versicherungssumme insbesondere auch berücksichtigen, ob Personen gemäß § 1 Nr. 1 Abs. 1 mit ihm reisen und ob Versicherungsschutz für separate Reisen gemäß § 1 Nr. 1 Abs. 2 vereinbart werden soll. Stets ist der Wert des **gesamten** in Frage kommenden Reisegepäcks bei der Ermittlung der Versicherungssumme zugrundezulegen.

4　**Wertgegenstände,** für die nur begrenzt Ersatz geleistet wird (§ 4 Nr. 1) müssen bei der Bildung der Versicherungssumme zu ihrem **vollen Wert** berücksichtigt werden, die Entschädigungsgrenzen in § 4 sind außer acht zu lassen (vgl. *Martin,* SVR, S II 48/49).

5　Eine **Ausnahme** hiervon bilden unterwegs erworbene **Geschenke** und **Reiseandenken,** deren Wert beliebig hoch sein kann; diese Gegenstände bleiben bei der Bildung der Versicherungssumme unberücksichtigt.

6　Eine Wertbegrenzung für Geschenke und Reiseandenken ist nicht vorgesehen. Jedes Geschenk und jedes Reiseandenken wird auch dann, wenn es einen höheren Wert als das gesamte Reisegepäck hat, nur mit 10% der Versicherungssumme, max. mit DM 500,– ersetzt (§ 4 Nr. 2).

7　Unberücksichtigt bleiben bei der Ermittlung der Versicherungssumme auch solche Gegenstände, für die eine **Spezialversicherung** (z. B. Valorenversicherung oder Fotoapparateversicherung) besteht, wenn für sie insoweit bereits bei Abschluß des Reisegepäck-Versicherungsvertrages zur Vermeidung einer Doppelversicherung (§ 59 VVG) ein Ausschluß vereinbart worden ist (vgl. *Ollick,* VA **80,** 293).

8　Wenn trotz Bestehens der Spezialversicherung kein Ausschluß in der Reisegepäck-Versicherung vereinbart worden ist, liegt partielle Doppelversicherung vor, da die AVBR kein Subsidiaritätsklausel enthalten (vgl. § 9 RdNr. 2).

9　Demgegenüber liegt keine Doppelversicherung vor, wenn Neuwert-Versicherung (z. B. Hausrat-Versicherung) und Zeitwert-Versicherung (z. B. Reisegepäck-Versicherung) zusammentreffen und sich die Versicherungsleistungen nicht decken (vgl. OLG Hamm, VersR **86,** 544).

10　Wer für Wertgegenstände (§ 4 Nr. 1) vollen Ersatz erreichen möchte, muß die Versicherungssumme verdoppeln, ohne daß insoweit jedoch eine unzulässige Doppelversicherung vorliegt (vgl. § 4 RdNr. 8).

C. Versicherungswert

11　Versicherungswert ist der **Zeitwert,** Neuwert kann gemäß Klausel 9. vereinbart werden.

12　Zeitwert ist nach der Definition in § 7 Nr. 2 – ebenso wie in § 86 VVG – derjenige Betrag, der erforderlich ist, um neue Sachen gleicher Art und Güte am ständigen Wohnort des Versicherten anzuschaffen; dieser Betrag wird gemindert durch das Alter und den Abnutzungsgrad der versicherten Sache sowie andere den Wert beeinflußende Faktoren (z. B. Mode). **Zeitwert** ist demnach die **Differenz** zwischen **Wiederbeschaffungswert** und **Minderwert** der versicherten Sache.

Vom Zeitwert zu unterscheiden ist der **Verkehrswert** (= gemeine Wert = **13** Gebrauchtwarenverkaufspreis), der im Regelfall gemäß § 52 VVG zu ersetzen ist. Dieser Verkehrswert ist der Betrag, den der Versicherte durch **Verkauf** der Sache hätte erzielen können, sei es am Gebrauchtwarenmarkt oder als Altmaterial (vgl. *Martin*, SVR, Q III 60; BGH VersR **82**, 689).

Gerade im Bereich der Reisegepäck-Versicherung ist die Unterscheidung **14** zwischen **Zeitwert** und **Verkehrswert** von großer Bedeutung: Gebrauchte Kleidungsstücke, aber auch die übrigen in § 1 genannten Gegenstände haben nur einen ganz geringen Verkehrswert, der in der Regel nur einen Bruchteil des Anschaffungspreises ausmacht. Beispielsweise hat ein Anzug, der nur wenige Tage alt ist und erst einmal getragen wurde, nur einen Verkehrswert, der allenfalls bei der Hälfte des Neupreises liegen dürfte, während die Entschädigung gemäß § 7 Nr. 2 für einen solchen Anzug auf der Basis des Neupreises zu erfolgen hat. Der Wiederbeschaffungswert entspricht in diesem Fall dem Neuwert, Abzüge wegen Alter, Abnutzung und Gebrauch kommen nicht in Betracht.

Maßgeblich für die Wertberechnung des Wiederbeschaffungswertes ist **15** nicht der Ort des Schadeneintritts, sondern der **ständige** Wohnort des Versicherten. Insoweit enthält § 7 Nr. 2 ausdrücklich eine Klarstellung, die in § 86 VVG fehlt.

Eine in Hongkong – preisgünstig – gekaufte Fotoausrüstung ist daher gemäß den Preisen am Wohnort des Versicherten zu entschädigen, aber auch zu diesen Preisen bei der Bildung der Versicherungssumme zu berücksichtigen.

Maßgeblicher Zeitpunkt für die Ermittlung des Verkehrswertes ist der **16** **Tag des Schadeneintritts** (§ 9 Nr. 1 a).

Auch insoweit liegt eine Klarstellung gegenüber § 86 VVG vor, zumal Preissteigerungen, die zwischen dem Schadentag und dem Wiederbeschaffungszeitraum liegen, zu unterschiedlichen Ergebnissen führen können (vgl. *Prölss/Martin*, § 86 VVG, Anm. 4 m. w. N.).

Entscheidend ist schließlich der **objektive Marktpreis**, da gemäß § 7 Nr. 2 **17** der Betrag ersetzt wird, der „allgemein" für die Beschaffung eines Ersatzgegenstandes erforderlich ist. Personenbezogene Rabatte oder Preisnachlässe aufgrund besonderer Beziehungen bleiben daher unberücksichtigt (vgl. *Ollick*, VA **80**, 293; *Prölss/Martin*, § 7 AVBR, Anm. 2). **Skonti** kommen jedoch dem Versicherer zugute (vgl. *Prölss/Martin* a. a. O.).

Der „**Zustand**" des zu entschädigenden Gegenstandes bestimmt die Höhe **18** des Abzuges vom Neuwert.

Der „Zustand" einer Sache wird entgegen **Prölss/Martin** (§ 7 AVBR, Anm. 2) nicht nur durch den Abnutzungsgrad bestimmt, sondern durch alle Faktoren, die auf die Gebrauchsfähigkeit und den Gebrauchswert eines Gegenstandes Einfluß haben. Die Aufzählung in § 7 Nr. 2 („Alter, Abnutzung, Gebrauch" etc.) ist nur beispielhaft, auch andere wertbildende Faktoren sind zu berücksichtigen.

Die Versicherer gehen in der Praxis von **Durchschnittswerten** aus und neh- **19** men pauschale Abzüge unter Berücksichtigung von Erfahrungswerten und der Lebensdauer der versicherten Gegenstände vor. Der Versicherte hat jedoch die Möglichkeit, eine unterdurchschnittliche Abnutzung substantiiert darzulegen und zu beweisen (vgl. *Prölss/Martin,* § 7 AVBR, Anm. 2).

20   In der Regel werden folgende Zeitwertabzüge vorgenommen:
 – Textilien: Lebensdauer 3 bis 5 Jahre, Wertverlust pro Jahr 10% bis 25%
 – Schuhe: Lebensdauer 2 bis 3 Jahre, Wertverlust pro Jahr ca. 30%
 – Film- und Fotoausrüstung: Lebensdauer bis zu 10 Jahren, Wertverlust
       pro Jahr ca. 10%

21   Diese Pauschalierung ist sachgerecht und zulässig (vgl. *Prölss/Martin* § 7 AVBR, Anm. 2 und OLG Hamm, VersR **86,** 544; AG Frankfurt, NJW-RR **87, 669**).

22   Behauptet der Versicherte, daß diese pauschalen Abzüge zu hoch seien, weil keine oder nur unterdurchschnittliche Abnutzung gegeben sei, ist er darlegungs- und beweispflichtig (vgl. *Prölss/Martin* a. a. O.).

23   Bei **Edelmetallschmuck** ist in der Regel kein Abzug vorzunehmen, bei **Modeschmuck** kann ein Wertverlust von 10% zu berücksichtigen sein (vgl. *Prölss/Martin* a. a. O.).

24   Für **langlebige Wirtschaftsgüter** (z. B. Badetasche und Reisewecker) erscheint ein Abzug in Höhe von 20% pro Jahr angemessen (vgl. AG Frankfurt, NJW-RR **87,** 669/670).

AVBR 80

§ 8 Prämie

 Der Versicherungsnehmer hat die erste Prämie (Beitrag) gegen Aushändigung des Versicherungsscheines zu zahlen, bei mehrjährigen Verträgen die Folgeprämien jeweils am ersten Tag des Monats, in dem das Versicherungsjahr beginnt.

AVBR 92

§ 8 *(unverändert)*

1   § 8 regelt die **Prämienfälligkeit.** Die Zahlung der Prämie ist nicht als Wirksamkeitsvoraussetzung für den materiellen Versicherungsbeginn genannt. § 38 II VVG wird weder wiederholt noch zitiert (*Prölss/Martin,* § 8 AVBR, Anm. 1, 2).

2   Die **Einlöseklausel** ist damit stillschweigend ausgeschlossen (a. A. *Ollick,* VA **80,** 293, jedoch ohne Begründung).
 Die Formen des Vertragsschlusses in der Praxis (s. o. § 1 RdNr. 4) erklären den Verzicht auf die Einlöseklausel.

3   Bei Abschluß der Versicherung über Zahlkartenvordrucke kommt der Versicherungsvertrag mit Einzahlung der Versicherungsprämie zustande. Dieses Verfahren führt den Rechtszustand des § 38 II VVG herbei. Der Versicherungsschutz beginnt frühestens mit Einzahlung der Versicherungsprämie.

Versicherungspolicen, die über Reisevermittler und Reiseveranstalter ver- 4
trieben werden, dürfen nur gegen Zahlung der Prämie ausgehändigt werden. Gibt ein Reiseveranstalter oder Reisevermittler die Versicherungspolice
aus, ohne zugleich die Prämie zu kassieren, besteht gleichwohl für die vereinbarte Laufzeit des Vertrages Versicherungsschutz. Der Versicherer kann
sich durch vertragliche Regelung mit seinem Versicherungsagenten schützen und in dem Agenturvertrag vereinbaren, daß der Agent für die Einzahlung der Prämie durch den Versicherten einzustehen hat.

Bei Versicherungsabschlüssen im Zusammenhang mit Pauschalreise- 5
buchungen wird die Versicherungsprämie zusammen mit dem Reisepreis
durch den Reiseveranstalter vereinnahmt.

Treibt der Versicherer die Prämie nicht ein, gilt dies nicht als Rücktritt 6
vom Vertrag. § 38 I Satz 2 VVG ist nicht anwendbar. Das Recht zum
Rücktritt setzt analog § 39 I VVG Mahnung und die Setzung einer angemessenen Frist (2 Wochen) nach Zugang der Mahnung voraus. Die Eigenart der Reisegepäck-Versicherung als Massengeschäft und die Besonderheiten des Versicherungsabschlusses rechtfertigen diesen Rechtszustand.

AVBR 80

§ 9 Entschädigung, Unterversicherung

1. Im Versicherungsfall ersetzt der Versicherer
   a) für zerstörte oder abhandengekommene Sachen ihren Versicherungswert zur
      Zeit des Schadeneintritts;
   b) für beschädigte reparaturfähige Sachen die notwendigen Reparturkosten und
      gegenbenfalls eine bleibende Wertminderung, höchstens jedoch den Versiche-
      rungswert;
   c) für Filme, Ton- und Datenträger nur den Materialwert;
   d) für die Wiederbeschaffung von Personal-Ausweisen, Reisepässen, Kraftfahrzeug-
      Papieren und sonstigen Ausweispapieren die amtlichen Gebühren.
2. Vermögensfolgeschäden werden nicht ersetzt.
3. Ist die Versicherungssumme gemäß § 7 bei Eintritt des Versicherungsfalles niederer
   als der Versicherungswert (Unterversicherung), so haftet der Versicherer nur nach
   dem Verhältnis der Versicherungssumme zum Versicherungswert.

AVBR 92

§ 9 Entschädigung, Unterversicherung

1. Im Versicherungsfall ersetzt der Versicherer
   a) für zerstörte oder abhandengekommene Sachen ihren Versicherungswert zur
      Zeit des Schadeneintritts;
   b) für beschädigte reparaturfähige Sachen die notwendigen Reparaturkosten und
      gegebenenfalls eine bleibende Wertminderung, höchstens jedoch den Versiche-
      rungswert:
   c) für Filme, Bild-, Ton- und Datenträger nur den Materialwert;
   d) für die Wiederbeschaffung von Personal-Ausweisen, Reisepässen, Kraftfahrzeug-
      Papieren und sonstigen Ausweispapieren die amtlichen Gebühren.

2. Vermögensfolgeschäden werden nicht ersetzt.

3. Ist die Versicherungssumme gemäß § 7 bei Eintritt des Versicherungsfalles niedriger als der Versicherungswert (Unterversicherung), so haftet der Versicherer nur nach dem Verhältnis der Versicherungssumme zum Versicherungswert.

Übersicht

A. Vorbemerkung

1   Während in § 2 die Tatbestände genannt werden, die den Versicherungsfall auslösen, bestimmt § 9 Umfang und Grenzen der Versicherungsleistung. § 9 entspricht dem Grundgedanken des Versicherungsrechts, daß sich die Leistung des Versicherers auf die **Beseitigung des Schadens** zu beschränken und **nicht** zu einer **Bereicherung** des Versicherten zu führen hat (§§ 51, 55, 59 VVG).

2   Nicht ausdrücklich geregelt wird in § 9 der Umfang der Leistungspflicht, wenn der Versicherte aufgrund desselben Schadenfalles auch Ansprüche aus anderen Versicherungsverträgen gegenüber demselben oder einem anderen Versicherer geltend machen kann.

Hierbei ist insbesondere zu denken an die **Hausrat-Versicherung, Garderoben-Versicherung, Fotoapparateversicherung, Valorenversicherung.**

3   Haften mehrere Versicherer aufgrund verschiedener Versicherungsverträge für denselben Schaden, so liegt eine **Doppelversicherung** (§ 59 VVG) vor, so daß alle Versicherer gesamtschuldnerisch haften und untereinander zum Ausgleich verpflichtet sind. Der Versicherte kann – selbstverständlich nur einmal – Entschädigung von demjenigen Versicherer verlangen, der zu der für ihn günstigsten Regulierung verpflichtet ist.

4   Ebenso verhält es sich, wenn ein Versicherer aufgrund mehrerer mit ihm abgeschlossener Verträge (z. B. Reisegepäck-Versicherung und Hausrat-Versicherung) den Schaden ersetzen muß. Wird Reisegepäck, welches unter den Schutz der Hausrat-Versicherung fällt, durch Einbruchdiebstahl entwendet, so empfiehlt es sich für den Versicherten, die Entschädigung aus der Hausrat-Versicherung zu verlangen, da diese den Neuwert ersetzt, während die Reisegepäck-Versicherung gemäß § 2 Nr. 2 nur den Zeitwert ersetzt.

5   Auch wenn der Versicherte zunächst den Reisegepäck-Versicherer in Anspruch nimmt, behält er den Anspruch auf den überschießenden Neuwertanteil aus der Hausrat-Versicherung (vgl. *Martin*, SVR, V II 17).

B. Zeitwert

Ersatzpflichtig ist bei Totalschaden bzw. Entwendung der Zeitwert am **6** Schadentag.

Zeitwert ist nach der Begriffsdefinition in § 7 Nr. 2 der Wiederbeschaf- **7** fungswert, „abzüglich eines dem Zustand der versicherten Sachen (Alter, Abnutzung, Gebrauch, etc.) entsprechenden Betrags".

Ersetzt wird der Zeitwert am **Schadentag.** Diese Zeitbestimmung in § 9 **8** Nr. 1 a) („zur Zeit des Schadeneintritts") kann insbesondere bei Sachen von Bedeutung sein, die kurzfristigen Preisschwankungen unterliegen, wie z. B. bei Schmuckstücken aus Edelmetall.

§ 9 Nr. 1 ist jedoch **extensiv** auszulegen, zumal die Versicherer auch in der **9** bisherigen Regulierungspraxis üblicherweise von den Beträgen ausgegangen sind, die in den Wiederbeschaffungsbelegen genannt waren (vgl. *Prölss/Martin,* § 52, Anm. 5 und § 86, Anm. 4 B).

Der Zeitwertabzug (neu für alt) ist vom Wiederbeschaffungswert und **10** nicht vom Anschaffungswert vorzunehmen (vgl. *Prölss/Martin,* § 7 AVBR, Anm. 2).

Bei der Ermittlung der Zeitwertabzüge sind alle wertbildenden Faktoren **11** zu berücksichtigen; hierzu gehören nicht nur Alter und voraussichtliche Lebensdauer der zu ersetzenden Gegenstände, sondern z. B. bei Kleidung modische Veränderungen oder bei langlebigen Geräten eine technische Überalterung.

Der gegenteiligen Ansicht von *Prölss/Martin* (§ 7 AVBR, Anm. 2), daß **12** mit dem „Zustand" nur der Abnutzungsgrad gemeint sei, während z. B. Änderung von Mode und Geschmack nicht berücksichtigt werden dürfen, kann nicht zugestimmt werden: Der „Zustand" einer Sache bestimmt sich nicht nur nach dem Abnutzungsgrad, sondern nach der Gebrauchsmöglichkeit. Ein unmodisch gewordener Smoking, der in 10 Jahren nur zweimal getragen worden ist, kann ebensowenig als neuwertig angesehen werden, wie eine – technisch veraltete – 10 Jahre alte Filmkamera, die nur wenige Stunden im Einsatz war.

Nebenkosten für die Wiederbeschaffung (Reise-, Telefon- und Porto- **13** kosten) werden **nicht** ersetzt (vgl. *Prölss/Martin,* § 9 AVBR, Anm. 1).

Wenn erst durch einen **erfolglosen Reparaturversuch** festgestellt wird, daß **14** ein Totalschaden eingetreten ist, müssen bis zur Grenze der groben Fahrlässigkeit die Kosten dieses Reparaturversuchs als Rettungskosten ersetzt werden (vgl. *Prölss/Martin,* § 9 AVBR, Anm. 1).

C. Reparaturkosten

Gemäß § 9 Nr. 1b werden bei beschädigten – reparaturfähigen – Sachen **15** die notwendigen **Reparaturkosten** und eine eventuell verbleibende **Wertminderung** ersetzt.

16   Zu ersetzen sind die **tatsächlichen** notwendigen Reparaturkosten, die gegebenenfalls durch Vorlage der Reparaturkostenrechnung nachzuweisen sind. Folgerichtig ist auch in § 9 Nr. 1 b der in Nr. 1 a enthaltene Zusatz „zur Zeit des Schadeneintritts" nicht enthalten. Es sind daher nicht die fiktiven Reparaturkosten zum Zeitpunkt des Schadeneintritts zu ersetzen, sondern die tatsächlichen Reparaturkosten zum Zeitpunkt der Durchführung der Reparatur (vgl. *Prölss/Martin*, § 9 AVBR, Anm. 2).

17   Wird der Reparaturauftrag nicht **unverzüglich** erteilt, kommt eine Reduzierung der Entschädigungsleistung in Betracht, wenn durch den Zeitablauf die Reparaturkosten nicht unerheblich gestiegen sind. Entgegen *Prölss/Martin* (§ 9 AVBR, Anm. 2) ist die Kürzung der Entschädigungsleistung nur dann zulässig, wenn ein Verstoß gegen die in § 10 Nr. 1 b geregelte Schadenminderungspflicht vorliegt.

18   Der Versicherer kann gegebenenfalls **Weisungen** erteilen, wenn ihm eine unverzügliche Erteilung des Reparaturauftrages geboten erscheint. Demgegenüber muß es dem Versicherten gestattet sein, mit der Durchführung der Reparaturarbeiten zu warten, bis die Frage der Entschädigung geklärt ist.

19   Maßgebend sind stets die Kosten einer Reparatur in einem durchschnittlichen **Fachbetrieb,** insbesondere durch den Hersteller oder eine Vertragswerkstatt des Herstellerwerks (vgl. *Prölss/Martin*, § 9 AVBR, Anm. 2).

20   Ein **Minderwert,** der trotz fachgerecht durchgeführter Reparatur verbleibt, ist ebenfalls gemäß § 9 Nr. 1 b) zu ersetzen und zwar sowohl ein technischer als auch ein merkantiler Minderwert (vgl. *Prölss/Martin*, § 55 VVG, Anm. 2 C m. w. N.).

21   **Obergrenze** für die Summe aus Reparatur und Minderwert ist jedoch der **Versicherungswert.** Bewegliche Sachen, die geflickt oder gestopft werden, erleiden in der Regel eine Wertminderung, die auszugleichen ist (vgl. *Prölss/Martin*, § 55 VVG, Anm. 2 C).

22   Ein Minderwert muß gleichfalls ersetzt werden, wenn nur ein **Teil** von mehreren zusammengehörenden Gegenständen beschädigt wird oder verloren geht (z. B. eine Anzugweste oder eine Kostümjacke) oder wenn eines von paarweise zu tragenden Schmuckstücken zu ersetzen ist (z. B. Manschettenknöpfe, Ohrringe). Derartige Gegenstände müssen als Einheit betrachtet werden. Der Nachkauf eines Ersatzstückes bedeutet somit eine Reparatur i. S. von § 9 Nr. 1 b).

23   Wenn genau passende Teile nicht mehr erhältlich sind, wie das in der Regel der Fall ist, so bedeutet der Nachkauf eines ähnlichen Ersatzstückes eine „Reparatur" mit einer ausgleichspflichtigen **Wertminderung.**

24   Auch **Farbabweichungen** bei zusammengehörenden Sachen lösen den Anspruch auf eine Wertminderung aus.

25   Ist der Ersatz des beschädigten Teils durch ein ähnliches Teil nicht möglich oder nicht zumutbar, so liegt ein irreparabler Schaden – **wirtschaftlicher Totalschaden** – vor, so daß die Entschädigung nicht gemäß § 9 Nr. 1 b, sondern nach § 9 Nr. 1 a vorzunehmen ist.

26   Erfährt ein gemäß § 9 Nr. 1 b reparierter Gegenstand durch die Repara-

tur eine **Wertsteigerung**, gegenüber dem Zustand vor Eintritt des Schadenfalles, so ist die Entschädigung entsprechend (§ 55 VVG) zu mindern (vgl. *Prölss/Martin*, § 9 AVBR, Anm. 2).

Erhält beispielsweise ein älteres Fernsehgerät eine neue Bildröhre, so liegt 27 eine Wertsteigerung vor, die unter Berücksichtigung des **Bereicherungsverbotes** (§ 55 VVG) zu einer Minderung der Entschädigungsleistung führt (vgl. *Prölss/Martin*, § 55 VVG, Anm. 1).

Da bei Reparaturarbeiten in der Regel stets neue Ersatzgegenstände Ver- 28 wendung finden, wird bei älteren Gegenständen eine durch den Einsatz neuer Ersatzteile eintretende Wertsteigerung eine trotz Reparatur verbleibende Wertminderung ausgleichen.

Auch die Kosten für einen **mißlungenen Reparaturversuch**, bei dem mög- 29 licherweise erst festgestellt werden kann, ob ein Teilschaden (§ 9 Nr. 1 b) oder ein Totalschaden (§ 9 Nr. 1 a) vorliegt, sind ersatzpflichtige Kosten (vgl. *Prölss/Martin*, § 55 VVG, Anm. 2 C). Diese Kosten sind zusätzlich zu dem Betrag des Totalschadens gemäß § 9 Nr. 1 a zu ersetzen (vgl. *Prölss/ Martin*, § 9 AVBR, Anm. 1).

Wird beispielsweise ein Ledermantel durch einen ersatzpflichtigen Vor- 30 gang stark verschmutzt, so ist möglicherweise erst durch einen Reinigungsversuch zu klären, ob der Schaden durch eine Reinigung beseitigt werden kann. Stellt sich dann heraus, daß die Verschmutzung nicht zu entfernen ist, so ist auf der Basis eines Totalschadens gemäß § 9 Nr. 1 a abzurechnen. Die Kosten der mißlungenen Reinigung müssen zusätzlich ersetzt werden (vgl. *Prölss/Martin*, § 9 AVBR, Anm. 1; *Ollick*, VA **80**, 293).

D. Materialwert

§ 9 Nr. 1 c enthält die Klarstellung, daß bei Filmen, Ton-, Bild- und 31 Datenträgern nur der Materialwert zu ersetzen ist; dies gilt auch für Filme mit Tonspuren und Videobänder. Nicht ersatzpflichtig ist der ideelle Wert von Film- und Tondokumenten; ebensowenig sind erstattungsfähig die Aufwendungen, die bei der Herstellung dieser Aufnahmen gemacht worden sind bzw. gemacht werden müssen, wenn derartige Film- oder Tonaufnahmen nochmals hergestellt werden müßten.

Bespielt gekaufte Filme, Ton-, Bild- und Datenträger sind nicht nach § 9 32 Nr. 1 c, sondern nach § 9 Nr. 1 a zu entschädigen (Zeitwert).

E. Gebühren für Ausweispapiere

Gemäß § 9 Nr. 1 d wird auch Ersatz für die amtlichen Gebühren geleistet, 33 die bei der Wiederbeschaffung von Personalausweisen, Reisepässen, Kfz-Papieren und sonstigen Ausweispapieren anfallen. Nur diese Gebühren werden von dem eintrittspflichtigen Versicherer gezahlt, nicht etwa Portokosten, Fahrkosten und ähnliches.

F. Weitere Entschädigungsbeträge

34   Zusätzlich zu den Beträgen nach § 9 Nr. 1 a–d hat der Versicherer auch diejenigen Aufwendungen zu ersetzen, die dem Versicherten durch Maßnahmen zur Abwendung oder Minderung des Schadens entstehen (vgl. § 10 Nr. 1). Hierzu gehören nicht nur die **Gutachterkosten** für die Schadenfeststellung oder die Kosten für erfolglose Reparaturversuche, sondern auch Aufwendungen für Feuerlöschversuche, Telefon- und Portokosten, Beförderungsentgelte usw. (vgl. *Prölss/Martin*, § 63 VVG, Anm. 2; *Ollick*, VA 80, 293).

35   Nicht zu ersetzen **sind die Kosten der Geltendmachung der Schadenersatzansprüche**, z. B. Anwaltskosten, es sei denn, der Versicherer befindet sich in Verzug oder macht sich einer Vertragsverletzung schuldig (vgl. *Prölss/Martin*, § 66 VVG, Anm. 5 a m. w. N.); es besteht insbesondere auch dann kein Anspruch auf Ersatz von Anwaltskosten, wenn der Anwalt schon vor Verzug beauftragt wurde und durch sein Mahnschreiben der Verzug herbeigeführt wird (vgl. LG Köln, r + s 86, 250).

36   Obergrenze für die gesamten Ansprüche des Versicherten ist die Versicherungssumme (§ 50 VVG). Über die Versicherungssumme hinaus wird Schadenersatz nur für Maßnahmen geleistet, die der Versicherer von dem Versicherten zur Schadenabwendung oder Schadenminderung verlangt hat (§ 63 Abs. 1 Satz 2 VVG).

G. Vermögensfolgeschäden

37   § 9 Nr. 2 enthält eine Klarstellung dahingehend, daß Schäden am Vermögen, die der Versicherte als Folge eines Schadenfalles erleidet, **nicht ersatzpflichtig** sind. Diese Begrenzung ergibt sich bereits aus § 1 („Versicherte Sachen") und den in § 2 und § 4 aufgeführten Schadenursachen, da ein Vermögensfolgeschaden durch die dort genannten Ursachen nicht unmittelbar, sondern allenfalls mittelbar herbeigeführt werden kann.

38   Entschädigung für die fehlende **Nutzungsmöglichkeit** eines zu ersetzenden Gegenstandes wird daher ebensowenig gezahlt wie eine Entschädigung für die bei Verlust des Reisegepäcks eintretende Minderung des Urlaubsgenusses.

39   Bei **Schlüsselverlust** sind nur die Kosten eines Ersatzschlüssels, nicht etwa die Kosten eines Schloßaustausches zu ersetzen.

40   Der Versicherte kann auch nicht Schadenersatz beanspruchen für die **Zeit und Kosten,** die er individuell (z. B. Verdienstausfall) aufgewendet hat, um Ersatzgegenstände zu beschaffen oder einen Reparaturauftrag zu erteilen.

41   In beschränktem Umfang ist allerdings eine Versicherung von Vermögensfolgeschäden möglich und zwar durch Vereinbarung von Klausel 5. **(Skibruch-Versicherung)** und Klausel 6. **(Lieferfristüberschreitung).**

H. Unterversicherung

In § 9 Nr. 3 ist die Ermittlung der Entschädigung im Fall der Unterversi- **42** cherung (vgl. § 56 VVG) geregelt. Unterversicherung liegt vor, wenn der **Versicherungswert** (§ 7 Nr. 2) **höher** ist als die vereinbarte **Versicherungssumme** (§ 7 Nr. 1). Eine Unterversicherung um weniger als 10% ist unerheblich und daher unbeachtlich (LG Lübeck, NJW-RR **91**, 137).

Die Unterversicherungsregelung kommt auch dann zur Anwendung, **43** wenn der Versicherer die Vereinbarung einer höheren Versicherungssumme gar nicht anbietet oder ablehnt. Wer eine höhere Versicherungssumme anstrebt, muß entweder eine Spezialversicherung abschließen oder gegebenenfalls bei einem anderen Versicherer Deckungsschutz mit einer höheren Versicherungssumme vereinbaren (vgl. AG Hamburg, ZfS **89**, 211).

Der Entschädigungsbetrag ist zunächst nach der **Proportionalitätsregel** **44** (Verhältnis zwischen Versicherungssumme und Versicherungswert) zu ermitteln. Im Anschluß daran sind auch hier die Entschädigungsgrenzen (vgl. § 4 und § 5 Nr. 1 c) zu berücksichtigen. Die Formel lautet:

$$\text{Entschädigung} = \frac{\text{Schaden} \times \text{Versicherungssumme}}{\text{Versicherungswert}}$$

Beispiel:

Tatsächlicher Wert des Reisegepäcks	DM 12 000,–
Versicherungssumme	DM 8 000,–
Gepäckschaden	DM 6 000,–

$$X = \frac{6000 \times 8000}{12\,000} = 4000,\text{– DM} = \text{Entschädigungssumme}$$

Die zu leistende Entschädigung entspricht somit dem Verhältnis zwischen Versicherungssumme und Versicherungswert (im vorliegenden Beispiel 2:3).

Bei Schäden an **Wertgegenständen** gemäß § 4 Nr. 1 ist der aufgrund der **45** Unterversicherungsregelung ermittelte Betrag gegebenenfalls auf 50% der Versicherungssumme zu ermäßigen (vgl. oben § 4 RdNr. 5, OLG Hamm, VersR **86**, 572).

Für **Reiseandenken** gilt die Unterversicherungsregelung in § 9 Nr. 3 nicht, **46** da insoweit eine Erstrisikodeckung vorliegt (vgl. § 4 RdNr. 10/11).

Für die Bestimmung von Versicherungswert und Versicherungssumme ist **47** der jeweilige **Zeitpunkt des Schadeneintritts** entscheidend. Wurde gemäß § 1 Nr. 1 Abs. 2 in einer Police Versicherungsschutz auch für Familienangehörige vereinbart, die getrennt vom Versicherten reisen, so muß der Wert des Reisegepäcks dieser Familienangehörigen gleichfalls berücksichtigt werden, falls sie im Schadenzeitpunkt ebenfalls auf Reisen sind (vgl. § 7 RdNr. 2).

Leistungen, die der Versicherte von der **Fluggesellschaft** wegen Gepäck- **48** verlust erhält, sind im Hinblick auf § 59 I VVG und § 67 VVG bis zur Grenze des Bereicherungsverbotes (§ 55 VVG) **nicht anrechenbar** (vgl. OLG Celle, VersR **88**, 350, 351).

Der Versicherer trägt die Beweislast für die Unterversicherung, der Versi- **49** cherte ist aber nach § 10 Nr. 1 c auskunftspflichtig (vgl. *Prölss/Martin,* § 9 AVBR, Anm. 3).

50 Die gesamte Versicherungssumme steht dem Versicherungsnehmer stets pro **Versicherungsfall** zur Verfügung. Auch nach Eintritt eines Schadenfalles kann für den Rest der Versicherungszeit keine Nachprämie verlangt werden.

51 Ein Verbrauch oder eine Minderung der Versicherungssumme wie beispielsweise in der Feuerversicherung (§ 95 VVG) findet nicht statt (vgl. *Ollick,* VA 80, 294).

I. Die Versicherung des Reisegepäcks durch andere Versicherungszweige

52 Reisegepäck besteht in der Regel aus Gegenständen, die der Versicherte nicht nur während der Reise, sondern auch vorher und nachher nutzt. Auf die Eigentumslage kommt es nicht an, so daß auch geliehene Gegenstände versichertes Reisegepäck sein können (vgl. § 1 RdNr. 26 ff.).

Für die bei einer Reise mitgenommenen Gegenstände besteht daher oft anderweitig Versicherungsschutz, so daß insoweit **Doppelversicherung** (§ 59 VVG) vorliegt. In diesem Fall haften alle Versicherer gesamtschuldnerisch, sind aber untereinander zum Ausgleich verpflichtet. Der Versicherte kann nach seiner Wahl den Versicherer in Anspruch nehmen, der die für den Versicherten günstigste Regulierung vorzunehmen hat (vgl. § 9 RdNr. 3 ff.).

I. Valoren-Versicherung

53 Für einen Teil des Reisegepäcks, insbesondere für wertvollere Gegenstände, besteht oft eine Spezialversicherung, z. B. eine **Valoren-Versicherung** (Versicherung von Juwelen, Schmuck- und Pelzsachen im Privatbesitz); zu denken ist aber auch an eine Garderoben-Versicherung, Fotoapparate-Versicherung usw. Eine solche Spezialversicherung ist zu empfehlen, da die Reisegepäck-Versicherung insoweit nur beschränkten Versicherungsschutz bietet (vgl. § 4 AVBR RdNr. 4).

Wenn auch für Wertgegenstände die Reisegepäck-Versicherung ausreichenden Versicherungsschutz gewähren soll, muß die Versicherungssumme verdoppelt werden (vgl. § 4 RdNr. 8).

II. Autogepäck-Versicherung

54 Die Autogepäck-Versicherung gem. § 23 AKB a. F., die in der Praxis ohnehin keine große Bedeutung hatte, ist durch Streichung zum 01. 01. 1984 (VA 84, 162) ersatzlos entfallen.

III. Die Hausrat-Versicherung

55 Die im Jahre 1942 erstmals konzipierten „Allgemeinen Bedingungen für die Neuwert-Versicherung des Hausrats gegen Feuer-, Einbruchdiebstahl-, Beraubungs-, Leistungswasser-, Strom- und Glasbruchschäden" (VHB) sind mehrfach, zuletzt im Jahre 1984 (VA 84, 279) geändert worden.

Gemäß § 1 VHB 84 gehören zum versicherten Hausrat „alle Sachen, die **56** einem Haushalt zur Einrichtung oder zum Gebrauch oder zum Verbrauch dienen, außer dem Bargeld". Der Sachinbegriff „Gesamter Hausrat" umfaßt als Sammelbegriff alle Sachen, die den persönlichen Bedürfnissen der Haushaltsmitglieder dienen. Versichert sind alle Sachen des privaten Lebensbereichs (vgl. *Dietz*, Hausrat-Vers. 84, § 1 VHB RdNr. 1 ff.). Nach § 1 Nr. 2 AVBR gehören zum Reisegepäck „sämtliche Sachen des persönlichen Reisebedarfs". Die in der Reisegepäck-Versicherung versicherten Sachen sind somit in der Regel auch Teil des versicherten Hausrats.

Die Hausrat-Versicherung ist gemäß § 10 VHB 84 gebäudegebunden, da **57** grundsätzlich Versicherungsschutz nur „innerhalb des Versicherungsortes" besteht (vgl. OLG Köln r + s **91**, 426). Nur in beschränktem Umfang besteht auch eine Außenversicherung (§ 12 VHB 84). Diese Außenversicherung ist integrierender Bestandteil der Standarddeckung (vgl. *Dietz*, Hausrat-Vers. 84, § 12 VHB 84, RdNr. 1). Der Außenversicherungsschutz gilt für alle versicherten Gefahren, nicht jedoch für Schäden durch Vandalismus nach einem Einbruch.

Für **Sturmschäden** besteht Außenversicherungsschutz nur, wenn sich die **58** Sachen in Gebäuden befinden (§ 12 Nr. 3 VHB 84). Wird daher ein am Strand aufgespannter Sonnenschirm durch Sturm beschädigt, besteht in der Hausrat-Versicherung kein Versicherungsschutz; ebensowenig kann die Hausrat-Versicherung in Anspruch genommen werden, wenn z. B. der Hut des Versicherten durch Sturm in einen Fluß getrieben wird (vgl. *Martin*, SVR, E V 17).

Bei Raub besteht Außenversicherungsschutz nur, wenn der Raub an Per- **59** sonen begangen wird, die mit dem Versicherten in häuslicher Gemeinschaft leben (§ 12 Nr. 1 b VHB 84).

Die **Gebäudegebundenheit des Einbruchsdiebstahlrisikos** ergibt sich für die **60** Außenversicherung aus § 5 Nr. 1 VHB 84. Ein Einbruchdiebstahl liegt nur dann vor, „wenn der Dieb in einen Raum eines Gebäudes einbricht, einsteigt oder mit einem falschen Schlüssel oder anderen nicht zum ordnungsgemäßen Öffnen bestimmten Werkzeug eindringt" (§ 5 Nr. 1 a VHB 84). Wird daher als Reisegepäck mitgeführter Hausrat aus einem Kraftfahrzeug entwendet, besteht in der Hausrat-Versicherung **kein Versicherungsschutz**. Ein **Parkhaus** ist ein Gebäude i. S. von § 5 I VHB 84 (vgl. OLG Hamm, NJW-RR **91**, 1438).

Die Außenversicherung ist auf 10% der Versicherungssumme, höchstens **61** DM 15 000,– begrenzt (§ 12 Nr. 5 VHB 84).

Eine weitere Beschränkung der Außenversicherung ergibt sich noch aus **62** § 12 Nr. 1 VHB 84: Hausrat, der als Reisegepäck mitgeführt wird, ist nur „innerhalb Europas im geographischen Sinn versichert".

Nach den **VHB 74** (VA **74**, 106) besteht auch bei Reisen mit Kraftfahr- **63** zeugen innerhalb Deutschlands Versicherungsschutz gegen Einbruchdiebstahl. Die Entschädigung ist auf 2% der Versicherungssumme, höchstens DM 500,– begrenzt (§ 3 B Nr. 5 VHB 74).

J. § 9 AVBR 92

64 Der Text des § 9 Nr. 1c wurde ergänzt. Für **Filme, Bild-, Ton- und Datenträger** wird nur der Materialwert ersetzt. Mit dem Begriff „Bildträger" werden Videobänder angesprochen.

AVBR 80

§ 10 Obliegenheiten

1. Der Versicherungsnehmer hat
   a) jeden Schadenfall unverzüglich dem Versicherer anzuzeigen;
   b) Schäden nach Möglichkeit abzuwenden und zu mindern, insbesondere Ersatzansprüche gegen Dritte (z. B. Bahn, Post, Reederei, Fluggesellschaft, Gastwirt) form- und fristgerecht geltend zu machen oder auf andere Weise sicherzustellen und Weisungen des Versicherers zu beachten;
   c) alles zu tun, was zur Aufklärung des Tatbestandes dienlich sein kann. Er hat alle Belege, die den Entschädigungsanspruch nach Grund und Höhe beweisen, einzureichen, soweit ihre Beschaffung ihm billigerweise zugemutet werden kann, und auf Verlangen ein Verzeichnis über alle bei Eintritt des Schadens gemäß § 1 versicherten Sachen vorzulegen.
2. Schäden, die im Gewahrsam eines Beförderungsunternehmens oder Beherbergungsbetriebes eingetreten sind, müssen diesen unverzüglich gemeldet werden. Dem Versicherer ist hierüber eine Bescheinigung einzureichen. Bei äußerlich nicht erkennbaren Schäden ist das Beförderungsunternehmen unverzüglich nach der Entdeckung aufzufordern, den Schaden zu besichtigen und zu bescheinigen. Hierbei sind die jeweiligen Reklamationsfristen zu berücksichtigen.
3. Schäden durch strafbare Handlungen (z. B. Diebstahl, Raub, vorsätzliche Sachbeschädigung) sind außerdem unverzüglich der zuständigen Polizeidienststelle unter Einreichung einer Liste aller in Verlust geratenen Sachen anzuzeigen. Der Versicherte hat sich dies polizeilich bescheinigen zu lassen. Bei Schäden durch Verlieren (§ 2 Nr. 2 b) hat der Versicherte Nachforschungen beim Fundbüro anzustellen.
4. Verletzt der Versicherungsnehmer eine der vorstehenden Obliegenheiten, so ist der Versicherer von der Verpflichtung zur Leistung frei, es sei denn, daß die Verletzung weder auf Vorsatz noch auf grober Fahrlässigkeit beruht. Bei grobfahrlässiger Verletzung der unter den Nrn. 1 a), c), 2 und 3 bestimmten Obliegenheiten bleibt der Versicherer zur Leistung insoweit verpflichtet, als die Verletzung keinen Einfluß auf die Feststellung oder den Umfang der Entschädigungsleistung gehabt hat. Bei grobfahrlässiger Verletzung einer der unter Nr. 1 b) bestimmten Obliegenheiten bleibt der Versicherer insoweit verpflichtet, als der Umfang des Schadens auch bei gehöriger Erfüllung der Obliegenheit nicht geringer gewesen wäre. § 6 VVG bleibt unberührt.

AVBR 92

§ 10 Obliegenheiten

1. Der Versicherungsnehmer oder Versicherte hat
   a) jeden Schadenfall unverzüglich dem Versicherer anzuzeigen;
   b) Schäden nach Möglichkeit abzuwenden und zu mindern, insbesondere Ersatzansprüche gegen Dritte (z. B. Bahn, Post, Reederei, Fluggesellschaft, Gastwirt) form- und fristgerecht geltend zu machen oder auf andere Weise sicherzustellen und Weisungen des Versicherers zu beachten;

c) alles zu tun, was zur Aufklärung des Tatbestandes dienlich sein kann. Er hat alle Belege, die den Entschädigungsanspruch nach Grund und Höhe beweisen, einzureichen, soweit ihre Beschaffung ihm billigerweise zugemutet werden kann, und auf Verlangen ein Verzeichnis über alle bei Eintritt des Schadens gemäß § 1 versicherten Sachen vorzulegen.

2. Schäden, die im Gewahrsam eines Beförderungsunternehmens (einschließlich Schäden durch nicht fristgerechte Auslieferung gem. § 2 Nr. 3) oder Beherbergungsbetriebes eingetreten sind, müssen diesen unverzüglich gemeldet werden. Dem Versicherer ist hierüber eine Bescheinigung einzureichen. Bei äußerlich nicht erkennbaren Schäden ist das Beförderungsunternehmen unverzüglich nach der Entdeckung aufzufordern, den Schaden zu besichtigen und zu bescheinigen. Hierbei sind die jeweiligen Reklamationsfristen zu berücksichtigen.

3. Schäden durch strafbare Handlungen (z. B. Diebstahl, Raub, vorsätzliche Sachbeschädigung) sind außerdem unverzüglich der zuständigen Polizeidienststelle unter Einreichung einer Liste aller in Verlust geratenen Sachen anzuzeigen. Der Versicherte hat sich dies polizeilich bescheinigen zu lassen. Bei Schäden durch Verlieren (§ 2 Nr. 2 b) hat der Versicherte Nachforschungen beim Fundbüro anzustellen.

4. Verletzt der Versicherungsnehmer oder Versicherte eine der vorstehenden Obliegenheiten, so ist der Versicherer von der Verpflichtung zur Leistung frei, es sei denn, daß die Verletzung weder auf Vorsatz noch auf grober Fahrlässigkeit beruht. Bei grobfahrlässiger Verletzung der unter den Nm. 1 a), c), 2 und 3 bestimmten Obliegenheiten bleibt der Versicherer zur Leistung insoweit verpflichtet, als die Verletzung keinen Einfluß auf die Feststellung oder den Umfang der Entschädigungsleistung gehabt hat. Bei grobfahrlässiger Verletzung der unter Nr. 1 b) bestimmten Obliegenheiten bleibt der Versicherer insoweit verpflichtet, als der Umfang des Schadens auch bei gehöriger Erfüllung der Obliegenheit nicht geringer gewesen wäre, § 6 VVG bleibt unberührt.

5. Hat eine vorsätzliche Obliegenheitsverletzung Einfluß weder auf die Feststellung des Versicherungsfalles noch auf die Feststellung oder den Umfang der Entschädigung, so entfällt die Leistungsfreiheit gemäß Nr. 4, wenn die Verletzung nicht geeignet war, die Interessen des Versicherers ernsthaft zu beeinträchtigen und wenn außerdem den Versicherungsnehmer oder Versicherten kein erhebliches Verschulden trifft.

Übersicht

A. Vorbemerkung

1   § 10 enthält einen umfangreichen Katalog von **Verhaltensimperativen,** die
der Versicherte beachten muß, um seinen Leistungsanspruch gegen den
Versicherer nicht zu gefährden.
Die in § 10 Nr. 1 b) genannte Schadenabwendungs- und Schadenminderungspflicht entspricht der in § 62 VVG geregelten „**Rettungspflicht**". Diese
Pflicht, die der Versicherte nach § 63 VVG auf Kosten des Versicherers zu
erfüllen hat (vgl. *Prölss/Martin,* § 62 VVG, Anm. 1 A), beginnt mit dem Versicherungsfall, sie erstreckt sich in besonderen Fällen auch auf den Zeitraum, in dem der Versicherungsfall unmittelbar bevorsteht (vgl. *Prölss/Mar-
tin,* § 62 VVG, 1 A). Im übrigen handelt es sich in § 10 um **Obliegenheiten,**
die **nach** Eintritt des Versicherungsfalles zu erfüllen sind.

B. Obliegenheiten

2   Dem Versicherten werden durch Gesetz oder Vertrag (AVB) bestimmte
Verhaltenspflichten auferlegt, deren Verletzung zur Leistungsfreiheit oder
Leistungsbegrenzung des Versicherers führt. Schwierigkeiten bereitet daher
oft die Abgrenzung zwischen Leistungsfreiheit wegen Obliegenheitsverletzung einerseits und sonstigen Risikobegrenzungen und Entschädigungsvor-
aussetzungen andererseits (vgl. *Prölss/Martin,* § 6 VVG, Anm. 3 m. w. N.).

I. Der Begriff der Obliegenheit

3   Obliegenheiten sind nach herrschender Meinung **Voraussetzungen** für die
Erhaltung des Anspruchs aus dem Versicherungsvertrag und keine in irgend
einer Art erzwingbaren Verbindlichkeiten, deren Nichterfüllung zu einer
Schadenersatzpflicht führen könnte (vgl. BGH, VersR **72**, 575; OLG Nürnberg, VersR **79**, 561; *Prölss/Martin,* § 6 VVG, Anm. 4 m. w. N; oben § 1
RdNr. 112 ff.). Es besteht lediglich die **Sanktion der Leistungsfreiheit** des Versicherers.

4   Diese Voraussetzungen haben keinen unmittelbaren Erfüllungsschuldner,
sie können daher auch von jedem Dritten erfüllt werden; andererseits ist
nur eine Obliegenheitsverletzung relevant, die vom Versicherten selbst oder
von einer Person begangen wird, deren Verhalten dem Versicherten zuzurechnen ist (vgl. BGH, VersR **67**, 50 m. w. N; *Prölss/Martin,* § 6 VVG,
Anm. 4 m. w. N.).

5   Die einzige (Haupt-)Pflicht des Versicherungsnehmers besteht gemäß § 1
Abs. 2 VVG darin, die vereinbarte Prämie zu bezahlen; alle anderen Pflichten aus dem Vertrag sind somit **(Neben-)Pflichten,** deren Nichtbeachtung –
verkürzt ausgedrückt – als Obliegenheitsverletzung anzusehen ist (vgl.
Schirmer in r + s **90**, 217 ff.).

6   Ob eine („verhüllte") **Obliegenheit** oder ein **Risikoausschluß** vorliegt,
bestimmt sich nach dem **materiellen Inhalt** der Versicherungsbedingung und
nicht nach ihrer äußeren Erscheinung (vgl. BGH, VersR **69**, 507; BGH,

VersR **72**, 575; BGH, VersR **83**, 573; BGH, VersR **85**, 854, oben § 1 RdNr. 112 ff.).

Eine Obliegenheit ist in der Regel dann anzunehmen, wenn dem Versi- 7 cherten ein bestimmtes **Verhalten** auferlegt wird, welches der Vorbeugung oder Minderung einer versicherten Gefahr oder des bereits eingetretenen Schadens dient (vgl. § 1 RdNr. 119).

Das **Kündigungserfordernis** bei Obliegenheitsverletzungen vor Eintritt des Versicherungsfalles hat in der Reisegepäck-Versicherung keine große Bedeutung, da überwiegend kurzfristige Verträge abgeschlossen werden, so daß das versicherte Interesse in der Regel weggefallen ist, wenn der Versicherer von der Obliegenheitsverletzung Kenntnis erhält (vgl. § 1 RdNr. 127).

1. Obliegenheiten vor Eintritt des Versicherungsfalles

Die **Beaufsichtigungsklausel** und die **Kofferraumklausel** (§ 5 Nr. 1 AVBR) 8 sind – verhüllte – Obliegenheiten, die vom Versicherten ein vorbeugendes, sicherndes Verhalten verlangen (vgl. § 5 RdNr. 7). Es handelt sich um Obliegenheiten, die **vor** Eintritt des Versicherungsfalles zu erfüllen sind. Die Rechtsfolgen von Obliegenheitsverletzungen vor Eintritt des Versicherungsfalles sind in § 6 Abs. 1 VVG geregelt:
Leistungsfreiheit besteht,
– wenn objektiv eine Obliegenheitsverletzung vorliegt,
– wenn der Versicherte den Verschuldensgegenbeweis (Maßstab: einfache Fahrlässigkeit!) nicht führt,
– wenn der Versicherte den Kausalitätsgegenbeweis nicht führt,
– wenn der Versicherer den Vertrag binnen Monatsfrist seit Kenntnis der Obliegenheitsverletzung **kündigt**.

2. Obliegenheitsverletzung nach Eintritt des Versicherungsfalles

Für Obliegenheitsverletzungen nach Eintritt des Versicherungsfalles gilt 9 § 6 Abs. 3 VVG:
– **Vorsätzliche** Obliegenheitsverletzung führt zur Leistungsfreiheit.
– **Grob fahrlässige** Obliegenheitsverletzung führt zur Leistungsfreiheit bei Kausalität.
– **Einfache Fahrlässigkeit** bleibt folgenlos.
Die **Rechtsfolgen** von Obliegenheitsverletzungen nach Eintritt des Versicherungsfalles ergeben sich aus § 10 Nr. 4 AVBR, der ausdrücklich auf § 6 VVG verweist.

3. „Verhüllte" Obliegenheiten

Eine „verhüllte" Obliegenheit liegt dann vor, wenn einem Versicherten in 10 der Formulierung eines Risikoausschlusses ein bestimmtes **Verhalten** als Voraussetzung für den Versicherungsschutz aufgegeben wird. Entscheidendes Kriterium für die rechtliche Zuordnung einer Klausel als „verhüllte" Obliegenheit oder Risikoausschluß ist ihr **materieller Inhalt**, nicht ihre äußere

Erscheinungsform (vgl. BGH, VersR **80**, 153; BGH, VersR **81**, 186; BGH, VersR **82**, 572; BGH, VersR **85**, 854; vgl. im einzelnen § 1 RdNr. 114 ff.). Instruktiv hierzu ist die Entscheidung des BGH (VersR **85**, 854 zu § 5 Nr. 1 d AVBR). Obgleich die Formulierung „nicht versichert sind" einen Risikoausschluß aussagt und beabsichtigt, hat der BGH die Vorschrift, ein Kraftfahrzeug nicht unbeaufsichtigt abzustellen, als verhüllte Obliegenheit gewertet (BGH, VersR **85**, 854, 855).

II. Haftung für Dritte

11 Eine Zurechnung des Verhaltens Dritter ergibt sich weder aus dem Versicherungsvertragsgesetz noch aus den AVBR, da dort immer nur die Rede von einem Fehlverhalten des „Versicherungsnehmers" ist (z. B. §§ 6, 23 ff., 61, 62 VVG; §§ 1, 5, 8, 10, 11 AVBR 80; in §§ 10, 11 AVBR 92 wird das Verhalten des Versicherten dem des Versicherungsnehmers gleichgestellt).

Die **teleologische Auslegung** des Versicherungsvertragsgesetzes und der Versicherungsbedingungen verlangen jedoch aus Gründen der **Prämiengerechtigkeit** die Zurechnung des Verhaltens Dritter in bestimmten Grenzen (vgl. *Martin*, SVR, O II 18). Der Versicherte soll sich seiner Verantwortung nicht dadurch entziehen, daß er die Erfüllung der Obliegenheiten einem anderen überläßt; dies muß insbesondere dann gelten, wenn ein zwingendes Bedürfnis der Verlagerung der Obliegenheiten auf einen Dritten nicht besteht (vgl. *Stiefel/Hofmann*, § 2 AKB RdNr. 54). Aus **Billigkeitsgründen** darf es dem Versicherungsnehmer nicht überlassen bleiben, die Lage des Versicherers dadurch zu verschlechtern, daß er versicherte Sachen einem Dritten überläßt, für dessen Fehlverhalten der Versicherer dann uneingeschränkt einzustehen hätte (vgl. ausführlich § 1 AVBR RdNr. 133 ff.; BGH, VersR **89**, 737).

1. Auswahlverschulden

12 Wenn der Versicherte einem Dritten die Risikoverwaltung überträgt, der erkennbar ungeeignet ist, so liegt ein eigenes Verschulden des Versicherten vor, das nach §§ 61, 6 Abs. 2, 62, 23 ff. VVG zu berücksichtigen ist (vgl. *Martin*, SVR, O II 15). Der Versicherte muß die Personen, denen er die Einwirkung auf versicherte Sachen ermöglicht, in zumutbarem Umfang sorgfältig auswählen und überwachen (vgl. *Martin*, a. a. O.).

Beauftragt ein Versicherungsnehmer eine Zufallsbekanntschaft mit der Beaufsichtigung des Reisegepäcks, so liegt darin ein eigenes grob fahrlässiges Verhalten des Versicherungsnehmers, welches ihm nach Maßgabe der §§ 61, 6 Abs. 2 VVG zuzurechnen ist (vgl. § 11 RdNr. 52, 57).

2. Repräsentanten

13 Ausgehend von dem Grundsatz, daß Obliegenheiten keine vertraglichen Pflichten, sondern nur **Voraussetzungen** für den Anspruch auf die Versicherungsleistung sind, kommt auch eine Anwendung von § 278 BGB im Bereich der Obliegenheitsverletzung nicht in Betracht (vgl. BGH, VersR **77**,

990; OLG Köln, VersR **69**, 939; OLG Hamm, VersR **82**, 966; *Prölss/Martin*, § 6 VVG, Anm. 7 m. w. N., vgl. im übrigen § 1 RdNr. 128 ff.).

Nur dann, wenn ein Dritter als Repräsentant des Versicherungsnehmers **14** anzusehen ist, wird dessen Verhalten dem Versicherungsnehmer im Rahmen der Obliegenheiten zugerechnet (vgl. oben § 1 RdNr. 128 ff.).

Repräsentant ist derjenige, der „in den Geschäftsbereich, zu dem das ver- **15** sicherte Risiko gehört, aufgrund eines Vertretungs- oder ähnlichen Verhältnisses an die Stelle des Versicherungsnehmers getreten und befugt ist, selbständig in einem gewissen Umfang für diesen zu handeln und auch dessen Rechte und Pflichten als Versicherungsnehmer wahrzunehmen" (vgl. RGZ **83**, 43; BGH, VersR **86**, 697 m. w. N.; BGH, VersR **89**, 737 m. w. N.; *Prölss/ Martin*, § 6 VVG, Anm. 8 B m. w. N.; § 1 RdNr. 130 m. w. N.).

3. Wissensvertreter

Der **Wissensvertreter** steht dem Repräsentanten gleich, wenn er von dem **16** Versicherten damit betraut worden ist, rechtserhebliche Tatsachen anstelle des Versicherten zur Kenntnis zu nehmen (vgl. *Prölss/Martin*, § 6 VVG, Anm. 8 C m. w. N.; *Stiefel/Hofmann*, § 2 AKB, RdNr. 58; BGH, NJW **82**, 1585).

Der vom Versicherungsnehmer mit der Geltendmachung der Leistungsansprüche aus dem Versicherungsvertrag beauftragte **Rechtsanwalt** ist Wissensvertreter des Versicherungsnehmers, wenn der Versicherer in der Korrespondenz bestimmte Auskünfte oder Belege verlangt und der Anwalt diesem Verlangen nicht entspricht. Schuldhaftes Verhalten des beauftragten Rechtsanwalts ist dem Versicherungsnehmer im Rahmen von § 6 Abs. 3 VVG zuzurechnen (vgl. *Martin*, SVR, O II 7).

4. Wissenserklärungsvertreter

Der **Wissenserklärungsvertreter** ist nicht Repräsentant, da er in dem **17** Geschäftsbereich des versicherten Risikos nicht an die Stelle des Versicherten getreten ist, er wird jedoch dem Repräsentanten gleichgesetzt. Es handelt sich also nicht um einen Anwendungsfall der Repräsentantenhaftung, sondern um einen selbständigen Zurechnungsgrund durch analoge Anwendung von § 166 Abs. 1 BGB (vgl. *Prölss/Martin*, § 6 VVG Anm. 8 A; *Stiefel/ Hofmann*, § 2 AKB, RdNr. 19 m. w. N.; OLG Köln, VersR **86**, 572).

Der Versicherte haftet für das Verhalten und Verschulden des Wissenserklärungsvertreters, den er dem Versicherer gegenüber zu seinem Vertreter bestellt hat, insbesondere für die Angaben derjenigen Personen, die er mit der Erstattung von Auskünften betraut hat (vgl. *Prölss/Martin*, a. a. O; OLG Köln, a. a. O.).

Läßt der Versicherte eine Schadenanzeige von seiner **Ehefrau** aus deren **18** eigenem Wissen erstatten und unterzeichnet er diese, ohne den Inhalt nachzuprüfen, so ist die Ehefrau Wissenserklärungsvertreterin, für deren wahrheitswidrige Angaben der Versicherte einzustehen hat (vgl. OLG Stuttgart, VersR **79**, 366; *Stiefel/Hofmann*, § 2 AKB, RdNr. 64). Ebenso wird der Versicherer leistungsfrei, wenn der Versicherte die Verhandlungen mit dem

Versicherer einem versicherten **Reisebegleiter** überläßt, der die Frage nach Vorschäden wider besseres Wissen verneint (vgl. OLG Köln, VersR **86,** 572).

5. Obhutsvertreter

19   Der Obhutsvertreter ist **nicht Repräsentant,** da die bloße Überlassung der Obhut über das versicherte Reisegepäck nicht ausreicht, um ein Repräsentantenverhältnis zu begründen (vgl. BGH, VersR **81,** 822; BGH, VersR **89,** 737).

20   Die Rechtsprechung zur Repräsentanteneigenschaft von Ehegatten in der Hausrat-Versicherung kann nur bedingt herangezogen werden, da ein Ehegatte bei einer gemeinsamen Wohnung auch in der Regel die gemeinsame Gefahrverwaltung mit dem Versicherungsnehmer übernimmt (vgl. *Martin,* SVR, O II 53; OLG München, VersR **86,** 585; OLG Frankfurt, VersR **83,** 868).

21   **Obhutsvertreter** sind zunächst die in § 2 Nr. 1 AVBR genannten vier „reiseamtlichen" Institutionen: **Beförderungsunternehmen, Beherbergungsbetrieb, Gepäckträger, Gepäckaufbewahrung.**
Hier besteht **Allgefahrendeckung** (vgl. § 2 RdNr. 14 ff.).

22   Überläßt der Versicherungsnehmer die Obhut des versicherten Reisegepäcks nicht den in § 2 Nr. 1 AVBR genannten Unternehmen, so muß es sich um eine „**beauftragte Vertrauensperson**" (vgl. § 1 RdNr. 128 ff.) handeln.
Verletzt die beauftragte Vertrauensperson schuldhaft die ihr übertragenen Obhutspflichten, so hat der Versicherungsnehmer hierfür in gleicher Weise einzustehen wie für das Fehlverhalten eines Repräsentanten (vgl. § 1 RdNr. 149 ff.).
Es würde der Interessenlage der Versichertengemeinschaft und des Vertragszwecks widersprechen, wenn der Versicherungsnehmer sich dadurch seinen Obhutspflichten entledigen könnte, daß er diese Dritten überträgt (vgl. § 1 RdNr. 149 ff.).

23   Verletzt daher die mitreisende **Ehefrau** ihre Obhutspflichten bezüglich des gemeinsamen Reisegepäcks, so ist ihr Fehlverhalten auch dem Ehemann zuzurechnen. Im Ergebnis zutreffend sind daher die Entscheidungen des LG München I (VersR **77,** 828) und des OLG Hamburg (VersR **90,** 736), die in Verkennung des Repräsentantenbegriffs die Ehefrau als Repräsentantin des Ehemannes angesehen haben. Auch der mitreisende **Bruder** (vgl. AG Stadthagen, r + s **87,** 324) und die **Reisebegleiterin** (vgl. LG Nürnberg-Fürth, VersR **91,** 224) sind nicht Repräsentanten, sondern **beauftragte Vertrauenspersonen,** deren Verletzung der Obhutspflicht zur Leistungsfreiheit des Versicherers führt.

C. Der Versicherungsfall

24   Der Eintritt des Versicherungsfalles ist Voraussetzung für die Leistung des Versicherers. Tritt während der Versicherungsperiode kein Versicherungsfall ein, verbleibt es bei der abstrakten Risikotragung durch den Versicherer als Gegenleistung für die gezahlte Prämie.

I. Definition des Versicherungsfalles

Der Versicherungsfall ist das **Ereignis,** das die Leistungspflicht des Versi- 25
cherers begründet (vgl. *Prölss/Martin,* § 1 VVG, Anm. 3; § 13 AVBR
RdNr. 3–5).

Der Eintritt des Schadens gehört nicht mehr zum Versicherungsfall, er ist 26
nur Bedingung der Leistungspflicht des Versicherers (vgl. § 13 RdNr. 3 ff.).
Nach § 7 I 1 AKB ist der Versicherungsfall „das Ereignis, das einen unter
die Versicherung fallenden Schaden verursacht". Diese Definition des Versicherungsfalles hat für alle Sparten Gültigkeit (vgl. *Stiefel/Hofmann,* § 2
AKB, RdNr. 4).

Diese – frühe – Zeitbestimmung für den Versicherungsfall ist nicht nur 27
bedeutsam für die Frage, ob der Versicherungsfall während der Geltungs-
dauer des Vertrages eingetreten ist; die **„Rettungspflicht"** (§ 62 VVG)
beginnt mit dem Versicherungsfall, so daß der Versicherer leistungsfrei
wird, wenn der Versicherte es schuldhaft unterlassen hat, den Schadeneintritt abzuwenden (vgl. *Prölss/Martin,* § 62 VVG, Anm. 1 A m. w. N.).

Beispiel: Die Einwirkung von Sturm oder Regen auf Reisegepäck ist 28
bereits ein „Versicherungsfall"; die Pflicht des Versicherten, „Schäden nach
Möglichkeit abzuwenden und zu mindern" (§ 10 Nr. 1 b), beginnt zeitlich
mit dem Eintritt der versicherten Gefahr und nicht erst dann, wenn bereits
ein Schaden durch Einwirkung von Regen oder Sturm eingetreten ist.

II. Der Beweis für den Eintritt des Versicherungsfalles

Der Versicherte, der eine Leistung aus dem Versicherungsvertrag bean- 29
sprucht, muß den Eintritt des Versicherungsfalles dem Grunde und der
Höhe nach schlüssig dartun und **beweisen.** Der Versicherte muß auch beweisen, daß der Versicherungsfall während der Dauer des Versicherungsvertrages eingetreten ist (vgl. *Prölss/Martin,* § 49 VVG, Anm. 3 m. w. N.).

1. Außergerichtliche Beweisführung

Grenzen und Inhalt der außergerichtlichen Beweisführung ergeben sich 30
aus § 10 Nr. 1 c AVBR. Der Versicherte hat alle **(Original-)** Belege beizubrin-
gen, „die den Entschädigungsanspruch nach Grund und Höhe beweisen".
Die Anzeige- und Aufklärungspflicht beinhaltet auch, daß der Versicherte
Schadenformulare so vollständig wie möglich ausfüllt (vgl. § 10
RdNr. 62 ff.).

2. Gerichtliche Beweisführung

Der Eintritt des Versicherungsfalles ist eine **anspruchsbegründende Behaup-** 31
tung, die der Versicherte beweisen muß (vgl. BGH, VersR 77, 610; *Prölss/
Martin,* § 49 VVG, Anm. 3 m. w. N.).
In der Reisegepäck-Versicherung ergeben sich aus der Beweispflicht des
Versicherten oft unüberwindliche Schwierigkeiten, insbesondere beim
Diebstahl, dem häufigsten Schadenfall in der Reisegepäck-Versicherung.

139

Die Problematik ergibt sich daraus, daß Lebensvorgänge bewiesen werden müssen, die sich entweder ohne Augenzeugen abgespielt haben oder sonst ihrer Natur nach nur schwer beweisbar sind. Der Versicherte ist dann in der schwierigen Situation, daß ihm die üblichen Beweismittel (Zeugen, Urkundenbeweis usw.) nicht zur Verfügung stehen, insbesondere dann, wenn der Diebstahl von versichertem Reisegepäck ohne Hinterlassung von Spuren erfolgt.

32   Wird beispielsweise Reisegepäck aus dem Eisenbahnabteil entwendet, während der Versicherte sich im Speisewagen oder auf der Toilette befindet, fehlt es ebenso an Diebstahlspuren, wie beim Diebstahl von Reisegepäck aus einem Kofferraum eines Fahrzeuges mit einem Nachschlüssel.

33   Dieser **Beweisnot**, die insbesondere in der Fahrzeug-Versicherung, Hausrat-Versicherung und Reisegepäck-Versicherung besteht, wird in Rechtsprechung und Rechtslehre durch Beweiserleichterungen Rechnung getragen, die sich zunächst an den Regeln des Anscheinsbeweises orientierten (vgl. *Prölss/Martin*, § 49 VVG, Anm. 3 A b m. w. N.).

a) Der Beweis des äußeren Bildes

34   Da das Bedürfnis nach Beweiserleichterungen auch in den Fällen besteht, in denen in Ermangelung eines typischen Geschehensablaufes die Regeln des Anscheinsbeweises nicht herangezogen werden können, hat der BGH im Wege der Vertragsauslegung weitere Beweiserleichterungen aufgrund der materiellen Risikoverteilung entwickelt: Der Versicherte erbringt den ihm obliegenden Beweis für den Eintritt des Versicherungsfalles durch den Nachweis eines Sachverhaltes, der nach der Lebenserfahrung mit hinreichender Wahrscheinlichkeit das **äußere Bild** eines Versicherungsfalles erschließen läßt (vgl. BGH, VersR **84**, 29; **85**, 559; **87**, 61; **87**, 801; OLG Hamm, r + s **89**, 392; OLG Hamm, VersR **89**, 625; *Hoegen*, VersR **87**, 221 ff.; *Bach*, VersR **89**, 982).

35   Wenn der Versicherte die erleichterte Beweisanforderung erfüllt hat, muß der Versicherer die naheliegende Möglichkeit der Vortäuschung des Versicherungsfalles beweisen und Tatsachen vortragen, die eine **erhebliche Wahrscheinlichkeit** dafür begründen, daß der Versicherungsfall vorgetäuscht ist (vgl. BGH a. a. O; OLG Hamburg a. a. O.; *Hoegen* a. a. O.; *Bach* a. a. O.).

36   Der entscheidende Nachteil dieses **Zweistufenmodells** liegt darin, daß die zur Verfügung gestellten Beweiserleichterungen auch dem unredlichen Versicherten zugute kommen, zumal die Beweislasten ungleich verteilt werden: Der Versicherte muß lediglich mit „hinreichender Wahrscheinlichkeit" den Eintritt des Versicherungsfalles beweisen, während der Versicherer den so geführten Nachweis nur entkräften kann, wenn er mit „erheblicher Wahrscheinlichkeit" ein unredliches Verhalten des Versicherungsnehmers beweist (vgl. *Bach*, VersR **89**, 985). Für den Gegenbeweis fordert der BGH (VersR **84**, 29) die Feststellung konkreter Tatsachen, welche die Annahme einer Vortäuschung des Versicherungsfalles mit erheblicher Wahrscheinlichkeit nahelegen.

Auch der Versuch von **Martin** (*Prölss/Martin,* § 49 VVG, Anm. 3 A c), die **37** Begriffe der „hinreichenden" oder „erheblichen" Wahrscheinlichkeit mit Prozentsätzen zu definieren, erweist sich in der Praxis als unbrauchbar, da lediglich mathematische Scheinkategorien geschaffen werden (vgl. *Bach,* VersR **89**, 984).

b) Parteivernehmung gem. § 448 ZPO

Eine Parteivernehmung gemäß § 448 ZPO ist nur in Ausnahmefällen **38** zulässig, wenn bereits eine **erhebliche Wahrscheinlichkeit** für die Richtigkeit des klägerischen Sachvortrages besteht (vgl. LG Köln, VersR **84**, 1169); wo nichts bewiesen ist, verstößt eine Parteivernehmung gegen den Beibringungsgrundsatz und ist daher unzulässig (vgl. BGH, VersR **80**, 229; *Baumbach/Lauterbach,* § 448 ZPO Anm. 1 m. w. N.; *van Bühren,* Versicherungsrecht, S. 86 m. w. N.).

Nur dann, wenn bereits eine gewisse Wahrscheinlichkeit für den Eintritt **39** des Versicherungsfalles besteht und wenn keine Zweifel an der Glaubwürdigkeit und Redlichkeit des Versicherten bestehen, kann **ausnahmsweise** eine Parteivernehmung gemäß § 448 ZPO zum Eintritt des Versicherungsfalles und zur Schadenhöhe in Betracht kommen (vgl. BGH, VersR **80**, 229; OLG Köln, r + s **91**, 156; OLG Hamm, VersR **91**, 687).

Voraussetzung bleibt, daß die beweisbelastete Partei, den „unerläßlichen Anfangsbeweis" geführt" hat (vgl. BGH in VersR **91**, 918 = NJW-RR **91**, 984).

c) Der bona-fides-Beweis (Redlichkeitsbeweis)

Die Regulierungspraxis und die Rechtsprechung der Instanzgerichte ver- **40** wenden überwiegend den zur Reisegepäck-Versicherung entwickelten **bona-fides-Beweis** (vgl. OLG Frankfurt, ZfS **84**, 87; OLG Hamburg, VersR **84**, 1063; LG München I, VersR **84**, 1189; LG München, VersR **87**, 95; LG Hamburg, VersR **86**, 179).

Die Frage, welche Anforderungen an die Beweisführung durch den Ver- **41** sicherten gestellt werden, taucht insbesondere dann auf, wenn der Verdacht besteht, daß der behauptete Versicherungsfall vorgetäuscht worden ist.

Es gibt keinen anderen Zweig der Versicherungswirtschaft, der einen sol- **42** chen Anreiz zum Versicherungsbetrug bietet wie dies bei der Reisegepäck-Versicherung ist (vgl. OLG Köln, VersR **71**, 540, *König,* S. 35 ff.).

In den meisten veröffentlichten Entscheidungen zur Reisegepäck-Versi- **43** cherung spielt daher der ausdrücklich oder konkludent geäußerte Verdacht, der Schaden sei fingiert, eine entscheidende Rolle (vgl. *van Bühren,* Dissertation, S. 124 ff.).

Im Vordergrund der Überlegungen, welche Anforderungen an die **44** Beweisführung des Versicherten zu stellen sind, stehen die **Redlichkeit** des Versicherungsnehmers und die Richtigkeit seiner Angaben. Die wegen der materiellen Risikoverteilung dem Versicherungsnehmer zugebilligten Beweiserleichterungen werden mit dem das gesamte Versicherungsrecht beherrschenden Grundsatz der Redlichkeit, der „bona-fides" begründet (vgl. *Eichler/Finke*, S. 26; RGZ 153, 135; BGH, VersR **75**, 845; BGH, VersR **87**, 610, BGH, VersR **87**, 61; OLG Hamm, VersR **84**, 573; OLG Hamm, VersR **85**, 382; OLG Hamm, VersR **85**, 387).

45 Es bietet sich daher an, die Beweisführung für den Eintritt des Versicherungsfalles nach dem Grundsatz der „bona-fides" zu bezeichnen (vgl. im einzelnen *van Bühren*, Dissertation, S. 151 ff.). Der bona-fides Beweis (Redlichkeitsbeweis) ist dem Anscheinsbeweis ähnlich, aber nicht mit ihm identisch. Die Regeln des Anscheinsbeweises sind schon deshalb oft nicht anwendbar, weil es keinen typischen Geschehensablauf gibt, daß bei einer Reise Gepäck abhandenkommt oder beschädigt wird.

46 Der **bona-fides-Beweis (Redlichkeitsbeweis),** der die besondere, auf gegenseitigem Vertrauen beruhende Interessenlage zwischen Versicherer und Versichertem berücksichtigt, ist ebenso wie der Prima-facie-Beweis dogmatisch in den Bereich der Beweiswürdigung gemäß § 286 ZPO einzuordnen:
1. Der Versicherte genügt seiner Beweislast für den Versicherungsfall, wenn er einen äußeren Sachverhalt dartut, aus dem sich der Eintritt des Versicherungsfalles ergibt. Er braucht nur die Umstände – voll – zu beweisen, die üblicherweise bewiesen werden können (z. B. die Tatsache der Reise durch Vorlage einer Fahrkarte oder einer Hotelrechnung).
Die **Redlichkeit** des Versicherten und seiner Angaben über den Versicherungsfall wird **vermutet.**
2. Wenn der Versicherer **Umstände** beweist, aus denen sich die **Unredlichkeit** des Versicherten oder seiner Angaben ergibt, ist die zugunsten des Versicherten bestehende **Vermutung der Redlichkeit erschüttert.** Der Versicherte ist dann nach den allgemeinen Regeln in vollem Umfang für den Eintritt des Versicherungsfalles beweispflichtig (vgl. LG Hamburg, VersR **86**, 179).

47 Eine **Erschütterung der Redlichkeitsvermutung** liegt z. B. vor,
– wenn der Versicherte bereits in Schadenfälle mit **betrügerischem Hintergrund** verwickelt war (vgl. OLG Köln, VersR **74**, 563),
– wenn der Versicherte bei den **Schadenbelegen manipuliert** hat (vgl. OLG Düsseldorf, VersR **77**, 661; OLG Hamm, VersR **85**, 382; LG Stuttgart, VersR **80**, 232; LG Köln, VersR **83**, 1027; LG Berlin, VersR **86**, 544),
– wenn der Versicherte **falsche Angaben** über **Vorschäden** und **Tatzeit** gemacht hat (vgl. OLG Düsseldorf, VersR **78**, 830; OLG Frankfurt, VersR **78**, 833; OLG Hamm, VersR **81**, 176; OLG Hamm, VersR **85**, 387),
– wenn die angeblich gestohlenen Sachen **vom Umfang her** nicht in den angeblich gestohlenen Koffer passen konnten (vgl. OLG Düsseldorf, VersR **77**, 908) oder nicht in den Kofferraum des benutzten Fahrzeugs (LG Kleve, A II Redlichkeitsbeweis 6),
– wenn der Versicherte **falsche Angaben** zur Schadenhöhe gemacht hat (vgl. OLG Hamm, VersR **81**, 176),
– wenn der Versicherte **widersprüchliche Angaben** zur Schadenhöhe

und zum Schadenhergang gemacht hat (vgl. OLG München, VersR
84, 733, LG Stuttgart, VersR 80, 232; LG Hamburg, VersR 86, 179),
– wenn der Versicherte kurz vor dem Schadenfall die **eidesstattliche
Versicherung** abgegeben hat, gleichwohl aber neuwertiges Reisegepäck zum Wert von DM 14 000,– gekauft haben will, ohne dies
belegen zu können (vgl. LG Köln, r + s 77, 211),
– wenn der Versicherte mehrere Jahre hindurch **regelmäßig Gepäckschäden** erlitten und diese bei verschiedenen Versicherern angemeldet hat (vgl. OLG Hamm, VersR 84, 1063; OLG Hamm, VersR 85,
387; OLG Hamburg, VersR 84, 1063; LG München, VersR 84,
1189),
– wenn auf der gleichen Flug-Reise dem Versicherten und seinen beiden Reisebegleitern Reisegepäck abhandengekommen sein soll, da
dieses den **statistischen Rahmen** sprengt (vgl. LG München I, VersR
87, 95; die Berufung gegen dieses Urteil wurde zurückgenommen),
– wenn die Darstellung des Versicherungsfalles in sich **unwahrscheinlich** ist (vgl. OLG Hamm, VersR 85, 387),
– wenn der Versicherte für **keinen** der gestohlenen Gegenstände
Anschaffungsbelege beibringen kann, obgleich alle Sachen fast neuwertig gewesen sein sollen (vgl. LG München, VersR 86, 781),
– wenn der Versicherte wegen mehrerer Vermögensdelikte **vorbestraft**
ist (vgl. OLG Hamm, VersR 84, 727; OLG Frankfurt, Zfs 84, 87),
– wenn die Angaben gegenüber der Polizei einerseits und dem Versicherer andererseits so **widersprüchlich** sind, daß eine der Darstel-
lungen unzutreffend sein muß (AG Hamburg, VersR 89, 743).

D. Anzeigepflicht (§ 10 Nr. 1 a)

Die Verpflichtung des Versicherungsnehmers, „jeden Schadenfall unver- **48**
züglich dem Versicherer anzuzeigen" entspricht der Regelung in § 33 VVG.

Eine Schadenanzeige ist in der Regel noch ohne schuldhaftes Zögern **49**
(**unverzüglich**) erfolgt, wenn sie unmittelbar nach der Rückkehr von der
Reise erfolgt. Es ist zwar keine Form für die Schadenanzeige vorgeschrieben; wegen der möglichen Nachweisschwierigkeiten ist es in besonderen
Fällen zweckmäßig, die Schadenanzeige durch eingeschriebenen Brief zu
übersenden.

Bei **größeren Schadenbeträgen** muß der Versicherte gegebenenfalls auch **50**
vom **Urlaubsort aus** den Versicherer von dem eingetretenen Schaden unterrichten. Dies ist insbesondere dann erforderlich, wenn Weisungen des Versicherers gemäß § 10 Nr. 1 b zu erwarten und zu berücksichtigen sind. Hier
kann es sogar erforderlich sein, daß der Versicherte **telefonisch** oder **telegra-
fisch** den Schaden melden und dem Versicherer Gelegenheit geben muß,
Weisungen zu erteilen.

Auch der **Inhalt der Schadenanzeige** richtet sich nach den Umständen des **51**
Einzelfalles. In jedem Falle muß die Mitteilung Zeit und Ort sowie den
Ablauf des Schadenereignisses enthalten, soweit dieser dem Versicherten

bekannt ist. Weiß der Versicherte keine Einzelheiten über den Schadenhergang, so genügt es, wenn er den Schadeneintritt als solches mitteilt.

52 Die Schadenanzeige muß so **vollständig** wie möglich sein, um dem Versicherer die Bearbeitung und die sachgemäße Entscheidung über die Abwicklung des Versicherungsfalles zu ermöglichen (vgl. BGH, VersR **79**, 176, LG
Köln, r + s **86**, 49).

53 Der Versicherte ist grundsätzlich verpflichtet, **Schadenformulare** auszufül-
len und die Richtigkeit der gemachten Angaben durch seine Unterschrift zu
bestätigen. Zur Anzeigepflicht gehört auch die Übersendung von **Original-
Belegen**, um einmal die Inanspruchnahme mehrerer Versicherer für den selben Schaden zu verhindern; im übrigen ist es bei dem heutigen Stand der
Fotokopiertechnik ohne weiteres möglich, unrichtige Schadenbelege „herzustellen".

E. Die Schadenminderungspflicht (§ 10 Nr. 1 b)

54 Die Schadenabwendungs- und Schadenminderungspflicht (§ 62 VVG)
beinhaltet, daß der Versicherte sich so verhalten muß, wie wenn er nicht
versichert wäre und einen eventuell eintretenden **Schaden selbst tragen müßte**
(vgl. RGZ 112, 382; OLG Nürnberg, VersR **65**, 175, OLG Hamburg,
VersR **84**, 1088; *Prölss/Martin*, § 62 VVG, Anm. 2 m. w. N.).

55 Maßstab für die Sorgfaltspflichten des Versicherten ist das Verhalten
eines **umsichtigen** Reisenden, der nicht versichert ist; die Grenze für das
Verhalten des Versicherten liegt bei der **Zumutbarkeit** (vgl. *Prölss/Martin*,
§ 62 VVG, Anm. 2; *Ollick*, VA **80**, 294).

56 Die Schadenminderungspflicht (§ 254 BGB) bezieht sich zunächst auf
den **Tatbestand**, der den Entschädigungsanspruch auslöst; in zweiter Linie
richtet sich die Schadenminderungspflicht des Versicherten auf die **Bela-
stung** des Versicherer durch die Entschädigung (vgl. *Prölss/Martin*, § 62
VVG, Anm. 2 m. w. N.).

57 Der Versicherte ist verpflichtet, den entstehenden Schaden möglichst
gering zu halten und eine Ausweitung des bereits entstandenen Schadens zu
verhindern. Zu den Minderungspflichten bezüglich des eingetretenen Schadens gehört insbesondere die **Aufrechterhaltung eventueller Ersatzansprüche**
gegen Dritte, die gemäß § 67 VVG auf den Reisegepäck-Versicherer über-
gehen. Der Versicherte ist gehalten, diese Ansprüche gegen Dritte form-
und fristgerecht geltend zu machen oder zumindest sicherzustellen, insbesondere eventuelle Ausschlußfristen für mögliche Regresse zu wahren.
Wird das Gewicht eines Gepäckstücks bei der Verlustmeldung an die Fluggesellschaft wissentlich um 6 kg zu niedrig angegeben, verliert der Versicherte den Versicherungsschutz (LG Göttingen VersR **91**, 420).

58 Wenn z. B. Reisegepäck durch ein **Kraftfahrzeug** beschädigt wurde, muß
der Versicherte – soweit möglich – zumindestens das **polizeiliche Kennzei-
chen** dieses Fahrzeuges notieren und dem Reisegepäck-Versicherer mitteilen
(vgl. *Prölss/Martin*, § 62 VVG, Anm. 2 m. w. N.).

Weisungen des Versicherers muß der Versicherte nicht ausdrücklich ver- **59**
langen, er genügt seinen Verpflichtungen aus dem Versicherungsvertrag,
wenn er eine vollständige Schadenanzeige übersendet und den Versicherer
so in die Lage versetzt, Weisungen zu erteilen.

Erteilte Weisungen muß der Versicherte **befolgen,** der Versicherer ist **60**
allerdings nicht verpflichtet, Weisungen zu erteilen (vgl. *Prölss/Martin,* § 62
VVG, Anm. 3).

Der Versicherte ist, solange ihm keine Weisungen erteilt worden sind **61**
oder er erfolglos um Weisungen gebeten hat, weitgehend **entlastet,** wenn
seine Versuche, den Schaden zu mindern, nicht den erwünschten oder
möglichen Erfolg hatten (§ 63 VVG).

F. Die Aufklärungspflicht (§ 10 Nr. 1 c)

Die Aufklärungspflicht (§ 34 VVG) ist in § 10 Nr. 1 c sehr weit gefaßt **62**
und bezieht sich auf **alle Umstände,** die für die Feststellung des Versicherungsfalles und der Versicherungsleistung von Bedeutung sein können.

Der Versicherte, der Ansprüche aus dem Vertrag geltend macht, muß **63**
dem Versicherer nach **besten Kräften** dazu verhelfen, den Schadenhergang,
die Höhe des Schadens und die Begründetheit des geltend gemachten
Ansprüchen zu überprüfen (vgl. *Prölss/Martin,* § 34 VVG, Anm. 2 m. w. N.;
Prölss/Martin, § 10 AVBR, Anm. 3 m. w. N.).

Zur Aufklärungspflicht gehören insbesondere **wahrheitsgemäße Angaben** **64**
über den Anschaffungspreis beschädigter oder in Verlust geratener Gegenstände sowie über frühere Versicherungen und Vorschäden (vgl. *Prölss/Mar-
tin,* a. a. O.).

„Sachdienlich" sind nicht nur Fragen nach den **Wohnverhältnissen** während **65**
eines Auslandsaufenthalts (vgl. LG Berlin, VersR **85,** 1135), sondern auch
und vor allem nach **mitreisenden Personen** (vgl. OLG München, VersR **86,**
136; LG Berlin, VersR **85,** 33; LG München I, VersR **86,** 179, **87,** 94; LG
Flensburg, VersR **88,** 263); sachdienlich ist auch die Frage, ob und wo ein
Reisebegleiter versichert war, da auch das „Umfeld" des Versicherten für
den Versicherer bei der Überprüfung der geltend gemachten Ansprüche von
Bedeutung ist (vgl. LG München I, VersR **88,** 1122; OLG München hat
diese Entscheidung gemäß § 543 I ZPO bestätigt).

Inhalt der Aufklärungs- und Nachweispflicht ist auch, daß der Versi- **66**
cherte **Schadenformulare vollständig ausfüllt** und auf Verlangen ergänzende
Angaben macht, die über den Inhalt eines Schadenformulares hinausgehen.

Auch muß der Versicherte alle **Belege** beibringen, hierzu gehören Flug- **67**
scheine, Hotelrechnungen usw. Der Versicherer kann jeweils die Original-
Belege verlangen, um eine doppelte Inanspruchnahme zu verhindern und
dem Fälschungsrisiko bei Fotokopien zu begegnen. Es kann dem Versicherten zwar nicht angelastet werden, wenn er keine Anschaffungsbelege für
Gegenstände des täglichen Lebens aufbewahrt hat; etwas anderes gilt
jedoch, wenn er Ersatz für **hochwertige Gegenstände** verlangt, für die der

Verkäufer noch **Garantie** zu leisten hat. Hier kann erwartet werden, daß der Versicherte noch entsprechende Belege hat oder zumindestens unschwer Ersatzbelege beschaffen kann (vgl. LG Köln, r + s **77**, 219, LG München I, VersR **86**, 781).

68   **Verweigert** der Versicherte – zunächst – nähere Auskünfte, so tritt (noch) nicht Leistungsfreiheit ein, die Fälligkeit der Leistung wird gehemmt, bis die Obliegenheit der Auskunftserteilung erfüllt wird (vgl. LG Berlin, VersR **86**, 135).

69   Auch bei der **Gesamtübersicht** über das gesamte Reisegepäck und dessen Wert muß der Versicherte vollständige und wahrheitsgemäße Angaben machen. Diese Verpflichtung besteht auch und vor allem dann, wenn der Versicherte Gefahr läuft, eine Reduzierung der geltend gemachten Ansprüche hinnehmen zu müssen, weil sich aus der vollständigen Übersicht über das gesamte Reisegepäck ergibt, daß Unterversicherung vorliegt.

70   Die Aufklärungspflicht bezieht sich auch auf diejenigen Umstände, deren wahrheitsgemäße Schilderung den Versicherungsanspruch dem Grunde oder der Höhe nach ausschließt oder einschränkt. Der Versicherte muß daher auch für ihn **ungünstige Angaben wahrheitsgemäß machen** (vgl. *Prölss/ Martin*, § 34 VVG, Anm. 2 C und 3 B m. w. N.).

71   Wenn die vom Versicherten eingereichten Unterlagen und Belege den Eintritt des Schadens und dessen Höhe nicht hinreichend erkennen lassen, muß der Versicherte **zusätzliche Beweise** erbringen (vgl. *Ollick*, VA **80**, 294). Auch hier muß der Beweisnot des Versicherten Rechnung getragen werden (vgl. OLG Hamburg, VersR **74**, 463 und oben RdNr. 32 ff.). Der Versicherte ist auch verpflichtet, wahrheitsgemäße Angaben über den Umfang und den Wert der vom Versicherungsfall nicht betroffenen („geretteten") Sachen zu machen. Zur Auskunftspflicht gehört auch die Angabe über Dauer, Ziel und Zweck einer Reise.

72   Wenn der Versicherte den Verlust von Reisegepäck im üblichen Umfang meldet, ist zunächst von seiner **Redlichkeit** und der Richtigkeit seiner Angaben auszugehen. Wird diese Vermutung der Redlichkeit **erschüttert**, so verbleibt es bei den allgemeinen Beweisregeln (vgl. oben RdNr. 45).

73   Der **Beweis für die Schadenhöhe** wird nicht dadurch erbracht, daß der Versicherte eine von ihm unterzeichnete Aufstellung der in Verlust geratenen Gegenstände vorlegt; ebensowenig kommt der Strafanzeige bei der Polizei ein Beweiswert zu, da das Anzeigeprotokoll ohnehin nach den Angaben des Versicherten erstellt wird (vgl. LG Köln, r + s **77**, 219; LG Düsseldorf, VersR **77**, 661).

G. Die Reklamationspflicht (§ 10 Nr. 2)

74   Wird Reisegepäck im Gewahrsam eines **Beförderungsunternehmens** oder eines **Beherbergungsbetriebes** beschädigt oder entwendet, müssen die Ansprüche des Versicherten unverzüglich gegenüber dem betroffenen Unternehmen geltend gemacht werden.

Über die Geltendmachung ist – soweit möglich und zumutbar – eine 75
schriftliche **Bescheinigung** des Beförderungsunternehmens oder des Beherbergungsbetriebs vorzulegen. Wird eine solche Bescheinigung verweigert,
genügt aber z. B. auch die **Zeugenaussage eines Dritten,** der bestätigt, daß die
Ansprüche tatsächlich angemeldet worden sind und die Ausstellung einer
Bescheinigung darüber verweigert wurde.

Bei den **Fluggesellschaften** beträgt die Reklamationsfrist in der Regel 76
7 Tage. Die Fluggesellschaften sind verpflichtet, Reklamationen entgegen-
zunehmen und zu bestätigen.

H. Strafanzeige (§ 10 Nr. 3)

Der Versicherte muß bei Schäden, die auf eine strafbare Handlung 77
zurückzuführen sind, **unverzüglich** auf der zuständigen Polizeidienststelle
Strafanzeige erstatten.

Von der Anzeigepflicht wird der Versicherte nicht dadurch befreit, daß 78
die zuständige Polizeidienststelle **weit entfernt** oder vorübergehend **nicht
besetzt** ist.

Bei unklarem Schadenort und/oder ungewisser Schadenzeit ist die 79
Anzeige zumindest bei der Polizeidienststelle des **Heimatortes** zu erstatten.

Der Versicherte muß außerdem eine polizeiliche **Bestätigung** über die 80
Erstattung der Strafanzeige beibringen, soweit dies möglich ist (In manchen
Ländern wird bei Bagatelldelikten eine Anzeigenbestätigung überhaupt
nicht ausgestellt).

Die **Verpflichtung** zur Erstattung einer Strafanzeige besteht selbst dann, 81
wenn der Versicherte bei Entdeckung des Schadens im Begriff ist, die **Rückreise** anzutreten.

Im Einzelfall entscheidet die **Zumutbarkeit.** Auch hier sind wiederum die 82
Höhe des Schadens und die durch die Verschiebung der Rückreise entstehenden Mehrkosten zu berücksichtigen.

Hat der Versicherte bei einer **Reisegesellschaft** eine Pauschalreise gebucht, 83
kann in der Regel nicht verlangt werden, daß er den Rückreisetermin ver-
säumt und anschließend auf eigene Kosten mit einer Linienmaschine die
Heimreise antritt (vgl. *Ollick,* VA 80, 295). Allerdings muß in einem solchen
Fall sogleich nach Beendigung der Rückreise die Anzeige schriftlich bei der
Polizeidienststelle des Schadenortes nachgeholt werden.

In besonderen Fällen kann auch eine Anzeige bei einer **anderen** zur Ent- 84
gegennahme **bereiten Polizeidienststelle** genügen.

Befindet sich der Versicherte mit seinem **Kraftfahrzeug** auf Reisen, so ist 85
ihm in der Regel eine zusätzliche Übernachtung zuzumuten, damit er am
nächsten Tag bei der zuständige Polizeidienststelle Strafanzeige erstatten
kann, (vgl. LG Aachen, VersR **78,** 417).

Die Strafanzeige muß notfalls auch noch an der **deutschen Grenze** oder 86
vom **Heimatort** aus schriftlich oder unter Mithilfe der deutschen Polizei
erstattet werden (vgl. OLG Hamm, VersR **87,** 153).

87   Die dem Versicherten auferlegte Pflicht, Strafanzeige zu erstatten, soll nicht nur eine Aufklärung des Tathergangs oder die Ergreifung des Täters herbeiführen; es soll vielmehr auch und vor allem eine weitere **Hemmschwelle** errichtet werden, um fingierten Schadenfällen vorzubeugen (vgl. LG Bochum, VersR **85**, 443; LG Duisburg, VersR **87**, 503; LG Berlin, NJW-RR **89**, 227; LG Kassel, r+s **89**, 363).

88   Es bedarf sicherlich einer **größeren kriminellen Energie,** auf einer Polizeistation vorzusprechen und eine Straftat vorzutäuschen (§ 145 d StGB), als einen fingierten Schaden einer Versicherung zu melden, zumal die Polizei an Ort und Stelle Ermittlungen anstellen kann. Ein Versicherter, der einen angeblichen Reisegepäck-Diebstahl z. B. in **Asien** seiner hiesigen Reisegepäck-Versicherung meldet, braucht trotz des weltweiten Netzes von Havariekommissaren ernsthaft nicht zu befürchten, daß durch spätere Nachforschungen ein Täuschungsversuch aufgedeckt werden könnte. Eine solche Möglichkeit würde aber bestehen, wenn – wie in § 10 Nr. 3 verlangt – der jeweils örtlichen Polizeidienststelle der angebliche Straftatbestand angezeigt werden muß.

89   Allerdings kommt der polizeilichen Anzeige **kein Beweiswert** zu, zumal das bloße Anzeigeprotokoll in der Regel lediglich nach den Angaben des Versicherungsnehmers erstellt wird, ohne daß die Polizei die Richtigkeit der Angaben überprüfen kann (vgl. LG Köln, VersR **73**, 1138; LG Bochum, VersR **74**, 744).

90   Wenn der Versicherte den Schaden **schuldhaft** nicht bei der Polizei des Tatortes, sondern **verspätet** bei der Polizei seines Wohnortes meldet, so ist diese Strafanzeige erst recht sinnlos, so daß der Versicherer aufgrund dieser Obliegenheitsverletzung von seiner Leistungspflicht frei wird (vgl. LG Aachen, VersR **78**, 417; a. A. OLG Karlsruhe, r+s **87**, 291).

Kann der Versicherte sich bei der Polizei des Tatortes mit der Polizei nicht verständigen, muß er gegebenenfalls – auf Kosten des Versicherers – einen **Dolmetscher** einschalten.

91   Die bloße Meldung bei einem **Streifenbeamten,** der den Sachverhalt nur zur Kenntnis nimmt und dem Versicherten keine Hoffnung auf das Wiederauffinden des Reisegepäcks macht, genügt nicht als Anzeige gemäß § 10 Nr. 3 (vgl. AG München, VersR **81**, 774).

92   Nach einem **Trickdiebstahl** ist die Anzeige bei der Polizei **sofort** und nicht erst einige Tage später zu erstatten (vgl. OLG München, VersR **84**, 76).

93   Ein gegen 21.45 Uhr entdeckter Diebstahl ist nicht unverzüglich angezeigt, wenn der Versicherte es unterläßt, den Vorfall noch **am selben Abend** auf der in der Nähe befindlichen Polizeistation zu melden (vgl. LG Hamburg, VersR **86**, 84).

94   Die sofortige Meldung des Diebstahls ist auch dann notwendig, wenn nur eine **geringe Chance** besteht, die vorherige Entwendung des Reisegepäcks aufzuklären (vgl. LG Berlin, VersR **87**, 503).

95   Sind zwei zusammen Reisende von einem Reisegepäckschaden betroffen, müssen **beide** Strafanzeige erstatten, die Anzeige eines Reisenden genügt nicht (vgl. LG Berlin, VersR **89**, 77).

Anzuzeigen ist nicht nur der Diebstahl, sondern auch und vor allem der 96
Diebstahlschaden (vgl. OLG Hamm, VersR 75, 749).

Die Angaben über die entwendeten Gegenstände müssen zwar nicht voll- 97
ständig sein, zumindestens muß aber der **wesentliche Teil** der entwendeten
Gegenstände in der Anzeige angegeben werden.

Der Versicherte, der nach einem Einbruch in seinen Pkw lediglich die 98
Entwendung einer **Musterkollektion,** nicht aber des angeblich gleichfalls
gestohlenen **privaten Reisegepäck** meldet, begeht in der Regel eine zur Leistungsfreiheit führende grob fahrlässige Obliegenheitsverletzung (vgl. OLG
Hamm, VersR 75, 749).

Die **Stehlgutliste muß unverzüglich** der zuständigen Polizeidienststelle vor- 99
gelegt werden, da eine genaue Aufstellung und Bezeichnung der abhanden-
gekommenen Gegenstände für die Ermittlungsarbeit der Polizei von großer
Bedeutung ist.

Die „Sachfahndung" kann nur dann sinnvoll und mit Aussicht auf Erfolg 100
durchgeführt werden, wenn genügend **Identitätsmerkmale,** z. B. Gerätenum-
mern der in Verlust geratenen Gegenstände mitgeteilt werden.

Wenn ein Versicherter diese Liste trotz mehrmaliger Aufforderung erst 101
mehrere Monate nach dem Schadenfall übersendet, so liegt darin eine **vorsätzliche,** zumindest aber **grob fahrlässige Obliegenheitsverletzung** mit der
Folge des vollständigen Anspruchsverlustes (vgl. LG Frankfurt, VersR 78,
756, mit zustimmender Anm. von *Martin*, LG Oldenburg, ZfS 91, 65; LG
Hamburg VersR 91, 769).

Auch wenn der die Anzeige aufnehmende Polizeibeamte es ablehnt, die 102
entwendeten Gegenstände im einzelnen aufzuführen, muß der Versicherte
eine Stehlgutliste **unverzüglich nachreichen** (vgl. LG Mönchengladbach,
VersR 84, 732; LG Bochum, r + s 89, 162).

Die **grobe Fahrlässigkeit** bei der Obliegenheitsverletzung entfällt auch 103
nicht dadurch, daß der Versicherte sich auf die Äußerung des Polizeibeam-
ten, der die Anzeige aufnimmt, verläßt, er brauche nur pauschale Angaben
zum Diebstahl zu machen. Es ist ausschließlich Sache des Versicherten, sich
anhand der ihm ausgehändigten Versicherungsbedingungen über die im
Falle eines Schadeneintritts zu beobachtenden **Obliegenheit zu informieren**
und entsprechend zu verfahren (vgl. LG Dortmund, VersR 84, 532; LG
Oldenburg, ZfS 91, 65).

Der bei grob fahrlässiger Obliegenheitsverletzung mögliche **Kausalitätsge-** 104
genbeweis (§ 6 II VVG) ist nur dann geführt, wenn der Eintritt des Schadens
und seine Höhe völlig zweifelsfrei nachgewiesen sind (vgl. *Prölss/Martin*,
§ 10 AVBR, Anm. 4 m. w. N.). Für den Kausalitätsgegenbeweis kommen
dem Versicherten keine Beweiserleichterungen zugute, der Schaden muß
dem Grunde und der Höhe nach den allgemeinen Beweisregeln voll bewiesen werden unter Berücksichtigung sämtlicher Motive, die der Obliegenheitsverletzung jeweils zugrundeliegen (vgl. *Prölss/Martin*, a. a. O.; *Martin*,
SVR, X II 8; LG Bochum, VersR 85, 443; AG Osnabrück, VersR 85, 79).

Der Versicherte muß – voll – beweisen,
– daß auch bei rechtzeitiger und vollständiger Anzeige bei der Polizei
die Tat hätte nicht aufgeklärt werden können,

– daß die Möglichkeit der unberechtigten Inanspruchnahme des Versicherers (erhöhte Vertragsgefahr) völlig ausgeschlossen ist.

105   Bestehen auch nur geringe Zweifel daran, daß die Angaben des Versicherten zum Grund und zur Höhe der Ansprüche vollständig und richtig sind, ist der Kausalitätsgegenbeweis nicht geführt (vgl. *Martin*, SVR, II 9; *Prölss/Martin*, § 10 AVBR, Anm. 4; OLG München, VersR **84**, 76).

106   Der Beweis, daß eine sofortige Fahndung der Polizei **aussichtslos** gewesen wäre, kann in der Regel nicht geführt werden (ebenso *Prölss/Martin*, § 10 AVBR, Anm. 4 m. w. N.; AG Bremen, VersR **87**, 583).

I. Nachforschung beim Fundbüro (§ 2 Nr. 2 b)

107   Beim **Fundbüro**, muß der Versicherte Nachforschungen anstellen, wenn ein Schaden durch **Verlieren** eingetreten ist.

108   Anders als bei Schäden durch strafbare Handlung ist hier **nicht** vorgeschrieben, daß die Nachforschung „**unverzüglich**" zu erfolgen hat. Eine solche Bestimmung ist mit Rücksicht auf die Aufbewahrungsfristen des Fundbüros nicht erforderlich, zumal es oft vom Zufall abhängt, ob und wann ein verlorengegangener Gegenstand gefunden und zum Fundbüro gebracht wird.

109   Nachforschungen **einige Tage nach dem Verlust** können daher unter Umständen **sinnvoller** sein als am Tag des Verlustes oder unmittelbar am Tag danach.

110   Handelt es sich um einen zeitlich oder räumlich ungeklärten Verlust, kann der Versicherte oft gar nicht feststellen, welches Fundbüro örtlich zuständig ist. Hier kann nur im Rahmen der **Zumutbarkeit** vom Versicherten verlangt werden, daß er bei den in Frage kommenden Fundbüros Nachforschungen durchführt.

111   Eine besondere **Form** für die „Nachforschungen" ist nicht vorgeschrieben. Der Versicherte kann daher beim Fundbüro **vorsprechen** oder den Verlust auch **schriftlich** melden.

J. Die Folgen der Obliegenheitsverletzung (§ 10 Nr. 4)

112   Eine Verletzung der in § 10 Nr. 1–3 normierten Obliegenheiten führt zur **Leistungsfreiheit** des Versicherers, wenn die Obliegenheitsverletzung auf Vorsatz oder grober Fahrlässigkeit beruht.

113   Bei grober Fahrlässigkeit kann jedoch der **Kausalitätsgegenbeweis** geführt werden.
    An diesen Kausalitätsgegebeweis (§ 6 II VVG) sind besonders strenge Anforderungen zu stellen (vgl. *Prölss/Martin*, § 10 AVBR, Anm. 4; *Martin*, SVR, X II 6 ff.; LG Oldenburg, ZfS **91**, 65).
    Der Versicherte muß nach den allgemeinen Beweisregeln voll beweisen,
    – daß der tatsächliche Schaden durch die Obliegenheitsverletzung nicht vergrößert wurde,

- daß der Versicherer auch bei rechtzeitiger Schadenanzeige die gleichen Überprüfungsmöglichkeiten zum Grund und zur Höhe des Anspruchs gehabt hätte,
- daß der Versicherte auch bei rechtzeitiger Anzeige und Vorlage der Stehlgutliste dieselben Behauptungen hätte aufstellen können.

Beim Kausalitätsgegebeweis müssen somit sämtliche Motive berücksichtigt werden, die der jeweiligen Obliegenheit zugrundeliegen (vgl. *Martin,* SVR, X II 8). Da beispielsweise die Strafanzeige bei der Polizei auch der Verminderung der Vertragsgefahr (vgl. oben RdNr. 86/87) dienen soll, ist es ein wesentliches Erfordernis für den Kausalitätsgegenbeweis, daß der Schaden dem Grund und der Höhe nach nach den allgemeinen Beweisregeln voll bewiesen sein muß (vgl. *Prölss/Martin,* § 10 AVBR, Anm. 4 m. w. N.).

I. Vorsatz

Der Vorsatzbegriff im Versicherungsrecht entspricht dem **zivilrechtlichen** 114 Begriff. Vorsatz erfordert „das Wollen der Obliegenheitsverletzung im Bewußtsein des Vorhandenseins der Verhaltensnorm" (vgl. BGH, VersR **66,** 1115; *Prölss/Martin,* § 6 VVG, Anm. 12).

Vorsätzlich i. S. von § 10 Nr. 4 handelt auch der Versicherte, der mit 115 **bedingtem Vorsatz** (dolus eventualis) eine Obliegenheitsverletzung begeht.

Die **Beweislast** für den objektiven Tatbestand der Obliegenheitsverletzung 116 trägt der **Versicherer,** der Versicherte muß gegebenenfalls durch „**Entschuldigungsbeweis**" den Vorsatz widerlegen (vgl. *Prölss/Martin,* § 10 AVBR, Anm. 5 a m. w. N.).

Der Versicherte muß nicht die Folgen der Obliegenheitsverletzung ken- 117 nen. Vorsatz wird auch dadurch nicht ausgeschlossen, daß der Versicherte den Wortlaut der Versicherungsbedingungen nicht gekannt hat. Es genügt, wenn ihm zumindest der **wesentliche Inhalt der Norm** geläufig ist (vgl. *Prölss/Martin,* § 6 VVG, Anm. 13 m. w. N.).

Leistungsfreiheit bei einer vorsätzlichen Obliegenheitsverletzung tritt 118 dann nicht ein, wenn die Obliegenheitsverletzung **entschuldbar** war, weil ihr z. B. eine falsche Belehrung des Versicherungsagenten oder ein Irrtum über zweifelhafte Rechtsfragen zugrunde lag (vgl. *Prölss/Martin,* § 6 VVG, Anm. 13 m. w. N.).

II. Relevanz

Bei einer strengen Anwendung des bei Vorsatz geltenden Alles- oder- 119 Nichts-Prinzips (vgl. *Martin,* SVR, X I 19) würden auch geringfügige Obliegenheitsverletzungen, die vorsätzlich begangen werden, zum vollständigen Anspruchsverlust führen. Die Rechtsprechung hat zunächst die Verwirkung der Versicherungsleistung bei einer vorsätzlichen und schuldhaften Obliegenheitsverletzung ohne Einschränkung anerkannt und nur in besonderen Ausnahmefällen für unbillig gehalten (vgl. BGH, VersR **68,** 1155; *Prölss/Martin,* § 6 VVG, Anm. 9 C m. w. N; *Martin,* SVR, X I 19).

In der neueren Rechtsprechung des Bundesgerichtshofs zur Unfallflucht 120 (BGH, VersR **72,** 341 = NJW **72,** 631) wurde die vollständige Entziehung des Versicherungsschutzes bei vorsätzlicher und schuldhafter Obliegenheitsverletzung dann nicht mehr als gerechtfertigt angesehen, wenn die Verstöße so wenig intensiv waren, daß die Interessen des Versicherers nicht ernsthaft gefährdet werden konnten, so daß es sich nicht um eine **relevante** Obliegenheitsverletzung handelte.

121 Auch in der Sachversicherung und damit in der Reisegepäck-Versicherung wird die Belehrungs- und Relevanzrechtsprechung als Korrektiv bei vorsätzlichen, aber folgenlosen Obliegenheitsverletzungen herangezogen (vgl. *Martin*, SVR, X I 21; BGH, VersR **78**, 77; BGH, VersR **78**, 122; OLG Köln, VersR **84**, 1086; OLG München, VersR **86**, 31).

Nach den Grundsätzen der **Relevanzrechtsprechung** besteht Leistungsfreiheit bei vorsätzlichen, aber folgenlosen Verletzungen dann,
– wenn der Versicherte eindeutig über den Anspruchsverlust bei vorsätzlichen, aber folgenlosen Obliegenheitsverletzungen **belehrt** worden ist,
– wenn die Obliegenheitsverletzung **generell geeignet** war, berechtigte Interessen des Versicherers ernsthaft zu gefährden,
– wenn das Verschulden des Versicherten erheblich **(relevant)** war.

122 Eine **relevante** Obliegenheitsverletzung liegt regelmäßig bei **falschen Angaben** in der Schadenanzeige vor (vgl. *Prölss/Martin*, § 10 AVBR, Anm. 5 d; BGH, VersR **77**, 1022; LG Köln, VersR **84**, 731; LG Berlin, VersR **85**, 33).

123 Eine der häufigsten Obliegenheitsverletzungen in der Reisegepäck-Versicherung ist das **Verschweigen von Vorschäden**. Derartige unrichtige Angaben sind **generell** geeignet, die Interessen des Versicherers **relevant** zu gefährden, so daß der Versicherer leistungsfrei wird, wenn über Vorschäden falsche Angaben gemacht werden (vgl. § 11 RdNr. 86 ff. m. umf. Rechtsprechungsübersicht).

124 Wenn der Versicherer, bevor ihm die vorsätzliche Obliegenheitsverletzung bekannt wurde, bereits eine **Leistung** erbracht hat, kann er diese gemäß § 812 BGB **zurückverlangen** (vgl. OLG Hamm, VersR **85**, 387).

125 Eine **arglistige Täuschung** erfüllt stets die Kriterien, unter denen die Rechtsprechung die Leistungsfreiheit auch bei einer folgenlosen vorsätzlichen Obliegenheitsverletzung anerkennt (vgl. BGH, VersR **78**, 74; OLG Frankfurt, VersR **78**, 367; OLG Hamm, VersR **81**, 454; *Prölss/Martin*, § 10 AVBR, Anm. 5 d).

126 Eine **teilweise Herabsetzung** des Entschädigungsanspruchs durch Urteil etwa gemäß § 343 BGB oder § 242 BGB ist **nicht möglich** (vgl. BGH, VersR **72**, 363; *Prölss/Martin*, § 6 VVG, Anm. 9 C). Eine solche Regelung wäre nicht nur unpraktikabel, sie würde auch dem Präventionszweck widersprechen (vgl. *Prölss/Martin*, § 6 VVG, Anm. 9 C).

III. Grobe Fahrlässigkeit

127 Verstößt der Versicherte grob fahrlässig gegen Obliegenheiten, bleibt der Versicherer zur Leistung verpflichtet, wenn die Obliegenheitsverletzung keinen Einfluß auf die Feststellung oder den Umfang der Entschädigungsleistung hatte **(Kausalitätsprinzip)**.

Der Grundgedanke dieser Vorschrift liegt darin, daß dem Versicherten **128** nur der von ihm **verschuldete Mehrschaden** nicht ersetzt werden soll (vgl. *Prölss/Martin*, § 6 VVG, Anm. 9 C m. w. N.).

Definition: **129**
Grobe Fahrlässigkeit liegt vor, wenn die im Verkehr erforderliche Sorgfalt nach den gesamten Umständen des Einzelfalles in ungewöhnlichem Maße verletzt wird und dasjenige unbeachtet bleibt, was im gegebenen Fall jedem hätte einleuchten müssen (vgl. RGZ 166, 101; BGHZ 10, 16; OLG Celle, VersR 55, 500; OLG Köln, VersR 74, 354; *Prölss/Martin*, § 6 VVG, Anm. 12 m. w. N.).

Das Verhalten des Versicherten ist in seiner **Gesamtheit** zu betrachten, **130** so daß das Zusammentreffen mehrerer Umstände, von denen jeder für sich allein noch nicht den Vorwurf der groben Fahrlässigkeit begründen würde, insgesamt zur Annahme eines grob fahrlässigen Verhaltens führen kann.

Der Versicherer hat die Beweislast für den **objektiven Tatbestand** der Oblie- **131** genheitsverletzung, während der Versicherte mangelndes Verschulden oder die fehlende Kausalität der Obliegenheitsverletzung beweisen muß (vgl. BGH, VersR 83, 674; OLG Hamm, VersR 85, 387; *Martin*, SVR, X II 1).

Unzutreffend ist daher die gegenteilige Auffassung des LG München **132** (VersR 85, 1034), da sie der allgemein anerkannten Beweislastverteilung bei Obliegenheitsverletzungen widerspricht (vgl. *Martin*, a. a. O; *Prölss/Martin*, § 6 VVG, Anm. 14 m. w. N.).

IV. Leistungsfreiheit (§ 10 Nr. 4)

Die Leistungsfreiheit bei **vorsätzlichen** oder **grob fahrlässigen** Obliegen- **133** heitsverletzungen ist in § 10 Nr. 4 in Übereinstimmung mit § 6 VVG geregelt.

§ 10 Nr. 1 a, c, Nr. 2 und Nr. 3 enthalten Obliegenheiten, die **nach** Eintritt **134** des Versicherungsfalles zu erfüllen sind (§ 6 Abs. 3 VVG). Verletzt der Versicherte diese Obliegenheiten vorsätzlich, wird der Versicherer im Rahmen der Relevanzrechtsprechung leistungsfrei (vgl. oben RdNr. 118 ff.).

Bei grob fahrlässiger Obliegenheitsverletzung gilt das **Kausalitätserforder-** **135** **nis** (vgl. RdNr. 111 ff.).

Die Leistungsfreiheit bei Obliegenheitsverletzungen ist die einzige Sank- **136** tion, der Vertrag als solcher besteht unverändert fort (vgl. *Prölss/Martin*, § 6 VVG, Anm. 9 A b).

In § 10 Nr. 1 b sind Obliegenheiten geregelt, die „bei" Eintritt des Versi- **137** cherungsfalles (§ 62 VVG) zu beachten sind und der Gefahrminderung oder der Schadenminderung dienen.

Eine **vorsätzliche** Verletzung dieser gefahrmindernden Obliegenheiten führt zur **Leistungsfreiheit,** in Grenzfällen sind auch hier die Grundsätze der sog. **Relevanzrechtsprechung** (vgl. oben RdNr. 118 ff.) heranzuziehen und der Schaden ist zu ersetzen, soweit er nachweislich auch bei gehöriger Erfüllung der Rettungspflicht entstanden wäre (vgl. *Prölss/Martin*, § 62 VVG Anm. 4).

Bei **grober Fahrlässigkeit** ist die Leistungsfreiheit auf den Betrag **beschränkt,** den der Versicherte bei korrektem Verhalten hätte verlangen können (vgl. *Prölss/Martin,* § 62 VVG, Anm. 4).

138   Während Obliegenheitsverletzungen **nach** Eintritt des Versicherungsfalles zur **vollständigen Leistungsfreiheit** des Versicherers führen, ist dieses bei den Obliegenheitsverletzungen nach § 10 Nr. 1 b auf den durch den vom Versicherten verursachten **Mehrschaden beschränkt.**

K. § 10 AVBR 92

139   Die **Obliegenheiten** richten sich nach der Neufassung der AVBR 92 ausdrücklich an den Versicherungsnehmer **oder Versicherten.** Der Versicherte hat in gleicher Weise wie der Versicherungsnehmer die Obliegenheiten zu beachten.

140   Die Obliegenheit zur Anzeige von Schäden, die im Gewahrsam eines Beförderungsunternehmens eintreten, betrifft auch Schäden durch nicht fristgerechte Auslieferung von Reisegepäck gem. § 2 Nr. 3. Eine Inhaltsänderung gegenüber dem Rechtszustand auf der Grundlage der AVBR 80 ergibt sich damit nicht. Auch nach Klausel 6 – **Lieferfristüberschreitung** – hatte der Versicherte den entsprechenden Nachweis zu führen (s. u. Klausel 6 AVBR 80 RdNr. 16, 17).

141   § 10 Nr. 4 spricht wiederum den Versicherungsnehmer oder **Versicherten** an.

142   § 10 wird ergänzt um Nr. 5. Leistungsfreiheit tritt bei vorsätzlicher Obliegenheitsverletzung, die weder Einfluß auf die Feststellung des Versicherungsfalles noch auf die Feststellung oder den Umfang der Entschädigung hatte, nicht ein, wenn die Verletzung nicht geeignet war, die Interessen des Versicherers ernsthaft zu beeinträchtigen und wenn den Versicherungsnehmer oder Versicherten außerdem kein erhebliches Verschulden trifft.

143   Die Leistungspflicht des Versicherers bleibt nur dann bestehen, wenn die vorsätzliche Verletzung der Obliegenheit weder geeignet war, die Interessen des Versicherers ernsthaft zu beeinträchtigen, noch den Versicherungsnehmer oder Versicherten erhebliches Verschulden trifft.

AVBR 80

§ 11 Besondere Verwirkungsgründe

1. Der Versicherer ist von der Verpflichtung zur Leistung frei, wenn der Versicherungsnehmer den Versicherungsfall durch Vorsatz oder grobe Fahrlässigkeit herbeigeführt hat oder aus Anlaß des Versicherungsfalls, insbesondere in der Schadenanzeige, vorsätzlich unwahre Angaben macht, auch wenn hierdurch dem Versicherer ein Nachteil nicht entsteht.

2. Wird der Anspruch auf die Entschädigung nicht spätestens sechs Monate nach schriftlicher, mit Angabe der Rechtsfolgen verbundener Ablehnung durch den Versicherer gerichtlich geltend gemacht, so ist der Versicherer von der Verpflichtung zur Leistung frei.

AVBR 92

§ 11 Besondere Verwirkungsgründe

1. Der Versicherer ist von der Verpflichtung zur Leistung frei, wenn der Versicherungsnehmer oder Versicherte den Versicherungsfall durch Vorsatz oder grobe Fahrlässigkeit herbeigeführt hat oder aus Anlaß des Versicherungsfalls, insbesondere in der Schadenanzeige, vorsätzlich unwahre Angaben macht, auch wenn hierdurch dem Versicherer ein Nachteil nicht entsteht.

2. Wird der Anspruch auf Entschädigung nicht spätestens sechs Monate nach schriftlicher, mit Angabe der Rechtsfolgen verbundener Ablehnung durch den Versicherer gerichtlich geltend gemacht, so ist der Versicherer von der Verpflichtung zur Leistung frei.

Übersicht

A. Vorbemerkung

§ 11 enthält drei Regelungstatbestände, die zur Leistungsfreiheit des Ver- **1** sicherers führen:

- Der Versicherte führt den Versicherungsfall durch Vorsatz oder grobe Fahrlässigkeit herbei.
- Der Versicherte macht aus Anlaß des Versicherungsfalles, insbesondere in der Schadenanzeige vorsätzlich falsche Angaben.
- Der Versicherte versäumt die sechsmonatige Ausschlußfrist zur gerichtlichen Geltendmachung seiner Ansprüche.

§ 11 hat überwiegend **deklaratorische** Bedeutung (vgl. *Prölss/Martin*, § 11 **2** AVBR, Anm. 1 m. w. N.): Die Leistungsfreiheit des Versicherers bei Vorsatz und grober Fahrlässigkeit ergibt sich bereits aus § 61 VVG.

Bei **vorsätzlich unwahren Angaben** tritt Leistungsfreiheit schon nach § 10 Nr. 4 ein (vgl. OLG Hamm, r + s **86**, 264).

Die **Ausschlußfrist** in § 11 Nr. 2 entspricht der Regelung in § 12 Abs. 3 VVG.

Die **Beweislastverteilung** ist nach § 10 Nr. 4 für den Versicherer günstiger, **3** denn dort muß der Versicherte Vorsatz und grobe Fahrlässigkeit widerlegen (vgl. *Prölss/Martin*, § 11 AVBR, Anm. 1; OLG Köln, VersR **84**, 1086; OLG

München, VersR **86**, 136). Hat der Versicherer nachgewiesen, daß der Versicherte objektiv unzutreffende Angaben gemacht hat, so liegt die Beweislast dafür, daß diese unwahren Angaben weder auf Vorsatz noch auf grober Fahrlässigkeit beruhen, beim Versicherten.

B. Leistungsfreiheit bei Vorsatz

4 Gemäß § 11 Nr. 1, 1. Alt. wird der Versicherer von der Verpflichtung zur Leistung frei, wenn der Versicherungsfall vorsätzlich herbeigeführt wird. Diese Bestimmung, die inhaltlich § 61 VVG entspricht, enthält nach allgemeiner Ansicht einen **subjektiven Risikoausschluß** (vgl. BGHZ 11, 120; BGH, VersR **86**, 696; *Prölss/Martin*, § 61 VVG, Anm. 1 m. w. N.).

5 Eine Leistungspflicht bei einem vom Versicherten vorsätzlich herbeigeführten Versicherungsfall würde dem Versicherungsgedanken und den Grundsätzen von Treu und Glauben (§ 242 BGB) widersprechen.

I. Definition des Vorsatz

6 Der **Vorsatzbegriff** im Versicherungsrecht entspricht dem des allgemeinen Zivilrechts und umfaßt auch **den bedingten Vorsatz** (vgl. *Prölss/Martin*, § 6 VVG, Anm. 12 m. w. N.; *Prölss/Martin*, § 152 VVG, Anm. 1 m. w. N.; BGH, VersR **69**, 1107; OLG Düsseldorf, VersR **68**, 934; OLG Köln, VersR **78**, 265).

7 Vorsatz ist die wissentliche und willentliche Herbeiführung eines rechtswidrigen Erfolges **(dolus directus)**, während beim bedingten Vorsatz **(dolus eventualis)** ein Erfolg als möglich vorausgesehen und billigend in Kauf genommen wird (vgl. *Palandt/Heinrichs*, § 276 RdNr. 10; *Prölss/Martin*, § 6 VVG, Anm. 12; BGH; VersR **54**, 531; OLG Düsseldorf, VersR **66**, 481).

8 Vorsatz erfordert nicht nur Kenntnis und Willen des eigenen Verhaltens, des daraus resultierenden Schadens und des Kausalzusammenhangs (vgl. *Martin*, SVR, O I 12); erforderlich ist auch das **Bewußtsein der Rechtswidrigkeit.** Anders als im Strafrecht („Schuldtheorie") gilt im Zivilrecht die „Vorsatztheorie", so daß ein entschuldbarer Irrtum den Vorsatz ausschließt (vgl. *Palandt/Heinrichs*, § 276 RdNr. 11 m. w. N.).

Eine **Notstands- oder Notwehrlage** (analog § 904 Abs. 1 BGB, § 32 StGB) schließt den Vorsatz aus (vgl. *Martin*, SVR, O I 13). Wer eine Luftmatratze ins Wasser wirft, um einen Ertrinkenden zu retten, handelt im Sinne des Versicherungsrechts ebensowenig vorsätzlich, wie derjenige, der Garderobe des Reisegepäcks zerreißt, um daraus eine Strickleiter für einen Verunglückten zu knüpfen, der in eine Schlucht gefallen ist.

9 Die Leistungsfreiheit bei vorsätzlicher Herbeiführung des Versicherungsfalles ergibt sich bereits aus § 242 BGB (vgl. *Prölss/Martin*, § 61 VVG, Anm. 5 m. w. N.). Versicherungsschutz gegen vorsätzliche Selbstschädigung widerspricht dem **Vertrauensprinzip,** der das gesamte Versicherungsrecht bestimmt (vgl. *van Bühren*, Dissertation, S. 151 ff. m. w. N.).

II. Beweis für vorsätzliches Verhalten

Den **Beweis** für das vorsätzliche Herbeiführen des Versicherungsfalles hat 10
der **Versicherer** zu führen (vgl. *Prölss/Martin,* § 61 VVG, Anm. 6; BGH,
VersR 76, 61; BGH, VersR 85, 330 m. w. N.). Die Beweislast bezieht sich
sowohl auf das **objektive** Fehlverhalten als auch auf dessen **subjektive** Komponente (vgl. *Martin,* SVR, O I 25; BGH, NJW 85, 246).

Ob der Beweis des Vorsatzes durch die Regeln des **Anscheinsbeweises** 11
geführt werden kann, ist **streitig,** wird jedoch in der Rechtsprechung überwiegend abgelehnt (vgl. *Prölss/Martin,* § 61 VVG, Anm. 6 m. w. N.; *Martin,*
SVR, O I 26; BGH, VersR 85, 330).

Gleichwohl geht auch die Rechtsprechung, welche die Anwendungen des 12
Prima-facie Beweises ablehnt, davon aus, daß der Versicherer in angemes-
sener Weise vor Mißbrauch geschützt werden muß; auch dem Versicherer
kommen Beweiserleichterungen gegenüber dem unredlichen Versicherten
zugute (vgl. BGH, VersR 85, 330; *Bach,* VersR 89, 982 ff. m. umf. Rechtsprechungsübersicht).

Soweit die Rechtsprechung überhaupt dogmatisch nachvollziehbare 13
Ansätze zur Beweiserleichterung enthält, scheint sie von dem Indizienbe-
weis auszugehen (vgl. BGH, VersR 85, 330).

In der Praxis ist diese Beweislastverteilung nur dann von Bedeutung, 14
wenn es um die Rückforderung bereits erfolgter Leistungen geht, da im
Deckungsprozeß der Versicherte in der Regel beweisfällig bleibt, wenn der
Versicherer die Wahrscheinlichkeit eines unredlichen Verhaltens nachweist
(vgl. § 10 RdNr. 45 ff.).

Aber auch im **Rückforderungsprozeß** des Versicherers wegen zu Unrecht 15
gezahlter Versicherungsleistungen dürfen aufgrund der allgemeinen Risiko-
zuweisung im Versicherungsvertrag keine anderen Beweisregeln gelten; es
muß vielmehr genügen, wenn der Versicherer im Rückforderungsprozeß
mit hinreichender Wahrscheinlichkeit oder nach den Regeln des **bona-fides-
Beweises** den Nachweis dafür führt, daß der Versicherungsfall vorsätzlich
herbeigeführt worden ist (vgl. OLG Hamm, VersR 88, 1286; OLG Saarbrücken, VersR 89, 953; a. A.: OLG Köln, r + s 89, 378).

C. Leistungsfreiheit bei grober Fahrlässigkeit

In den meisten Entscheidungen, die zur groben Fahrlässigkeit ergangen 16
sind, geht es um die Frage, ob der Versicherungsfall vorgetäuscht worden
ist (vgl. *van Bühren,* Dissertation, S. 160).

Die oft überzogen erscheinenden Anforderungen der Rechtsprechung an 17
die Sorgfaltspflichten des Versicherten sind meist mit einem unausgespro-
chenen **Betrugsverdacht** zu erklären (vgl. *Prölss/Martin,* § 11 AVBR,
Anm. 4 d). Wenn das Gericht Zweifel daran hat, ob ein Versicherungsfall
überhaupt eingetreten ist, so ist die Klage schon mangels Nachweis des
Versicherungsfalles abzuweisen (vgl. *Prölss/Martin,* a. a. O.; LG Hamburg,
VersR 86, 179; LG Frankfurt, VersR 84, 734).

18   Konsequent ist insoweit das Urteil des LG Bielefeld vom 19. 06.
      90 (VersR **91**, 419), in dem eine Klage mit der **alternativen Begründung** abge-
      wiesen wird, daß die unglaubwürdige Schadenschilderung entweder auf die
      Vortäuschung eines Versicherungsfalles oder auf **grobe Fahrlässigkeit** schlie-
      ßen lasse.

I. Definition der groben Fahrlässigkeit

19   **Grob fahrlässig handelt,** wer schon einfachste, ganz nahe Überlegungen
      nicht anstellt und in ungewöhnlich hohem Maße dasjenige unbeachtet läßt,
      was im gegebenen Fall jedem hätte einleuchten müssen (vgl. *Palandt/Hein-*
      richs, § 277 RdNr. 2 m. w. N.; RGZ 163, 106; BGH, VersR **83**, 1011).

20   Den Versicherten muß auch in **subjektiver** Hinsicht ein schweres Ver-
      schulden treffen (vgl. BGH, NJW-RR **89**, 340). Ein **Augenblicksversagen**
      begründet daher noch **nicht** den Vorwurf der groben Fahrlässigkeit (vgl.
      BGH, NJW-RR **89**, 1187; OLG Stuttgart, NJW-RR **89**, 682).

21   Neben den objektiven und subjektiven Momenten der groben Fahrlässig-
      keit ist auch der **Schutzzweck der angesprochenen Norm** zu berücksichtigen
      (vgl. BGH, VersR **60**, 626; OLG Karlsruhe, VersR **61**, 1101; a. A. KG,
      VersR **65**, 558). Durch die Reisegepäck-Versicherung soll das Reisegepäck
      gegen das erhöhte Risiko geschützt werden, dem es durch die Entfernung
      aus der sicheren häuslichen Umgebung ausgesetzt ist (vgl. Einführung
      RdNr. 1; AG Siegen, r + s **90**, 427).

22   Daher kann im Bereich der Reisegepäck-Versicherung nur ausgespro-
      chen **leichtfertiges Verhalten** des Versicherten den Vorwurf der groben Fahr-
      lässigkeit rechtfertigen. Zwar gibt es, wie das OLG Düsseldorf bereits in
      einer Entscheidung vom 21. 12. 25 (ZfV **1926**, 238) keine „Versicherung
      gegen die Bequemlichkeit"; andererseits wird die Reisegepäck-Versiche-
      rung gerade deshalb abgeschlossen, weil der Versicherte nicht ständig mit
      der Bewachung seines Reisegepäcks beschäftigt sein will; es soll das **normale**
      Risiko abgedeckt werden (vgl. OLG Hamburg, VersR **64**, 463; OLG Karls-
      ruhe, VersR **78**, 417).

23   Für die Bejahung der groben Fahrlässigkeit ist stets entscheidend, ob dem
      Versicherten ein **alternatives Verhalten** möglich und zumutbar war (vgl. OLG
      Karlsruhe, VersR **81**, 454; OLG Stuttgart, NJW-RR **86**, 828). Insoweit ist
      der Versicherer darlegungs- und beweispflichtig (vgl. *Prölss/Martin,* § 11
      AVBR, Anm. 4 b; LG Frankfurt, NJW **86**, 387).
      Erfahrungen aus **Vorschäden** können schärfere Anforderungen an die
      Sorgfaltspflichten begründen (OLG Bremen, VersR **83**, 260; LG Berlin,
      VersR **89**, 741; AG Neustadt, VersR **86**, 590).

24   Für die Reisegepäck-Versicherung gilt daher:
      Grobe Fahrlässigkeit liegt nur dann vor, wenn der Versicherte **(objektiv)**
      entgegen den üblichen Sorgfaltspflichten die Obhut seines Reisegepäcks
      vernachlässigt, obgleich er **(subjektiv)** die naheliegende Möglichkeit des
      Eintritts des Versicherungsfalles voraussehen mußte.

II. Rechtsprechung zur groben Fahrlässigkeit

Die umfangreiche Rechtsprechung zur groben Fahrlässigkeit stellt darauf 25 ab, ob das Verhalten den üblichen Gepflogenheiten eines Reisenden und der Schaden der „typischen Gefahrenlage" einer Reise entspricht (vgl. LG Köln, VersR 78, 1156).

Bei der Abwägung zwischen einfacher und grober Fährlässigkeit ist zu 26 berücksichtigen, ob die Gefahrensituation vorhersehbar war (vgl. Prölss/Martin, § 11 AVBR, Anm. 4 b; LG Berlin, VersR 87, 879).

Wer zum Baden an den Strand fährt, muß vorher wertvollen Schmuck 27 sicher unterbringen, wer weiß, daß wegen eines Museumsbesuchs oder einer Schiffsreise ein Fahrzeug längere Zeit unbeaufsichtigt abgestellt wird, muß gegebenenfalls vorher wertvolles Reisegepäck ausladen und im Hotel oder anderweitig sicher verwahren.

Wenn mehrere Personen gemeinsam verreisen, ist es möglich und zumut- 28 bar, sich gegenseitig Hilfe zu leisten, etwa in der Weise, daß ein Reisender ausschließlich das Reisegepäck bewacht, während die anderen Reisenden sich anderweitig betätigen können (vgl. Prölss/Martin, § 11 AVBR, Anm. 4 c).

Auf belebten Plätzen, Stränden, Bahnhöfen, Flughäfen und dergleichen ist 29 die Diebstahlgefahr besonders groß, weil der Dieb sehr schnell ein Gepäckstück ergreifen und in der Menschenmenge unauffällig verschwinden kann (vgl. Ollick, VA 80, 295).

Schließlich kommt es bei der Abgrenzung zwischen einfacher und grober 30 Fahrlässigkeit auf den Wert des Gepäckstücks an. Die Sorgfaltspflichten bei besonders wertvollen Gepäckstücken, deren Wert auch äußerlich sichtbar ist, sind erheblich größer als bei einfachen Gegenständen. Es ist daher grob fahrlässig, eine wertvolle Pelzjacke in einem Postamt (vgl. LG München, NJW 75, 1978) oder eine Fotoausrüstung in einem Straßencafe (vgl. LG Köln, VersR 80, 162) oder in einer Bahnhofsgaststätte (vgl. LG Berlin, VersR 77, 909) auch nur für einen kurzen Augenblick unbeaufsichtigt neben sich zu legen. Es ist grob fahrlässig, in einer italienischen Großstadt deutlich sichtbar Schmuck im Wert von rund DM 100 000,– zu tragen (vgl. OLG Frankfurt, VersR 84, 734).

Die Sorgfaltspflichten sind schließlich in einem südlichen Touristengebiet 31 wegen der dort vorhandenen größeren Diebstahlgefahr erheblich größer als in anderen Ländern (vgl. OLG Celle, VersR 81, 453; OLG Frankfurt, VersR 84, 734; LG Duisburg, VersR 81, 153).

Demgegenüber heißt es in einer Entscheidung des OLG Hamburg 32 (VersR 86, 1068), es stelle eine ungerechtfertigte Diskriminierung dar, in Entwicklungsländern generell von einer erhöhten Diebstahlgefahr auszugehen, zumal auch in reichen Ländern, wie z. B. in den USA, Diebstähle und dreiste Raubüberfälle an der Tagesordnung sind.

Bei Reisen im Kraftfahrzeug besteht gem. § 5 Nr. 1 a AVBR gleicherma- 33 ßen Versicherungsschutz für Reisegepäck, welches sich im verschlossenen Innenraum oder Kofferraum befindet. Gleichwohl kann grob fahrlässiges

Verhalten vorliegen, wenn wertvolle Gegenstände im Fahrgastraum – von
außen sichtbar – des abgestellten Fahrzeuges zurückgelassen werden (vgl.
LG Hamburg, VersR **89**, 1192).

1. Rechtsprechung, die grobe Fahrlässigkeit bejaht:

34 **Wertvolle Gepäckstücke werden im Fahrgastraum** – von außen sichtbar –
des abgestellten Fahrzeuges zurückgelassen (vgl. OLG Köln, VersR **67**,
870; OLG Frankfurt, VersR **69**, 131; OLG München, VersR **89**, 1258; LG
Nürnberg-Fürth, VersR **74**, 78; LG Köln, r + s **78**, 131; LG Mönchengladbach, r + s **76**, 65; LG Bochum, VersR **74**, 744; LG München I, VersR **85**,
1059; AG Aachen, VersR **73**, 316; AG Hamburg, r + s **77**, 131, AG Neu-
stadt, VersR **86**, 590; AG Göttingen, VersR **89**, 1258 = ZfS **90**, 67; AG Köln,
VersR **86**, 284; AG Köln, ZfS **89**, 139); dies gilt insbesondere dann, wenn
ein **Fenster** des Fahrzeugs nicht verschlossen ist (vgl. LG Köln, VersR **80**,
252).

35 Grobe Fahrlässigkeit wird auch nicht dadurch ausgeschlossen, daß das
wertvolle Reisegepäck mit einer **Wolldecke** oder einem **Bademantel** abgedeckt wird, zumal hierdurch das Interesse eines potentiellen Diebes
geweckt wird (vgl. OLG Frankfurt, VersR **69**, 131; LG Hamburg, VersR **89**,
1192; AG Hamburg, r + s **77**, 131), ebenso, wenn das wertvolle Reisegepäck
unter den **Vordersitz** geschoben wird (vgl. LG Köln, r + s **76**, 131).

36 Wertvolles Reisegepäck wird auf dem Rücksitz eines **Sportwagens mit
Stoffverdeck** zurückgelassen (vgl. Bay. ObLG, VersR **74**, 1033; OLG Hamburg, VersR **81**, 1071; LG Nürnberg-Fürth, VersR **72**, 759).

37 Reisegepäck im **unverschlossenem Kofferraum** des abgestellten Fahrzeugs
(vgl. LG Hannover, VersR **69**, 609; LG Berlin, VersR **89**, 741).

38 Wertvolles Reisegepäck im Fahrzeug, das auf einem **unbewachten Hotel-
parkplatz** abgestellt wird (vgl. OLG Hamm, VersR **78**, 1064; LG Münster,
r + s **76**, 174; LG Paderborn, VersR **86**, 481).

39 Zwei Urlaubsreisende lassen das gemeinsam benutzte **Motorrad** in einer
italienischen Großstadt für etwa eine Stunde mit Gepäck beladen stehen, um
sich auf Quartiersuche zu begeben (vgl. AG Köln, VersR **86**, 695).

40 Wertvolles Reisegepäck – sichtbar – in einem Pkw-Kombi, der auf einer
Autobahnraststätte für 90 Minuten abgestellt wird (vgl. LG Hamburg, VersR
89, 1192).

41 Ein **voll bepacktes Fahrzeug** wird für eine Stunde unbeaufsichtigt abgestellt (vgl. LG Hamburg, VersR **81**, 1071; OLG München, VersR **89**, 1258),
– oder ein Wohnanhänger auf einem unbewachten Parkplatz im Außenbezirk von Mailand (OLG Zweibrücken, VersR **91**, 1284).

42 Eine **Taucherausrüstung** im Wert von DM 6407,– wird von außen sichtbar
im verschlossenen und abgestellten Pkw zurückgelassen (vgl. OLG München, 17. 02. 1987, 18 U 2615/87, A II Grobe Fahrlässigkeit Auto 7).

43 Der Versicherte läßt sein **Reisegepäck** über einen Zeitraum von **3 Tagen
und Nächten** im verschlossenen Fahrzeug in **Rom** zurück (vgl. LG Karlsruhe, 22. 05. 1987, 9 S 54/87 A II Grobe Fahrlässigkeit Auto 9).

In einem Pkw der Oberklasse werden **drei Reisetaschen** mit Inhalt im 44 Fahrgastraum des abgestellten Fahrzeuges zurückgelassen (vgl. AG Göttingen, VersR **89**, 1258).

Eine **Lederjacke** wird tagsüber sichtbar im Wagenfond eines auf der 45 Straße geparkten Fahrzeuges gelassen (vgl. AG Köln, ZfS **89**, 139).

Reisegepäck wird im **Flughafen, Bahnhof oder auf anderen Plätzen** mit star- 46 kem Publikumsverkehr aus den Augen gelassen, anstatt ständig Blickkontakt oder Körperkontakt zu haben (vgl. OLG Köln, VersR **74**, 563; KG, VersR **75**, 463; OLG Bremen, VersR **83**, 260; LG Bremen, VersR **83**, 260; OLG Karlsruhe, VersR **83**, 479; LG München I, VersR **76**, 164; LG München I, VersR **77**, 858; LG Berlin, VersR **76**, 725; LG Berlin, VersR **77**, 909; LG Hannover, VersR **83**, 1072, LG Bonn, VersR **83**, 775; LG Aachen, VersR **85**, 984).

Eine wertvolle Fotoausrüstung wird unter einer Bank im **Museum** abge- 47 legt (vgl. AG München, VersR **81**, 274) oder während des Essens im **Restaurant** auf einer Mauer (vgl. LG Krefeld, VersR **82**, 62), oder in einem **Postamt** (vgl. LG München I, NJW **75**, 1978) in einem **Hafengelände** (vgl. LG Köln, VersR **73**, 1138) oder beim **Schuhprobieren** auf belebter Straße (vgl. LG München I, r + s **79**, 154) oder in einem **Supermarkt** (vgl. AG Hamburg-Bergedorf, r + s **87**, 323), oder auf dem **Weihnachtsmarkt** (vgl. AG Bremerhaven, VersR **88**, 1264) oder auf einem **Volksfest** (vgl. AG Duisburg, VersR **84**, 840), oder auf einem **Touristenaussichtspunkt** (vgl. LG Köln, VersR **83**, 365).

Eine wertvolle Fotoausrüstung wird vom **Rücksitz** eines stehenden Fahr- 48 zeugs entwendet, selbst wenn sich der VN auf dem Fahrersitz befindet (vgl. LG München I, r + s **77**, 240; der Schaden ereignete sich im Hafengelände von Neapel).

Wertvolle Gegenstände (Armbanduhr und Fotoausrüstung) werden im 49 Pkw auf einem **Restaurantparkplatz** zurückgelassen (vgl. LG Köln, VersR **91**, 420).

Eine wertvolle Skiausrüstung im **Skilift** wird fallengelassen (vgl. LG 50 Karlsruhe, VersR **79**, 274).

Beim **Spielen am Strand** wird wertvoller Schmuck getragen und verloren 51 (vgl. LG Köln, VersR **76**, 747).

Wertvolles Gepäck wird am **Strand unbeaufsichtigt** (vgl. LG Köln, r + s **75**, 52 219; AG Karlsruhe, r + s **77**, 88) oder unter der Aufsicht einer fremden **Zufallsbekanntschaft** zurückgelassen (vgl. AG Aachen, VersR **73**, 316; AG Hamburg, VersR **89**, 742).

Der Versicherte entfernt sich von seinem an einer **Bushaltestelle** abgestell- 53 ten Koffer, um ein Taxi herbeizuwinken (vgl. LG Bochum, VersR **87**, 1031).

In **Rio de Janeiro** wird **nachts** am bloßen Arm eine Rolex-Uhr im Wert 54 von DM 20 500,– auf offener Straße getragen (vgl. OLG Hamburg, ZfS **86**, 283) oder wertvoller Schmuck nachts bei einem Spaziergang an einem **einsamen Flußufer** (OLG München, VersR **89**, 744, es bestand Betrugsverdacht) oder in einer unbeleuchteten **Grünanlage** von Marseille (OLG Celle, VersR **89**, 364).

55   Reisegepäck wird in **Südamerika** (vgl. LG Köln, VersR **83**, 78) oder in **Budapest** (vgl. LG Itzehoe, VersR **88**, 797) oder in Libyen (vgl. AG Siegen, r + s **90**, 427) einem **unbekannten Taxifahrer** anvertraut.

56   Die Flamme eines **Gaskochers** wird in einem Wohnwagen einige Minuten **unbeaufsichtigt** gelassen (vgl. LG Osnabrück, VersR 86, 1016).

57   Reisegepäck im Wert von annähernd DM 10 000,– wird am Busbahnhof in **Istanbul** einem **Toilettenwärter** anvertraut, mit dem nur mangelhafte Verständigung möglich ist (vgl. LG Bielefeld, VersR **90**, 656).

58   Ein **Fahrzeugschlüssel** wird im Wageninneren zurückgelassen, so daß mit ihm der Kofferraum geöffnet werden kann (BGH, VA **86**, 488; OLG München, 18 U 26 15/87, A II Grobe Fahrlässigkeit Auto 7; LG Hamburg, VersR **79**, 664).

59   Ein **Appartementschlüssel** wird am Strand in einer Badetasche zurückgelassen (vgl. LG Köln, MDR **88**, 413).

60   Der Versicherte läßt eine **Dame,** die er in einem **Nachtclub in Brasilien** kennengelernt hat, in seinem Zimmer übernachten; die Dame ist am nächsten Morgen mitsamt der Videoausrüstung verschwunden (vgl. AG Nürnberg, 7. 4. 1988, 21 C 871/88, A II Grobe Fahrlässigkeit Hotelzimmer 1).

61   Eine wertvolle Uhr wird für mehrere Stunden in einem verschlossenen **Hotelzimmer** zurückgelassen (vgl. LG Frankfurt, VersR **89**, 742).

2. Rechtsprechung, die den Vorwurf grober Fahrlässigkeit verneint

62   Im **verschlossenen Kofferraum** kann auch hochwertiges Reisegepäck unbeaufsichtigt zurückgelassen werden, (vgl. OLG Karlsruhe, VersR **81**, 454; OLG Frankfurt, MDR **80**, 939; OLG Hamm, VersR **81**, 1127; OLG Hamm, VersR **81**, 1127, **82**, 1071; **83**, 1127; OLG Stuttgart, NJW-RR **86**, 828; OLG Karlsruhe, r + s **87**, 291).

63   Ein Koffer wird im **Fahrgastraum** eines tagsüber auf dem Bahnhofsplatz eines Kurortes verschlossen abgestellten Fahrzeuges zurückgelassen (OLG Hamm, VersR **82**, 1071).

64   In der belebten Innenstadt von **Amsterdam** wird Reisegepäck um 7.30 Uhr in den vor dem Hotel geparkten Pkw verbracht, um danach zu frühstücken und alsbald abzureisen (OLG Karlsruhe, r + s **87**, 291) oder in einer **südländischen Großstadt** (hier Madrid) mit überdurchschnittlicher Aufbruchrate (LG München, VersR **91**, 333).

65   In einem Badeort an der **Costa Brava** wird ein mit dem gesamten Reisegepäck beladenes Fahrzeug ordnungsgemäß auf einem gebührenpflichtigen Parkplatz abgestellt (vgl. OLG Hamm, VersR **83**, 1127).

66   Bei **Bahnreisen** darf Reisegepäck kurzfristig im Abteil unbeaufsichtigt zurückgelassen werden (vgl. OLG Stuttgart, JRPV 26, 210; OLG Köln, VA 33, 378; OLG Hamburg, VersR **74**, 463; LG München I, VersR **86**, 156), auch wenn der Diebstahl durch das Einschlafen des Versicherten während der Bahnreise ermöglicht wird, selbst wenn sich der Schaden zur Nachtzeit in einem südeuropäischen Land ereignet (vgl. RG in JRPV 27, 330; LG Köln, VersR **78**, 1156; LG München I, VersR **86**, 156; LG Zweibrücken, VersR **91**, 997).

Der Versicherte wird Opfer eines **Trickdiebstahls** (vgl. OLG Bremen, 67
VersR **77**, 1024; der Versicherte war in Indonesien von zwei Tätern angesprochen worden, einer lenkte ihn durch ein Gespräch ab, der andere ent-
wendete währenddessen das Reisegepäck).

Der Diebstahl einer Reisetasche im **Bahnhof** wird dadurch ermöglicht, 68
daß die Versicherte kurzfristig durch ihr Kleinkind abgelenkt wird (vgl.
OLG Stuttgart, NJW-RR **89**, 682).

Eine **Reisetasche** wird in Lima für **10 Sekunden** abgestellt, um einem Mit- 69
reisenden Zigaretten und Geld für Streichhölzer zu geben (vgl. AG Mar-
burg, ZfS **89**, 427 = NJW-RR **89**, 1192) oder in einer **Hotelhalle,** um mit
dem Portier zu verhandeln (vgl. LG Berlin, VersR **87**, 879; AG Hamburg,
r + s **91**, 316).

Ein wertvoller **Leopardenmantel** wird im **Kofferraum** eines besonders teu- 70
ren Pkw vor hell erleuchtetem Hotel mit eingeschalteter Alarmanlage
zurückgelassen; hier wird der in der Wertsachenversicherung vorausgesetzte Sicherheitsstandard nicht deutlich unterschritten (vgl. BGH, VersR
89, 141).

Reisegepäck wird bei offenem, aber vergittertem **Kibbuz-Fenster im Hoch-** 71
parterre zurückgelassen (vgl. LG Frankfurt, NJW-RR **89**, 97).

Auf einer **China-Reise** wird das Zoom-Objektiv in einer Reisetasche abge- 72
stellt, der Trageriemen liegt jedoch noch über der Schulter (vgl. LG Aachen,
r + s **89**, 230) oder eine Fotoausrüstung, die auf dem Tisch eines **türkischen**
Cafés liegt, wird während der Unterhaltung mit Gästen am Nachbartisch
entwendet (OLG Karlsruhe, ZfS **91**, 104).

Der VN stellt auf dem **Wochenmarkt** in **Meran** eine Fototasche neben sich 73
um einen Stein aus dem Schuh zu entfernen (vgl. LG Frankfurt, MDR **86**,
416).

Der VN übernachtet mit einer **Reisebekanntschaft** in einem gemeinsamen 74
Hotelzimmer (vgl. OLG Hamm, ZfS **91**, 64).

Der Versicherte läßt beim **Trampen** sein Gepäck im Kofferraum verladen, 75
beim Aussteigen des Trampers fährt der Pkw-Fahrer mit dem Reisegepäck
davon (vgl. OLG München, Beschluß vom 29.9.82, Az.: 8 W 1495/82,
A II Grobe Fahrlässigkeit Trampen 1; AG Bremen, VersR **86**, 760).

D. Leistungsfreiheit bei vorsätzlich falschen Angaben

Die Leistungspflicht des Versicherers ist weiterhin **ausgeschlossen,** wenn 76
der Versicherte vorsätzlich falsche Angaben macht, und zwar selbst dann
„wenn hierdurch dem Versicherer ein Nachteil nicht entsteht". Diese dritte
Alternative von § 11 Nr. 1 ist ein spezieller Ausfluß der allgemeinen Auskunftspflicht in § 10 Nr. 1 c), der den Versicherter ohnehin verpflichtet,
„alles zu tun, was zur Aufklärung des Tatbestandes dienlich sein kann".

Es gibt wohl kaum einen anderen Versicherungszweig, der einen solchen 77
Anreiz zum Versicherungsbetrug bietet, wie dies bei der Reisegepäck-Versicherung der Fall ist (vgl. OLG Köln, VersR **71**, 540; *Eberhardt* in ZfV **74**,

377; *Honsel,* VersR **71**, 715; *König,* S. 35 ff.; *van Bühren,* Dissertation, S. 124 m. w. N.).

78   Ein **Schutz** vor betrügerischen Manipulationen soll daher durch diejenigen Bestimmungen erreicht werden, mit denen der Versicherte zur einer **wahrheitsgemäßen Schadenmeldung** angehalten werden soll (vgl. *Honsel,* VersR **81**, 716 m. w. N.).

I. Falsche Angaben zum Schadenhergang und zur Schadenhöhe

79   Vorsätzlich falsche Angaben über den **Schadenhergang** und die **Schadenhöhe** sind **generell** geeignet, die Interessen des Versicherers zu gefährden (vgl. BGH, VersR **77**, 1021; OLG München, VersR **77**, 539; LG Köln, VersR **84**, 731; LG Berlin, VersR **85**, 33; LG München I, VersR **87**, 94; a. A. LG München I – Berufungskammer –, VersR **86**, 137).

80   Auch die Frage nach **Reisebegleitern** muß wahrheitsgemäß beantwortet werden, da mitreisende Personen als Zeugen in Betracht kommen. Der Versicherer wird daher leistungsfrei, wenn der Versicherte trotz entsprechender Frage in der Schadenanzeige Reisebegleiter nicht angibt (vgl. OLG München, VersR **86**, 136; LG München I, VersR **86**, 179, VersR **87**, 94; LG Berlin, VersR **85**, 33; LG Flensburg, VersR **88**, 263; LG Berlin, VersR **88**, 1020); dies gilt auch für die Frage, ob und wo der **Reisebegleiter versichert** war, um das „Umfeld" des Versicherten zu überprüfen (vgl. LG München I, VersR **88**, 1122; das OLG München hat das Urteil gemäß § 543 I ZPO bestätigt).

81   Nur durch die **wahrheitsgemäße Schilderung** über den Schadenhergang kann sich der Versicherer ein Bild darüber machen, ob überhaupt ein ersatzpflichtiger Schaden gegeben ist. Ebenso ist der Versicherer auf die **wahrheitsgemäßen Angaben zur Schadenhöhe** angewiesen, da er nur aufgrund dieser Angaben prüfen kann, in welcher Höhe eine Entschädigung zu leisten ist.

82   Da der Versicherer in der Regel aufgrund der bloßen Angaben des Versicherten zur Leistung verpflichtet sein kann, greift uneingeschränkt die **Sanktion der vollständigen Leistungsfreiheit** ein, wenn der Versicherte vorsätzlich wahrheitswidrige Angaben zum Schadenhergang und zur Schadenhöhe macht. Der Versicherte hat dann allenfalls noch die Möglichkeit, den Nachweis zu führen, daß trotz Vorsatzes sein Verschulden nur gering war (vgl. BGH, VersR **77**, 1021; BGH, VersR **78**, 77; OLG Karlsruhe, r + s **87**, 263; LG Frankfurt, VersR **85**, 777).

83   **Verweigert** der Versicherte – zunächst – nähere Auskünfte, so tritt (noch) nicht Leistungsfreiheit ein, die Fälligkeit der Leistung wird gehemmt, bis die Obliegenheit der Auskunftserteilung erfüllt wird (vgl. LG München, VersR **86**, 135).

84   **Bestreitet** der Versicherte bei objektiv falschen Angaben, vorsätzlich gehandelt zu haben, so trägt er die **Beweislast** für den **fehlenden Vorsatz** (vgl. OLG Köln, VersR **84**, 1086; LG Hamburg, VersR **85**, 132; LG München I, VersR **87**, 94). Die gegenteilige Auffassung der Berufungskammer des LG München (VersR **85**, 1034) widerspricht der in Rechtsprechung und Rechtslehre (vgl. *Prölss/Martin,* § 6 VVG, Anm. 14 m. w. N.) allgemein anerkannten Beweislastverteilung.

Den **Beweis** für fehlenden Vorsatz kann der Versicherte **nicht** dadurch 85
erbringen, daß er einen **partiellen Verlust des Erinnerungsvermögens** als möglich unter Beweis stellt (vgl. OLG Nürnberg, VersR **87**, 557).

II. Falsche Angaben zu Vorschäden

Ein in der Praxis bedeutsamer Fall ist das **Verschweigen von Vorschäden** 86
trotz entsprechender Formularfrage in der Schadenanzeige.

Der Versicherer hat an der wahrheitsgemäßen Beantwortung dieser 87
Frage deshalb ein großes schutzwürdiges Interesse, weil er bei Vorschäden
möglicherweise **eingehendere Ermittlungen** anstellt (vgl. OLG Saarbrücken,
VersR **84**, 885, LG München, VersR **86**, 760; AG Dortmund, r + s **89**, 198;
Ollick, VA 80, 295).

Die Leistungsfreiheit bei vorsätzlichem, folgenlosem Verschweigen von 88
Vorschäden ergibt sich aus dem **Präventions- und Garantiezweck** der Verwir-
kungsabrede (vgl. AG Dortmund, r + s **89**, 198).

Die **Auskunftspflicht** bezieht sich auch auf nicht versicherte Vorschäden 89
oder solche Schäden, die unter die **Juwelenversicherung** oder **Hausrat-Versi-**
cherung fallen (vgl. *Prölss/Martin*, § 10 AVBR, Anm. 5 b); LG Dortmund,
VersR **84**, 886).

Wenn der Versicherte Vorschäden verschweigt, liegt daher ein **relevanter Ver-** 90
stoß gegen die Wahrheitspflicht gemäß § 11 Nr. 1 mit der Maßgabe der Leistungsfreiheit vor (vgl. OLG München, VersR **77**, 539; **84**, 636, **86**, 338; OLG
Düsseldorf, VersR **78**, 916; OLG Frankfurt, VersR **78**, 367; OLG Bremen,
VersR **80**, 819; OLG Hamm, VersR **81**, 454; OLG Hamburg, VersR **82**,
798; OLG Saarbrücken, VersR **84**, 885; OLG München, VersR **86**, 31; OLG
Hamm, r + s **86**, 264; OLG Köln, VersR **91**, 183; LG Frankfurt, VersR
85, 777; LG Wiesbaden, VersR **86**, 55; LG Essen, VersR **83**, 530; LG Aachen,
VersR **85**, 777; LG Köln, VersR **84**, 731; LG München I, VersR **87**, 94).

Leistungsfreiheit tritt auch dann ein, wenn Vorschäden verschwiegen wer- 91
den, die bei **demselben Versicherer** eingetreten sind, da es nicht dem Zufall
überlassen werden darf, ob der Sachbearbeiter die Vorschäden ermittelt
(vgl. OLG Köln, VersR **84**, 1086; LG Aachen, VersR **85**, 77; **a. A.** LG Wiesbaden, VersR **86**, 55 mit zustimmender Anm. von *Martin*, VP **86**, 46).

Die Frage nach **Vorschäden** ist deshalb bedeutsam, weil bei Versicherten, 92
die öfter von Schadenfällen betroffen sind, **eingehendere Ermittlungen** ange-
stellt werden. Der entgegenstehenden Auffassung, des LG Wiesbaden
(VersR **86**, 55) und des OLG Karlsruhe (r + s **87**, 262), daß dem Versicherer
bekannte oder nicht regulierte Schäden nicht angegeben werden müßten,
kann daher nicht zugestimmt werden.

Objektiv falsche Angaben indizieren auch ein subjektiv **vorsätzliches** Fehl- 93
verhalten. Die Darlegungs- und Beweislast dafür, daß bei einem objektiven
Verstoß gegen die Wahrheitspflicht nicht vorsätzlich gehandelt wurde, trifft
den Versicherten (vgl. OLG Nürnberg, VersR **87**, 557; LG Hamburg, VersR
85, 132; LG München I, VersR **87**, 94; LG Hamburg, VersR **88**, 1264). Bei
objektiv falschen Angaben wird Vorsatz vermutet (vgl. OLG Köln, VersR
91, 183).

94   Wird ein nur **zwei Jahre** zurückliegender Vorschaden verschwiegen, so ist das „**Vergessen**" nicht glaubhaft (vgl. LG Stuttgart, VersR **87**, 1031), auch dann nicht, wenn der Ehegatte das mangelnde Erinnerungsvermögen bestätigt (OLG Hamm, VersR **89**, 1192).

95   Leistungsfreiheit tritt auch dann ein, wenn ein **Wissensvertreter** (vgl. § 10 RdNr. 16 ff.) des Versicherten unzutreffende Angaben in der Schadenanzeige macht und der Versicherte die Unrichtigkeit dieser Angaben kennt (vgl. OLG Köln, VersR **86**, 572).

96   Wird die Frage nach **Vorschäden** bereits bei Antragsstellung **wahrheitswidrig verneint**, dann kann der Versicherer den Vertrag gemäß § 123 BGB und § 22 VVG **anfechten** (vgl. LG Frankfurt, r + s **88**, 341).

97   Eine Verletzung der Aufklärungsobliegenheit liegt auch dann vor, wenn die **Frage** nach Vorschäden **nicht beantwortet** wird (vgl. OLG Köln, VersR **91**, 183).

III. Relevanz

98   Der völlige Anspruchsverlust (**Alles – oder – Nichts**-Prinzip) bei vorsätzlichen, aber folgenlosen Obliegenheitsverletzungen hat die Versicherten, insbesondere in der Feuerversicherung und Haftpflicht-Versicherung oft besonders hart getroffen. Der BGH hat daher in seiner **Relevanzrechtsprechung** (vgl. § 10 RdNr. 118 ff.) die Leistungsfreiheit bei vorsätzlichen, aber folgenlosen Obliegenheitsverletzungen nur dann für zulässig gehalten,
      – wenn der Versicherte über den AVB-Text hinaus über die Folgen der Obliegenheitsverletzung **belehrt** worden war,
      – wenn die Obliegenheitsverletzung **generell** geeignet war, berechtigte Interessen des Versicherers ernsthaft zu gefährden,
      – wenn bei dem Versicherten subjektiv ein erhebliches (**relevantes**) Verschulden vorlag.

99   Die notwendige **Belehrung** muß über den AVB-Text hinaus erfolgen, so daß ein Hinweis auf § 11 Nr. 1 nicht genügt (vgl. *Martin*, SVR, X I 20). Die Schadenanzeigeformulare enthalten daher in der Regel den Hinweis, daß unwahre Angaben selbst dann zum Anspruchsverlust führen, wenn hierdurch dem Versicherer kein Nachteil entsteht.

E. Klagefrist (§ 11 Nr. 2)

100   Die Vorschrift in § 11 Nr. 2 entspricht der gesetzlichen Regelung von § 12 Abs. 3 VVG.

I. Rechtsfolgenbelehrung

101   § 11 Nr. 2 enthält eine **Rechtsfolgenbelehrung,** nicht eine Rechtsmittelbelehrung, insbesondere ist nicht erforderlich die Angabe des zuständigen Gerichts (vgl. BGH, NJW **78**, 1583).

102   Der Versicherer muß, wenn er die Frist gemäß § 11 Nr. 2 in Gang setzen will, den geltend gemachten Anspruch schriftlich zurückweisen und im

Ablehnungsschreiben den Versicherungsnehmer **ausdrücklich** darüber **belehren**, daß der Versicherer bereits durch den **Fristablauf** von seiner Leistungspflicht frei wird. Der bloße Hinweis auf § 11 Nr. 2 oder § 12 Abs. 3 VVG reicht nicht aus (vgl. *Prölss/Martin*, § 12 VVG, Anm. 6 m. w. N.).

Die Belehrung, daß „**Klage**" erhoben werden muß, ist **nicht ordnungsge-** 103 **mäß**, da auch gerichtlicher Mahnantrag genügt (vgl. OLG Hamm, r + s 90, 325).

Die Ablehnung muß **schriftlich** erfolgen, so daß auch die Übersendung 104 des Ablehnungsschreibens mit der normalen Post genügt. Beruft sich der Versicherer auf den Fristablauf, ist er jedoch für den Zugang des Ablehnungsschreibens und den Zeitpunkt des Zugangs beweispflichtig (vgl. *Prölss/Martin*, § 12 VVG, Anm. 7, *van Bühren*, Versicherungsrecht, S. 45 ff.).

Die Frist in § 11 Nr. 2 ist ebenso wie die Frist gemäß § 12 Abs. 3 VVG 105 eine **Ausschlußfrist** und keine Verjährungsfrist, eine Hemmung oder Unterbrechung ist somit nicht möglich (vgl. *Prölss/Martin*, a. a. O.; *van Bühren*, a. a. O.; LG Möchengladbach, VersR 85, 937).

Der Ablauf der Klagefrist ist **von Amts wegen** zu berücksichtigen, bei Ver- 106 gleichsverhandlungen tritt keine Hemmung der Klagefrist ein. Etwas anderes gilt nur dann, wenn der Versicherer in der weiteren Korrespondenz den Eindruck erweckt, er wolle die Ablehnung neu überdenken (vgl. BGH, VersR 77, 472). Die Frist verlängert sich dann bis zu dem Zeitpunkt der erneuten Ablehnung zuzüglich einer kurzen Überlegungsfrist (vgl. *Prölss/ Martin*, § 12 VVG, Anm. 8 m. w. N.; OLG Koblenz, VersR 75, 79).

Es liegt **keine Treuwidrigkeit** vor, wenn der Versicherer auf weitere Korre- 107 spondenz des Versicherten nicht mehr eingeht (vgl. OLG München, VersR 59, 129).

II. Gerichtliche Geltendmachung

Die Frist gem. § 11 Nr. 2 wird durch **jede Art** der gerichtlichen Geltend- 108 machung gewahrt.

Eine **Leistungs-** oder **Feststellungsklage**, die vor Fristablauf bei Gericht ein- 109 gegangen ist und dem Versicherer „**demnächst**" zugestellt worden ist, wahrt die Klagefrist (§ 270 Abs. 3 ZPO).

Auch ein **Prozeßkostenhilfeantrag** reicht zur Fristwahrung, wenn nach 110 Bewilligung der Prozeßkostenhilfe die **Klage unverzüglich** zugestellt wird (vgl. BGH, VersR 87, 39).

Ein **Mahnbescheid** genügt ebenfalls, wenn die Zustellung des Mahnbe- 111 scheides gem. § 693 Abs. 2 ZPO „**demnächst**" erfolgt (vgl. OLG Hamm, VersR 87, 194).

„**Demnächst**" bedeutet in der Regel, daß die Zustellung spätestens inner- 112 halb von 2 Wochen nach Einreichung bei Gericht erfolgt sein muß (vgl. BGH, r + s 90, 398).

Die **Zustellung** einer Klage nach **2 Monaten** ist **nicht** „**demnächst**" i. S. von 113 § 270 Abs. 3 ZPO. Der Gerichtskostenvorschuß muß auch **ohne Anforde-rung** des Gerichts eingezahlt werden, um die beschleunigte und „demnächstige" Zustellung der Klageschrift zu bewirken (vgl. BGH, VersR 77, 1153).

III. Gerichtsstand

114 Es stehen drei Gerichtsstände zur Auswahl:
a) der allgemeine Gerichtsstand des Versicherers (§ 17 Abs. 1 ZPO)
b) der Gerichtsstand der Niederlassung (§ 21 Abs. 1 ZPO)
c) der Gerichtsstand der Agentur (§ 48 VVG).

115 Für die Praxis bedeutsam ist der Gerichtsstand der Agentur (§ 48 VVG). Nach dieser Vorschrift, die auch auf angestellte Vertreter/Agenten des Versicherers Anwendung findet, können Klagen an dem Gericht des Ortes erhoben werden, „wo der Agent" zur Zeit der Vermittlung oder Schließung des Vertrages seinen Wohnsitz hatte.

116 „Agent" im Sinne dieser Vorschrift ist auch das Reisebüro oder die Bundesbahn, die den Abschluß des Versicherungsvertrages vermitteln.

F. § 11 AVBR 92

117 Der Text spricht den Versicherungsnehmer oder **Versicherten** an.

118 Sowohl vorsätzliche oder grobfahrlässige Verursachung des Versicherungsfalles führen zum Verlust des Versicherungsanspruches.

119 Eine vorsätzliche oder grob fahrlässige Verletzung der **Aufklärungs-** und **Wahrheitspflichten** durch den Versicherten führt in gleicher Weise zum Verlust des Versicherungsanspruches wie entsprechende Verletzungen durch den Versicherungsnehmer.

AVBR 80

§ 12 Zahlung der Entschädigung

1. Die Entschädigung wird spätestens zwei Wochen nach ihrer endgültigen Feststellung durch den Versicherer gezahlt.
2. Sind im Zusammenhang mit dem Versicherungsfall behördliche Erhebungen oder ein strafgerichtliches Verfahren gegen den Versicherten eingeleitet worden, so kann der Versicherer bis zum rechtskräftigen Abschluß dieser Verfahren die Zahlung aufschieben.

AVBR 92

§ 12 Zahlung der Entschädigung

1. Ist die Leistungspflicht des Versicherers dem Grunde und der Höhe nach festgestellt, so hat die Auszahlung der Entschädigung binnen zwei Wochen zu erfolgen. Jedoch kann ein Monat nach Anzeige des Schadens als Abschlagszahlung der Betrag beansprucht werden, der nach Lage der Sache mindestens zu zahlen ist.
2. Die Entschädigung ist seit Anzeige des Schadens mit 1 Prozent unter dem Diskontsatz der Deutschen Bundesbank zu verzinsen, mindestens jedoch mit 4 Prozent und höchstens mit 6 Prozent pro Jahr.
   Die Verzinsung entfällt, soweit die Entschädigung innerhalb eines Monats seit Anzeige des Schadens gezahlt wird. Zinsen werden erst fällig, wenn die Entschädigung fällig ist.
3. Die Entstehung des Anspruchs auf Abschlagszahlung und der Beginn der Verzin-

sung verschieben sich um den Zeitraum, um den die Feststellung der Leistungspflicht des Versicherers dem Grunde oder der Höhe nach durch Verschulden des
Versicherungsnehmers verzögert wurde.
4. Sind im Zusammenhang mit dem Versicherungsfall behördliche Erhebungen oder
ein strafgerichtliches Verfahren gegen den Versicherten eingeleitet worden, so kann
der Versicherer bis zum rechtskräftigen Abschluß dieser Verfahren die Zahlung aufschieben.

Übersicht

A. Vorbemerkung

§ 12 Nr. 1 bestimmt eine Zweiwochenfrist zur Zahlung der Entschädi- 1
gung nach der **endgültigen Feststellung durch den Versicherer**. Der Lauf der
Frist beginnt nach Abschluß der **notwendigen Erhebungen** des Versicherers.
Dazu gehört die Aufklärung aller Umstände, die für die Beurteilung des
Schadeneintritts und des Schadenumfanges von Bedeutung sind. Der Versicherer hat die Erhebungen auch auf das Umfeld des Schadensachverhaltes
zu erstrecken (vgl. *Martin*, SVR, D XVI 17).

Ausdrückliche Regelungen zur Aufklärung und zu notwendigen Erhe- 2
bungen des Versicherers enthalten die Obliegenheiten gemäß § 10. § 12
Nr. 2 nennt einzelne Voraussetzungen, unter welchen die endgültige Feststellung der Entschädigung durch den Versicherer nicht möglich ist.

Abschlagszahlungen sind in § 12 nicht erwähnt. § 11 Abs. 2 VVG ist 3
jedoch gem. § 15 a VVG halbzwingend. Der Versicherte der Reisegepäck-
Versicherung kann deshalb Abschlagszahlungen in Höhe des Betrages verlangen, der jedenfalls zu zahlen ist, sofern die Erhebungen innerhalb eines
Monats nicht abgeschlossen sind. Voraussetzung für Abschlagszahlungen
ist jedoch die Klärung der Eintrittpflicht des Versicherers dem Grunde
nach. In der Regel nehmen die Erhebungen des Versicherers zur Eintrittspflicht zeitlich den größten Raum in Anspruch. Andererseits können aus
den Erhebungen zur Schadenhöhe Einwendungen zur Eintrittpflicht folgen. Das bedeutet, daß Abschlagszahlungen in der Reisegepäck-Versicherung keine praktische Bedeutung haben.

B. Die notwendigen Erhebungen des Versicherers

4 Die **Aufklärungspflicht des Versicherten** und die notwendigen Erhebungen des Versicherers dienen dazu, den Versicherer und damit die Versichertengemeinschaft vor unberechtigten Entschädigungsleistungen zu schützen. Der Versicherer ist berechtigt und verpflichtet, alle Umstände, die zur Aufklärung des Schadens geeignet sind, zu erfragen und zu ermitteln.

5 Als Grundlage für die Einholung von Informationen zum Versicherungsfall hält der Versicherer i. d. R. einen Schadenanzeigevordruck bereit. Der Versicherte ist im Rahmen der Aufklärungspflicht gem. § 10 Nr. 1 c, § 34 VVG verpflichtet, anhand des **Schadenanzeigevordrucks umfassende Auskunft** zu allen Fragen auf dem Vordruck zu geben, die den Versicherten und den Schadenfall betreffen könnten. (vgl. *Prölss/Martin,* § 34 VVG, Anm. 1).

6 **Persönliche Daten** hat der Versicherte insoweit mitzuteilen, als diese für die Beurteilung des **subjektiven Risikos** von Bedeutung sind. Dazu hat er neben seinem Namen und seiner Anschrift Auskunft über seine berufliche Tätigkeit zu geben. Für die Beurteilung des subjektiven Risikos ist z. B. von Bedeutung, ob der Versicherte aufgrund seiner beruflichen Tätigkeit besondere Kenntnisse und Erfahrung im Versicherungswesen hat (*Prölss/Martin,* § 12 AVBR, Anm. 2 a). Auch die Lebensumstände des Versicherten können für die Beurteilung des Schadens von Bedeutung sein.

7 **Mitreisende Personen und Reisebegleiter** sind für die Beurteilung einer Schadensache stets von Bedeutung. Der Versicherer kann Auskunft darüber verlangen, welche Personen gegebenenfalls als Zeugen für einen Schaden oder für die Begleitumstände des Schadens in Betracht kommen (OLG München, VersR **88**, 1122). Reisebegleiter und Mitreisende sind Personen, mit welchen der Versicherte wesentliche Abschnitte der Reise gemeinsam unternimmt, insbesondere Personen, mit denen die Reise gemeinsam geplant und gebucht wurde (LG Berlin, VersR **85**, 33; LG München I, VersR **86**, 179; LG München I, VersR **87**, 94; AG Lemgo, VersR **89**, 743; AG Bamberg, VersR **90**, 1235). Macht der Versicherte unvollständige oder unzutreffende Angaben zur Frage nach Reisebegleitern, so verliert er den Anspruch auf Versicherungsleistung (LG München I, 03. 12. 1985, 28 O 17593/85, A II, Beweis 21).

8 Bei Schäden während **gebuchter Reisen** ist die Reisebestätigung vorzulegen, aus welcher sich der Reiseablauf ergibt. **Fahrkarten, Flugtickets und Übernachtungsbelege** sind geeignet, den Rahmen der Reise, in deren Verlauf sich der Schaden ereignet hat, darzustellen.

9 Zum Umfeld eines Schadens während einer **Individualreise** gehört die Darlegung der **ursprünglichen Reiseplanungen und des tatsächlichen Reiseverlaufs.** Die Erhebungen des Versicherers haben sich bei dem Diebstahl wesentlicher Teile des persönlichen Reisebedarfs darauf zu erstrecken, ob der Versicherte in der Folge seine Reise abgebrochen hat oder er die Reise nach der Ersatzbeschaffung der Reisegrundausstattung fortgesetzt hat (LG Köln, VersR **84**, 1169).

Bei **Flugreisen** haben sich die Erhebungen vorrangig auf die **formellen** 10 **Bestätigungen des Carriers** zum Schaden zu erstrecken. Dazu zählt der Nachweis für die Flugbeförderung durch das Flugscheinheft, die Bestätigung über die Nichtauslieferung des Gepäckstückes von der Fluggesellschaft unmittelbar bei Ankunft am Zielflughafen sowie die Bestätigung des Carriers, daß die Suche nach dem nicht ausgelieferten Gepäckstück ergebnislos verlief (OLG Celle, 30.04. 1982, 8 U 183/81 A II Beweis 4; LG Frankfurt VersR **84**, 575; LG München I, 15.10. 1986, 31 S 7705/86 A II, Beweis 23). Der Versicherte sollte die eigenen Flugscheinhefte sowie die der Reisebegleiter einreichen. Dies ist die Grundlage für die Feststellung der Stückzahl des zur Beförderung aufgegebenen Gepäcks sowie des Gewichts. Dazu dient auch die Vorlage der Gepäckscheine.

Die Erhebungen des Versicherers zur **Schadenhöhe** werden von der 11 Obliegenheit zur Vorlage von Belegen und zur Einreichung einer Liste über das nicht vom Schaden betroffene Gepäck, § 10 Nr. 1 c unterstützt. Der Erwerb und der Wert hochwertiger und neuer Gegenstände ist durch Kaufrechnungen nachzuweisen. Sind die ursprünglichen Originalkaufbelege nicht mehr vorhanden, so ist es dem Versicherten zuzumuten, als Nachweis für hochwertige Kleidung und andere teure Gegenstände Kaufbestätigungen oder Zweitrechnungen zu beschaffen.

Für Fotoausrüstungen und technische Geräte sind Garantie-Unterlagen 12 einzureichen (vgl. *Prölss/Martin*, § 12 AVBR, Anm. 2 c).

Der Versicherer kann den Abschluß seiner Ermittlungen zurückstellen bis 13 zum **Abschluß behördlicher oder strafgerichtlicher Verfahren gegen den Versicherten**, § 12 Nr. 2. Die Bestimmung hat klarstellende Funktion. Es liegt auf der Hand, daß die Eintrittspflicht nicht geklärt ist und der Versicherer die Entschädigung nicht feststellen kann, solange amtliche Ermittlungen gegen den Versicherten im Zusammenhang mit dem Schadenfall laufen.

Der Versicherte hat Auskunft über anderweitige Versicherungsverträge 14 zu geben, die das Risiko des Versicherungsfalles betreffen. § 10 Nr. 1 b verlangt von dem Versicherten die Einholung und Vorlage der Schadenbestätigungen für den Rückgriff bei den Beförderungsunternehmen und bei anderen Stellen.

Der Versicherer hat bei den Erhebungen den **Grundsatz der Verhältnis-** 15 **mäßigkeit** zu beachten. Bei geringfügigen Beschädigungen an aufgegebenem Gepäck ist die Aufklärung des gesamten Reiseverlaufs und der Lebensumstände des Versicherten nicht angemessen und der Sachaufklärung nicht dienlich.

C. Beweiserleichterungen

Der Versicherte genügt seiner Beweislast in der Regel damit, daß er einen 16 **äußeren Sachverhalt dartut, der nach der Lebenserfahrung unmittelbar auf den Eintritt eines versicherten Ereignisses schließen läßt** (LG München I, 02.06. **82**, 31 S 19778/81 A II Beweis 5; LG Kleve, 26.07. **83**, 3 S 76/83 A II Beweis 6; OLG Frankfurt, ZfS **84**, 87; LG Köln, VersR **84**, 731; OLG München, VersR **84**, 733; BGH VersR **87**, 801 zur Einbruchdiebstahl-Versicherung).

17   Weist der Schadenbericht des Versicherten **Widersprüche und Ungereimt-**
heiten auf, so kann er die **Beweiserleichterungen nicht** für sich in Anspruch
nehmen (LG Stuttgart, VersR **80**, 232; OLG Hamburg, VersR **84**, 1063;
OLG Hamm, VersR **85**, 387; LG München I, 30. 10. 1984, 28 O 13757/84;
LG Düsseldorf, 01. 03. 1985, 11 U 552/83; LG Düsseldorf, 09. 01. 1987, 11
O 125/86, A II Beweis 24; LG München I, 13. 01. 1988, 31 S 5219/1987, A
II Beweis 30).

18   Da es in der Reisegepäck-Versicherung häufig an konkreten Nachweisen
für den Eintritt des Versicherungsfalles fehlt, kommt der **umfassenden Darle-**
gung des Versicherungsfalles samt der begleitenden Umstände durch den Versi-
cherten besondere Bedeutung zu. (*Martin*, SVR, D XVI 17 ff.) Wechselt der
Versicherte seinen Vortrag im Verlauf der Schadenkorrespondenz, so kann
das gegen seine Redlichkeit sprechen.

19   Hält der Versicherte wesentliche Auskünfte zu dem Schadenhergang
oder zu den Begleitumständen zurück, entfällt die Grundlage für die
Beweiserleichterungen. Nennt der Versicherte die mitreisenden Personen
nicht oder verneint er die Frage wahrheitswidrig, verliert er den Anspruch
auf Versicherungsleistung (LG München I, VersR **86**, 179; OLG München,
VersR **86**, 136; LG München I, VersR **87**, 95; LG München I, VersR **88**,
1122).

20   Wesentliche Abweichungen zwischen den Angaben des Versicherten
gegenüber der Polizei und gegenüber dem Versicherer sprechen gegen die
Redlichkeit des Versicherten (LG Frankfurt, VersR **83**, 364). Die Obliegen-
heit zur unverzüglichen Anzeigenerstattung, § 10 Nr. 3, dient nicht zuletzt
dazu, den Versicherer vor unberechtigter Inanspruchnahme zu schützen
(AG Bremen, VersR **85**, 881; OLG Hamm, VersR **87**, 153; LG Berlin,
VersR **89**, 77; AG Wilhelmshaven, VersR **88**, 1146; AG Hamburg **89**, 743;
AG Hamburg, VersR **90**, 520; OLG Frankfurt, VersR **91**, 302).

21   Allein die **Vorlage des polizeilichen Diebstahlprotokolls ist kein ausreichender**
Nachweis für den Eintritt des Versicherungsfalles. Denn es gibt keinen Lebenserfahrungssatz dahin, daß die Angaben, die jemand gegenüber der Polizeidienststelle macht, auch der Wahrheit entsprechen (OLG München, 31. 10.
1980, 8 U 3797/79 A II Beweis, 2; OLG Hamburg, VersR **84**, 1063; LG
Trier; 20. 08. 1985, 1 S 63/85, A II Beweis 20). Andererseits hat die Aussage
des Versicherten unmittelbar nach dem Schaden gegenüber einer Polizeibe-
hörde eher die Vermutung der Richtigkeit als spätere Angaben gegenüber
dem Versicherer.

22   Behauptet der Versicherte Tatsachen, die geeignet sind, die Umstände des
versicherten Ereignisses zu bestätigen, so hat er diese nachzuweisen.
Behauptet der Versicherte, bei dem Autoaufbruch seien Kratzspuren entstanden, hat er dafür den Nachweis zu führen (LG Hamburg, VersR **86**,
179).

23   Die **Häufung von Schadenfällen** des Versicherten oder seiner Lebenspartner steht der Beweisführung auf der Grundlage des Redlichkeitsbeweises
entgegen (LG München I, 11. 02. 1986, 28 O 13742/85 A II Beweis 22).

24   Das **Verschweigen früherer Reisegepäckschäden** steht unter zwei rechtlichen

Gesichtspunkten der Leistungspflicht des Versicherers entgegen. Zum einen verwirkt der Versicherte den Anspruch auf Versicherungsleistung, § 11 Nr. 1, 2. Alt.; zum anderen können diesem Versicherten keine Beweiserleichterungen zugebilligt werden. (LG Kleve, 26. 07. 1983, 3 S 76/83 A II Beweis 6; OLG Düsseldorf, VersR 78, 916; OLG Hamburg, VersR 82, 798; LG Essen, VersR 83, 530; OLG München, VersR 84, 636; OLG Köln, VersR 84, 1086; OLG Hamm, VersR 87, 1233).

Der Versicherte kann Beweiserleichterungen nicht für sich in Anspruch 25 nehmen, wenn sich aus den Eintragungen im Flugscheinheft zur Menge des mitgeführten Gepäcks Ungereimtheiten ergeben (OLG München, 29. 09. 1987, 18 U 3761/87, A II Beweis 28; LG München I, 13. 01. 1988, 31 S 5219/87; LG Göttingen, VersR 91, 420).

Behauptet der Versicherte Schaden an hochwertigem Gut und hat der 26 Versicherte zur Zeit des behaupteten Erwerbs die eidesstattliche Versicherung abgegeben, so hat er den Strengbeweis für den Erwerb des Gegenstandes und für den Schaden daran zu führen (LG München I, 10. 02. 1987, 28 O 16716/86 A II Beweis 25; LG München I, 26. 07. 1988, 28 O 26040/87 A II Beweis 31).

Dem Versicherten kommen Beweiserleichterungen nicht zugute, wenn 27 als Nachweis für den Schaden unzutreffende Belege eingereicht werden (LG Hamburg, 14. 09. 1983, 5 O 993/82 A II Beweis 7; LG Köln, 27. 02. 1978, 74 O 423/77 A II Kaufbeleg 1; LG Wiesbaden, 29. 04. 1982, 7 b O 165/81 A II Kaufbeleg 2; LG München I, 20. 03. 1985, 31 S 11237/84 A II Kaufbeleg 3; LG Berlin, VersR 86, 544; LG München I, 19. 11. 1987, 11 O 457/87 A II Kaufbeleg 6; LG Wiesbaden, VersR 90, 849).

Reicht der Versicherte zu einer Schadenliste eine Vielzahl von Kaufbele- 28 gen ein ohne diese der Stehlgutliste einzeln zuzuordnen, und ist dies für den Versicherer erkennbar, so spricht dies nicht von vornherein gegen seine Redlichkeit (LG Frankfurt, VersR 89, 625).

Eine Stehlgutliste über ausschließlich neue und teure Gegenstände über- 29 zeugt nach LG München I, VersR 86, 781 nicht, wenn nicht wenigstens für einen Teil der Gegenstände Kaufbelege eingereicht werden können. Unrichtige Angaben in der Schadenaufstellung und insbesondere die Aufführung von Gegenständen, die nicht zum Reisebedarf des Versicherten zählen, stehen der Redlichkeitsvermutung stets entgegen. (LG Frankfurt, 25. 03. 1982, 2/23 O 432/81 A II Wahrheitspflicht 1; LG Nürnberg-Fürth; 02. 07. 1986, 13 O 1511/86 A II Wahrheitspflicht 3; LG Berlin 17. 01. 1990, 2 O 1854/90 A II Wahrheitspflicht 5).

D. Schadenumfang und Höhe der Entschädigung

Auch der **Schadenumfang** muß nach der Lebenserfahrung wahrscheinlich 30 sein. Der Versicherte kann sich für seine Behauptung, während einer Wochenendfahrt sei umfangreiches Gepäck gestohlen worden, nicht auf den Beweis des ersten Anscheins nach der Lebenserfahrung berufen (*Prölss/ Martin*, § 12 AVBR, Anm. 2 c). Art und Zweck der geplanten Reise geben

Hinweise für Art und Umfang des mitgeführten Gepäcks. Für das Mitführen und für den Schaden an außergewöhnlichem Gepäck hat der Versicherte den vollen Beweis zu führen. Z. B. spricht die Lebenserfahrung nicht dafür, daß ein Student neue und hochwertige Sachen in größerem Umfang auf Reisen mit sich führt.

31   Die Schadenhöhe ist vom Versicherten nach der Vorgabe des § 7 (s. o. § 7, RdNr.) zu schätzen. Der Versicherer hat dabei nach den Grundsätzen der §§ 286, 287 ZPO den Betrag zu ermitteln, den ein Gericht bei freier Schadenschätzung zubilligen würde. Der Versicherer darf dabei jedoch nicht von einer sog. **Schätzungsdifferenz** sprechen (BAV IV 5996 – G 29/81, VA **81**, 275). Der Versicherer darf die §§ 286, 287 ZPO auch nicht in der Weise zitieren, daß der Versicherte den Eindruck erhält, zu seinem Nachteil werde von einer an sich bestehenden Forderung ein Abzug vorgenommen (*Prölss/Martin*, § 12 AVBR, Anm. 2 d).

32   Die Leistung des Versicherers darf auch nicht mit dem Hinweis **ohne Anerkenntnis einer Rechtspflicht** geschehen, wenn auch nur ein Teil der Entschädigung vertraglich geschuldet ist.

33   Einen **Vergleich** kann der Versicherer in Fällen anbieten, in denen über Ungewißheiten tatsächlicher oder rechtlicher Art durch Nachgeben des Versicherten und des Versicherers eine Einigung zur Entschädigung vereinbart werden soll.

34   Bei Tod des Versicherten ist die Anspruchsberechtigung durch Vorlage des Erbscheins nachzuweisen (OLG Karlsruhe, VersR 79, 564).

E. Rückzahlung der Entschädigung für wieder herbeigeschaffte Sachen

35   Werden abhandengekommene Sachen wieder herbeigeschafft, entfällt die Rechtsgrundlage für bereits geleistete Entschädigung. Der Versicherte hat den Wert für das wiedererlangte Gut gem. § 812 Abs. 1 Satz 2 BGB an den Versicherer zurückzuvergüten. Dabei kann der Versicherte eine **Wertminderung des zurückerlangten Gutes absetzen**. Haben zwischenzeitlich – etwa am Urlaubsort – getätigte Ersatzkäufe für den Versicherten am Heimatort keinen Wert, besteht in Höhe der Aufwendungen dafür keine Bereicherung des Versicherten.

36   Der Versicherte hat **kein Wahlrecht zwischen der Rücknahme seiner wieder herbeigeschafften Sachen und dem Einbehalt der erhaltenen Entschädigung.** Eine Rechtsgrundlage aus positivem Recht oder aus Gewohnheitsrecht besteht dafür nicht. (a. A. *Ollick*, VA **80**, 296 und noch 1. Aufl.) Den Interessen des Versicherten bei Wiedererlangung eines zunächst nicht ausgelieferten Gepäckstückes wird damit Rechnung getragen, daß bei der Ermittlung der Bereicherung gem. § 812 BGB zu berücksichtigen ist, ob das zurückerlangte Gut noch gleichen Wert hat. Insoweit, als bei dem zurückerlangten Gut eine Wertminderung eingetreten ist durch Beschädigung oder Substanzminderung ist, der Versicherte mit der erhaltenen Entschädigungsleistung nicht ungerechtfertigt bereichert.

Leistet der Versicherer, ohne sich über den tatsächlichen Eintritt des 37
Schadens Gewißheit zu verschaffen, kann er dennoch geleistete Entschädigung nicht zurückfordern (OLG Karlsruhe VersR 84, 635).

F. § 12 AVBR 92

Die Neufassung des Textes nimmt die Regelung des § 11 VVG auf und 38
trägt damit § 15 a VVG Rechnung, der die Bestimmungen über Fälligkeit
der Geldleistungen des Versicherers gem. § 11 VVG für halbzwingend
erklärt. Die Aufnahme der Regelungsinhalte des § 11 VVG führt deshalb
nicht zu einer Veränderung der Rechtssituation gegenüber § 12 AVBR 80
(s. o. RdNr. 3).

Die Auszahlung der Entschädigung hat innerhalb von 2 Wochen nach 39
Feststellung der Leistungspflicht des Versicherers dem Grunde und der
Höhe nach zu erfolgen, § 12 Nr. 1 AVBR 92.

Grundvoraussetzung für die Fälligkeit der Leistung ist daher auch unter 40
den AVBR 92 die Feststellung der Leistungspflicht nach Grund und Höhe,
d. h., der Abschluß der Ermittlungen des Versicherers (s. o. RdNr. 4 ff.).

Abweichend von den AVBR 80 bestimmt § 12 Nr. 1 S. 2 eine Anspruchs- 41
grundlage für **Abschlagszahlungen.** Einen Monat nach Anzeige des Schadens
kann als Abschlagszahlung der Betrag beansprucht werden, der nach
Sachlage mindestens zu zahlen ist. Voraussetzung für eine Abschlagszahlung ist daher wiederum die Feststellung der Eintrittpflicht dem Grunde
nach. Da der Leistungsanspruch insgesamt entfallen kann, wenn der Versicherte als Nachweis zur Schadenhöhe unzutreffende Belege vorlegt, beschränkt sich das praktische Anwendungsfeld auf die Fälle, in denen
die Eintrittpflicht dem Grunde nach geklärt ist und die Höhe der
Entschädigung durch Schätzung des Zeitwertes ermittelt werden muß
(s. o. RdNr. 30 ff.).

§ 12 Nr. 2 enthält eine generelle Regelung zur Verzinsung. Die genaue 42
Bestimmung des Zinssatzes mit 1% unter dem Diskontsatz der Deutschen
Bundesbank, mindestens 4%, höchstens 6% pro Jahr, geht über den Rege-
lungsgehalt des § 11 VVG hinaus. § 11 Abs. 4 VVG schließt lediglich das
Abbedingen der Verpflichtung zur Zahlung von Verzugszinsen aus.

Die Entschädigung ist seit Anzeige des Schadens zu verzinsen. Der Zins- 43
anspruch entfällt, soweit die Entschädigung innerhalb eines Monates seit
Anzeige des Schadens gezahlt wird. Die Fälligkeit des Zinsanspruches tritt
mit der Fälligkeit der Entschädigung ein.

Der Anspruch auf Verzinsung bei einer Bearbeitungsdauer von mehr als 44
einem Monat soll einen Anreiz zur Beschleunigung der Schadenabwicklung
durch den Versicherer geben.

Dementsprechend verkürzt sich der Zeitraum zur Zinszahlung um die 45
Zeitspanne, um welche sich die Feststellung der Leistungspflicht des Versicherers durch Verschulden des Versicherten verzögert, § 12 Nr. 3 AVBR
92.

46 Dem Versicherten ist entsprechend der Zeitspanne, die dem Versicherer zur Auszahlung der Entschädigung nach Feststellung der Leistungspflicht eingeräumt wird, zur Beantwortung von Rückfragen des Versicherers und zur Vorlage von Nachweisen jeweils eine Zeitspanne von 14 Tagen einzuräumen.

47 § 12 Nr. 4 AVBR 92 nimmt den Text des § 12 Nr. 2 AVBR 80 auf. Sind im Zusammenhang mit dem Versicherungsfall behördliche Erhebungen oder strafgerichtliche Ermittlungen gegen den Versicherten eingeleitet, so kann der Versicherer die Zahlung bis zum Abschluß dieser Verfahren aufschieben.

48 Ergeben die behördlichen oder strafgerichtlichen Ermittlungen gegen den Versicherten konkrete Verdachtsmomente oder den Nachweis unredlichen Verhaltens, so entfällt die Leistungspflicht des Versicherers in der Regel gem. § 11 AVBR 80/92. Hat der Versicherte jedoch nicht schuldhaft Anlaß zu diesen Ermittlungen gegeben, so besteht die Verpflichtung zur Zinszahlung gem. § 12 Nr. 2 AVBR 92 auch für die Dauer des Zeitraumes, für welchen die Zahlung im Hinblick auf die laufenden Ermittlungen zurückgestellt wird.

AVBR 80

§ 13 Kündigung im Schadenfall

1. Nach Eintritt eines Versicherungsfalls können beide Parteien den Versicherungsvertrag kündigen. Die Kündigung ist schriftlich zu erklären. Sie muß spätestens einen Monat nach dem Abschluß der Verhandlungen über die Entschädigung zugehen. Der Versicherer hat eine Kündigungsfrist von einem Monat einzuhalten; seine Kündigung wird in keinem Falle vor Beendigung der laufenden Reise wirksam. Kündigt der Versicherungsnehmer, so kann er bestimmen, daß seine Kündigung sofort oder zu einem späteren Zeitpunkt wirksam wird, jedoch spätestens zum Schluß der laufenden Versicherungsperiode.
2. Hat der Versicherer gekündigt, so ist er verpflichtet, für die noch nicht abgelaufene Versicherungszeit den entsprechenden Anteil der Prämie zu vergüten.

AVBR 92

§ 13 Kündigung im Schadenfall

(unverändert)

Auszug aus dem Versicherungsvertragsgesetz (VVG):

§ 6 Obliegenheitsverletzung

Ist im Vertrag bestimmt, daß bei Verletzung einer Obliegenheit, die vor dem Eintritt des Versicherungsfalls dem Versicherer gegenüber zu erfüllen ist, der Versicherer von der Verpflichtung zur Leistung frei sein soll, so tritt die vereinbarte Rechtsfolge nicht ein, wenn die Verletzung als eine unverschuldete anzusehen ist. Der Versicherer kann den Vertrag innerhalb eines Monats, nachdem er von der Verletzung Kenntnis erlangt hat, ohne Einhaltung einer Kündigungsfrist kündigen, es sei denn, daß die Verletzung als eine unverschuldete anzusehen ist. Kündigt der Versicherer innerhalb eines Monats nicht, so kann er sich auf die vereinbarte Leistungsfreiheit nicht berufen.

Ist eine Obliegenheit verletzt, die von dem Versicherungsnehmer zum Zwecke der Verminderung der Gefahr oder der Verhütung einer Gefahrerhöhung dem Versicherer gegenüber zu erfüllen ist, so kann sich der Versicherer auf die vereinbarte Leistungsfreiheit nicht berufen, wenn die Verletzung keinen Einfluß auf den Eintritt des Versicherungsfalls oder den Umfang der ihm obliegenden Leistung gehabt hat.

Ist die Leistungsfreiheit für den Fall vereinbart, daß eine Obliegenheit verletzt wird, die nach dem Eintritt des Versicherungsfalls dem Versicherer gegenüber zu erfüllen ist, so tritt die vereinbarte Rechtsfolge nicht ein, wenn die Verletzung weder auf Vorsatz noch auf grober Fahrlässigkeit beruht. Bei grobfahrlässiger Verletzung bleibt der Versicherer zur Leistung insoweit verpflichtet, als die Verletzung Einfluß weder auf die Feststellung des Versicherungsfalls noch auf die Feststellung oder den Umfang der dem Versicherer obliegenden Leistung gehabt hat.

Eine Vereinbarung nach welcher der Versicherer bei Verletzung einer Obliegenheit zum Rücktritt berechtigt sein soll, ist unwirksam.

Übersicht

A. Vorbemerkung

Das Recht zur Kündigung des Versicherungsverhältnisses nach Eintritt **1** eines Schadenfalles gem. § 13 entspricht dem Kündigungsrecht des § 96 VVG. Bei langfristigen Verträgen soll beiden Vertragspartnern nach Eintritt eines Versicherungsfalles die vorzeitige Beendigung des langfristigen Dauerschuldverhältnisses auch dann möglich sein, wenn kein wichtiger Grund zur Kündigung aus positiver Vertragsverletzung vorliegt. § 13 AVBR und § 96 VVG bestimmen neben den allgemeinen Gründen zur Beendigung langfristiger Verträge das Recht zur Kündigung. Die **allgemeinen Kündigungsgründe werden von § 13 nicht angetastet.**

Für die Reisegepäck-Versicherung hat das Recht zur Kündigung gem. **2** § 13 AVBR, § 96 VVG nur **geringe praktische Bedeutung.** Reisegepäck-Versicherungen werden in der Regel als kurzfristige Verträge für eine bestimmte Reise vereinbart. Bis zu dem Zeitpunkt der Entscheidung über die Kündigung des Versicherungsvertrages im Zuge der Beurteilung eines

Schadenfalles sind die Versicherungsverträge in der Regel schon abgelaufen.

3   Soweit für den Versicherten aus einem Kollektivvertrag des Reiseveranstalters zugunsten aller Teilnehmer der bei diesem Veranstalter gebuchten Reise herleitet, hat das Kündigungsrecht keine Bedeutung. Der Versicherungsnehmer, das ist der Reiseveranstalter, hat in der Regel aus Anlaß eines Schadenfalles eines einzelnen Versicherten kein Interesse an der Vertragsauflösung. Für den Versicherer einer solchen vertraglichen Beziehung kann aus wirtschaftlichen Gründen ein bestimmter Versicherungsfall allenfalls bei einer Katastrophe, etwa einer Havarie, Anlaß zur vorzeitigen Beendigung des Vertragsverhältnisses gem. § 13 geben.

B. Voraussetzungen der Kündigung nach § 13 AVBR

I. Versicherungsfall

4   Das Ereignis muß **objektiv** unter die **Haftung des Versicherers** fallen (*Martin*, SVR, L II RdNr. 17). Der Versicherungsfall muß sich innerhalb der Grenzen sekundärer Risikoabgrenzungen halten.

5   Subjektive Gründe, die der Eintrittspflicht des Versicherers entgegenstehen, hindern das Kündigungsrecht gem. § 13 nicht (*Prölss/Martin*, § 13 AVBR, Anm. 3).

Insbesondere Leistungsfreiheit wegen schuldhafter Verletzung von Obliegenheiten vor oder nach dem Schadenfall steht dem Kündigungsrecht gem. § 13 nicht entgegen (*Martin*, SVR, L II RdNr. 17).

6   **Nicht eingetreten ist** jedoch **der Versicherungsfall,** wenn der Versicherte das **Ereignis vorgetäuscht** hat oder wenn das Ereignis nicht ersatzpflichtig ist, weil der Schaden durch **Vorsatz oder grobe Fahrlässigkeit** herbeigeführt wurde. Das Ereignis liegt dann außerhalb der subjektiven Risikoabgrenzungen gem. § 11 (*Martin*, SVR, L II 19). In diesen Fällen besteht jedoch für den Versicherer ein wichtiger Grund zur Beendigung des Vertrages.

7   Die **Anzeige des Versicherungsfalles** und die **Forderung der Versicherungsleistung sind nicht Voraussetzung** für das Kündigungsrecht. Auch dann, wenn der Versicherer zu einem späteren Zeitpunkt von dem Versicherungsfall Kenntnis erlangt, ohne daß der Versicherte aus Anlaß des Ereignisses Leistungen fordert, liegen die Voraussetzungen der Kündigung gem. § 13 vor. Ein Beweggrund zur Kündigung des Vertrages durch den Versicherungsnehmer kann z. B. eine anderweitige Ersatzleistung sein, so daß der Versicherungsnehmer zu dem Schluß kommt, den Versicherer auch künftig aus diesem Risiko nicht in Anspruch nehmen zu wollen. Für den Versicherer kann ein Anlaß zur Kündigung gem. § 13 bestehen, wenn sich in dem Ereignis ein besonderes subjektives Risiko manifestiert (*Prölss/Martin*, § 96 VVG, Anm. 2 A).

II. Form und Frist der Kündigung

Die Kündigung hat **schriftlich** zu erfolgen. Es empfiehlt sich, zum Beweis 8 des Zugangs der Kündigungserklärung die Kündigung per Einschreiben oder Einschreiben mit Rückschein zu versenden.

Die Erklärung muß den Willen zur Beendigung des Vertragsverhältnisses 9 klar zum Ausdruck bringen. Eine allgemeine Äußerung der Unzufriedenheit des Versicherungsnehmers über die Schadenbearbeitung und die Versicherungsleistung erfüllt die Voraussetzungen der Kündigungserklärung nicht.

Einer **Begründung** bedarf die Kündigungserklärung **nicht**. Der Versicherer 10 sollte der Kündigungserklärung einen Hinweis auf den Versicherungsfall, welcher Anlaß zur Kündigung des Vertrages gab, beifügen (*Prölss/Martin*, § 13 AVBR, Anm. 1).

Die Kündigungserklärung muß dem Vertragspartner spätestens **einen** 11 **Monat nach dem Abschluß der Verhandlungen über die Entschädigung** zugehen. Die Frist ist sowohl vom Versicherer als auch vom Versicherten einzuhalten.

Die Verhandlungen über die Entschädigung werden entweder mit der 12 Zahlung der Entschädigung, mit der Annahme eines unterbreiteten Vergleichsvorschlages oder durch die ganze oder teilweise Ablehnung der Leistungspflicht abgeschlossen.

Die **Ablehnung der Eintrittspflicht muß endgültig mitgeteilt werden**. Wider- 13 spricht der Versicherte dieser Erklärung, so werden die Verhandlungen fortgeführt, wenn der Versicherer zu erkennen gibt, daß er aufgrund dessen bereit ist, die getroffene Entscheidung zu überprüfen. Wiederholt der Versicherer die bereits zuvor erklärte Ablehnung der Eintrittspflicht, liegt darin keine Fortführung der Verhandlungen (*Prölss/Martin*, § 96 VVG, Anm. 2) C).

Werden die Verhandlungen über die Entschädigung nicht fortgeführt, 14 weil der Versicherte auf Rückfragen des Versicherers nicht antwortet, so beginnt die Frist zur Kündigung, wenn der Versicherer vernünftigerweise nicht mehr mit weiterem Schriftwechsel des Versicherten rechnen muß (vgl. *Prölss/Martin*, § 96 VVG, Anm. 2 C; *Martin*, SVR, L II 42). Gleiches gilt, wenn der Versicherte den Versicherungsfall nicht anzeigt, weil er anderweitig Ersatz verlangt oder weil er glaubt, seiner Darlegungs- und Beweislast nicht nachkommen zu können. Der Lauf der Frist beginnt frühestens ab Kenntnis des Versicherungsfalles (vgl. *Martin*, SVR, L II 41).

III. Wirksamkeit der Kündigung

Der Versicherer hat eine Kündigungsfrist von einem Monat einzuhalten, 15 § 13 Nr. 1 Satz 3.

Der Lauf der Frist beginnt ab Zugang der Kündigungserklärung beim Versicherungsnehmer. Zum Nachweis des Fristlaufes ist daher Zustellung der Erklärung per Einschreiben mit Rückschein zweckmäßig.

Die Kündigungserklärung des Versicherers wird keinesfalls wirksam vor 16 Beendigung einer Reise, auf welcher sich der Versicherungsnehmer zur Zeit der Zustellung der Kündigungserklärung befindet (*Prölss/Martin,* § 13 AVBR, Anm. 2; *Ollick,* VA **80,** 296). Für den Zugang der Erklärung gilt § 130 BGB.

17   Der Versicherungsnehmer kann den Zeitpunkt der Wirksamkeit der Kündigungserklärung bis spätestens zum Schluß der laufenden Versicherungsperiode frei bestimmen, § 13 Nr. 1 letzter Satz. Erklärt der Versicherungsnehmer die Kündigung des Vertrages, ohne den Zeitpunkt für die Beendigung des Vertrages zu nennen, ist die Erklärung gem. §§ 133, 140 BGB auszulegen. Ergibt sich aus dem Inhalt der Erklärung, daß sich der Versicherungsnehmer von dem Vertrag lösen möchte, ist der Zugang der Erklärung maßgeblich. Ist erkennbar, daß der Versicherungsnehmer zu einem späteren Zeitpunkt anderweitig Versicherungsschutz erworben hat, ist die Kündigungserklärung des Versicherungsnehmers auf den Zeitpunkt des Beginns des Nachfolgevertrages zu beziehen.

18   Bei Unklarheiten über den Zeitpunkt der Wirksamkeit der Kündigungserklärung des Versicherungsnehmers, entsteht Rechtsunsicherheit. Der Versicherer kann unklare Erklärungen des Versicherungsnehmers als unwirksam zurückweisen. Die stillschweigende Annahme, daß der Versicherungsvertrag bis zu einem späteren Zeitpunkt fortwirken solle, ist unwirksam, § 8 VVG. (Zur Wirksamkeit der Kündigung durch den Versicherten *Martin,* SVR, L II 44 ff.)

C. Sonstige Gründe zur außerordentlichen Kündigung

19   Neben der Kündigung gem. § 13 kommt der **Kündigung aus wichtigem Grund** wegen positiver Vertragsverletzung die größte Bedeutung zu. Auf dieser Grundlage kann der Versicherer insbesondere bei Vortäuschung von Schadenfällen kündigen. Vorsätzliche oder grob fahrlässige Verletzung der Aufklärungspflichten, § 10 können Grundlage der Kündigung aus wichtigem Grund sein. Darüber hinaus bestimmt § 6 VVG die Kündigung des zugrundeliegenden Vertrages bei schuldhafter Verletzung von Obliegenheiten vor dem Versicherungsfall.

20   Eine **Frist** für die Erklärung der Kündigung aus wichtigem Grund ist **nicht bestimmt.** In Analogie zu § 13 und zu § 6 VVG ist eine Monatsfrist zugrundezulegen. Die Analogie zur Kündigung von Dauerschuldverhältnissen gem. § 626 BGB erscheint angesichts der 4-Wochen-Fristen in den Regelungen des § 13 und § 6 VVG nicht angezigt, (so *Prölss/Martin,* § 13 AVBR, Anm. 3).

D. Rückvergütung der Prämie

21   Bei Vertragskündigung durch den Versicherer erhält der Versicherungsnehmer die anteilige Prämie für den noch nicht abgelaufenen Teil der Versicherungsperiode zurück.

22   Der Versicherungsnehmer kann die Wirksamkeit der Vertragskündigung auf das Ende der Versicherungsperiode bestimmen. In diesem Fall muß er

keine Prämieneinbuße hinnehmen (*Ollick*, VA 80, 296). Wählt der Versicherungsnehmer einen früheren Zeitpunkt für die Wirksamkeit seiner Vertragskündigung, kann er keine Prämienrückvergütung verlangen (*Martin*, SVR, L II 60 ff.).

E. § 13 AVBR 92

Der Text des § 13 AVBR 92 ist unverändert geblieben gegenüber der Fassung der AVBR 80.   23

Im Anschluß an § 13 AVBR 92 wird der Text des § 6 VVG abgedruckt. 24 Dies ist erforderlich, nachdem in § 5, bei Klausel 2, 4, 5 und 6 auf § 6 VVG Bezug genommen wird.

C. Klauseln zu den AVBR 1980/1992

Übersicht

I. Vorbemerkung

1 Die AVBR bieten mit der Grunddeckung im wesentlichen ausreichenden Versicherungsschutz für gebuchte **Pauschalreisen** und für herkömmlichen Urlaub bei **fester Unterkunft und Anreise** mit dem Auto oder mit öffentlichen Verkehrsmitteln. Eine Ergänzung hat die Grunddeckung für den durchschnittlichen Versicherungsbedarf lediglich mit Klausel 6., Lieferfristüberschreitung, erfahren. Dieses Risiko zählt letztlich zu den gewöhnlichen Reiserisiken, für welche der Versicherte Deckungsschutz erwarten darf. Klausel 6. wird deshalb im Regelfall prämienfrei mit der Grunddeckung angeboten. Die Neufassung der AVBR 92 bezieht konsequent dieses Risiko in § 2 unter Nr. 3 in die Grunddeckung mit ein.

2 Versicherungsschutz über die Grunddeckung hinaus wird insbesondere von Versicherten im Rahmen umfassender Versicherungsbeziehungen gefragt. Mit den **Domizilklauseln** und der **Urlaubsdeckung** kann besonderer erweiterter Schutz für Gepäckrisiken am Wohnort des Versicherten und mit erhöhter Versicherungssumme für Urlaubsreisen geboten werden.

182

Für die besonderen Risiken des **Campings** und des **Skibruchs** bieten die 3
Klauseln 4. und 5. über den Grunddeckungsrahmen hinaus Versicherungsschutz. Der Versicherer kann im Rahmen der allgemeinen Vertragsfreiheit
diese Klauseln kostenfrei zusammen mit der Grunddeckung anbieten oder
aber für diesen Deckungsschutz eine besondere Prämie verlangen.

Zur klaren Regelung von **Gruppenversicherungsverträgen** wird die Perso- 4
nengruppenklausel herangezogen. Die Regelung über mitversicherte Personen, § 1 Nr. 1, wird damit aufgehoben. Die Klausel findet auch bei Verträgen Verwendung, die mit personenbezogenen Versicherungsverträgen –
z. B. Krankenversicherung – gebündelt werden.

Mit Klausel 8. können Firmen für ihre Mitarbeiter Versicherungsschutz 5
beschränkt auf die Zeit von Dienstreisen vereinbaren. Der Versicherungsschutz nach den AVBR knüpft bei Verträgen auf der Grundlage dieser
Klausel an den Zweck der Reise an.

Die Klausel zur Neuwertversicherung wird im Massengeschäft nicht 6
angeboten. Diese Klausel wird nur im Einzelfall und durch ausdrückliche
Vereinbarung abgeschlossen.

Mit Klausel 10. kann die Regelung zu Verlängerung von Jahresverträ- 7
gen, § 6 Nr. 3 abbedungen werden. Davon wird insbesondere im Massengeschäft Gebrauch gemacht. Der Versicherungsabschluß durch Einzahlung
der Prämie über einen Zahlkartenabschnitt, aus welchem nicht in jedem
Fall verläßlich die Anschrift des Versicherten erkennbar ist, erschwert die
Fortschreibung und Verwaltung mehrjähriger vertraglicher Beziehungen.

Klausel 11., Ausschluß von Fahrrädern, hat keine nennenswerte prakti- 8
sche Bedeutung erlangt. Der Versicherungsschutz für Fahrräder wird mit
der Neufassung der AVBR 92 analog zur Regelung der Hausratversicherung, VHB 84, vom Versicherungsschutz zunächst ausgeschlossen. Es wird
sodann Klausel 5 mit einer differenzierten Regelungen zum Einschluß des
Risikos bereitgestellt.

Die Klauseln zur Ausweitung des Deckungsrahmens, dies betrifft die 9
Klauseln Nr. 1.–5., 8. und 9., werden mit besonderer Vereinbarung und
häufig nur gegen Zahlung einer Zusatzprämie wirksam.
Die Klauseln 7., 8. und 10. dienen der abweichenden Gestaltung des Gel-
tungsbereiches und der Laufzeit des Vertrages. In jedem Fall muß ausdrücklich schriftlich vereinbart sein, ob eine Klausel zum Vertragsinhalt
wird.

II. Klauseln 1 und 2. Domizilschutz

AVBR 80

Klausel 1. Domizilschutz

Abweichend von § 6 Nr. 5 der AVBR besteht bei Jahresverträgen Versicherungsschutz auch für die Dauer von Fahrten und Aufenthalten mit dem eigenen oder ihm
dienstlich überlassenen Kraftfahrzeug innerhalb des ständigen Wohnorts des Versicherten, solange sich die versicherten Sachen innerhalb des Kraftfahrzeugs befinden.

AVBR 92

Klausel 1. Domizilschutz

Abweichend von § 6 Nr. 5 der AVBR besteht bei Jahresverträgen Versicherungsschutz auch für die Dauer von Fahrten und Aufenthalten mit dem eigenen oder dem Versicherten dienstlich überlassenen Kraftfahrzeug innerhalb des ständigen Wohnorts des Versicherten, solange sich die versicherten Sachen innerhalb des Kraftfahrzeugs befinden. § 6 Nr. 1 der AVBR gilt entsprechend.

AVBR 80

Klausel 2. Erweiterter Domizilschutz

Abweichend von § 6 Nr. 5 AVBR sind bei Jahresverträgen auch Gänge, Fahrten und damit verbundene Aufenthalte innerhalb des ständigen Wohnorts des Versicherten mit versichert.

AVBR 92

Klausel 2. Erweiterter Domizilschutz

Abweichend von § 6 Nr. 5 der AVB Reisegepäck sind bei Jahresverträgen auch Gänge, Fahrten und damit verbundene Aufenthalte innerhalb des ständigen Wohnorts des Versicherten mitversichert. § 6 Nr. 1 der AVBR gilt entsprechend.

1. Vorbemerkung

1   Klauseln 1. und 2. zum Domizilschutz schließen die Deckungslücke zwischen dem Angebot der Hausratversicherung und der Grunddeckung aus der Reisegepäck-Versicherung. Dafür besteht besonderer Bedarf, nachdem die VHB 84 das Risiko des Diebstahls aus Fahrzeugen insgesamt nicht mehr in die Außendeckung aufgenommen haben.

2   Die Klauseln **erweitern den Deckungsrahmen** der Reisegepäck-Versicherung **auf der Grundlage der AVBR.** Die Voraussetzungen der Eintrittspflicht aus einem Schadenereignis bestimmen sich grundsätzlich nach den AVBR, soweit die Klauseln 1. und 2. nicht ausdrücklich einen weiteren Deckungsrahmen setzen.

     Die **Klauseln 1.–3.** können nach dem ausdrücklichen Text **nur zu Jahresverträgen** abgeschlossen werden. Daraus ergibt sich, daß diese Klauseln zur Ergänzung von versicherungsvertraglichen Dauerbeziehungen angeboten werden. Das subjektive Risiko aus dieser Zusatzdeckung ist aufgrund der Kenntnis des Gesamtverlaufs der vertraglichen Beziehung von dem Versicherer einzuschätzen.

2. Beginn und Ende des Versicherungsschutzes

Für den **Beginn und das Ende des Versicherungsschutzes** gelten die Regeln 3 des § 6. Der Versicherte hat jedoch bei Eintritt eines Schadens am Wohnort nicht nachzuweisen, daß er sich zur Zeit des Ereignisses auf einer Reise befand.

Der Versicherungsschutz beginnt mit dem Verlassen der Wohnung. Gem. 4 § 6 besteht für das Gepäck mit dem Verlassen der ständigen Wohnung nur dann Versicherungsschutz, wenn unverzüglich Gänge oder Fahrten unternommen werden. Bei Rückkehr ist das Gepäck ebenfalls unverzüglich aus einem Fahrzeug zu entladen. Der Versicherungsschutz endet, wenn ein voll beladenes Fahrzeug bei Rückkehr zur ständigen Wohnung nicht unverzüglich entladen wird (vgl. § 6 RdNr. 31 ff.).

3. Versicherte Sachen

Zu den **versicherten Sachen** zählen auch Gegenstände, die während Fahr- 5 ten, Gängen und Aufenthalten innerhalb des ständigen Wohnortes Verwendung finden sollen. Der Zweckbezug der versicherten Sachen erstreckt sich sowohl auf die Verwendung auf Reisen als auch die Verwendung am Wohnort des Versicherten.

Nicht zu den versicherten Sachen gehören Gegenstände, die beruflichen 6 oder gewerblichen Zwecken dienen (§ 1 RdNr. 38, 48, 49) sowie Gegenstände, die nur zur Beförderung mitgenommen werden oder die zur Verwendung in der ständigen Wohnung eingekauft wurden (§ 1 RdNr. 43, 45).

4. Klausel 1. Domizilschutz

Mit der Klausel wird der Deckungsschutz auf den **Inhalt von privaten oder** 7 **dienstlich überlassenen Fahrzeugen** ausgeweitet.

Kein Versicherungsschutz besteht bei der Benutzung **öffentlicher Verkehrs-** 8 **mittel oder bei Taxifahrten.** Nach dem Text der Klausel besteht auch kein Versicherungsschutz, wenn etwa nach einem Unfall von dem Versicherten ein Ersatzfahrzeug angemietet wird. Klausel 1. erfaßt sonach nur einen Ausschnitt des Domizilrisikos.

Da **Klausel 1.** stets ergänzend zu den AVBR vereinbart wird, gelten die 9 **Voraussetzungen für den Versicherungsschutz in Kraftfahrzeugen nach § 5 auch im Rahmen von Klausel 1.** Eines ausdrücklichen Hinweises dazu bedurfte es in der Klausel nicht, da die Klauseln rechtlich stets das allgemeine Regelungswerk zur Grundlage haben.

5. Klausel 2. Erweiterter Domizilschutz

Dieses Deckungsangebot ergibt sich zusammen mit dem Versicherungs- 10 schutz aus Klausel 1. für die Gepäckrisiken am Wohnort des Versicherten abgerundeten Versicherungsschutz.

Klausel 2. bezieht in den Deckungsschutz **Gänge, Fahrten und damit ver-** 11 **bundene Aufenthalte** innerhalb des ständigen Wohnortes ein. Die Ausschnittsdeckung der Klausel 1., welche die Benutzung öffentlicher Verkehrsmittel, von Taxen oder von Ersatzfahrzeugen für dienstliche oder private Fahrzeuge nicht berücksichtigt, wird damit ergänzt. Der gebündelte Abschluß beider Klauseln vermeidet Deckungslücken in dem zusätzlichen Versicherungsangebot.

6. Klauseln 1 und 2 AVBR 92

12 Der Text der Klausel wurde sprachlich überarbeitet. Eine inhaltliche Änderung ist damit nicht verbunden. Dem Text der Klausel wurde der Hinweis auf § 6 Nr. 1 angefügt. Die Regelung zu Beginn und Ende des Versicherungsschutzes galt auch nach den AVBR 80 für Klauseln 1 und 2, da sämtliche Klauseln Zusatzvereinbarungen zu dem Grundbedingungswerk enthalten (s. o. Klausel 1 RdNr. 3).

13 In Klausel 2 wurde in gleicher Weise der Hinweis auf § 6 Nr. 1 angefügt.

III. Klausel 3. Urlaubsdeckung

AVBR 80

Klausel 3. Urlaubsdeckung

Bei Jahresverträgen erhöht sich die vereinbarte Versicherungssumme für Urlaubsreisen von mindestens 4 Tagen Dauer um eine zu vereinbarende Summe. Eine Anzeige der Urlaubsreise ist nicht erforderlich. Im Versicherungsfall hat der Versicherte auf Verlangen nachzuweisen, daß der Schaden auf einer solchen Urlaubsreise eingetreten ist.

AVBR 92

Klausel 3. *(unverändert)*

1. Erhöhung der Versicherungssumme

1 Nach Klausel 3. können Jahresverträge mit einer Basisversicherungssumme ausgestattet werden, welche durchgehend während der Laufzeit des Vertrages für jedwede Reise gilt. Ergänzend zu dieser Grunddeckung kann die Versicherungssumme für Urlaubsreisen nach Wahl höher festgelegt werden. Dabei wird vorausgesetzt, daß der Wert des persönlichen Reisebedarfs auf Urlaubsreisen weit höher liegt als bei Kurzreisen oder bei Dienst- und Geschäftsreisen.

2 Der Versicherte kann seinen voraussichtlichen Versicherungsbedarf während des gesamten Jahres mit einem Vertrag erfassen. Der Versicherer erspart Verwaltungsaufwand für den jeweils gesonderten Abschluß einer Zusatzdeckung für die Urlaubszeit.

2. Urlaubsreisen von mind. 4 Tage Dauer

Der Grundgedanke der Klausel 3. legt die Annahme zugrunde, daß sich 3 für längere Urlaubsreisen erhöhter Versicherungsbedarf ergibt. Inwieweit diese Annahme zutrifft, mag dahin stehen. Die Klausel bietet nur für länger dauernden Urlaubsreisen die Geltung einer im voraus vereinbarten erhöhten Versicherungssumme an.

Die **Erhöhung der Versicherungssumme** bestimmt sich **nach dem Zweck der** 4 **Reise.** Nur bei **Urlaubsreisen** von mehr als 4-tägiger Dauer erhöht sich die Versicherungssumme. Andere Reisen, z. B. Dienst-, Geschäfts- oder Forschungsreisen werden nicht mit einer Erhöhung der Versicherungssumme bedacht.

Die Erhöhung der Versicherungssumme tritt auch nur bei Urlaubsreisen 5 von **mehr als 4 Tagen** Dauer ein. Dies trägt der Annahme Rechnung, daß bei kurzen Reisen und Wochenendfahrten die Grunddeckungssumme den Wert des mitgenommenen Reisegepäcks abdeckt.

IV. Klausel 4. Camping

AVBR 80

Klausel 4. Camping

1. **Abweichend von § 3 Nr. 2 b) AVBR besteht Versicherungsschutz auch für Schäden, die während des Zeltens oder Campings auf einem offiziellen (von Behörden, Vereinen oder privaten Unternehmern eingerichteten) Campingplatz eintreten.**

2. Werden Sachen unbeaufsichtigt (§ 5 Nr. 3 AVBR) im Zelt oder Wohnwagen zurückgelassen, so besteht Versicherungsschutz für Schäden durch Diebstahl, Einbruchdiebstahl sowie Mut- oder Böswilligkeit Dritter (vorsätzliche Sachbeschädigung) nur, wenn
   a) bei Zelten: der Schaden nicht zwischen 22.00 und 6.00 Uhr eingetreten ist. Das Zelt ist mindestens zuzubinden oder zuzuknöpfen.
   b) bei Wohnwagen: dieser durch Verschluß ordnungsgemäß gesichert ist.
   Pelze, Schmucksachen und Gegenstände aus Edelmetall (§ 1 Nr. 4 AVBR) sind im unbeaufsichtigten Zelt oder Wohnwagen nicht versichert.

3. Foto- und Filmapparate, Uhren, optische Geräte, Jagdwaffen, Radio- und Fernsehapparate, Tonaufnahme- und Wiedergabegeräte, jeweils mit Zubehör, sind nur versichert, solange sie
   a) in persönlichem Gewahrsam sicher verwahrt mitgeführt werden oder
   b) der Aufsicht des offiziellen Campingplatzes zur Aufbewahrung übergeben sind oder
   c) sich in einem durch Verschluß ordnungsgemäß gesicherten Wohnwagen oder in einem fest umschlossenen und durch Verschluß gesicherten Kraftfahrzeug auf einem offiziellen Campingplatz befinden.

4. Sofern kein offizieller Campingplatz benutzt wird, sind Schäden durch Diebstahl, Einbruchdiebstahl, Raub, räuberische Erpressung, Mut- oder Böswilligkeit Dritter (vorsätzliche Sachbeschädigung) ausgeschlossen.

5. Verletzt der Versicherungsnehmer eine dieser Obliegenheiten, so ist der Versicherer gemäß § 6 VVG zur Kündigung berechtigt und in diesem Falle auch leistungsfrei.

6. Im Schadenfall hat der Versicherte neben den in § 10 AVBR vorgeschriebenen Maßnahmen unverzüglich die Leitung des Campingplatzes zu unterrichten und dem Versicherer eine schriftliche Bestätigung der Platzleitung über den Schaden vorzulegen.

AVBR 92

Klausel 4. Camping

1. Abweichend von § 3 Nr. 2 b) AVBR besteht Versicherungsschutz auch für Schäden die während des Zeltens oder Campings auf einem offiziellen (von Behörden, Vereinen oder privaten Unternehmers eingerichteten) Campingplatz eintreten.
2. Werden Sachen unbeaufsichtigt (§ 5 Nr. 3 AVBR) im Zelt oder Wohnwagen zurückgelassen, so besteht Versicherungsschutz für Schäden durch Diebstahl, Einbruchdiebstahl sowie Mut- oder Böswilligkeit Dritter (vorsätzliche Sachbeschädigung) nur, wenn
   a) bei Zelten:
      der Schaden nicht zwischen 22.00 und 6.00 Uhr eingetreten ist. Das Zelt ist mindestens zuzubinden oder zuzuknöpfen.
   b) bei Wohnwagen:
      dieser durch Verschluß ordnungsgemäß gesichert ist.
   Pelze, Schmucksachen und Gegenstände aus Edelmetall (§ 1 Nr. 4 AVBR) sind im unbeaufsichtigten Zelt oder Wohnwagen nicht versichert.
3. Foto-, Filmapparate und tragbare Videosysteme jeweils mit Zubehör, Uhren, optische Geräte, Jagdwaffen, Radio- und Fernsehapparate, Tonaufnahme- und Wiedergabegeräte, jeweils mit Zubehör, sind nur versichert, solange sie
   a) in persönlichem Gewahrsam sicher verwahrt mitgeführt werden oder
   b) der Aufsicht des offiziellen Campingplatzes zur Aufbewahrung übergeben sind oder
   c) sich in einem durch Verschluß ordnungsgemäß gesicherten Wohnwagen oder in einem fest umschlossenen und durch Verschluß gesicherten Kraftfahrzeug auf einem offiziellen Campingplatz befinden.
4. Sofern kein offizieller Campingplatz (Nr. 1) benutzt wird, sind Schäden durch Diebstahl, Einbruchdiebstahl, Raub, räuberische Erpressung, Mut- oder Böswilligkeit Dritter (vorsätzliche Sachbeschädigung) ausgeschlossen.
5. Verletzt der Versicherungsnehmer oder Versicherte eine dieser Obliegenheiten so ist der Versicherer nach Maßgabe des § 6 Abs. 1 und Abs. 2 VVG zur Kündigung berechtigt oder auch leistungsfrei.
6. Im Schadenfall hat der Versicherungsnehmer oder Versicherte neben den in § 10 AVB Reisegepäck vorgeschriebenen Maßnahmen unverzüglich die Leitung des Campingplatzes zu unterrichten und dem Versicherer eine schriftliche Bestätigung der Platzleitung über den Schaden vorzulegen.

1. Vorbemerkung

1 Die Campingklausel deckt ein wichtiges Feld der Reise- und Urlaubsrisiken ab. Da das Campingrisiko gegenüber den Risiken aus der Grunddeckung höher liegt, kann der Versicherer dieses Risiko im Rahmen der Vertragsfreiheit entweder zusammen mit der Grunddeckung und ohne Zusatzprämie anbieten oder auch eine besondere Vereinbarung zum Abschluß der Klausel 4. sowie eine zusätzliche Prämienzahlung fordern. Der Versicherte sollte sich deshalb bei Abschluß des Vertrages stets Gewißheit verschaffen, ob die Campingklausel bereits mit der Grunddeckung der Reisegepäck-Versicherung angeboten wird oder ob dazu eine besondere Vereinbarung und eine zusätzliche Prämienzahlung erforderlich ist.

2 Die Campingklausel bietet auf der Grundlage der AVBR über den Ausschluß nach § 3 Nr. 2 b hinaus für die einzeln beschriebenen Risiken Versicherungsschutz. Dem Versicherten werden als Voraussetzung für den vollen

Versicherungsschutz im Rahmen der Campingklausel besondere Obliegenheiten zur Sicherung seines Reisegepäcks abverlangt. Abgestimmt auf die besonderen Risiken beim Zelten und Camping entspricht dieses System dem Aufbau der AVBR.

Nr. 1 nennt als Grundvoraussetzung für den weiteren Versicherungs- 3 schutz die Benutzung eines **offiziellen Campingplatzes**. In diesem Erfordernis liegt für die Eigentumsdelikte und für das Risiko der vorsätzlichen Sachbeschädigung zugleich die **sekundäre Risikoabgrenzung**. Die Klarstellung dazu ergibt sich aus Nr. 4.

Analog zur Regelung des Versicherungsschutzes in Fahrzeugen nach § 5 4 **bietet** Nr. 2 umfassenden Versicherungsschutz, soweit das Reisegepäck, welchen Wertes und welcher Art es auch sei, **vollen Versicherungsschutz, solange Beaufsichtigung stattfindet.**

Für besonders wertvolle Sachen wird unter Nr. 3 Versicherungsschutz 5 darüber hinaus unter besonderen Voraussetzungen der Verwahrung genannt.

Nr. 4 bestätigt die bereits in Nr. 1 enthaltene sekundäre Risikoabgren- 6 zung für die Eigentumsrisiken und das Risiko der Sachbeschädigung bei „wildem Campen". Zugleich wird damit der Versicherungsschutz auf der Grundlage der AVBR für die Risiken, welche in Nr. 4 nicht als ausgeschlossen genannt werden, bestätigt.

Nr. 5 trägt mit dem Hinweis auf § 6 VVG der Bewertung der Klausel als 7 verhüllte Obliegenheit Rechnung.

Nr. 6 schließlich enthält besondere Obliegenheiten zur Aufklärung und 8 zur Bestätigung eines Schadenfalles.

2. Geltungsbereich

Als **rechtsbegründende Risikobeschreibung** nennt Nr. 1 die Benutzung eines 9 **offiziellen (von Behörden, Vereinen oder privaten Unternehmen eingerichteten) Campingplatzes.** Entscheidend ist das **äußere Erscheinungsbild** des Campingplatzes. **Es muß für den Betrachter erkennbar sein, daß dieser Platz von dem Berechtigten dazu bestimmt ist, zum Zelten, zum Aufstellen von Wohnwagen und zum Camping genutzt zu werden.** Voraussetzung dazu ist, daß erkennbar eine solche Nutzung stattfindet, d. h. bei objektiver Betrachtung muß die Wahrscheinlichkeit bestehen, daß entweder stets mit dem Eintreffen von Campinggästen zu rechnen ist, oder aber mit Kontrollen einer aufsichtsführenden oder leitenden Person. Allein das Zusammentreffen mehrerer Camper an einem dazu nicht offiziell bestimmten Platz erfüllt die Voraussetzungen jedoch nicht. Aus diesen äußeren Anzeichen muß sich eine gewisse Präventivwirkung gegenüber Diebstahlinteressenten ergeben.

Sichere **Anzeichen** für einen offiziellen Campingplatz sind das Vorhan- 10 densein **sanitärer Einrichtungen**, die **Einzäunung oder beschilderte Markierung** des betreffenden Geländes. Ein entsprechender Hinweis in einem **Campingführer** zeigt stets das Vorhandensein eines offiziellen Campingplatzes an.

Es kommt nicht darauf an, ob private Personen, Vereine oder kommu- 11 nale Einrichtungen den Campingplatz eingerichtet haben oder unterhalten.

Die Entrichtung einer **Gebühr** ist zwar ein sicheres Indiz für einen offiziellen Campingplatz; ein Abgrenzungskriterium ist es jedoch nicht. Voraussetzung ist nicht, daß der Campingplatz jedermann frei zugänglich ist. Auch Campingplätze, die von Vereinen eingerichtet werden und nur den Mitgliedern offenstehen, sind offizielle Campingplätze (zu privaten und öffentlichen Campingplätzen OLG Bremen, VersR **81**, 1045).

12   Auf die **Dauer der jeweiligen Nutzung** des Zelt- oder Campingplatzes kommt es nicht an. Auch ein Campingplatz, der vorrangig Dauercampern zur Verfügung steht, ist ein offizieller Campingplatz. Für dauernd abgestellte Wohnwagen oder Container gilt allerdings § 1 Nr. 2, 2. Absatz. Dauernd eingerichtete Bergsteigerlager (Basislager), welche mit behördlicher Genehmigung stattfinden, sind offizielle Campingplätze. Der vorübergehend eingerichtete Zeltplatz einer Trekking-Gruppe erfüllt die Voraussetzungen jedoch nicht. Die Abgrenzung ist im einzelnen nach den konkreten Umständen zu finden.

13   Auf die **Ausstattung** und die Qualität der sanitären und gastronomischen Einrichtungen an dem Campingplatz kommt es für den Begriff des offiziellen Campingplatzes nicht an. Entscheidend ist ausschließlich, daß das äußere Erscheinungsbild erkennen läßt, daß entweder durch eine Campingplatzaufsicht oder durch die Tatsache, daß eine Mehrzahl berechtigter Benutzer diesen Platz aufsucht, eine gewisse Kontroll- und Präventivwirkung ausgeht.

3. Der Versicherungsschutz in Zelten und Wohnwagen

14   **Voller Versicherungsschutz** besteht, solange die Sachen **beaufsichtigt** werden. Die Regelung nimmt Bezug auf § 5 Nr. 3. Dies bedeutet, daß die gesamte Vorschrift dementsprechend als verhüllte Obliegenheit zu qualifizieren ist (s. o. § 1 RdNr. 112 ff., § 5 RdNr. 8.). Konsequent wurde deshalb unter Nr. 5 der Hinweis auf die Voraussetzung der Leistungsfreiheit des Versicherers bei Verletzung der verhüllten Obliegenheit angefügt.

15   Versicherungsschutz für **unbeaufsichtigte Zelte** besteht **in der Nacht zwischen 22.00 Uhr und 6.00 Uhr nicht.** Der Versicherte hat nachzuweisen, daß der Schaden vor 22.00 Uhr oder nach 6.00 Uhr eingetreten ist.

16   **Tagsüber ist das Zelt zumindest zuzubinden oder zuzuknöpfen.** Eine nennenswerte Sicherung bedeutet diese Maßnahme nicht. Immerhin wird auf diese Weise die freie Sicht auf Gegenstände, die im Inneren des Zeltes abgelegt sind, verhindert. Soweit der Versicherte diese Maßnahme nicht beachtet, wenn er das Zelt unbeaufsichtigt zurückläßt, ist im Regelfall davon auszugehen, daß **nach dem ersten Anschein der Kausalitätsgegenbeweis bei Versäumung dieser verhüllten Obliegenheit, § 6 VVG geführt ist.** Ein Dieb kann kaum durch das Zubinden oder durch verschlossene Druckknöpfe von seinem Tun abgehalten werden. Ein zugebundenes oder zugeknöpftes Zelt kann einen Diebstahlinteressenten sogar den Hinweis geben, daß in Kürze nicht mit der Rückkehr des Eigentümers zu rechnen ist. Der Text der Nr. 2 a) der Campingklausel ist überdies insoweit nicht eindeutig, als sich daraus nicht zwingend der Rechtsverlust ergibt, falls die Obliegenheit zum Zubinden oder Zuknöpfen des Zeltes versäumt wurde.

Bei **Wohnungen besteht auch während der Nachtzeit Versicherungsschutz,** 17
sofern dieser durch Verschluß ordnungsgemäß gesichert ist. Die Regelung ist
nicht identisch mit § 5 Nr. 1 a). Während der Versicherungsschutz in Kraftfahrzeugen neben der Sicherung durch Verschluß verlangt, daß der Innen-
oder Kofferraum allseits fest umschlossen ist, verlangt die Campingklausel
in Nr. 2 b nur, daß der Wohnwagen durch Verschluß ordnungsgemäß gesichert ist. Versicherungsschutz besteht auch dann, wenn das Dach eines
Campingwagens hochgestellt ist und Stoff oder Plastikfolie zwischen dem
Dach gespannt ist, der ohne Mühe und ohne Werkzeug zerrissen werden
kann (vgl. § 5 RdNr. 38 ff. für den Verschluß von Fahrzeugen).

Klausel 4. Nr. 2 b trägt den Gepflogenheiten beim Camping Rechnung. 18
Die geringere Anforderung an den Verschluß im Vergleich zu den Erfor-
dernissen des § 5 bedeutet ein erhöhtes Risiko, das auch Grund für eine
gesonderte Prämienberechnung sein kann.

Die besonders wertvollen Gegenstände des § 1 Nr. 4, § 5 Nr. 1 d sind in 19
unbeaufsichtigten Zelten oder Wohnwagen nicht versichert. Die Regelung
entspricht den Grundregeln der AVBR für die besonders wertvollen Gegenstände.

4. Versicherungsschutz für wertvolle Gegenstände

Nr. 3 der Campingklausel regelt den Versicherungsschutz für **wertvolle** 20
Gegenstände und für Gegenstände, die erfahrungsgemäß besonders begehrte
Diebstahlobjekte sind. Der Katalog der Sachen, die von dieser Regelung
erfaßt werden, weicht von dem Katalog des § 1 Nr. 4 und § 5 Nr. 1 d
wesentlich ab. Neben Foto- und Filmapparaten zählen Uhren, optische
Geräte, Jagdwaffen, Radio- und Fernsehapparate, Tonaufnahme- und Wiedergabegeräte samt Zubehör dazu. Zu den optischen Geräten zählen insbesondere Ferngläser und Fernrohre.

Nicht erfaßt werden von der Regelung Schmucksachen und Gegen- 21
stände aus Edelmetall sowie Pelze.

Uhren werden deshalb nur insoweit von Nr. 3 der Campingklausel erfaßt,
als sie nicht aus Edelmetall bestehen (vgl. § 1 RdNr. 104, 105).

Der Begriff der **Jagdwaffen** erscheint nach dem besonderen Risiko von 22
Waffen jeder Art zu eng gewählt. Soweit Sportwaffen oder Waffen zur
Selbstverteidigung mitgeführt werden, ergibt sich keine andere Risikosituation. Bei Waffen ist die Frage, inwieweit das Gerät dem persönlichen Reisebedarf dient, stets mit besonderer Sorgfalt zu prüfen.

Radio- und Fernsehapparate, Tonaufnahme- und Wiedergabegeräte 23
jeweils mit Zubehör sind besonders beliebte Diebstahlobjekte. Diebe rechnen auch damit, solche Geräte bei Camping-Reisenden zu finden. Zu den
Geräten zählen insbesondere auch Walkman und Kofferradiogeräte.

Die **Handlungsalternative Nr. 3 a,** den Gegenstand „in persönlichem 24
Gewahrsam sicher verwahrt mitzuführen", **entspricht § 1 Nr. 4 b** (s. o. § 1
RdNr. 174 ff.).

Einen Gegenstand der Aufsicht des offiziellen Campingplatzes **zur Aufbe-** 25
wahrung zu übergeben, Nr. 3 b, erfordert einen **ausdrücklichen Verwahrungs-**

vertrag zwischen dem Versicherten und dem Inhaber des Campingplatzes oder dessen Beauftragten, § 278 BGB. Die Bestimmung entspricht im übrigen § 1 Nr. 4 c.

26   § 3 Nr. c erweitert den Versicherungsschutz in Fahrzeugen oder Anhängern wesentlich über die Regelung des § 5 hinaus. **Die weitere Haftung** tritt ein, wenn der ordnungsgemäß gesicherte Wohnwagen oder das **fest umschlossene und durch Verschluß gesicherte Kraftfahrzeug** auf einem **offiziellen Campingplatz** abgestellt ist. Zwar geht von einem offiziellen Campingplatz eine gewisse Präventivwirkung gegen Diebe aus. Jedoch entspricht diese Sicherung in keiner Weise dem Erfordernis einer Beaufsichtigung i. S. von § 5 Nr. 3. Der Versicherer übernimmt mit der Camping-Klausel für die Geräte Nr. 3 gegenüber der Grunddeckung ein deutlich weiteres Risiko. Es steht in der wirtschaftlichen Entscheidung des Versicherers, eine dementsprechende Zusatzprämie für den Versicherungsschutz aus der Campingklausel zu verlangen.

27   Die Ausweitung des Deckungsschutzes gemäß Nr. 3 der Camping-Klausel entspricht einer praktischen Notwendigkeit. Denn nicht auf jedem offiziellen Campingplatz besteht die Möglichkeit, bei der Campingplatzleitung Gegenstände in Verwahrung zu geben. Eine Campingplatzleitung ist nicht begriffliche Voraussetzung für einen offiziellen Campingplatz. Soweit der Versicherte keine Möglichkeit hat, wertvolle Gegenstände bei der Campingplatzleitung in Verwahrung zu geben, bleibt nur der Verschluß im Fahrzeug oder Wohnwagen, sofern der Versicherte diese Gegenstände nicht ständig bei sich tragen will. Jagdwaffen, Radio- und Fernsehapparate sowie auch Tonaufnahme- und Wiedergabegeräte sind aber weder dazu bestimmt noch besteht die praktische Möglichkeit, diese Gegenstände ständig mitzuführen.

5. Wildes Campen

28   Sofern kein offizieller Campingplatz benutzt wird, sind die Risiken der Eigentumsdelikte sowie der vorsätzlichen Sachbeschädigung vom Versicherungsschutz ausgeschlossen. Der Versicherungsschutz für die Risiken gem. § 2 Nr. 2 b bis f bleiben aus der Grunddeckung weiterhin versichert.

29   Nr. 4 der Campingklausel betrifft jedes Campieren, das nicht auf einem offiziellen Campingplatz stattfindet. Dazu zählt die Übernachtung unter freiem Himmel oder in einer allgemein zugänglichen überdachten Halle, z. B. in Bahnhofshallen (vgl. § 3 RdNr. 31 ff., vgl. LG Bonn, VersR **90**, 786).

6. Besondere Obliegenheiten nach dem Schadenfall

30   Neben den Obliegenheiten gem. § 10 hat der Versicherte die **Leitung des Campingplatzes unverzüglich zu benachrichtigen und dem Versicherer eine schriftliche Bestätigung der Platzleitung über den Schaden vorzulegen.** Die Leitung des Campingplatzes ist die nächst zuständige offizielle Stelle am Ort des Geschehens. Die Aufklärungsmöglichkeiten sind bei einer Meldung bei der Campingplatzleitung aufgrund der räumlichen Nähe zum Geschehen und der Erreichbarkeit der Stelle am besten. Die Angaben des Versicherten

über den Schaden unmittelbar nach dem Geschehen bei dieser Stelle haben besonderen Wert. Zum einen kann die Leitung des Campingplatzes die Angaben des Versicherten an Ort und Stelle im Einzelfall nachprüfen. Zum anderen ergeben sich Aufklärungsmöglichkeiten durch Parallelen zu anderen Schadenfällen.

7. Klausel 4. AVBR 92

Der Versicherungsschutz aus der Campingklausel ist dem Inhalt nach 31 unverändert geblieben.

Unter Nr. 3 wurde die Liste der wertvollen Gegenstände ergänzt durch 32 den Begriff der **tragbaren Videosysteme.** Eine inhaltliche Veränderung ergibt sich daraus nicht, da die Rechtsprechung Videosysteme wie Fotoausrüstungen beurteilt hatte (s. o. § 1 RdNr. 109).

Die Belehrung über die Rechtsfolgen von Obliegenheitsverletzungen, 33 Nr. 5, nennt neben dem Versicherungsnehmer ausdrücklich den Versicherten als Adressat der Obliegenheiten.

Der Hinweis auf § 6 VVG für die verhüllten Obliegenheiten entspricht 34 § 7 Nr. 2 AFB 87.

Als Adressat der Obliegenheiten nach dem Schadenfall wird neben dem 35 Versicherungsnehmer ebenfalls der Versicherte angesprochen.

V. Klausel 5. Skibruch-Versicherung/Fahrräder

AVBR 80

Klausel 5. Skibruch-Versicherung

Abweichend von § 1 Nr. 3 AVBR gilt folgende Skibruch-Versicherung:
Versichert sind die im Versicherungsschein bezeichneten Ski mit Stöcken, Skibobs oder Schlitten.
Der Versicherer leistet Ersatz für plötzlichen Bruch der versicherten Sachen während ihres bestimmungsgemäßen Gebrauchs.
Der Versicherer leistet keinen Ersatz für
a) Schäden an Kanten und Belag, soweit diese nicht auf einen versicherten Bruch zurückzuführen sind;
b) Schäden an der Bindung sowie den Halteschlingen und Tellern der Stöcke.
Im Schadenfall ersetzt der Versicherer die nachgewiesenen Reparaturkosten bis zur Höhe des Zeitwertes. Ist eine Reparatur nach fachmännischer Bescheinigung nicht mehr möglich, wird der Zeitwert der zerstörten Sachen ersetzt. Bei Bruch eines Einzelskis werden die Kosten der Beschaffung eines Ersatzskis ersetzt, es sei denn, der Versicherungsnehmer weist durch die Bescheinigung des Herstellers nach, daß ein Ersatzski nicht beschafft werden kann.
Werden infolge eines ersatzpflichtigen Schadens während der Reparatur oder Ersatzbeschaffung gleichwertige Geräte gemietet, so ersetzt der Versicherer auch die nachgewiesenen Mietkosten, höchstens jedoch für 10 Tage.

AVBR 92

Klausel 5. Fahrräder

1. Abweichend vom § 1 Nr. 5 AVBR besteht Versicherungsschutz auch für Fahrräder, solange sie sich nicht in bestimmungsgemäßen Gebrauch befinden.
2. Bei Diebstahl besteht Versicherungsschutz nur, wenn das Fahrrad zur Zeit des Diebstahls durch ein Kabelschloß oder ein Schloß mit vergleichbarem Sicherheitswert, hierzu zählen regelmäßig keine Rahmenschlösser, gesichert war. § 2 Nr. 1 AVBR bleibt unberührt.
   Verletzt der Versicherungsnehmer oder Versicherte diese Obliegenheit, so ist der Versicherer nach Maßgabe des § 6 Abs. 1 und Abs. 2 VVG zur Kündigung berechtigt oder auch leistungsfrei.
3. Der Versicherer ersetzt Schäden an mit dem Fahrrad lose verbundenen und regelmäßig seinem Gebrauch dienenden Sachen nur, wenn sie zusammen mit dem Fahrrad abhandengekommen sind.
4. Die Entschädigung ist je Versicherungsfall auf maximal DM 500,– begrenzt, wenn der Diebstahl zwischen 22.00 Uhr rund 6.00 Uhr verübt wird.
5. Der Versicherungsnehmer oder Versicherte hat Unterlagen über den Hersteller, die Marke und die Rahmennummer der versicherten Fahrräder zu beschaffen und aufzubewahren.
   Verletzt der Versicherungsnehmer oder Versicherte diese Bestimmung, so kann er Entschädigung nur verlangen, wenn er die Merkmale anderweitig nachweisen kann.

1. Vorbemerkung

1   Die Skibruch-Versicherung bietet unter den einzeln beschriebenen Voraussetzungen Deckungsschutz für das **Gebrauchsrisiko der genannten Sportgeräte** (vgl. § 1 RdNr. 66 ff.). Der Ausschluß des § 1 Nr. 3 wird damit aufgefangen.

2   Ziel des Deckungsangebotes ist die Einbeziehung des Bruch-Risikos der gebräuchlichsten Wintersportgeräte.

3   Das komplizierte Verfahren zum Abschluß der Skibruch-Klausel sollte unberechtigter Inanspruchnahme des Versicherers entgegenwirken. In der Praxis hat sich jedoch gezeigt, daß die unter Nr. 1 der Klausel verlangte Form des Abschlusses nicht beachtet wird. Das Verfahren zum Abschluß der Skibruch-Klausel ist auch nicht geeignet den Versicherer vor unberechtigter Inanspruchnahme zu schützen.

2. Abschluß der Skibruch-Klausel

4   Die Klausel wurde anfänglich häufig zusammen mit der Grunddeckung ohne Zusatzprämie angeboten. Die praktische Entwicklung hat Anlaß gegeben, die Skibruch-Klausel entweder nur über Einzelvereinbarung und gegen Prämie anzubieten, oder die Skibruch-Klausel insgesamt aus dem Deckungsangebot zu streichen. Die Neufassung der AVBR 92 trägt dieser Entwicklung Rechnung. Die Skibruch-Klausel wird aufgehoben. Deckungsschutz für das Risiko kann dann über Spezialversicherungen, z. B. über die Wintersportgeräte-Versicherung oder eine spezielle Ski-Versicherung, erfaßt werden.

5   Nr. 1 der Skibruch-Versicherung verlangt die **genaue Bezeichnung der Ski**

mit Stöcken, Skibobs oder Schlitten im Versicherungsschein. Dieses Erfordernis wird in der Praxis nicht beachtet. Bei dem Massengeschäft der Reisegepäck-Versicherung ist dies nicht zu realisieren. Das Anliegen, mit der Bezeichnung der versicherten Wintersportgeräte im Versicherungsschein unredlicher Inanspruchnahme des Versicherers entgegenzuwirken, kann durch Nr. 1 der Skibruch-Versicherung nicht erreicht werden. Obgleich Nr. 1 der Skibruch-Klausel die Bezeichnung der versicherten Gegenstände im Versicherungsschein als rechtsbegründende Voraussetzung nennt, hat sich in der Praxis durchgesetzt, daß jene Wintersportgeräte, die der Versicherte durch Vorlage von Original-Kaufbelegen als seinen mitgenommenen Reisebedarf ausweist, als versicherte Gegenstände betrachtet werden.

3. Versicherte Gefahren

Der Versicherer leistet Ersatz für **plötzlichen Bruch** der versicherten 6 Sachen während ihres bestimmungsgemäßen Gebrauchs. Das Gebrauchsrisiko wird nicht insgesamt eingeschlossen. Ausschließlich der Bruch der versicherten Sportgeräte ist versichert. Keine Entschädigung wird z. B. bei dem Verbiegen von Stöcken oder bei dem Stauchen von Skien geleistet. Auch in diesen Fällen ist das Sportgerät unbrauchbar. Nr. 2 der Klausel nennt zur Leistungsbegründung nicht einzelne Gebrauchsrisiken, z. B. Unfall oder Verlust, sondern nur eine bestimmte Schadenfolge. Ob der Bruch des Gerätes durch einen Fahrfehler oder durch Unfall entsteht, ist unerheblich. **Plötzlicher Bruch** liegt nicht vor, wenn das Sportgerät schon Risse hatte und brüchig war. In einem solchen Fall ist der Bruch nur der Endpunkt der Abnutzung (vgl. *Ollick*, VA 80, 297).

Kein Versicherungsschutz besteht für Kanten und Belag, soweit diese nicht 7 auf einen versicherten Bruch zurückzuführen sind. Ebenfalls sind nicht Schäden an Bindung sowie an den Halteschlingen und Tellern der Stöcke versichert. Auch insoweit betrifft die Regelung die Schadenfolge. Erkennbar soll das Risiko des Verschleißes und der üblichen Abnutzung sowie Bagatellschäden aus der Versicherung herausgenommen werden.

Der Ausschluß von Schäden durch Verschleiß entspricht dem Grundprinzip der AVBR.

4. Versicherte Schäden

Versichert sind die **nachgewiesenen Reparaturkosten bis zur Höhe des Zeit-** 8 **wertes.** Soweit eine Reparatur technisch oder nicht einwandfrei möglich ist, wird der Zeitwert der zerstörten Sache ersetzt.

Bei Bruch eines Einzelskis wird nur für den gebrochenen Ski Ersatz 9 geleistet. Erstattet werden die Kosten für die Beschaffung des einzelnen Ersatzskis. Diese können über dem Zeitwert des beschädigten Einzelskis liegen. Weist der Versicherte durch eine Bestätigung des Herstellers nach, daß ein einzelner Ersatzski nicht beschafft werden kann, ist der Zeitwert des ganzen Skipaares zu ersetzen. Bei Bruch der Ski betrifft die Ersatzpflicht ausschließlich die Ski, nicht aber die Bindung. Diese kann auf ein neues Paar montiert werden.

10 Nach der Reparatur verbleibende Wertminderung ist nicht ersatzfähig (*Ollick,* VA **80,** 297).

11 Während der Reparatur oder Ersatzbeschaffung gleichwertiger Geräte werden für die Dauer von höchstens 10 Tagen auch **nachgewiesene Mietkosten für gleichwertige Geräte** erstattet. Mietet der Versicherte andere Geräte als die beschädigten, so erhält er gleichwohl höchstens den Betrag, der zur Anmietung gleichwertiger Geräte aufgewendet werden müßte. Ob der Versicherte statt Pistenski nun Tourenski anmietet oder Langlaufski, steht in seinem Belieben.

5. Klausel 5. AVBR 92 – Fahrräder

12 Klausel 5 der AVBR 80 enthielt die Skibruch-Versicherung. Mit den AVBR 92 ist dieser Deckungsschutz entfallen.

13 Klausel 5 AVBR 92 bietet Versicherungsschutz für Fahrräder, solange sie sich **nicht in bestimmungsgemäßen Gebrauch befinden.** Das Gebrauchsrisiko ist in gleicher Weise wie das Gebrauchsrisiko von Sportgeräten, nicht versichert (s. o. § 1 RdNr. 66 ff.).

14 Zur Sicherung gegen Diebstahl verlangt Nr. 2 der Klausel 5 die Sicherung des Fahrrads mit einem Kabelschloß oder einem Schloß mit vergleichbarem Sicherheitswert. Zur Klarstellung weist Nr. 2 der Klausel darauf hin, daß Rahmenschlösser die geforderte Sicherheit in der Regel nicht bieten.

15 Konsequent weist Nr. 2 Abs. 2 den Versicherungsnehmer oder den Versicherten auf die Folgen der Obliegenheitsverletzung gem. § 6 VVG hin. Der Text entspricht § 7 Nr. 2 AFB 87.

16 Das mit dem Fahrrad lose verbundenen und regelmäßig seinem Gebrauch dienenden Zubehör ersetzt der Versicherer nur, wenn es mit dem Fahrrad abhandengekommen ist. Dies betrifft insbesondere Fahrradpumpen, Klingeln und Fahrradkörbe.

17 Klausel 5 Nr. 4 enthält eine Leistungsbegrenzung auf DM 500,–, wenn sich der Diebstahl zwischen 22.00 Uhr und 6.00 Uhr zugetragen hat. Die Darlegungs- und Beweislast für die Voraussetzungen der Leistungsbegrenzung trägt der Versicherer. Die Grundsätze des Beweises des ersten Anscheins kommen dabei zur Anwendung.

18 Klausel 5 Nr. 5 enthält eine Konkretisierung der Auskunftspflicht und der Darlegungs- und Beweislast des Versicherten. Damit wird im Hinblick auf § 10 Nr. 1 c klargestellt, daß die Notwendigkeit der Vorlage von Kaufunterlagen, die die Marke und die Rahmennummer des versicherten Fahrrades nachweisen, nicht unbillig ist.

VI. Klausel 6. Lieferfristüberschreitung/Segelsurfgeräte

AVBR 80

Klausel 6. Lieferfristüberschreitung

Abweichend von § 9 Nr. 2 AVBR ersetzt der Versicherer bei Lieferfristüberschreitung (Verzögerung bei der Auslieferung des Reisegepäcks), deren Voraussetzungen und Folgen entsprechend den gesetzlichen oder vertraglichen Bestimmungen des jeweiligen Beförderungsunternehmens festgestellt sein müssen, den hierdurch entstandenen nachgewiesenen Schaden bis zu 10 v. H. der Versicherungssumme, höchstens jedoch DM 500,–.

AVBR 92

Klausel 6. Segelsurfgeräte

1. Abweichend von § 1 Nr. 5 AVBR besteht Versicherungsschutz auch für Segelsurfgeräte, solange sie sich nicht in bestimmungsgemäßen Gebrauch befinden.
2. Bei Diebstahl besteht Versicherungsschutz nur, wenn das Segelsurfgerät zur Zeit des Diebstahls durch ein Kabelschloß oder ein Schloß mit vergleichbarem Sicherheitswert gesichert war. § 2 Nr. 1 AVBR bleibt unberührt.
Verletzt der Versicherungsnehmer oder Versicherte diese Obliegenheit, so ist der Versicherer nach Maßgabe des § 6 Abs. 1 und Abs. 2 VVG zur Kündigung berechtigt oder auch leistungsfrei.
3. Die Entschädigung ist je Versicherungsfall auf maximal DM 500,– begrenzt, wenn der Diebstahl zwischen 22.00 Uhr und 6.00 Uhr verübt wird.
4. Der Versicherungsnehmer oder Versicherte hat Unterlagen über den Hersteller, die Bezugsquelle, die Marke und die Fabrikationsnummer der versicherten Segelsurfgeräte zu beschaffen und aufzubewahren.
Verletzt der Versicherungsnehmer oder Versicherte diese Bestimmung, so kann er Entschädigung nur verlangen, wenn er die Merkmale anderweitig nachweisen kann.

1. Vorbemerkung

Die Lieferfristüberschreitungsklausel stammt erkennbar noch aus jener 1 Zeit, zu der die Eisenbahn das wichtigste Reiseverkehrsmittel war. Die Voraussetzungen des Leistungsanspruches zeigen deutlichen Bezug zu den Regelungen der EVO für die Beförderung von Reisegepäck.

Die Klausel ist jedoch nicht auf die Anwendung für Bahnreisende beschränkt. Die verzögerte Auslieferung von Reisegepäck ist ein alltägliches Reiseproblem, das außer bei Bahnreisen vor allem im Flugreiseverkehr und bei der Versendung von Reisegepäck mit anderen öffentlichen Transportunternehmen auftritt.

Die Neufassung der AVBR 92 regelt den Ersatz von Aufwendungen für Ersatzkäufe unter § 2 Nr. 3. Damit entfällt diese Klausel.

2. Lieferfristüberschreitung

Der Kernbegriff der Klausel 6. – das ist die **Lieferfristüberschreitung** – 2 nimmt Bezug auf andere vertragliche oder gesetzliche Bestimmungen. Die

197

Voraussetzungen für diesen Begriff sind den **gesetzlichen oder vertraglichen Bestimmungen, welche für die betreffende Beförderung gelten,** zu entnehmen.

3 a) Für die Beförderung von Reisegepäck durch die **Bundesbahn** bestimmen §§ 28 und 33 EVO, daß das Reisegepäck mit dem nächsten geeigneten Zug zu befördern ist. Die Lieferfrist endet, sobald nach Ankunft des Zuges, mit dem das Gepäck zu befördern war, die Bereitstellung und die etwa zur zoll- oder sonstigen verwaltungsbehördlichen Abfertigung erforderliche Zeit abgelaufen ist, §§ 28 I, 29 II EVO. Bei verzögerter Auslieferung bestimmt § 33 EVO den Ersatz des nachgewiesenen Schadens bis zur Höhe von DM 20,– je Gepäckstück je angefangene 24 Stunden, gerechnet vom Verlangen der Auslieferung an, höchstens jedoch für eine Woche.

4 Für das **Frachtgeschäft** verweist § 428 HGB auf den **Ortsgebrauch.** Besteht kein Ortsgebrauch, so ist die Beförderung **binnen einer den Umständen nach angemessenen Frist** zu bewirken. Die Beförderung von Stückgut dauert unterschiedlich lang. Daraus folgt, daß sich ein versicherter Reisender, der Reisegepäck unbegleitet zum Zielort schickt, um es dort an Ort und Stelle rechtzeitig ausgeliefert zu erhalten, nicht auf eine bestimmte Lieferfrist oder auf Erfahrungssätze berufen kann. Das gleiche gilt noch mehr für Reisegepäck, das zur Beförderung ins Ausland aufgegeben wurde. Hier ergeben sich weitere Ungewißheiten zur Dauer der Beförderung durch den grenzüberschreitenden Verkehr.

5 Mit Ausnahme der Regeln §§ 28, 29, 33 EVO wird hinsichtlich der Lieferfrist für Reisegepäck und unbegleitetes Gut entweder auf den Ortsgebrauch verwiesen oder aber eine Lieferfrist und deren Einhaltung von vornherein nicht bestimmt.

6 b) Auch für **begleitetes Reisegepäck** sind bereits nach inländischem Recht und internationalen Abkommen keine verbindlichen Lieferfristen festzustellen.

7 Für den **Flugverkehr** bestimmt Art. X 1. der ABB Flugpassage, daß die im Flugschein, Flugplan oder anderen Orts angegebenen Verkehrszeiten nicht garantiert werden und nicht Bestandteil des Beförderungsvertrages sind. Für das Erreichen von Anschlüssen wird ausdrücklich keine Garantie übernommen.

8 Das **Warschauer Abkommen** bestimmt unter **Art. 19, 23** die Ersatzpflicht des Luftfrachtführers für den Schaden, der durch **Verspätung bei der Luftbeförderung** von Reisenden, Gepäck oder Gütern entsteht. Die Vorschrift ist zwingend.

9 Bei der **Beförderung durch ausländische Unternehmen,** die nicht nach internationalem Recht arbeiten, wird es dem versicherten Reisenden schlechterdings nicht möglich sein, zur Begründung seines Anspruchs gegenüber dem Versicherer eine vertragliche oder gesetzliche Lieferfrist und deren Verletzung nachzuweisen (Zur Problematik der wirksamen Vereinbarung von Beförderungsbedingungen im nationalen und internationalen Luftverkehr **Ruhwedel,** Der Luftbeförderungsvertrag, S. 50 ff.).

10 Bei unbegleitetem Reisegepäck kann der versicherte Reisende die Voraussetzungen einer Lieferfristüberschreitung gem. Klausel 6. in aller Regel nicht nachweisen.

Der Bezug auf Rechtsordnungen und vertragliche Bestimmungen, welche dem versicherten Reisenden nicht zugänglich sind, bedeutet, daß **Klausel 6. unbestimmbare Rechtsbegriffe als Leistungsvoraussetzung enthält.**

c) **Grundlage für den Ersatzanspruch** bei verspäteter Auslieferung von Rei- 11 segepäck sind **die unbestimmten Rechtsbegriffe der Verzögerung** bzw. **der Verspätung bei der Auslieferung von Gepäck.**

Der erläuternde Klammerzusatz in Klausel 6. zum Begriff der Lieferfrist- 12 überschreitung (**Verzögerung bei der Auslieferung des Reisegepäcks**) bezieht sich auf den faktischen Sachverhalt. Der Begriff der **Verzögerung** ist ein **unbestimmter Rechtsbegriff.** Diese Risikobeschreibung ist für den versicherten Reisenden besser nachzuvollziehen als die Bezugnahme auf nicht zugängliche Gesetzes- und Vertragsmaterialien.

Für den **anspruchsbegründenden Begriff der Lieferfristüberschreitung** 13 kommt es stets darauf an, wann der Versicherte **nach den örtlichen Gegebenheiten und nach der Eigenart des gewählten Transportmittels mit der Auslieferung seines Gepäcks rechnen durfte.** Ausdrückliche vertragliche Zusicherungen von Transport- und Beförderungsunternehmen zur Einhaltung einer genau festgelegten Lieferfrist werden kaum je getroffen.

Da Lieferfristen für die Beförderung von Reisegepäck entweder von 14 vornherein nicht bestimmt sind oder mit dem Hinweis auf Ortsüblichkeit beschrieben werden oder nach ausländischen Rechtsordnungen für den versicherten Reisenden nicht bestimmbar sind, nimmt die Neufassung der AVBR 92 die differenzierte Regelung zum Nachweis der Lieferfristüberschreitung nicht mehr auf.

Auf der Grundlage des erläuternden Klammerzusatzes der Klausel 6. 15 (**Verzögerung bei der Auslieferung des Reisegepäcks**) betrachten die marktführenden Reiseversicherer die Voraussetzungen der Lieferfristüberschreitung als gegeben, wenn begleitetes Reisegepäck bei Ankunft mit dem Beförderungsunternehmen nicht innerhalb der üblichen Ausladezeiten an den Versicherten ausgeliefert wird.

3. Nachweis der Lieferfristüberschreitung

Der **Nachweis der Lieferfristüberschreitung** beschränkt sich mithin auf **die** 16 **Bestätigung des Beförderungsunternehmens, daß das Gepäckstück bei Ankunft des Reisenden mit dem Beförderungsunternehmen nicht ausgeliefert wurde.**

Der Versicherte ist gem. § 10 Nr. 1 b verpflichtet, dem Beförderungs- 17 unternehmen die Nichtauslieferung unverzüglich anzuzeigen und dem Versicherer darüber eine Bescheinigung vorzulegen. Diese Obliegenheit ist deckungsgleich mit dem Erfordernis des Nachweises über die verspätete Auslieferung. Denn zum Zeitpunkt der Ankunft des Versicherten und der Feststellung, daß sein Gepäck nicht angekommen ist, steht noch nicht fest, ob es mit Verzögerung nachgeliefert wird, oder ob das Gepäckstück insgesamt verloren ist.

4. Schaden, Entschädigung

18   Der Versicherer ersetzt den durch die Verzögerung bei der Auslieferung des Reisegepäcks entstandenen nachgewiesenen Schaden bis zu 10 v. H. der Versicherungssumme, höchstens jedoch DM 500,–.

19   Der Ersatz betrifft den **Vermögensschaden,** der durch die Aufwendungen des Versicherten **für die überbrückende Ersatzbeschaffung von Gegenständen** entsteht.

20   Der Pflicht des Versicherten zur **Schadenminderung** kommt dabei besondere Bedeutung zu. In welchem Umfang die Beschaffung des nicht ausgelieferten Reisegepäcks auch für wenige Tage notwendig und geboten ist, unterliegt im wesentlichen der **subjektiven Beurteilung des Versicherten.** Dem nicht eingrenzbaren Bewertungsspielraum in dieser Frage wird mit der Festsetzung der Höchstentschädigung auf 10 % der Versicherungssumme, maximal DM 500,– begegnet.

21   Im Regelfall zählen zu den **notwendigen Ersatzbeschaffungen Hygieneartikel sowie Kleidung, die witterungsbedingt am Zielort erforderlich** ist, z. B. Badebekleidung bei einem Strandurlaub. Im Einzelfall kann dazu auch Kleidung gehören, die dem Versicherten als notwendig für die Teilnahme an einem gesellschaftlichen Ereignis, etwa auf einem Kreuzfahrtschiff, erscheint.

22   Der Schaden beläuft sich nicht immer auf den vollen Betrag der Aufwendungen für diese Ersatzbeschaffungen. Insoweit, als der Ersatzkauf für den Versicherten auch noch nach der Wiedererlangung seines Gepäcks von Wert ist und er dadurch andere Aufwendungen erspart, ist ein Schaden nicht eingetreten. Kleidungsstücke von minderer Qualität oder von einer Fasson, die nur am Zielort getragen werden kann, haben für den Versicherten keinen verbleibenden Nutzen.

23   Bei Nichtauslieferung von Fluggepäck am Zielort stellen renommierte Fluggesellschaften ein **toilet kit** mit einer **Erstausstattung an Hygiene- und Kosmetikbedarf** zur Verfügung. Einige Fluggesellschaften zahlen einen Pauschalbetrag von DM 300,– bis 400,– unmittelbar an die Fluggäste aus. In Höhe dieser Leistungen ist der durch die verspätete Auslieferung entstandene Schaden bereits beglichen. Ein Anspruch gleichen Inhalts gegen den Versicherer besteht nicht.

24   Übersteigt der Gesamtschaden des Versicherten den bereits erhaltenen Betrag, so kann er den übersteigenden Schaden bis zur Leistungsgrenze vom Versicherer verlangen. Die Ersatzleistung des Beförderungsunternehmens darf nicht zum Nachteil des Versicherten angerechnet werden, § 67 VVG.

25   Der Schaden aus der verspäteten Auslieferung des Gepäckstückes kann neben den Aufwendungen für Ersatzbeschaffung auch in **Aufwendungen für die Abholung des verspätet ausgelieferten Gepäckstückes bestehen.** Klausel 6. begründet den Anspruch auf Ersatz des nachgewiesenen Schadens, ohne den Anspruch auf eine bestimmte Schadensart zu begrenzen. War die Reise mit Transfer gebucht, besteht hinsichtlich der Abholungskosten auch ein Anspruch aus dem Reisevertrag.

Wird das Gepäckstück **bei Rückkehr von der Reise** am Heimatflughafen 26
nicht rechtzeitig ausgeliefert, hat der Versicherte im Rahmen der Schadenminderungspflicht das Fehlen des Gepäcks zunächst durch **verstärkte Benutzung seiner übrigen Ausstattung** auszugleichen. Nach der allgemeinen
Lebenserfahrung entsteht durch die verspätete Auslieferung eines Gepäckstücks am Heimatflughafen kein Bedarf für Ersatzaufwendungen. Ausnahmen von diesem Erfahrungssatz hat der Versicherte darzutun und nachzuweisen.

5. Klausel 6. AVBR 92 – Segelsurfgeräte

Der Versicherungsschutz für **Segelsurfgeräte** wird mit dem Ausschluß 27
nach § 1 Nr. 5 AVBR 92 und dem Versicherungsschutz aus Klausel 6
geklärt. Die AVBR 80 enthielten keine ausdrückliche Regelung für Segelsurfgeräte (s. o. § 1 RdNr. 82).

Entsprechend dem Versicherungsschutz aus Klausel 5 für Fahrräder bie- 28
tet Klausel 6 Versicherungsschutz für Segelsurfgeräte, **solange sie sich nicht
in bestimmungsgemäßem Gebrauch befinden.** Das Gebrauchsrisiko für Segelsurfgeräte ist daher nicht versicherbar (s. o. RdNr. 66 ff.).

Als Schutz gegen Diebstahl verlangt Nr. 2 der Klausel 6 die Sicherung 29
durch ein Kabelschloß oder ein Schloß mit vergleichbarem Sicherheitswert.
Dies gilt jedoch nicht, solange für Geräte die Allgefahrendeckung gem. § 2
Nr. 1 besteht.

Klausel 6 Nr. 2 Abs. 2 verweist auf die Folgen der Verletzung der Oblie- 30
genheit gem. § 6 VVG. Die Textfassung spricht ausdrücklich sowohl den
Versicherungsnehmer als auch den Versicherten als Adressat der Obliegenheit zur Sicherung der Geräte an. Die Formulierung ist § 7 Nr. 2 AFB 87
entnommen.

Klausel 6 Nr. 3 enthält eine Leistungsbegrenzung auf DM 500,–, wenn 31
der Diebstahl in der Nachtzeit zwischen 22.00 und 6.00 Uhr verübt wird.
Die Darlegungs- und Beweislast für die Leistungsbegrenzung trägt der Versicherer.

Nr. 4 der Klausel 6 konkretisiert die Aufklärungs- und Beweispflicht des 32
Versicherungsnehmers oder Versicherten zum Erwerb und Wert des Die-
besgutes. Damit wird gegenüber § 10 Nr. 1c klargestellt, daß die Vorlage
der Unterlagen zumutbar ist.

VII. Klausel 7. Personengruppen

AVBR 80

Klausel 7. Personengruppen

Abweichend von § 1 Nr. 1 AVBR gelten als Versicherte nur die im Versicherungsschein namentlich benannten Personen und/oder der im Versicherungsschein beschriebene Personenkreis.
Versicherungsschutz besteht für Familienangehörige und Hausangestellte nur, wenn
dies ausdrücklich vereinbart ist.

AVBR 92

Klausel 7. Personengruppen

Abweichend von § 1 Nr. 1 AVBR gelten als Versicherte nur die im Versicherungsschein namentlich benannten Personen und/oder der im Versicherungsschein beschriebene Personenkreis.
Versicherungsschutz besteht für Familienangehörige und sonstige Personen gemäß § 1 Nr. 1 Abs. 1 AVBR nur, wenn dies ausdrücklich vereinbart ist.
Sofern für den Personenkreis gem. § 1 Nr. 1 AVBR bei dem selben Versicherer Verträge bestehen, erfolgt bei gemeinsamen Reisen eine Addition der Versicherungssummen (Summenausgleich).

1. Vorbemerkung

1   Die Personengruppenklausel wurde dem Bedingungswerk zur klaren Regelung von Gruppenverträgen angefügt. Dafür besteht insbesondere bei Verträgen zugunsten bestimmter Mitarbeiter von Firmen Bedarf. Die Mitarbeiter selber sollen Rechte aus dem Reisegepäck-Versicherungsvertrag zu ihren Gunsten herleiten können. Den Angehörigen, § 1 Nr. 1, sollen jedoch keine Vorteile zukommen.

2   Der Anwendungsbereich der Personengruppenklausel ist jedoch nicht auf Gruppenversicherungen beschränkt. Die Regelung zur Mitversicherung nach § 1 wird z. B. auch bei gebündelten Versicherungsverträgen ausgeschlossen. Dies hat zum Ziel, den Versicherungsschutz der Reisegepäck-Versicherung ebenso wie aus anderen personenbezogenen Versicherungen, nur dem benannten Versicherten zu bieten. Der Versicherte muß sich bei Abschluß des Reisegepäck-Versicherungsvertrages über die Geltung der Mitversicherung nach § 1 vergewissern anhand der schriftlich festgelegten Mitvereinbartenklausel.

2. Versicherte

3   Versichert sind die im Versicherungsschein namentlich benannten Personen und/oder der im Versicherungsschein beschriebene Personenkreis. Die Versicherung für einen bestimmten Personenkreis wird insbesondere von Firmen vereinbart. Als versicherter Personenkreis können z. B. Mitarbeiter einer bestimmten Funktion oder mit einer einzeln definierten Außendiensttätigkeit bestimmt werden. Die Begünstigten des bezeichneten Personenkreises müssen anhand der bezeichneten Dienstfunktion eindeutig bestimmbar sein.

4   Jedem Versicherten kommt individuell die vereinbarte Versicherungssumme zugute. Sind mehrere Familienangehörige aus einem Vertrag jeweils in Höhe der Versicherungssumme berechtigt, ist für jede Person einzeln zu prüfen, ob die Versicherungssumme den Wert des mitgeführten Reisegepäcks entsprach oder ob Unterversicherung vorliegt.

5   Im Zusammenhang mit der Neufassung der AVBR 92 wird der Personengruppenklausel eine Bestimmung zum Summenausgleich angefügt. Sofern für den Personenkreis gem. § 1 Nr. 1 AVBR 92 bei dem selben Versicherer Verträge bestehen, erfolgt bei gemeinsamen Reisen eine Addition der Versicherungssummen (Summenausgleich).

3. Familienangehörige

Soll der Versicherungsschutz aus einem Gruppenvertrag zugunsten 6
bestimmter Mitarbeiter einer Firma auch deren Familienangehörigen
zugute kommen, so bedarf es dazu einer besonderen Vereinbarung. Satz 2
der Personengruppenklausel bietet die Grundlage zur Wiederherstellung
der Regelung zur Mitversicherung gem. § 1 AVBR.

4. Klausel 7. AVBR 92 – Personengruppen

Abs. 2 der Klausel 7 nimmt die Neuregelung der Versicherten aus § 1 auf. 7
Die Hausangestellten werden nicht mehr als mitversicherte Personen
genannt. Der Versicherungsschutz kann mit besonderer Vereinbarung auf
den Personenkreis des § 1 AVBR 92 ausgeweitet werden.

Gemäß Klausel 7 Abs. 3 findet unter den Versicherten und Mitversicher- 8
ten des in § 1 Nr. 1 AVBR 92 genannten Personenkreises, die bei dem selben Versicherer Verträge vereinbart haben, ein **Summenausgleich** statt. Die
Versicherungssummen sind zu addieren. Eine höhere Versicherungssumme
eines mitversicherten Mitreisenden kommt auch den Familienangehörigen
oder dem im Versicherungsschein benannten Lebenspartner zugute. Damit
soll verhindert werden, daß bei Familien Unterversicherung bei einer Person eingewandt wird, wenn die Versicherungssumme insgesamt ausreicht.

Würden etwa von einem Ehepaar Versicherungssummen von DM 3000,– 9
und DM 2000,– vereinbart, so stehen bei einem Schaden an einem wertvollen Gut gem. § 4 Nr. 1 50% der Gesamtversicherungssumme zur Verfügung.

VIII. Klausel 8. Dienstreise

AVBR 80

Klausel 8. Dienstreisen

**Versicherungsschutz besteht nur auf Dienst- und Geschäftsreisen, die im Auftrag
des Versicherungsnehmers unternommen werden.**

AVBR 92

Klausel 8. *(unverändert)*

Die Klausel bietet die Grundlage für Gruppen- oder Einzelverträge 1
zugunsten von Mitarbeitern **für die Zeit von Dienst- und Geschäftsreisen.**
Auch für diese Verträge zugunsten Dritter gilt das Rundschreiben R 2/69,
VA 69, 167 des Bundesaufsichtsamtes. Der Versicherer hat den Vertrag derart zu gestalten, daß dem Versicherten in Abänderung der §§ 74 ff. VVG
ein eigenes Recht zusteht, Ansprüche aus den Verträgen ohne Zustimmung
des Versicherungsnehmers gegen den Versicherer geltend zu machen.

Der Versicherte hat **zur Begründung eines Anspruchs** aus dem Vertrag den 2
Zweck der Reise als Dienst- oder Geschäftsreise für den Versicherungsnehmer
darzutun und nachzuweisen.

3   Das rechtsbegründende Merkmal einer Dienst- oder Geschäftsreise schließt zugleich die Regeln über die Mitversicherung gem. § 1 AVBR aus. Denn auf Dienst- oder Geschäftsreise befindet sich nur der Mitarbeiter, zu dessen Gunsten der Versicherungsnehmer den Vertrag vereinbart hat, nicht aber dessen Familienangehörige.

4   Der Deckungsumfang aus der Reisegepäck-Versicherung bleibt unverändert. Auch bei Reisegepäck-Versicherungsverträgen auf der Grundlage von Klausel 8. ist stets nur der persönliche Reisebedarf (s. o. § 1 RdNr. 36 ff.) versichert.

IX. Klausel 9. Neuwertversicherung

AVBR 80

Klausel 9. Neuwertversicherung

1. Abweichend von § 7 Nr. 2 AVBR ist Versicherungswert derjenige Betrag, der allgemein erforderlich ist, um neue Sachen gleicher Art und Güte am ständigen Wohnort des Versicherten anzuschaffen (Neuwert).
2. Für technische Geräte, die älter sind als 5 Jahre, sowie für Bekleidung und Wäsche, die älter sind als 3 Jahre ist der Versicherungswert nur der Zeitwert, wenn der durch einen Abzug für Alter, Abnutzung und Gebrauch sich ergebende Wert unter 50 v. H. des Wiederbeschaffungspreises (Neuwert) liegt.
   Technische Geräte sind insbesondere Haushalts- und Küchengeräte, Foto-, Phono-, Radio- und Fernsehgeräte, Fahrräder, Camping- und Sportgeräte. Zu Bekleidung und Wäsche rechnen auch Schuhe und Pelzwerk.

AVBR 92

Klausel 9. Neuwertversicherung

1. Abweichend vom § 7 Nr. 2 AVBR ist Versicherungswert derjenige Betrag, der allgemein erforderlich ist, um neue Sachen gleicher Art und Güte am ständigen Wohnort des Versicherten anzuschaffen (Neuwert).
2. Für technische Geräte, die älter sind als fünf Jahre, sowie für Bekleidung und Wäsche die älter sind als drei Jahre, ist der Versicherungswert nur der Zeitwert, wenn der durch einen Abzug für Alter, Abnutzung und Gebrauch sich ergebende Wert unter 50 v. H. des Wiederbeschaffungspreises (Neuwert) liegt.
   Technische Geräte sind insbesondere Haushalts- und Küchengeräte, Foto-, Filmapparate und tragbare Videosysteme jeweils mit Zubehör, Phono-, Radio- und Fernsehgeräte, Camping und Sportgeräte. Zur Bekleidung und Wäsche rechnen auch Schuhe und Pelzwerk.

1. Vorbemerkung

1   Die Neuwert-Versicherung wird im Massengeschäft der Reisegepäck-Versicherung nicht angeboten. Der Reisegepäck-Versicherer steht ohnedies einem außerordentlich hohen subjektiven Risiko gegenüber. Die Neuwert-Versicherung bewegt sich an der Grenze zum Bereicherungsverbot, §§ 55, 85 VVG.

Der Anreiz, über ein tatsächliches Schadengeschehen hinaus Ansprüche 2
an den Reisegepäck-Versicherer zu richten, wir mit der Neuwert-Versicherung verstärkt. In der Praxis wird die Klausel daher nur im Rahmen von
versicherungsvertraglichen Großbeziehungen angeboten um dort etwa in
Ergänzung zur Hausrat-Versicherung auch für das versicherte Reisegepäck
Neuwertdeckung bieten zu können.

2. Versicherungswert

Der **Versicherungswert ist der Neuanschaffungswert am Wohnort des Versi-** 3
cherten. Der Wertverlust durch Alter, Abnutzung, Gebrauch etc. ist nicht zu
berücksichtigen. Mit dieser Regelung grenzt die Neuwert-Versicherung an
das Bereicherungsverbot des § 55 VVG (vgl. *Prölss/Martin*, § 18 VHB 84,
Anm. 3; *Martin*, SVR, Q III 32). Den Versicherten kommt in der Tat bei
dem Ersatz des vollen Neuanschaffungswertes ein Vorteil gegenüber dem
Zustand vor dem Schaden zu.

Die Klausel bietet nicht uneingeschränkt Neuwertentschädigung. Für 4
technische Geräte, die älter sind als 5 Jahre, sowie für Bekleidung und
Wäsche, die älter sind als 3 Jahre, gilt als Versicherungswert der Zeitwert
gem. § 7, wenn durch die Abnutzung und sonstige Faktoren der wahre
Wert der Gegenstände unter 50 % des Neuanschaffungswertes liegt.

Mit Klausel 9 Nr. 2 erhält der Versicherer die Grundlage dafür, bei älte- 5
ren Geräten und Gegenständen nur den Zeitwert zu vergüten. Die Voraussetzungen für die leistungsbegrenzende Einwendung hat der Versicherter
nachzuweisen. Dabei kommt allerdings der Beweis des ersten Anscheines
zustatten. Gerätschaften und Gegenstände, die in der Regel in den genannten Zeitspannen mehr als 50 % ihres Wertes verlieren, sind nach dem Beweis
des ersten Anscheins mit einem geringeren Wert einzustufen. Will der Versicherte vortragen, daß ein technisches Gerät oder ein Kleidungsstück – etwa
Pelzwerk – nicht in diesem Maß an Wert verloren hat, so ist es Sache des
Versicherten, den Anscheinsbeweis für den regelmäßig angenommenen
Wertverlust durch den Vortrag und den Nachweis von Tatsachen zu entkräften.

Die Liste der beispielhaft aufgezählten technischen Geräte zeigt, daß die 6
Neuwert-Versicherung in Ergänzung zu umfassenden gebündelten Versi-
cherungsvertragsbeziehungen entwickelt wurde.

Denn Haushalts- und Küchengeräte zählen nur in Ausnahmefällen zum
persönlichen Reisebedarf, z. B. bei der Campingausstattung. Die Aufzählung der technischen Geräte ist jedoch nur beispielhaft. Die Bestimmung
gilt auch für jedwede andere technische Gerätschaften.

3. Klausel 9. AVBR 92 – Neuwertversicherung

Klausel 9 AVBR 92 Nr. 2, 2. Abs. nimmt tragbare Videosysteme neben 7
Foto- und Filmapparaten in den Text auf. Eine inhaltliche Veränderung des
Versicherungsschutzes gegenüber den AVBR 80 ergibt sich daraus nicht.

X. Klausel 10. Jahresverträge

AVBR 80

Klausel 10. Jahresverträge

§ 6 Nr. 3 AVBR findet keine Anwendung.

AVBR 92

Klausel 10. *(unverändert)*

1   Mit Klausel 10. kann die Bestimmung zur Verlängerung von Jahresverträgen aufgehoben werden. Davon wird insbesondere bei dem Abschluß
von Jahresverträgen im Massengeschäft Gebrauch gemacht. Bei der Vereinbarung eines Jahresvertrages über Einzahlung der Versicherungsprämie auf
einer vorbereitete Zahlkarte des Versicherers würde es erhebliche verwal-
tungstechnische Schwierigkeiten bereiten, derartige Verträge fortzuschrei-
ben. Denn häufig ist aus dem Einzahlungsabschnitt, den der Versicherer
über die Bankinstitute zugesandt erhält, nicht die vollständige Anschrift des
Vertragspartners ersichtlich. Es ist konsequent, die Regelung zur Verlängerung von Jahresverträgen bei einem solchen Abschlußverfahren aufzuhe-
ben.
2   Der Jahresvertrag endet bei Vereinbarung von Klausel 10. gem. § 6
ebenso wie Verträge mit kürzerer Laufzeit mit dem Ende des vereinbarten
Vertragszeitraumes. Die Regelung zur Fortgeltung der Haftung aus dem
Vertrag gem. § 6 Nr. 2 bleiben davon unberührt.

XI. Klausel 11. Ausschluß von Fahrrädern/Reisedauer

AVBR 80

Klausel 11. Ausschluß von Fahrrädern

Abweichend von § 1 Nr. 3 der AVBR ist der Versicherungsschutz für Fahrräder
ausgeschlossen.

AVBR 92

Klausel 11. Reisedauer

1. Die Versicherung gilt für alle Reisen, die von den versicherten Personen innerhalb
des Versicherungsjahres unternommen werden.
2. Versicherungsschutz besteht nicht für Reisen, die die im Versicherungsvertrag festgelegte Maximaldauer der einzelnen Reise überschreiten.
3. Der Versicherungsschutz verlängert sich über die vereinbarte Maximaldauer hinaus
bis zum Ende der Reise, wenn sich diese aus vom Versicherten nicht zu vertretenden
Gründen verzögert.

Die Regelung hat keine nennenswerte praktische Bedeutung erlangt. Sie 1
dient der Angleichung des Versicherungsschutzes aus der Reisegepäck-Versicherung bei vertraglichen Großbeziehungen. Dort kann mit dem Ausschluß der Fahrräder eine synchrone Regelung zur Hausrat-Versicherung erreicht werden. Diesem grundsätzlichen Anliegen dient bei der Neufassung der AVBR 92 der generelle Ausschluß der Fahrräder aus dem Deckungsschutz der Reisegepäck-Versicherung, verbunden mit einer differenzierten Neufassung des Versicherungsschutzes für Fahrräder, welche durch Klausel 5 in den Deckungsschutz aus der Reisegepäck-Versicherung miteinbezogen werden kann.

Klausel 11. AVBR 92 – Reisedauer

Der Text der Klausel 11 Nr. 1 nimmt die Rechtsprechung zur Geltung 2
der Reisegepäckversicherung bei mehreren Reisen innerhalb des vereinbarten Versicherungszeitraums mit auf (s. o. § 6 RdNr. 7). Die Regelung dient der Klarstellung und der Rechtssicherheit.

Klausel 11 Nr. 2 bietet die Grundlage für die besondere Ausgestaltung 3
von Reisegepäck-Dauerverträgen. Die Geltung der Versicherung kann auf Reisen beschränkt werden, die eine festgelegte Zeitspanne nicht überschreiten. Damit soll insbes. eine gleichlautende Laufzeit der Verträge bei Paketversicherungen ermöglicht werden.

Klausel 11 Nr. 3 wiederholt die Regelungen des § 6 Nr. 2. 4

Dritter Teil. Kommentar zu den Allgemeinen Bedingungen für die Reise-Rücktrittskosten-Versicherung (ABRV)

A. Einführung

Übersicht

I. Allgemeines

Die Reise-Rücktrittskosten-Versicherung hat seit ihrer Entstehung in den 1 60iger Jahren ihre Funktion, die wirtschaftliche Durchsetzbarkeit der Rücktrittskosten-Forderungen der Reiseunternehmen zu sichern und den Reisekunden dafür Deckungsschutz zu bieten, mit Erfolg wahrgenommen.

Seit dem Wegfall anfänglicher Beschränkungen kann die **Reise-Rücktritts-** 2 **kosten-Versicherung für jedes gebuchte Reisearrangement oder jede gebuchte Einzelreiseleistung** vereinbart werden.

Dem **Leistungsgegenstand** der **vertraglich geschuldeten Rücktrittskosten wur-** 3 **den** schon bei ersten Überarbeitungen des Bedingungswerkes die **Leistungen für zusätzliche Rückreisekosten** bei Abbruch von Reisen und der Ersatz des **nicht genutzten Teiles der Mietkosten,** bei vorzeitigem Verlassen hinzugefügt. (Zur Entwicklung der Reise-Rücktrittskosten-Versicherung im einzelnen: *Ollick*, VA **72**, 151 ff. und VA **77**, 391).

Klausel 3 ergänzt das Leistungsangebot mit dem Ersatz nicht bean- 4 spruchter Reiseleistung bei Abbruch von Pauschalreisen.

Die **versicherten Risiken** wurden mit der Aufhebung der Altersbegrenzung 5 und mit der Einführung der Personengruppenklausel wesentlich erweitert. Das Bedingungswerk bietet nun mit dem Ersatz vertraglich geschuldeter Rücktrittskosten bei Nichtantritt der Reise, der Erstattung zusätzlicher Rückreisekosten bei Abbruch der Reise und den Leistungen aus den Sonderbedingungen für gemietete Ferienwohnungen mit den gesondert zu vereinbarenden Leistungen aus Klausel 3 bei Abbruch von Pauschalreisen, abgerundeten Deckungsschutz.

Eine neue Entwicklung zur Versicherung der Reiserisiken hat die Einfüh- 6 rung der **Versicherung von Beistandsleistungen auf Reise und Rücktransporten** (**ABBR 1989,** Anhang I) eröffnet. Dieser Versicherungszweig bietet Hilfelei-

stungen und praktischen Service bei Krankheits-, Tod- oder sonstigen Notfällen während der Reise. Der Deckungsschutz bezieht mit **Klausel 1.** „**Reise-
abbruch/verspätete Rückreise**" das Risiko außerplanmäßiger Rückreise aus
dem Urlaub mit praktischem Service und der Erstattung der Mehrkosten
ein. Der Deckungsschutz nach Klausel 1. zu den ABBR 89 überlagert den
Versicherungsschutz nach § 1 Nr. 1 b ABRV und geht darüber hinaus.

II. Der Abschluß des Versicherungsvertrages

1. Der Reisevertrag als Grundlage des Versicherungsvertrages

7   Der Abschluß eines Reise-Rücktrittskosten-Vertrages setzt stets einen
gebuchten Reise- oder Mietvertrag voraus. Sämtliche **Leistungstatbestände**
der Reise-Rücktrittskosten-Versicherung haben den **gebuchten Reisevertrag
oder den gebuchten Mietvertrag als Bezugsgröße.** Versichert wird das Risiko
der vertraglich geschuldeten Rücktrittskosten (§ 1 Nr. 1 a), das Risiko
zusätzlicher – über die gebuchte und bezahlte Reiseleistung hinausgehen-
der – Mehrkosten für die nicht planmäßige Rückreise (§ 1 Nr. 1 b), der
Wert der nicht in Anspruch genommenen Reiseleistungen (Klausel 3 b) der
Sonderbedingungen für gemietete Ferienwohnungen), die verlorenen oder
zusätzlichen Reisekosten bei Zahlungsunfähigkeit des Reiseveranstalters
(Klausel 5.).

8   Der versicherte Reisevertrag kann eine **Pauschalreise** mit einer Gesamtheit
von Reiseleistungen (§ 651 a BGB) oder auch **einzelne Transportleistungen**
oder eine **Objektmiete** zum Gegenstand haben (*Löwe*, in Münchner Kommentar § 651 i RdNr. 12). Auch **mehrere einzelvertraglich vereinbarte Reiseleistungen** können mit einem Versicherungsvertrag erfaßt werden. Dies
geschieht etwa, wenn ein Reisebüro als Vermittler verschiedene einzelne
Reiseleistungen zu einer Gesamtreise zusammenstellt und der Versicherungsvertrag in Bezug auf das Gesamtarrangement vereinbart wird.

9   Der **Versicherungsvertrag** bezieht sich **nicht** auf **eigene Reiseleistungen.** Die
geplante Fahrt mit dem eigenen Pkw und die Nutzung der eigenen Ferienwohnung samt der selbst bereiteten Verköstigung für die Familie und für
Freunde kann deshalb nicht versichert werden.

10   Der Begriff der Reise ergibt sich aus der engen Anbindung des Reise-
Rücktrittskosten-Versicherungsvertrages an den jeweiligen versicherten
Reise- oder Mietvertrag. Mit dem **Begriff der Reise** werden in den ABRV
stets **der konkret versicherte Reise- oder Mietvertrag** und die dort **gebuchte
Reiseleistung** angesprochen.

2. Die Formen des Abschlusses des Versicherungsvertrages

11   Die Formen des Abschlusses der Reise-Rücktrittskosten-Versicherung
folgen der wirtschaftlichen Entwicklung des Reisemarktes. Das Interesse
der Reiseveranstalter an der wirtschaftlichen und rechtlichen Durchsetzbarkeit der Entschädigung i. S. von § 651 i BGB gegen den Reisekunden hat
die Formen des Vertragsabschlusses geprägt.

12   Die **Reise-Rücktrittskosten-Versicherung** wurde zunächst überwiegend als

Vertrag zugunsten Dritter, § 328 BGB, als sog. Kollektivvertrag vereinbart. Bei dieser Vertragsform hat der Versicherer gemäß Rundschreiben des BAV 2/69 (VA **69**, 167) dem Versicherten abweichend von §§ 74 ff. VVG ein eigenes Recht zur Geltendmachung der Versicherungsansprüche ohne Genehmigung des Versicherungsnehmers zu verschaffen. (Zu den Formen des Vertragsabschlusses von Reiseversicherungen in der Praxis s. o. § 1 AVBR RdNr. 4; *Nies*, Reise-Rücktrittskosten-Versicherung, Leitfaden, S. 5 ff.).

Die Ausweitung der Touristikindustrie und der zunehmende Konkur- **13** renzkampf zwischen Pauschalreiseveranstaltern haben zu einer Wandlung des Marktverhaltens geführt. Dazu hat auch die wirtschaftliche und rechtliche Absicherung des Stornokostenanspruchs mit § 651 i BGB samt der Vorauskasse des Reisepreises beigetragen. Die Reiseveranstalter schließen zur Entlastung ihrer Preiskalkulation den Deckungsschutz aus der Reise-Rücktrittkosten-Versicherung nicht mehr in das Pauschalreiseangebot ein. Zunehmend beschränken sich die Reiseveranstalter darauf, in den Katalogen und bei dem Abschluß des Reisevertrages auf die Reise-Rücktrittskosten-Versicherung hinzuweisen (*Löwe*, Das neue Pauschalreiserecht 81 IV. 9.; ders. in Münchner Kommentar, § 651 i RdNr. 17) und den Abschluß des Versicherungsvertrages zwischen dem Reisekunden und dem Versicherer zu vermitteln.

B. ABRV

§ 1 Versicherungsumfang

1. Der Versicherer leistet Entschädigung:
   a) bei Nichtantritt der Reise für die dem Reiseunternehmen oder einem anderen vom Versicherten vertraglich geschuldeten Rücktrittskosten;
   b) bei Abbruch der Reise für die nachweislich entstandenen zusätzlichen Rückreisekosten und die hierdurch unmittelbar verursachten sonstigen Mehrkosten des Versicherten, vorausgesetzt, daß An- und Abreise in dem versicherten Arrangement enthalten sind; dies gilt auch im Falle nachträglicher Rückkehr. Bei Erstattung dieser Kosten wird in bezug auf Art und Klasse des Transportmittels, der Unterkunft und Verpflegung auf die durch die Reise gebuchte Qualität abgestellt. Wenn abweichend von der gebuchten Reise die Rückreise mit Flugzeug erforderlich wird, werden nur die Kosten für einen Sitzplatz in der einfachsten Flugzeugklasse ersetzt.
   Nicht gedeckt sind Heilkosten, Kosten für Begleitpersonen sowie Kosten für die Überführung eines verstorbenen Versicherten.

2. Der Versicherer ist im Umfang von Ziffer 1 leistungspflichtig, wenn infolge eines der nachstehend genannten wichtigen Gründe entweder die Reiseunfähigkeit des Versicherten nach allgemeiner Lebenserfahrung zu erwarten ist oder ihm der Antritt der Reise oder deren planmäßige Beendigung nicht zugemutet werden kann:
   a) Tod, schwerer Unfall oder unerwartete schwere Erkrankung des Versicherten, seines Ehegatten, seiner Kinder, Eltern, Geschwister, Großeltern, Enkel, Schwiegereltern, Schwiegerkinder oder, wenn die Reise für zwei Personen gemeinsam gebucht wurde, der zweiten Person, vorausgesetzt, daß diese gleichfalls versichert ist;
   b) Impfunverträglichkeit des Versicherten oder, im Falle gemeinsamer Reise, seines Ehegatten, der minderjährigen Kinder oder Geschwister des Versicherten oder der Eltern eines minderjährigen Versicherten, sofern der Angehörige ebenfalls versichert ist;
   c) Schwangerschaft einer Versicherten oder, im Falle gemeinsamer Reise, des versicherten Ehegatten oder der versicherten Mutter einer minderjährigen Versicherten;
   d) Schaden am Eigentum des Versicherten oder, im Falle gemeinsamer Reise, eines der in Ziffer 2 b) genannten versicherten Angehörigen des Versicherten infolge von Feuer, Elementarereignis oder vorsätzlicher Straftat eines Dritten, sofern der Schaden im Verhältnis zu der wirtschaftlichen Lage und dem Vermögen des Geschädigten erheblich oder sofern zur Schadenfeststellung seine Anwesenheit notwendig ist.

Übersicht

Versicherungsumfang   1-6 § 1 ABRV

A. Vorbemerkung

§ 1 enthält unter Nr. 1 a und b die Beschreibung der zwei Grundlei- **1**
stungstatbestände:

a) Bei Nichtantritt der Reise befaßt sich der Versicherer mit den reisevertraglich geschuldeten Rücktrittskosten § 1 Nr. 1 a.

b) Bei Reiseabbruch und nachträglicher Rückkehr von der Reise sind die
nachweislich entstanden zusätzlichen Rückreisekosten und die hierdurch
unmittelbar verursachten sonstigen Mehrkosten des Versicherten Gegenstand der Leistung.

Die **Sonderbedingungen zu den ABRV für gemietete Ferienwohnungen** ent- **2**
sprechen mit der Leistung bei Nichtbenutzung der Ferienwohnung dem
Leistungstatbestand bei Nichtantritt der Reise. Bei vorzeitiger Aufgabe der
Ferienwohnung aus versichertem Grund wird unter Berücksichtigung des
Selbstbehaltes, § 3 Nr. 2, der nicht abgewohnte Teil der Mietkosten vergü-
tet.

Mit **Klausel 3 „Nicht beanspruchte Reiseleistung"** wird Versicherungsschutz **3**
für die nicht genutzten Leistungen bei Abbruch von Pauschalreisen und
Hotel oder Clubbuchungen geboten.

Klausel 5 „Zahlungsunfähigkeit des Reiseveranstalters" bietet Versicherungs- **4**
schutz für das Insolvenzrisikos des Reiseveranstalters. Die Genehmigung
für diese Klausel ist bis 31. 12. 91 begrenzt.

Klausel 6 erlaubt den Verzicht auf den Selbstbehalt.

Klausel 7 regelt Versicherungsschutz für Nachreisekosten, wenn die Reise
aus versichertem Anlaß verspätet angetreten wird.

§ 1 Nr. 2 enthält unter a–d die Aufzählung der Ereignisse, die den Versi- **5**
cherungsfall auslösen, wenn in deren Folge die planmäßige Durchführung
der Reise nicht möglich oder nicht zumutbar ist. Wesentliche Bedeutung für
den Versicherungsumfang hat der Kreis der Risikopersonen. Mit dem
Angebot von **Klausel 4. „Personengruppen"** wird der Versicherungsumfang
der Reise-Rücktrittskosten-Versicherung wesentlich ausgeweitet.

B. Der Reiseantritt

Der **Reiseantritt** trennt die Leistungstatbestände des § 1, **Nichtantritt der** **6**
Reise, § 1 Nr. 1 a und **Abbruch der Reise,** § 1 Nr. 1 b. Die Leistungen nach § 1
Nr. 1 a werden mit dem Reiseantritt ausgeschlossen und zugleich wird der

Leistungstatbestand des § 1 Nr. 1 b eröffnet. In gleicher Weise entscheidet der Reiseantritt über die Anwendung des Leistungsversprechens aus den Sonderbedingungen zu den ABRV für gemietete Ferienwohnungen nach a oder b. Klausel 3., nicht beanspruchte Reiseleistungen, kommt nur bei Abbruch einer Reise zum Zuge. Klausel 5. trennt das Leistungsangebot unter Nr. a und Nr. b wiederum nach dem Kriterium des Reiseantritts.

7   **Die Reise** – das ist die gebuchte und versicherte Reiseleistung – **ist angetreten, wenn eine der gebuchten Reiseleistungen ganz oder teilweise in Anspruch genommen wird** (LG Hannover, NJW-RR 86, 602).

8   Eine **Flugreise** wird mit dem Einchecken des Gepäcks am Counter der Fluggesellschaft und mit der Reservierung des Sitzplatzes angetreten. Eine Busreise ist mit dem Reservieren des Platzes angetreten und mit der Entgegennahme erster Informationen des Reiseleiters zum Ablauf der Reise.

9   Allein das Eintreffen des Versicherten am Flughafen oder am Sammelplatz der Reisegruppe ist noch kein Reiseantritt (a. A. *Ollick*, VA 72, 153, der die Reise bereits angetreten sieht, wenn sich der versicherte Reisekunde am Sammelplatz oder am Flughafen reisebreit gemeldet hat).

10   Ein **Hotel- oder Clubaufenthalt** ist angetreten, wenn sich der Versicherte das **Zimmer zuweisen läßt** und sein Gepäck dorthin bringt. Vereinbart der Versicherte vor Beginn des gebuchten und versicherten Aufenthaltes eine zusätzliche Übernachtung, so ist der gebuchte **Aufenthalt ab dem Zeitpunkt angetreten, ab welchem die Benutzung des Zimmers** und der Aufenthalt in dem Hotel **auf der gebuchten Pauschalvereinbarung beruht** (AG München, VersR 84, 886).

11   Setzt sich die Reise aus mehreren zeitlich aufeinanderfolgenden Pauschalarrangements zusammen, so bilden alle Reiseabschnitte vom Ausgangspunkt bis zur Rückkehr dorthin **eine Reise.** Ist eine Leistung aus dem ersten Reiseabschnitt in Anspruch genommen, so ist die Reise mit allen Teilabschnitten angetreten. Das gilt auch, wenn zwischen den gebuchten Reiseteilen leistungsfreie Zeitspannen liegen (AG München, 20. 05. 1987, 11 C 2275/87, A III, Eine Reise 1).

12   Eine Weltreise, die aus den Reiseabschnitten – Bahnreise zum Ausgangshafen – Kreuzfahrt mit zwei zeitlichen Abschnitten und Rückflug vom Endpunkt des zweiten Kreuzfahrtprogramms – besteht, ist deshalb mit der Einnahme des Sitzplatzes im Zug zur Anreise zum Kreuzfahrthafen insgesamt angetreten.

C. Leistungsumfang bei Nichtantritt der Reise (§ 1 Nr. 1 a)

I. Die reisevertraglich geschuldeten Rücktrittskosten

1. Anspruchsgegner vertraglich geschuldeter Rücktrittskosten

13   Bei **Nichtantritt der Reise** betrifft die Leistung der Reise-Rücktrittskosten-Versicherung „**die dem Reiseunternehmen oder einem anderen vom Versicherten vertraglich geschuldeten Rücktrittskosten**". Leistungsgegenstand bei

Nichtantritt der Reise sind **ausschließlich Ansprüche des Vertragspartners des Reise- oder Mietvertrages,** für welchen die Versicherung vereinbart wurde. Die Worte „... oder einem anderen ..." geschuldeten Rücktrittskosten erklärt sich aus der Entwicklung der Reise-Rücktrittskosten-Versicherung. Anfänglich konnten nur Pauschalreisen versichert werden. Es bedurfte deshalb des ausdrücklichen Hinweises, daß auch Rücktrittskosten, die einem Vermieter oder einem Beförderungsunternehmen aus dem versicherten Miet-, Beförderungs-, oder Reisevertrag geschuldet waren, Leistungsgegenstand gem. § 1 Nr. 1 a sein können.

Nicht versichert sind Kosten oder Vermögensnachteile, welche Mitreisenden 14 aus der Reiseabsage eines Teilnehmers der gemeinsam gebuchten Reise **erwachsen.**

Nicht zum Leistungsgegenstand gem. § 1 Nr. 1 a gehört danach der **Einzel-** 15 **zimmerzuschlag,** der vom Reiseveranstalter der reisenden Person in Rechnung gestellt wird, nachdem die mitgebuchte Person, mit welcher das Zimmer geteilt werden sollte, die Reise abgesagt hat. Denn nicht der Versicherte, der seine Reise abgesagt hat, schuldet dem Reiseveranstalter diese Kosten als Rücktrittskosten; vielmehr erhält die reisende Person eine andere Leistung (Einzelzimmer anstatt Doppelzimmer) und hat dafür einen höheren Reisepreis zu zahlen.

Nicht zum Leistungsgegenstand rechnet der Wegfall eines **Gruppenrabatts** 16 bei Mehr-Personenbuchungen nach Absage eines Teiles der gemeinsam gebuchten Personen.

2. Der Leistungsgegenstand der reisevertraglich geschuldeten Rücktrittskosten

Der **Leistungsgegenstand** bei Nichtantritt der Reise oder Nichtbenutzung 17 der Mietwohnung sind sonach **die reise- oder mietvertraglich geschuldeten Rücktrittskosten.** Zu diesen **Rücktrittskosten** gehören vorrangig die **Stornokosten** gem. § 651 i II S. 2 BGB.

War mit dem Reisevertrag zugleich als begleitende Leistung die **Vermitt-** 18 **lung einer Eintrittskarte** für eine Kultur- oder Sportveranstaltung verbunden, zählen Rücktrittskosten aus diesem Vertrag zum **Leistungsgegenstand, soweit der Versicherungsvertrag auch diese begleitenden Leistungen in den Deckungsschutz mit einbezogen hat.** Das ist der Fall, wenn entsprechend § 3 Nr. 1 der **Wert der Nebenleistung** bei dem Versicherungswert und **der Prämienberechnung** berücksichtigt worden ist.

Bezieht sich der Versicherungsvertrag auf die Reiseangebote eines Reise- 19 veranstalters nach dessen Reisekatalogen, so sind Vermittlungsgebühren, die ein Reisebüro neben den Rücktrittskosten dieses Reiseveranstalters berechnet, nicht Leistungsgegenstand dieses Versicherungsvertrages.

Wird jedoch die Reise-Rücktrittskosten-Versicherung für ein vom Reise- 20 vermittler zusammengestelltes Reiseangebot vereinbart und wird die Reise-Rücktrittskosten-Versicherung von diesem Reisevermittler in Bezug auf sämtliche Leistungen vermittelt, so zählt auch die in Rechnung gestellte

Vermittlungsgebühr des Reisevermittlers nach Rücktritt von den gebündelten reisevertraglichen Vereinbarungen zum Leistungsgegenstand.

21   Die Kosten für die Beschaffung eines **Visums** für das Reiseland sind **nicht versichert.** Die Gebühr für das Visum verfällt mit dessen Erteilung. Die Kosten stellen keine reisevertraglich geschuldeten Rücktrittskosten dar. Andere Aufwendungen, die nach Rücktritt vom Reisevertrag für den Versicherten keinen Nutzen haben, wie z. B. Aufwendungen für Impfungen oder für die Beschaffung von Reiseausrüstung, die ausschließlich für die gebuchte und versicherte Reise Verwendung finden soll, sind nicht Leistungsgegenstand.

3. Die Anspruchsgrundlage der reisevertraglichen Rücktrittskosten

22   Der Versicherte hat zur Begründung seines Anspruchs auf Versicherungsleistung die Anspruchsgrundlage und **die Höhe der vertraglich geschuldeten Rücktrittskosten darzutun und nachzuweisen.**

23   Soweit sich der Versicherungsvertrag auf **Reiseleistungen laut Katalog des Reiseveranstalters** bezieht, dient die **Stornokostenrechnung des Veranstalters** als Nachweis. Die Berechnung der Stornokosten beruht in diesen Fällen auf den allgemeinen Reisebedingungen und den darin enthaltenen Regeln für die Rücktrittskosten.

Zur **Anspruchsbegründung** hat der Versicherte die Rechtsgrundlage, das ist der **Reisevertrag** (Buchungsbestätigung) **samt den dafür geltenden Reisebedingungen,** vorzulegen.

24   Beruht der Versicherungsschutz auf einem Vertrag zwischen dem Reiseveranstalter und Versicherer zugunsten eines jeden Reiseteilnehmers, § 328 BGB (Kollektiv-Vertrag), so bezieht sich die Leistungsverpflichtung des Versicherers unmittelbar auf die Allgemeinen Reise- und Stornobedingungen dieses Reiseveranstalters. Der Versicherer kann bei Eintritt des Versicherungsfalles nicht einwenden, die Reisebedingungen seien unklar oder unwirksam. Dies gilt ebenso, wenn der Versicherungsvertrag in unmittelbarem Zusammenhang mit der Reisebuchung, insbesondere technisch über das Buchungssystem des Veranstalters, vermittelt und vereinbart wird (vgl. OLG Köln, VersR **91,** 661).

25   Wurde der Versicherungsvertrag nicht über das Buchungssystem des Reiseveranstalters vermittelt, kann der Versicherer Einwendungen gegen die Reise- und Stornobedingungen des versicherten Reisevertrages erheben. Denn allein die Tatsache, daß der Reisekunde für einen Reisevertrag einen Rücktrittskosten-Versicherungsvertrag abschließt (z. B. durch Einzahlung der Prämie mittels eines Zahlkartenvordrucks) heilt nicht Verstöße der ReiseAVB gegen Regeln des § 651 i BGB und des AGBG.

26   Ist die Berechnungsgrundlage für die vom Reiseveranstalter oder -vermittler in Rechnung gestellten Stornokosten unklar oder unwirksam, so wird der Anspruch auf Versicherungsleistung nicht fällig. Das gilt insbesondere, wenn die Reisebedingungen des Veranstalters gegen die Grundsätze des AGBG und § 651 i BGB verstoßen. Der Versicherte hat den Nachweis zur Höhe der vertraglich geschuldeten Stornokosten ggf. durch gerichtliche

Entscheidung gegen den Reiseveranstalter zu führen. Der Versicherer kann dem Versicherten in diesem Rechtsstreit gegen den Reiseveranstalter als Streithelfer beitreten.

Der Nachweis des Versicherten über die bislang an den Reiseveranstalter 27 geleisteten Zahlungen ist kein geeigneter Nachweis für die Höhe der reisevertraglich geschuldeten Rücktrittskosten (vgl. AG München, VersR 90, 851).

4. Die Berechnungsmethoden für Rücktrittskosten

Das Reisevertragsrecht gestattet in § 651 i BGB die konkrete oder die pau- 28 schalierte Berechnung der Entschädigung des Reiseveranstalters bei Rücktritt des Reisenden vom Vertrag.

Der Reiseveranstalter ist berechtigt, in seinen Reisebedingungen eine pauschalierte Berechnung der Rücktrittskosten festzulegen (Zur Gültigkeit von Stornokostenklauseln vgl. LG Hannover, NJW-RR 87, 1079 = VuR 88, 30 m. Anm. von *Tonner; Hasche*, der Rücktritt des Reisenden der Entschädigungsanspruch des Veranstalters nach § 651 i S. 139 ff.; *Eichinger*, der Rücktritt des Reisenden vom Reisevertrag vor Reisebeginn, S. 78 m. w. N.).

Die **Stornokostenstaffeln** haben gem. § 651 i III BGB die **gewöhnlich** 29 **ersparten Aufwendungen durch anderweitige Verwendung der Reiseleistungen** zu berücksichtigen. Daraus ergibt sich, daß der Vomhundertsatz des Reisepreises nach dem Zeitraum zwischen der Stornierung und bis zum geplanten Reiseantritt gestaffelt wird. Endet die Regelung zur Pauschalierung der Entschädigung gemäß § 651 i III BGB bei Reiseabsagen einen Tag vor Reiseantritt, so kann der Reiseveranstalter bei **Nichtantritt der Reise ohne vorangegangene Rücktrittserklärung – no show** – den gesamten Reisepreis einbehalten, falls keine Aufwendungen erspart werden.

Neben der Chance des anderweitigen Verkaufs der Reiseleistung sind die 30 ersparten Aufwendungen bei Nichtdurchführung der Reise zu berücksichtigen (*Löwe* in Münchener Kommentar, § 651 I RdNr. 10 ff.). Dem Reisekunden steht gegenüber der pauschalierten Berechnung der Stornokosten stets der Einwand offen, daß die tatsächlichen Stornokosten geringer sind (s. im übrigen RdNr. 24).

Der Reiseveranstalter hat dann den Nachweis zu führen, daß Aufwen- 31 dungen nicht oder nur in geringem Umfang erspart wurden (*Löwe* in Münchener Kommentar, § 651 i RdNr. 14).

Die **Umbuchung** einer Reise enthält rechtlich die **Änderung des ursprüng-** 32 **lich vereinbarten Reisevertrages.** Ein Rücktritt vom Reisevertrag liegt darin nicht (**Hasche,** a. a. O., S. 143; *Löwe* in Münchener Kommentar, § 651 i BGB Rz. 7). Ungeachtet dessen stellen die Veranstalter von Pauschalreisen bei Umbuchungen Änderungsgebühren nach der Staffelung für Rücktrittskosten in Rechnung. Inwieweit dahingehende Klauseln in allgemeinen Reisebedingungen zulässig und rechtswirksam sind, ist umstritten (vgl. *Hasche,* a. a. O. S. 143 m. w. N.).

Besteht ein Reise-Rücktrittskosten-Kollektivvertrag zugunsten der Rei- 33 senden dieses Veranstalters oder hat der Veranstalter den Versicherungsvertrag vermittelt, so darf der Versicherte sowohl auf die Rechtmäßigkeit der Berechnung der Umbuchungskosten vertrauen wie auch darauf, daß der Versicherer diese Kosten wie vertraglich geschuldete Rücktrittskosten behandelt. Aus Gründen der Gleichbehandlung handhaben die führenden Reiseversicherer auch bei anderweitigem Versicherungsabschluß Umbuchungskosten wie Stornokosten.

34   Für die Leistung gem. § 1 Nr. 1 a ABRV kommt es ausschließlich darauf an, ob die konkrete gebuchte Reise angetreten wird. Die Leistungspflicht des Versicherers tritt deshalb unabhängig davon ein, ob die vertraglich geschuldeten Rücktrittskosten aus der Erklärung des Rücktritts vom Reisevertrag, aus der Erklärung zu einer wesentlichen Inhaltsänderung des Vertrages – insbesondere zum Zeitpunkt der Reise – oder aus dem Nichtantritt der Reise ohne vorherige Rücktrittserklärung (no show) erwachsen.

D. Der Leistungsgegenstand bei Abbruch der Reise oder nachträglicher Rückkehr

I. Vorbemerkung

35   Bei Eintritt des **Versicherungsfalles nach Reiseantritt** bietet § 1 Nr. 1 b **Versicherungsschutz, wenn An- und Abreise im versicherten Arrangement enthalten sind.** Der zugrundeliegende Reise- oder Mietvertrag, für welchen die Versicherung genommen wird, steckt also auch bei dem Leistungstatbestand gem. § 1 Nr. 1 b den Rahmen der Versicherungsleistung ab.

36   Bezieht sich der Versicherungsvertrag auf die Anmietung einer Ferienwohnung oder eines anderen Objektes, z. B. eines Campers oder eines Schiffes, kann der Versicherte bei Abbruch des Aufenthaltes oder der Reise keine Leistungen aus den Grundleistungstatbeständen der ABRV erwarten.
Keine Leistung bietet § 1 Nr. 1 b, bei Abbruch eines Club- oder Hotelaufenthaltes bei eigener Anreise.

37   Die Unausgewogenheit der Leistungsangebote für Pauschalreisen mit gebuchter An- und Abreise gegenüber den Leistungen bei Versicherung eines Ferienwohnungsmietvertrages gab zunächst Anlaß, die ABRV mit den Sonderbedingungen für gemietete Ferienwohnungen zu ergänzen.

38   Mit **Klausel 3. „nicht beanspruchte Reiseleistung"** kann der Reisekunde Leistungen bei Abbruch von Hotel- oder Clubaufenthalten und bei Pauschalreisen vereinbaren.

II. Der Abbruch der Reise und die nachträgliche Rückkehr

39   Die **Reise wird abgebrochen,** wenn der Versicherte **vorzeitig die Nutzung der gebuchten Reiseleistungen aufgibt** und mit einem anderen als dem gebuchten Beförderungsmittel an den Ausgangsort der Reise zurückkehrt.

40   Eine **Reiseunterbrechung** findet statt, wenn der Versicherte **während der Reise einzelne Reiseleistungen oder Reiseabschnitte nicht nutzt** und im weiteren Verlauf wieder an den gebuchten Reiseleistungen teil hat. Insbesondere liegt kein Reiseabbruch vor, wenn der Versicherte einzelne gebuchten Rei-

seabschnitte nicht nutzt, aber mit den gebuchten Beförderungsmitteln planmäßig von der Reise zurückkehrt.

Kein Reiseabbruch liegt daher vor, wenn der Teilnehmer einer Trekking- **41**
Tour in Nepal vorzeitig wegen des Auftretens der Höhenkrankheit ins Tal
zurückkehrt und dort in einem Hotel das Eintreffen der Gruppe abwartet,
um sodann die weiteren Reiseabschnitte und die Rückreise zusammen mit
der Reisegruppe planmäßig in Anspruch zu nehmen. Eine **Reiseunterbrechung** und kein Abbruch der Reise liegt vor, wenn der Versicherte während
einer Rundreise einige Stunden oder Tage außerplanmäßig zur notwendigen Krankenbehandlung an einem Ort verbleibt und sodann der Gruppe
mit gesondert gebuchtem Verkehrsmittel nachreist, um die Reise planmäßig
fortzusetzen. Es liegt auch kein Reiseabbruch vor, wenn der Versicherte am
Urlaubsort bis zu seinem planmäßigen Rückflug in stationäre Behandlung
eingewiesen wird, sofern bei der Rückreise die gebuchte Reiseleistung in
Anspruch genommen wurden.

Nachträgliche Rückkehr von der Reise findet statt, wenn der Versicherte **42**
die gebuchte Reiseleistung für die Rückreise nicht nutzen kann und erst zu
einem späteren Zeitpunkt zum Ausgangsort zurückkehrt.

Bei **Rückkehr am Tag der gebuchten Rückreise** mit einem anderen als dem **43**
gebuchten Verkehrsmittel, liegt ungeachtet der Zeitgleichheit der Rückreise
ein Reiseabbruch vor, wenn der Versicherte mit Rücksicht auf den Eintritt
des versicherten Ereignisses die gebuchte Leistung nicht nutzen kann oder
wenn es unzumutbar ist, das gebuchte Beförderungsmittel zur Rückreise zu
benutzen. Das ist z. B. der Fall, wenn der Versicherte zu einem Angehörigen ans Sterbebett gerufen wird und deshalb mit dem Flugzeug reist oder
wenn dem Versicherten wegen seines Gesundheitszustandes die Benutzung
des gebuchten Beförderungsmittels nicht zuzumuten ist (Zu beachten ist
jedoch der Ausschluß für Heilkosten, s. u. RdNr. 60).

III. Die nachweislich entstandenen zusätzlichen Rückreisekosten

1. Zusätzliche Rückreisekosten

Gegenstand der Leistung sind stets nur nachgewiesene **zusätzliche Rück-** **44**
reisekosten. Kann das gebuchte Ticket für die Rückreise an einem anderen
Tag verwendet werden, entsteht kein Leistungsanspruch. Damit wird dem
Bereicherungsverbot Rechnung getragen (§ 55 VVG). Gegenstand der Leistung sind Kosten für ein neues Ticket oder eine neue Fahrkarte zur Rückreise sowie **Umbuchungskosten,** die entstehen, um die ursprünglich gebuchte
Leistung an einem anderen Tag nutzen zu können.

Zusätzliche Rückreisekosten sind auch **Hotelkosten** für **notwendige Auf-** **45**
enthalte im Verlauf der Rückreise. Muß etwa ein Versicherter eine Rundreise
oder eine Kreuzfahrt an einem bestimmten Ort aus versichertem Anlaß
abbrechen und kann die Rückreise nicht unmittelbar an dem Tag erfolgen,
an dem die gebuchte Leistung noch in Anspruch genommen wird, so zählen
die notwendigen Hotelkosten bei einem Aufenthalt bis zum Antritt der
Rückbeförderung zu den Rückreisekosten.

46   Transferkosten und Anschlußreisekosten **vom Ausstiegspunkt aus der gebuchten Reise bis zum Rückflug** zählen ebenso zu den zusätzlichen Rückreisekosten wie **Kosten der Gepäckbeförderung** (LG Aachen, VersR 87, 154).

2. Die Wegstrecke

47   Die **Wegstrecke,** für die zusätzliche Rückreisekosten erstattet werden, bestimmt sich **nach dem Reisevertrag.** Der Ausgangspunkt für die Vergütung zusätzlicher Rückreisekosten ist der Ort, an welchem die gebuchte Reise abgebrochen wird. Der Endpunkt der Wegstrecke ist der Ausgangspunkt der gebuchten Reise. Die Kosten der Weiterreise vom Ausgangspunkte der gebuchten Reise bis zum Heimatort oder zu dem Ort, an welchen sich der Versicherte begeben will, sind nicht versichert.

48   Reist der Versicherte nicht an den Ausgangspunkt der gebuchten Reise zurück sondern an einen anderen Ort, so sind nur die Kosten der Wegstrecke Leistungsgegenstand, welche als **Rückreise** – bezogen auf das versicherte Arrangement – angesehen werden können (vgl. im einzelnen *Nies,* VersR 84, 1017, 1020).

49   Bei Package-Tours mit fest gebuchten Übernachtungsquartieren oder bei der Buchung eines Pauschalarrangements mit einem Flug und der Nutzung eines Campmobils werden die Rückreisekosten ab jedem Punkt des Aufenthaltes auf der Reise bis zum Startpunkt im Heimatland vergütet. Das Risiko, daß der Versicherte sich mit dem Fahrzeug eine kürzere oder längere Strecke vom Abflugort im Ausland befindet, trägt der Versicherte.

3. Die unmittelbar durch den Reiseabbruch verursachten sonstigen Mehrkosten

50   § 1 Nr. 1 b enthält keine inhaltliche Bestimmung dieser Kosten. Die **Abgrenzung ergibt sich aus dem unmittelbaren Zusammenhang mit der außerplanmäßigen Rückreise.** Zu den sonstigen Mehrkosten zählen die notwendigen Kosten der **Organisation der Rückreise,** z. B. Telefon- und Telexkosten. Die Kosten eines Flugtauglichkeitszeugnisses, falls sich der Versicherte in einem gesundheitlichen Zustand befindet, der Anlaß zu Zweifeln an der Flugfähigkeit gibt.

51   **Mittelbare Kosten** des Abbruchs der Reise oder der nachträglichen Rückkehr sind **nicht versichert.** Insbesondere sind nicht die Kosten von Aushilfskräften für die Betreuung der Kinder oder für die Wahrnehmung geschäftlicher oder beruflicher Aufgaben in der Zeit bis zur nachträglichen Rückkehr des Versicherten (*Ollick,* VA 77, 392).

52   Der **Wert der nicht genutzten Reiseleistung** zählt weder zu den zusätzlichen Rückreisekosten, noch zu den sonstigen daraus erwachsenen Mehrkosten. Nicht in Anspruch genommene Reiseleistung wird nach der Grunddeckung der ABRV nicht versichert (*Ollick,* VA 77, 393). Für dieses Risiko bietet Klausel 3 Versicherungsschutz.

4. Der Umfang der Kostenerstattung

Der Umfang der Leistung wird von dem zugrundeliegenden versicherten 53
Reisevertrag in Umrissen bestimmt. Die nachgewiesenen zusätzlichen Rückreisekosten werden über den Reisepreis hinaus erstattet. Lediglich für
unmittelbar verursachte sonstige Mehrkosten setzt der vereinbarte Versicherungswert eine Leistungsgrenze.

Bei der Erstattung der Kosten wird in Bezug auf Art und Klasse des 54
Transportmittels, der Unterkunft und Verpflegung auf die durch die Reise
gebuchte Qualität abgestellt. Eine Begrenzung der Leistung für zusätzliche
Rückreisekosten auf den Reisepreis liegt darin nicht, § 3 Nr. 1 3. Satz.

Der Versicherte kann bei außerplanmäßiger Rückreise von einer gebuch- 55
ten Bahn- oder Busreise nur die Kosten einer Bahnfahrt 2. Klasse ersetzt
verlangen. Enthielt das Reisearrangement An- und Abreise mit Charterflug,
so wird ein Flugplatz in der einfachen Flugzeugklasse erstattet. War der
Versicherte mit Charterflug in die Karibik angereist und hatte dort eine
Kreuzfahrt unternommen, so können zusätzliche Rückreisekosten aus der
Karibik wiederum nur in Höhe der Flughkosten in der einfachsten Flugzeugklasse ersetzt werden, wenn der Versicherte während der Kreuzfahrt
einen Herzinfarkt erleidet und infolgedessen nicht per Flug zurückreisen
kann, sondern mit dem Kreuzfahrtschiff nach Europa zurückkehrt. Die
höheren Kosten der Kreuzfahrt für die Reise aus der Karibik nach Europa
sind nicht versichert.

Die **Schadenminderungspflicht,** § 62 VVG, verlangt von dem Versicherten, 56
für die Rückreise die **kürzeste Wegstrecke** zu wählen und unnötige **Kosten zu
vermeiden.** Bietet sich für die Rückreise die Alternative, mit einem Linien-
flug zurückzureisen oder einen Tag später einen kostengünstigeren Charterflug zu benutzen, so hat der Versicherte den Charterflug zu wählen,
sofern dies für den Versicherten zumutbar erscheint.

Bricht der Versicherte eine Kreuzfahrt aus gesundheitlichen Gründen ab, 57
weil er seekrank geworden ist, so werden die Kosten eines Linienfluges der
einfachsten Klasse ab dem nächst gelegenen Flughafen erstattet. Kosten des
Aufenthaltes an diesem Ort, die deshalb entstehen, weil der Versicherte diesen Aufenthalt noch einige Tage touristisch nutzen will, sind nicht versichert.

Erstattet werden nur die **nachweislich entstandenen Kosten.** Der Hinweis in 58
dem Text der Bedingungen bestätigt **allgemeine Beweisgrundsätze.** Der Versicherte hat die anspruchsbegründenden Tatsachen, das sind Entstehung und
Höhe der Kosten, nachzuweisen. Der Versicherte kann sich nicht darauf
berufen, in dem Reiseland sei es nicht üblich, Quittungen für Taxifahrten
oder für Übernachtungskosten auszustellen.

5. Risikoabgrenzung gegenüber Heilkosten, Kosten für Begleitpersonen
sowie für Überführung verstorbener Versicherter

Der letzte Satz des § 1 Nr. 1 b enthält eine **sekundäre Risikoabgrenzung** 59
gegenüber dem Begriff der zusätzlichen Rückreisekosten und der sonstigen

dadurch unmittelbar verursachten Mehrkosten. Für die Risiken wird im Rahmen der Auslandskranken-Versicherung und der Versicherung für touristische Beistandsleistungen Deckungsschutz geboten.

60   a) **Heilkosten.** **Nicht versichert** sind **Heilbehandlungskosten, Arztkosten** sowie **Kosten stationärer Behandlung,** insbesondere **Krankentransportkosten** und Kosten für **Rettungsflüge** (vgl. *Wriede,* VersR **80,** 518; LG Bückeburg, VersR **89,** 43; a. a. O. *Ollick,* VA **77,** 392 ff., der jedoch nicht das Deckungsangebot aus anderen Versicherungssparten für diese Risiken in Betracht zieht). Ein Rettungsflug ist qualitativ eine andere Leistung als die Rückreise in einem Flugzeug. Wesentliches Merkmal des Rettungsfluges ist die medizinisch-therapeutische Versorgung an Bord aufgrund der bereitstehenden technischen und personellen Mittel (a. A. *Ollick,* VA **79,** 382 mit nicht haltbaren Bewertungen).

61   Findet der **Rückflug liegend** in einer Linienmaschine unter Inanspruchnahme von **3 Sitzplätzen** statt, ist die Leistung aus der Reise-Rücktrittskosten-Versicherung gleichwohl auf die **Kosten eines Sitzplatzes in der einfachsten Flugzeugklasse** beschränkt. Die weitergehenden Kosten sind der krankheitsbedingten notwendigen Versorgung des Versicherten zuzurechnen.

62   Findet ein **Krankenrücktransport** mit einem Krankenwagen aus einem benachbarten europäischen Land an den Heimatort statt, kann der Versicherte nur die **Kosten** der vorzeitigen Rückreise mit einem Transportmittel **entsprechend Art und Qualität der gebuchten Leistung** verlangen. Bei einer Busreise, einer Reise mit der Bahn kann der Versicherte bei einem Krankenrücktransport mit dem Krankenwagen nur die Kosten einer Bahnfahrt der 2. Klasse verlangen.

63   b) **Kosten für Begleitpersonen.** Keine Erstattung erfolgt für medizinische oder persönliche Begleitung des Versicherten bei einem Reiseabbruch. Auch diese Kosten sind qualitativ den Heilkosten zuzuordnen.

64   Nahe Angehörige, die zum Kreis der Risikopersonen gemäß § 1 Nr. 2 a gehören, können gegebenenfalls aus eigenem Recht Ersatz der zusätzlichen Rückreisekosten verlangen, wenn für sie die planmäßige Fortsetzung der Reise infolge eines Unfalls oder einer unerwarteten schweren Erkrankung des Versicherten nicht zumutbar ist.

65   c) **Überführungskosten.** Die Kosten der Überführung verstorbener Versicherter fallen in den Deckungsrahmen der Auslandsreisekranken-Versicherung.

Die Kosten der Rückbeförderung des Gepäcks eines verstorbenen Versicherten werden von der Risikoabgrenzung nicht ausgeschlossen. Die Kosten sind gemäß § 1 Nr. 1 b zu erstatten.

E. Die versicherten Risiken

I. Vorbemerkung

Die versicherten Risiken werden in § 1 Nr. 2 nach dem Grundsatz der **66** Einzelgefahrendeckung **enumerativ aufgezählt.** Während § 651 i Abs. 1 BGB dem Reisekunden das Recht gibt, jederzeit und ohne Angabe von Gründen vom Reisevertrag zurückzutreten, bietet die Reise-Rücktrittskosten-Versicherung nur **bei Unzumutbarkeit oder Unmöglichkeit der Reise infolge eines der einzeln genannten Ereignisse Versicherungsschutz.**

Die Leistungspflicht des Versicherers setzt voraus, daß eines der unter § 1 **67** Nr. 2 a–d genannten Ereignisse eingetreten ist und in der Folge die Reise für den Versicherten unzumutbar wird oder nach allgemeiner Lebenserfahrung seine Reiseunfähigkeit zu erwarten ist. Die **rechtsbegründende Leistungsbeschreibung** ergibt sich aus dem Katalog der **einzeln bezeichneten Ereignisse** und der **daraus folgenden Reiseunfähigkeit bzw. Unzumutbarkeit der Reise.** Versicherungsschutz besteht nur bei **Ursächlichkeit** eines der Ereignisse für den Eintritt der Reiseunfähigkeit oder der Unzumutbarkeit der Durchführung der Reise.

Sowohl die enumerativ aufgezählten Ereignisse unter § 1 Nr. 2 a–d als **68** auch die **Unzumutbarkeit** und das Erfordernis, daß **die Reiseunfähigkeit des Versicherten nach allgemeiner Lebenserfahrung zu erwarten ist,** enthalten unbestimmte Rechtsbegriffe, für welche die Rechtsprechung Bewertungskriterien erarbeitet hat.

Allein die Feststellung, daß der Reiseantritt für den Versicherten aus per- **69** sönlichen Gründen, die nicht in dem Katalog der versicherten Ereignisse genannt sind, unzumutbar ist, löst die Eintrittspflicht des Versicherers nicht aus. Tritt der Versicherte aus persönlichen Gründen, die nicht im Katalog der versicherten Ereignisse genannt sind, vom Reisevertrag zurück und tritt später nach der Stornierung ein versichertes Ereignis ein, so besteht kein Versicherungsschutz. Denn mit dem Rücktritt vom Reisevertrag wandelt sich dieser Vertrag in ein schuldrechtliches Rückabwicklungsverhältnis. Der spätere Eintritt eines versicherten Ereignisses kann die Kausalkette – Eintritt der Unzumutbarkeit/Reiseunfähigkeit des Versicherten – Absage der Reise – nicht auslösen (AG München, 21.04.80, VersR **84**, 330 d).

Treten mehrere versicherte Personen einer gemeinsam gebuchten Reise **70** vom Reisevertrag zurück, so ist der **Versicherungsschutz für jeden einzelnen Versicherten gesondert zu prüfen.** Der einzelne versicherte Reisende kann nur dann Leistungen gemäß § 1 Nr. 1 verlangen, wenn das versicherte Ereignis, welches Anlaß zur Reiseabsage gegeben hat, ihn selber oder eine seiner Risikopersonen betroffen hat.

War die Reise für zwei nicht miteinander verwandte oder verheiratete **71** Personen gebucht, so ergeben sich bei einer Reiseabsage beider Reisender wegen Tod oder Erkrankung eines nicht mitreisenden Angehörigen Härten. Denn nur der versicherte Reisende, zu dessen Risikopersonen der

Erkrankte zählt, kann eine Leistung aus der Reise-Rücktrittskosten-Versicherung verlangen. Soweit Klausel 4, Personengruppen, mit der Grunddeckung aus den ABRV angeboten wird, ist dieses Risiko versichert.

II. Versicherte Ereignisse, Unzumutbarkeit der Reise und Risikopersonen

1. Tod, schwerer Unfall, unerwartete schwere Erkrankung

72 Die Begriffsreihe des § 1 Nr. 2 a benennt die wichtigsten und häufigsten Gründe für den Rücktritt vom Reisevertrag oder für den Abbruch einer Reise. Die Begriffe des **schweren Unfalls** und der **unerwarteten schweren Erkrankung** samt der Feststellung, daß **in deren Folge die Reisefähigkeit des Versicherten nach der allgemeinen Lebenserfahrung zu erwarten** ist oder daß die Reise unzumutbar ist, bedürfen differenzierter Erläuterung (*Nies*, VersR 84, 406).

73 Der rechtsbegründenden Beschreibung des versicherten Risikos steht der Ausschluß der Voraussehbarkeit des Versicherungsfalles, § 2 Nr. 2, und die Obliegenheit zur unverzüglichen Reiseabsage gemäß § 4 Nr. 1. a) gegenüber.

74 Eine Krankheit, die zur Zeit des Versicherungsabschlusses besteht und bekannt ist, kann nicht als unerwartete schwere Erkrankung i. S. des § 1 Nr. 2 a) bewertet werden. Die Obliegenheit zur unverzüglichen Reiseabsage setzt den Eintritt des Versicherungsfalles voraus. Dem Versicherten obliegt die unverzügliche Stornierung der Reise ab dem Zeitpunkt, ab welchem die unerwartete schwere Erkrankung oder der schwere Unfall eintritt und nach der allgemeinen Lebenserfahrung mit Reiseunfähigkeit zu rechnen ist.

75 Zu den unbestimmten Rechtsbegriffen der primären Leistungsbeschreibung und für die risikoabgrenzende Ausschlußregelung bei Voraussehbarkeit des Versicherungsfalles wurden von der Rechtsprechung Konturen mit objektiven Merkmalen und subjektiven Bewertungsmaßstäben herausgearbeitet.

76 **a) Tod.** Der **Tod des Versicherten** vor Antritt der Reise oder während der Reise zeigt in aller Regel den Eintritt des Versicherungsfalles an.

77 **Verstirbt der Reisepartner** vor Reiseantritt, so ist der anderen versicherten Person der Reiseantritt nicht zuzumuten.

78 Verstirbt ein Partner einer Reise, die für zwei Personen gebucht war, während der Reise, so kann dem anderen Reisenden die planmäßige Beendigung der Reise nur dann zugemutet werden, wenn das Ereignis kurz vor Ende der Reise eintritt und der Versicherte bei planmäßiger Rückkehr von der Reise an der Trauerfeier am Heimatort teilnehmen kann.

79 **b) Schwerer Unfall.** Ein schwerer Unfall liegt vor, wenn der Versicherte durch **ein plötzlich von außen kommendes Ereignis, welches auf seinen Körper wirkt, unfreiwillig einen Gesundheitsschaden erleidet** (§ 1 III AUB 88) und infolgedessen nach allgemeiner Lebenserfahrung die Reiseunfähigkeit zu erwarten ist.

80 Ein **schwerer Unfall** liegt nur vor, wenn **Personenschaden** eintritt. Unfälle, bei denen ausschließlich Sachschaden entsteht, werden von dem Begriff

nicht erfaßt. § 1 Nr. 2 a nennt ausschließlich Ereignisse, die Leben und Gesundheit des Versicherten oder einer Risikoperson betreffen. Dagegen werden Ereignisse, die Schaden am Eigentum des Versicherten verursachen unter § 1 Nr. 2 d geregelt.

Die Beurteilung als **schwerer Unfall** beantwortet sich danach, ob **nach all- 81 gemeiner Lebenserfahrung die Reiseunfähigkeit des Versicherten zu erwarten ist.** Der Versicherungsfall tritt ein, wenn es dem Versicherten aufgrund der Verletzung nach allgemeiner Lebenserfahrung voraussichtlich **nicht möglich oder jedenfalls nicht zumutbar** ist, die gebuchte **Hauptreiseleistungen in Anspruch zu nehmen** (vgl. AG Berlin-Spandau, VersR 84, 178).

Die Bewertung einer **Unfallverletzung als schwer** bestimmt sich danach 82 nach dem **Ausmaß der gesundheitlichen Beeinträchtigung** und nach der **Art der gebuchten Reise.**

Unfallverletzungen, die **nicht absehbare Heildauer** bedingen, lösen stets 83 den Eintritt des Versicherungsfalles aus (AG München, VersR 84, 179).

Nach **Knochenbrüchen und schweren inneren Verletzungen** ist der geplante 84 Reiseantritt in aller Regel nicht möglich oder nicht zumutbar. Dies gilt auch dann, wenn bis zum gebuchten Reisetermin noch eine Zeitspanne von mehreren Wochen oder Monaten liegt. Denn bei weitreichenden Verletzungen muß nach allgemeiner Lebenserfahrung mit dem Auftreten von Komplikationen und mit Verzögerungen im Heilverlauf gerechnet werden (AG München, VersR 84, 328 b).

Die Bestimmung der medizinischen Diagnose ist nicht stets Vorausset- 85 zung für den Eintritt des Versicherungsfalles. **Ist das gesundheitliche Befinden des Versicherten** derart beeinträchtigt, daß **stationäre Behandlung** erforderlich ist oder einzelne körperliche Funktionen und der Gebrauch der Gliedmaßen erheblich beeinträchtigt sind, so bedarf es zur Feststellung des Eintritts des schweren Unfalles nicht der vollen Kenntnis der medizinischen Diagnose. In einem solchen Fall folgt die Feststellung, daß nach allgemeiner Lebenserfahrung mit Reiseunfähigkeit zu **rechnen ist, nach dem äußeren Beschwerdebild und dem aktuellen Befinden des Versicherten** (vgl. LG München I, VersR 84, 328).

Sucht der Versicherte nach Eintritt der Verletzung **nicht unverzüglich 86 einen Arzt** auf, so spricht der erste Anschein dafür, daß **keine schwere Verletzung** eingetreten ist. Nach allgemeiner Lebenserfahrung begibt sich eine Person, die derart schwer verletzt ist, daß sie die geplante und gebuchte Reiseleistung nicht in Anspruch nehmen kann, unverzüglich nach Eintreten der Verletzung in ärztliche Behandlung. Daraus folgt, daß **nach dem Beweis des ersten Anscheins keine schwere Verletzung eingetreten ist, wenn der Versicherte nach einem Unfall nicht unverzüglich einen Arzt aufgesucht** (LG München, 30. 6. 1986, 28 O 1707/86 A III, Schwerer Unfall 2).

Erleidet der Versicherte nur eine **leichte Verletzung,** die ihn nicht daran 87 hindert, üblichen Lebensgewohnheiten nachzugehen, so ist das Ereignis nicht als schwerer Unfall i. S. des § 1 Nr. 2 a zu bewerten, wenn die Reisefähigkeit durch die Verletzung nicht ausgeschlossen ist. Ist der Versicherte ungeachtet der Verletzung in der Lage, die Hauptreiseleistungen in

Anspruch zu nehmen, so liegt kein schwerer Unfall vor: der Versicherungsfall ist nicht eingetreten (AG Ludwigshafen, 28. 9. 79, VersR **84**, 330 c).
Allein der Umstand, daß der Verletzte seinen Urlaub nicht so gestalten
kann, wie er das vorhatte, bedingt nicht die Reiseunfähigkeit.

88   Hatte der Versicherte Sporturlaub gebucht und schließt die erlittene Verletzung die Teilnahme an diesem Sport aus, so ist mit der Verletzung der
Versicherungsfall eingetreten, weil infolge der Verletzung die gebuchte
Hauptreiseleistung nicht genutzt werden kann. Bei gleicher Verletzung ist
die Reiseunfähigkeit etwa für einen gebuchten Hotel- und Strandurlaub
nicht aufgehoben.

89   Allein die Tatsache, daß nach einem Unfall ein Arzt aufgesucht wurde,
zeigt nicht in jedem Fall das Vorliegen einer schweren Verletzung an.
Unterzieht sich der Versicherte nach einem Unfall einer ärztlichen Untersuchung, so kommt es darauf an, an welchen Symptomen und Beschwerden
der Versicherte leidet und welche Diagnose der Arzt stellt. Diagnostiziert
der Arzt nur **Prellungen,** so muß der Versicherte **nach allgemeiner Lebenserfahrung nicht mit Reiseunfähigkeit rechnen.** Stellt sich bei einer späteren
Untersuchung heraus, daß der Versicherte sich bei dem Unfall tatsächlich
nicht nur Prellungen, sondern einen Bruch zugezogen hat, so ist der Versicherungsfall mit der Feststellung der weitreichenden Diagnose eingetreten.

90   Erleidet eine **nicht mitreisende Risikoperson** einen Unfall, so ist der Versicherungsfall mit dem Unfall des Angehörigen eingetreten, wenn der Angehörige infolge der Verletzung der Hilfe und des Zuspruchs des Versicherten
bedarf. Dem Versicherten ist es nicht zuzumuten, eine Reise anzutreten,
wenn ein naher Angehöriger infolge von Unfallverletzungen stationär
behandelt werden muß oder wenn er der häuslichen Pflege bedarf.

91   Die **Reise** ist auch dann **nicht zumutbar,** wenn infolge der Unfallverletzung
eines nahen Angehörigen die Mithilfe des Versicherten in der Familie oder
im Geschäft des verletzten Angehörigen gefordert wird.

92   Erleidet ein naher Angehöriger während der Reiseabwesenheit des Versicherten Unfallverletzungen, so ist der Versicherungsfall eingetreten, wenn
die planmäßige Beendigung der Reise in Anbetracht der Schwere der
Unfallverletzung des Angehörigen nicht zuzumuten ist. Besteht Lebensge-
fahr, so kann dem versicherten Reisenden die planmäßige Beendigung der
Reise auch dann nicht zugemutet werden, wenn die Rückreise kurz bevorsteht.

93   Besteht aufgrund der Unfallverletzungen der Risikoperson die Notwendigkeit zur Rückreise, weil die Hilfe des Versicherten im Geschäft oder in
der Familie benötigt wird, ist die Dringlichkeit der benötigten Hilfeleistung
abzuwägen gegenüber dem Aufwand der außerplanmäßigen Rückreise und
der Zeitspanne der noch bevorstehenden Reisezeit. Die Pflicht zur Schadenminderung, § 62 VVG, kann dem Versicherten die planmäßige Beendigung einer Fernreise abverlangen, wenn die geplante Rückreise ohnedies
kurz bevorsteht.

94   **c) Unerwartete schwere Erkrankung.** Das versicherte Ereignis der unerwarteten schweren Erkrankung findet seine Grenzen an dem Ausschluß des

Versicherungsschutzes bei Voraussehbarkeit des Versicherungsfalles, § 2 Nr. 2.

Die rechtsbegründende Risikobeschreibung und die dazu korrespondie- **95** rende Risikoabgrenzung mit § 2 Nr. 2 nimmt für die Reise-Rücktritts- kosten-Versicherung den allgemeinen Grundsatz des Versicherungsrechtes auf, wonach nur zukünftige ungewisse Ereignisse versichert werden, nicht aber bestehende bekannte Risiken.

Eine **unerwartete schwere Erkrankung** tritt ein, wenn bei dem Versicherten **96** **aus dem Zustand des Wohlbefindens** und der Arbeits- und Reisefähigkeit her- aus Krankheitssymptome auftreten, die der Nutzung der gebuchten Haupt- reiseleistung in diesem gesundheitlichen Befinden entgegenstehen.

Die Krankheit muß **objektivierbar** aufgetreten sein. Allein der **Verdacht,** **97** daß möglicherweise eine Krankheit bestehe, löst den Versicherungsfall nicht aus (OLG München, VersR **87,** 1032). Das Aufsuchen eines Arztes zu einer Routineuntersuchung zeigt keine Krankheit an.

Trägt der Versicherte im Verlauf der Korrespondenz wechselnde **98** Beschwerden über angebliche Krankheitssymptome vor, so ist die Schwere der Krankheit nicht nachgewiesen (AG München, VersR **84,** 887, bestätigt durch LG München I, 17. 10. 1981, 31 S 156/81). Starke Diarrhö ist keine schwere Krankheit i. S. des § 1 Nr. 2 a (LG München, 7. 10. 1981, 32 O 10365/81, A III Unerwartete schwere Erkrankung 4). Wird kein Arzt auf- gesucht, so spricht der Beweis des ersten Anscheins gegen das Vorliegen einer schweren Krankheit.

Der **Versicherungsfall ist nicht eingetreten,** wenn lediglich die Befürchtung **99** besteht, der Versicherte oder ein Angehöriger werde erkranken. Die **Anstek-** **kungsgefahr** für ein Kind, in dessen Schulklasse Windpocken ausgebrochen sind, ist kein versichertes Ereignis. Auch die Befürchtung, **im Reiseland** von einer dort **grassierenden Epidemie** angesteckt zu werden, ist kein versichertes Ereignis. Denn Versicherungsschutz wird geboten, wenn **infolge** eines der Ereignisse Reiseunfähigkeit oder Unzumutbarkeit zur Durchführung der Reise eintritt. § 1 Nr. 2 a nennt nicht die Befürchtung, daß der Versicherte oder eine Risikoperson von einem der genannten Ereignisse betroffen würde.

Keine Krankheit liegt vor, wenn die Reise abgesagt oder abgebrochen **100** wird, weil der **Bruch der Zahnbrücke** den Betroffenen in eine mißliche Lage bringt (AG Hildesheim, VersR **89,** 959). Der **Bruch von Prothesen** ist **keine** **Krankheit.** Auch die Notwendigkeit, die Batterie eines Herzschrittmachers zu erneuern, ist kein versichertes Ereignis i. S. des § 1 Nr. 2 a.

Unerwartete schwere Erkrankungen sind z. B. eine Blinddarmentzündung, **101** ein Herzinfarkt und das Auftreten einer Lungenentzündung oder einer eitrigen Mandelentzündung, ein Hörsturz oder überraschendes Nierenver- sagen. Die Art einer solchen Krankheit zeigt in der Regel an, daß das Auf- treten nicht vorauszusehen war. Stellt der Arzt Symptome fest, die klini- scher und operativer Abklärung bedürfen, so ist der Versicherungsfall eingetreten (LG München, VersR **84,** 328).

Unerwartete schwere Erkrankung tritt auch auf, wenn der Versicherte **102** zwar an einer dauernden Beeinträchtigung oder an einer dauernden Krankheit leidet, die aber der Durchführung der Reise nicht entgegensteht und plötzlich ein gesundheitlicher Einbruch auftritt, der die Reisefähigkeit ausschließt. Der Versicherte kann sich darauf berufen, daß die Krankheit unerwartet aufgetreten ist, wenn der **Arzt vor der Reisebuchung bestätigt hat, daß der Versicherte ungeachtet seines bestehenden Leidens oder seiner Beeinträchtigung die Reise ohne gesundheitliches Risiko durchführen kann.**

103   Versicherte, die etwa an Diabetes oder an einer anderen **Dauerkrankheit** leiden, sollten sich vor der Reisebuchung vernünftigerweise bei ihrem ständig behandelnden Arzt über die Reisefähigkeit für die konkrete geplante Reise informieren. Bestätigt der Arzt z. B. daß der Diabetes stabil eingestellt ist und die klimatischen Verhältnisse und die sonstigen Belastungen der Reise kein gesundheitliches Risiko im Hinblick auf das bestehende Leiden bedeuten, kann der Versicherer nicht Voraussehbarkeit des Ereignisses einwenden, wenn die Krankheit entgegen der Prognose des Arztes entgleist und der Versicherte die Reise deshalb nicht antreten kann. Unterläßt es der Versicherte, sich vor der Buchung und dem Abschluß der Reise-Rücktrittskosten-Versicherung bei dem behandelnden Arzt über die voraussichtliche Durchführbarkeit der Reise zu vergewissern, muß er sich im Falle der Reiseabsage wegen einer Verschlechterung der Krankheit die Voraussehbarkeit des Ereignisses entgegenhalten lassen.

104   Besteht besondere **Anfälligkeit für Erkältungskrankheiten,** so ist das erneute Auftreten eines Infektes und der fieberhaften Erkrankung gleichwohl als unerwartete schwere Erkrankung zu bewerten (AG München, VersR **84,** 181).

105   **Chronische Krankheiten,** die sich mit schwankendem Verlauf gezeigt haben, sind bei Auftreten eines erneuten akuten Schubes keine unerwarteten schweren Erkrankungen. Die Krankheit ist insgesamt – mit den Schwankungen – bekannt. Das Risiko der Reiseabsage aus Anlaß einer akuten Krankheitsphase ist nicht versicherbar (AG München, VersR **84,** 330 f.). Ist der Diabetes mit Begleitkrankheiten seit Jahren mit schwankendem Verlauf bekannt, so daß auch zurückliegend immer wieder die Reisefähigkeit ausgeschlossen war, bedeutet das erneute Auftreten einer akuten Phase keine unerwartete schwere Erkrankung (AG München, VersR **84,** 435).

106   **Grunderkrankungen,** die **phasenweise** in ein akutes Stadium treten, sind keine unerwarteten schweren Erkrankungen, wenn jederzeit mit dem erneuten Auftreten einer solchen akuten Phase gerechnet werden muß (AG München, VersR **85,** 1080; AG München, VersR **90,** 851). Dies gilt auch für Aids. War bei einem Anfallsleiden (z. B. Epilepsie) schon ein oder mehrere Jahre kein Anfall aufgetreten, ist ein neuer Anfall ein unerwartetes Ereignis.

107   **Suchtkrankheiten,** insbesondere Alkoholabusus, sind **keine unerwarteten** schweren Krankheiten. Mit dem Auftreten eines Rückfalles muß jederzeit gerechnet werden (AG München, 21.03. 1986, 4 C 2240/86, A III, Alkoholabusus).

108   **Bestehende Dauerkrankheiten nicht mitreisender Risikopersonen** sind auch

dann nicht als unerwartete schwere Erkrankungen zu bewerten, wenn eine Wendung im Befinden eintritt und **Pflegebedürftigkeit** entsteht (AG München, VersR **84**, 330 b; vgl. auch AG Krefeld, VersR **85**, 55). Akute Verschlechterungen bei Krebserkrankungen sind keine unerwarteten schweren Erkrankungen. Nach der allgemeinen Lebenserfahrung muß damit gerechnet werden (AG München, 18. 11. 1985, 6 C 10709/85, A III Unerwartete schwere Erkrankung 7).

Eine Krankheit ist schwer i. S. des § 1 Nr. 2 a wenn sie einen solchen Grad 109
erreicht hat, daß der Antritt der Reise objektiv nicht zumutbar ist (s. o. RdNr. 81 ff.; LG Essen, VersR **87**, 1004; AG Hamburg, VersR **90**, 1236). Das Auftreten einer schweren Krankheit zeigt in aller Regel an, daß nach allgemeiner Lebenserfahrung Reiseunfähigkeit zu erwarten ist.

Bei schweren Krankheiten kann nur in Ausnahmefällen verläßlich ein 110
positiver Heilverlauf vorausgesagt werden. **Nach allgemeiner Lebenserfahrung muß bei schweren Krankheiten mit dem Auftreten von Komplikationen und mit verzögertem Heilverlauf gerechnet werden.** Die Hoffnung, rechtzeitig wieder zu genesen, ist nicht vom Versicherungsschutz erfaßt (AG Neunkirchen, 7. 2. 1990, 4 C 593/89, A III Unverzügliche Stornierung 24; AG Bükkeburg, 06. 03. 1990, 3 C 935/89, A III Voraussehbarkeit 11). Stellt der Arzt die Durchführbarkeit der Reise unter den Vorbehalt, daß sich der Gesundheitszustand des Patienten bis zum Reiseantritt noch weiter bessere oder daß kein Rückfall bei der bestehenden Krankheit eintrete, so liegen die Voraussetzungen jedoch nicht vor.

Ausnahmen ergeben sich, wenn der Arzt dem Patienten versichert, daß er 111
nach ärztlicher Erfahrung und unter Berücksichtigung seiner persönlichen gesundheitlichen Verfassung mit rechtzeitiger Wiedergenesung rechnen kann (LG München I VersR **84**, 329).

Maßstab ist die **allgemeine Lebenserfahrung.** Der Versicherte kann nicht 112
darauf vertrauen, er werde innerhalb kurzer Zeit wieder genesen, da die Heilung des gleichen Krankheitsbildes einige Jahre zuvor auch nur kurze Zeit in Anspruch genommen habe. Denn nach allgemeiner Lebenserfahrung ist bei erneutem Auftreten einer Krankheit ein weniger günstiger Verlauf zu erwarten (AG München, 14. 12. 1984, 3 C 17893/84, A III Unverzügliche Stornierung 17; LG München I, VersR **91**, 662).

Befindet sich der Patient nach schwerer Krankheit in **Rekonvaleszenz** und 113
wird bei einer Kontrolluntersuchung festgestellt, daß die Genesung keine ausreichenden Fortschritte gemacht hat oder daß ein Rückfall aufgetreten ist, so liegt darin keine unerwartete schwere Erkrankung.

Kein Versicherungsfall liegt vor, wenn der Versicherte nach längerer 114
unfallbedingter Rekonvaleszenz von der Berufsgenossenschaft zu Arbeitsversuchen einberufen wird (AG München, 27. 11. 1989, 1133 C 30208/89, A III Unerwartete schwere Erkrankung 15).

Besteht ein Leiden oder eine Krankheit seit langer Zeit und wird überra- 115
schend ein Operationstermin angesetzt, weil ein Spenderorgan bereitsteht oder weil die Operation in den Schulferien des Kindes unternommen werden soll, so liegt darin keine unerwartete schwere Erkrankung (LG Essen, VersR **87**, 1004).

116   Ein „Nervenschock" ist keine unerwartete schwere Erkrankung, wenn der
Versicherte die Reise aus einem nicht versicherten Anlaß abgesagt hat und
sich sodann darauf beruft, dieses Ereignis habe einen Nervenschock ausgelöst (Tod des Vaters der Reisepartnerin: AG München, VersR **84**, 888;
Autopanne, so daß der Versicherte das Abschleppen des Fahrzeuges veran-
lassen mußte und das Flugzeug nicht rechtzeitig erreichte: AG München,
11. 07. 1986, 4 C 9228/86, A III Unerwartete schwere Erkrankung 10).

117   **Endogene Depression, reaktive Depression und ein psychischer Schockzustand**
sind als **schwere Krankheit** anzuerkennen, wenn der Patient mit **Psychophar-**
maka behandelt werden muß oder gar in **stationäre Behandlung** eingewiesen
wird (AG München, 18. 10. 1989, 151 C 16294/88, A III Unerwartete
schwere Erkrankung 14). Waren depressive Phasen bereits zurückliegend
aufgetreten, so war das Grundleiden u. U. schon bekannt, so daß der Versicherungsschutz wegen Voraussehbarkeit des Ereignisses ausgeschlossen ist,
§ 2 Nr. 2 (s. u. § 2 RdNr. 13 ff.). Ein psychisch bedingter Angina pectoris
Anfall ist eine unerwartete schwere Erkrankung (AG München, 15. 04.
1986, 5 C 1895/86 A III Unerwartete schwere Erkrankung 9).

118   **d) Risikopersonen.** Der **Umfang des versicherten Risikos** wird wesentlich
von dem **Kreis der Risikopersonen** bestimmt. Der Eintritt eines der versicherten Ereignisse führt nur dann zur Leistungspflicht des Versicherers, wenn
der Versicherte selber oder eine Person aus dem Kreis seiner Risikopersonen davon betroffen ist. Der Kreis der Risikopersonen ist in § 1 Nr. 2
jeweils bezogen auf den Versicherten festgelegt. Treten mehrere versicherte
Personen wegen ein und desselben Ereignisses vom Reisevertrag zurück, so
ist für den einzelnen Versicherten gesondert zu prüfen, ob das Ereignis eine
Person aus dem Kreis seiner Risikopersonen betroffen hat.

119   Bei gemeinsamer Reise nicht verwandter Personen zeigen sich im Fall der
Reiseabsage aus Anlaß eines Ereignisses in der Person eines Angehörigen
Deckungslücken, die von dem Versicherten als Härte empfunden werden.
Der Kreis der Risikopersonen kann deshalb mit Klausel 4., Personengrup-
pen, ausgeweitet werden (s. u. Klausel 4).

120   Zum Keis der **Risikopersonen** zählt neben dem **Versicherten selber** dessen
Ehegatten sowie die Angehörigen ersten und zweiten Grades in auf- und
absteigender Linie sowie Verwandte ersten Grades in der Seitenlinie: Eltern
und Kinder, Großeltern und Enkel sowie Geschwister. Neben dem Ehegatten gehören ferner noch dessen Eltern zu den Risikopersonen.

121   **Keine Risikopersonen** sind die Stiefkinder und die Geschwister des Ehegatten (Schwager, Schwägerin) (AG München, VersR **84**, 330 e; AG München, 24. 06. 86, 1 C 8380/86, A III Risikoperson 5; AG München, VersR
87, 1033).

122   **Lebensgefährten und Verlobte** sowie deren Verwandte zählen nicht zu den
Risikopersonen (Eltern des nicht verwandten Reisepartners: OLG München, VersR **78**, 758; AG München, VersR **87**, 1033; Schwiegermutter aus
erster Ehe des Ehegatten: AG München, VersR **84**, 330 e; Tod des Vaters
der Verlobten: AG München, VersR **84**, 330 h; Krankheit des Bruders des Reisepartners: AG Bielefeld, 24. 4. 1985, 4 C 1197/84, A III Risikoperson 4).

Ist die **Reise für zwei versicherte Personen** gebucht, so ist der Reisepartner 123
jeweils Risikoperson für den anderen versicherten Reiseteilnehmer. Bei
Mehrpersonen-Buchungen zählen die mitreisenden Personen nur dann zum
Kreis der Risikopersonen, wenn ein Verwandtschaftsverhältnis der genannten Art besteht. Haben etwa drei befreundete Personen eine Kreuzfahrt
gebucht und sagen alle drei Versicherten die Reise wegen einer unerwarteten schweren Erkrankung eines Reiseteilnehmers ab, erhält nur der
Erkrankte selber Versicherungsschutz für die Rücktrittskosten. Den Reise-
partnern wird zugemutet, entweder die Reise zu zweit anzutreten, oder
aber die Stornokosten selber zu tragen.

Die Regelung führt in der Praxis zu Härten. Eine ausweitende Auslegung über den festgelegten Personenkreis hinaus ist jedoch nicht zulässig
(AG München, VersR **84**, 330 a, e, g).

2. Impfunverträglichkeit

a) § 1 Nr. 2 b erfaßt das Risiko, daß der Versicherte eine **vorgeschriebene** 124
Impfung für das Reiseland nicht durchführen lassen kann, weil die Impfstelle
die Impfung mit Rücksicht auf die gesundheitliche Verfassung des Versicherten verweigert. Versicherungsschutz besteht auch, wenn sich **nach einer
Impfung Reaktionen zeigen,** welche den Antritt der Reise ausschließen.

Werden für die Impfung gegen eine bestimmte Krankheit (z. B. Malaria) 125
verschiedene Impfstoffe bereitgehalten, so hat der Versicherte das ihm ver-
trägliche Mittel zu wählen. Kein Versicherungsschutz wegen Impfunverträglichkeit besteht, wenn der Versicherte nach Erkundungen zu der Auffassung gelangt, nur ein Mittel von mehreren sei allein die wirksame
Prophylaxe und seine gesundheitliche Konstitution jedoch die Impfung mit
diesem Mittel nicht erlaubt.

Die Unzumutbarkeit zur Teilnahme an der Reise besteht stets bei Impf- 126
unverträglichkeit. Es kann dem Versicherten nicht zugemutet werden, die
Reise ohne den vorgeschriebenen Impfschutz anzutreten.

Gegenüber dem Versicherungsschutz wegen Impfunverträglichkeit 127
kommt dem Ausschluß bei Voraussehbarkeit des Versicherungsfalles besondere Bedeutung zu (s. u. § 2 RdNr. 13 ff.).

b) Der Kreis der **Risikopersonen** ist auf den Versicherten und mitreisende 128
Familienangehörige beschränkt. Im Fall gemeinsamer Reise zählen zu den
Risikopersonen der Ehegatten des Versicherten, die minderjährigen Kinder
oder Geschwister des Versicherten oder der Eltern eines minderjährigen
Versicherten, sofern diese Angehörigen ebenfalls versichert sind.

In dem Katalog der Risikopersonen wird **nicht der Reisepartner** genannt. 129
Es werden auch **nicht volljährige Kinder** benannt. Soweit ein Versicherter
wegen Impfunverträglichkeit an der Reise nicht teilnehmen kann, stehen
die übrigen Reiseteilnehmer, zu deren Risikopersonen dieser Versicherte
nicht zählt, vor der Alternative, entweder die Reise gleichwohl anzutreten
oder aber die Rücktrittskosten selber zu tragen.

3. Schwangerschaft

130   a) Eine **Schwangerschaft** ist ein Zustand, der potentiell zur Geburt eines Kindes führen kann (OLG Stuttgart, VersR 91, 646).

131   Eine Eileiterschwangerschaft erfüllt diese Voraussetzungen nicht. Eine Extrauteringravidität ist deshalb als unerwartete schwere Erkrankung zu bewerten.

132   Die **Adoption eines Kindes** ist dem Ereignis der Schwangerschaft **nicht** gleichzusetzen. Erhält ein versichertes Paar überraschend ein Kind zur Adoption, besteht für die Rücktrittskosten nach einer darauf erfolgten Reiseabsage kein Versicherungsschutz (AG Frankfurt, 13. 07. 1987, 32 C 1246/87 – 72, A III Adoption 1).

133   Der Eintritt einer Schwangerschaft führt nicht in jedem Fall zur Reiseunfähigkeit der Versicherten. Reisen in gemäßigte Klimazonen, z. B. innerhalb von Mitteleuropa können durchgeführt werden, sofern sich aufgrund der Schwangerschaft keine gesundheitlichen Risiken ergeben.

134   Flugreisen und körperlich anstrengende Rundreisen mit einem Bus oder die Bewältigung langer Fahrtstrecken mit dem Zug lassen jedoch die Durchführung der Reise für eine Schwangere auf Anhieb unzumutbar erscheinen.

135   b) Der Kreis der **Risikopersonen** beschränkt sich auf die **versicherte Schwangere, deren Ehegatten** oder der versicherten Mutter einer minderjährigen Versicherten. Im Sinne von Art. 6 GG sollte der nicht verheiratete versicherte Erzeuger des Kindes, der mit der Versicherten verreisen wollte, in den Kreis der Risikopersonen einbezogen werden.

Zu den Risikopersonen zählen bei einer Reiseabsage wegen Schwangerschaft weder die Kinder der Schwangeren noch deren sonstige nahe Angehörige, die an der Reise teilnehmen wollten.

4. Schaden am Eigentum

136   Die Risikobeschreibung des § 1 Nr. 2 d nennt sowohl hinsichtlich des Ereignisses als auch hinsichtlich der Unzumutbarkeit zum Reiseantritt besondere Voraussetzungen. Die allgemeinen Voraussetzungen des Eintritts der Reiseunfähigkeit oder der Unzumutbarkeit zum Reiseantritt gem. Satz 1 des § 1 Nr. 2. treten hinter der **Spezialregelung des § 1 Nr. 2 d** zurück.

137   a) Der Versicherungsschutz tritt nur bei **Schaden am Eigentum** des Versicherten oder einer Risikoperson ein. Die Reiseabsage wegen eines Vermögensschadens oder wegen der Gefährdung des Vermögens oder des Eigentums ist nicht versichert (AG Charlottenburg, 14. 05. 1985, 6 C 74/85, A III Eigentum).

138   b) **Feuer** ist ein Verbrennungsvorgang mit Lichterscheinung. Eine Flamme ist nicht erforderlich; Glühen oder Glimmen reicht aus (im einzelnen n. w. N. *Martin*, SVR, C I 3 ff.).

139   c) **Elementarereignisse** werden durch Naturgewalten ausgelöst. Dazu zählen insbesondere Überschwemmungen und Erdrutsche, Erdbeben, Lawinen oder Blitzschlag.

Kein Elementarereignis liegt vor, wenn ein Schaden als Folge unsachgemä- 140
ßer Ausführung von Bauarbeiten entsteht (AG München, VersR 85, 1081).

Behördliche Verfügungen, z. B. die Einberufung zum Militär, zählen nicht 141
zu den Elementarereignissen (LG Aachen, VersR 83, 1051).

d) Versicherungsschutz besteht auch bei Schaden am Eigentum infolge 142
von **vorsätzlicher Straftat eines Dritten.** Damit wird insbesondere jede Form
des Diebstahls angesprochen sowie der vorsätzlichen Sachbeschädigung
(Vandalismus). Betrug ist nur dann ein versichertes Ereignis, wenn daraus
Schaden am **Eigentum** entsteht. Vermögensschaden infolge von Betrug zählt
nicht zu den versicherten Ereignissen.

Schaden am Eigentum infolge einer **fahrlässig** begangenen Straftat eines 143
Dritten sind **nicht versichert.** Verkehrsunfälle mit Fahrzeugschaden des Versicherten zählen deshalb nicht zu den versicherten Ereignissen. Die Voraussetzungen der Eintrittspflicht liegen selbst dann nicht vor, wenn der Versicherte infolge des von einem Dritten verursachten Verkehrsunfalles den
Flughafen nicht rechtzeitig erreichen kann, um die Reise anzutreten (vgl. AG
München, 11. 7. 1986, 4 C 9228/86, A III Unerwartete schwere Erkrankung 10).

e) Bei Schaden am Eigentum infolge einer der aufgeführten Ursachen 144
besteht Versicherungsschutz, **sofern der Schaden im Verhältnis zu der wirtschaftlichen Lage und dem Vermögen des Geschädigten erheblich ist.** Relevant
ist nur der Schaden am Eigentum und dessen Erheblichkeit. Vermögensschaden, der aus dem Schaden am Eigentum entsteht, ist nicht zu berücksichtigen.

Der Diebstahl der Reiseunterlagen, Pässe und Fahrkarten ist deshalb 145
kein versichertes Ereignis. Denn der Wert der Papiere ist gering. Der daraus
folgende Vermögensschaden kann nicht berücksichtigt werden (AG München, VersR 84, 887 a; AG Karlsruhe, VersR 84, 887 b).

Die Tatsache, daß der Versicherte infolge des Diebstahls seiner Reiseunterlagen seine Reise nicht antreten kann, muß unberücksichtigt bleiben.
Der Versicherte kann keinen Versicherungsschutz erwarten, wenn der Paß
und die Reiseunterlagen im Ausland gestohlen werden und er infolgedessen
zum Reiseabbruch gezwungen ist.

Die **Erheblichkeit des Schadens am Eigentum** im Verhältnis zur wirtschaft- 146
lichen Lage und zum Vermögen des Geschädigten ist ein unbestimmter
Rechtsbegriff. Diese Voraussetzung für den Eintritt des Versicherungsfalles
erscheint nicht ohne weiteres sachbezogen im Hinblick auf das versicherte
Risiko der Reise-Rücktrittskosten-Versicherung. Eine strenge Handhabung
des Erfordernisses erscheint unangemessen. Denn die allgemeine Auskunftspflicht des Versicherten im Schadenfall, § 4 Nr. 1 b, verlangt von dem
Versicherten nicht die Offenlegung seiner Vermögensverhältnisse und seiner wirtschaftlichen Lage.

Versicherungsschutz besteht, wenn bei Schaden am Eigentum des Versi- 147
cherten durch eines der genannten Ereignisse **die Anwesenheit des Versicherten zur Schadenfeststellung notwendig** ist. Der Aufkärungsbedarf eines Schadens zur Sicherung eigener Ansprüche gegen Schadenverursacher oder

gegen Versicherer ist ein legitimer und überzeugender Grund, eine Reise nicht anzutreten oder vorzeitig von einer Reise zurückzukehren.

148 Kein Versicherungsschutz besteht, wenn nach einem Diebstahl, bei dem das Eigentum des Versicherten nicht nennenswert geschädigt wurde, die Reise deshalb abgebrochen werden soll, weil die Versicherten Angst vor weiteren Übergriffen und Straftaten haben.

149 f) Der Kreis der **Risikopersonen** entspricht dem bei Impfunverträglichkeit. Bei gemeinsamer Reise zählen dazu neben dem Versicherten dessen Ehegatten, minderjährige Kinder oder Geschwister oder der Eltern eines minderjährigen Versicherten, wobei diese Angehörigen ebenfalls versichert sind.

§ 2 Ausschlüsse

1. Der Versicherer haftet nicht:
   a) bei Tod, Unfall oder Krankheit von Angehörigen, die das 75. Lebensjahr vollendet haben (aufgehoben gemäß Klausel 2);
   b) für die Gefahren des Krieges, Bürgerkrieges oder kriegsähnlicher Ereignisse und solche, die sich unabhängig vom Kriegszustand aus der feindlichen Verwendung von Kriegswerkzeugen sowie aus dem Vorhandensein von Kriegswerkzeugen als Folge einer dieser Gefahren ergeben, politische Gewalthandlungen, Aufruhr, sonstige bürgerliche Unruhen und Kernenergie.
2. Der Versicherer ist von der Verpflichtung zur Leistung frei, wenn für den Versicherungsnehmer/Versicherten der Versicherungsfall bei Abschluß der Versicherung voraussehbar war oder der Versicherungsnehmer/Versicherte ihn vorsätzlich oder grobfahrlässig herbeigeführt hat.

Übersicht

1 Der rechtsbegründenden Beschreibung der versicherten Risiken unter § 1 Nr. 2 a–d steht § 2 mit objektiven (Nr. 1 a und b) und subjektiven (Nr. 2) Risikoabgrenzungen gegenüber.

I. Risikoausschlüsse nach objektiven Kriterien

1. Altersbegrenzung für nicht mitreisende Risikopersonen

2 Nicht mitreisende Angehörige, die das 75. Lebensjahr vollendet haben, sind vom Kreis der Risikopersonen ausgeschlossen. Zwar soll für die wichtigsten Ereignisse im persönlichen Umfeld des versicherten Reisenden Ver-

sicherungsschutz geboten werden; jedoch sollen voraussehbare Ereignisse und besondere persönliche Risiken nicht versichert sein, um die Prämienkalkulation für die Masse der Reisenden günstig zu halten.

Der Risikoausschluß wird von den Versicherten als unbillige Einschrän- 3 kung des Versicherungsschutzes empfunden. Der Risikoausschluß hat jedoch einer Überprüfung nach den Maßstäben des § 9 ABGB standgehalten (AG München, VersR **84**, 330 d; OLG Köln, VA 90, 572 = VersR **91**, 661).

Der Risikoausschluß für ältere Risikopersonen wurde mit Klausel 2 auf- 4 gehoben.

2. Politische Risiken und Kernenergie

Von dem Ausschluß wird jedwede Kriegsgefahr oder jedes Kriegsereignis 5 im Inneren eines Landes oder im Zielgebiet der Reise erfaßt. Auf eine Abgrenzung der einzeln aufgezählten Begriffe des Krieges oder der inneren Unruhen kommt es deshalb nicht an (vgl. oben AVBR, § 3 RdNr. 4 ff; *Krahe,* der Begriff „Kriegsereignis" in der Sachversicherung, VersR **91**, 634).

II. Begrenzung des subjektiven Risikos

Der Versicherungsschutz ist ausgeschlossen, wenn das **Ereignis** für den 6 Versicherten **voraussehbar** war oder wenn er es **vorsätzlich** oder **grob fahrlässig herbeigeführt hat.**

Der Ausschluß des Versicherungsschutzes bei Voraussehbarkeit des 7 Ereignisses zur Zeit des Versicherungsabschlusses enthält eine Spezifizierung des Grundsatzes, zufolge dessen künftige ungewisse Risiken unter den Deckungsschutz der Versicherung fallen, nicht aber bereits bekannte bestehende.

Der Ausschluß des subjektiven Risikos der vorsätzlichen oder grob fahr- 8 lässigen Herbeiführung des Versicherungsfalles entspricht § 61 VVG (vgl. *Prölss/Martin,* § 61 VVG).

1. Voraussehbarkeit

a) Bei Tod eines Menschen kann der Ausschluß der **Voraussehbarkeit nur** 9 **in Ausnahmefällen** eingewendet werden. Kein Versicherungsschutz besteht, wenn der Arzt für einen Patienten noch eine Lebenserwartung von wenigen Tagen, höchstens Wochen prognostiziert und dessen Angehörigen gleichwohl eine Reise buchen und versichern.

Kein Versicherungsschutz besteht, wenn ein Todkranker, ein Krebs- oder 10 ein Aidspatient, dem nur noch kurze Lebenserwartung zugebilligt wurde, eine Kreuzfahrt bucht und billigend in Kauf nimmt, daß er diese Reise möglicherweise nicht planmäßig zu Ende führen kann.

b) Der **Eintritt eines schweren Unfalles ist kaum je voraussehbar.** Gegenüber 11 diesem versicherten Risiko hat der Ausschluß der Voraussehbarkeit keine praktische Bedeutung.

12   c) Der Ausschluß der Voraussehbarkeit dient vorrangig der **sekundären Risikoabgrenzung gegenüber dem versicherten Risiko der unerwarteten schweren Erkrankung.** Der risikobeschreibende Begriff in § 1 Nr. 2a kann in seiner Bedeutung nur in der Gesamtschau mit der sekundären Risikoabgrenzung des Ausschlusses bei Voraussehbarkeit des Versicherungsfalles dargestellt werden. Ist das Ereignis voraussehbar, so schließt das die Feststellung aus, dieses Ereignis sei unerwartet eingetreten.

13   **Voraussehbar** ist der Versicherungsfall, **wenn die Tatsachen, die später Anlaß zur Reiseabsage geben, zur Zeit der Reisebuchung und des Abschlusses bereits bestehen und bekannt sind.** Das Risiko der Reiseabsage wegen einer Krankheit, die bereits zur Zeit der Reisebuchung und bei Abschluß der Versicherung besteht, ist vom Versicherungsschutz ausgeschlossen (AG München, VersR **84,** 180; AG Heilbronn, VersR **86,** 760).

14   **Voraussehbarkeit des Versicherungsfalles bedeutet nicht positive Kenntnis** der Tatsache, daß die Reise wieder abgesagt werden muß oder nicht planmäßig zu Ende geführt werden kann. Der Ausschlußtatbestand greift, wenn der Versicherte angesichts seines persönlichen gesundheitlichen Befindens und unter Berücksichtigung durchgemachter Krankheiten nach allgemeiner Lebenserfahrung nicht verläßlich mit der planmäßigen Durchführung der Reise rechnen konnte.

15   Buchen Personen mit angegriffener Gesundheit und mit reduziertem Allgemeinbefinden körperlich anstrengende Reisen und muß die versicherte Reisebuchung auf ärztlichen Rat wieder abgesagt werden, weil das zuvor bekannte Allgemeinbefinden des Versicherten die Teilnahme an der Reise mit den zu erwartenden klimatischen, hygienischen und gesundheitlichen Belastungen nicht erlaubt, so besteht kein Versicherungsschutz. Der Versicherte hat Kenntnis von seinem persönlichen gesundheitlichen Allgemeinbefinden. Die zu erwartenden Belastungen der geplanten Reise sind aus der Reisebeschreibung des Reiseveranstalters ersichtlich. Der Versicherte hat sich vor der Reisebuchung darüber zu informieren, welche Belastungen für seine Gesundheit aus der Teilnahme mit einer solchen Reise verbunden sind. Muß die Reisebuchung abgesagt werden, weil das bereits vor der Buchung bestehende gesundheitliche Befinden die Teilnahme an der Reise nicht erlaubt, besteht kein Versicherungsschutz (vgl. AG München, VersR **84,** 180; AG Heilbronn, VersR **86,** 760).

16   Steht die Durchführbarkeit der Reise unter der Voraussetzung, daß sich der Gesundheitszustand des Versicherten stabil hält, ist der Versicherungsfall voraussehbar, wenn diese Hoffnung enttäuscht wird und die bestehende Krankheit zur Reiseunfähigkeit führt.

17   Wird eine Reise im Zustand der Reiseunfähigkeit gebucht und versichert, so ist die spätere Reiseabsage wegen dieser Krankheit voraussehbar. Das Risiko, daß der Heilverlauf die erhoffte günstige Entwicklung nimmt, ist nicht versichert (AG München, VersR **84,** 179; AG München, 15. 12. 1983, 10 C 14935/83 A III Voraussehbarkeit 4; AG München, VersR **85,** 829; LG München I, 22. 06. 1988, 31 S 14531/87 A III Voraussehbarkeit 8; AG Bad Iburg; 16. 03. 1990, 4 C 1220/89 A III Voraussehbarkeit 12).

18   Das **Ereignis ist nicht voraussehbar,** wenn der Arzt vor der Reisebuchung bestätigt hat, daß die Reise ungeachtet der bestehenden Krankheit bedenkenlos ohne gesundheitliches Risiko durchführbar sei (AG München, 26. 04. 1988, 4 C 5781/87). Die Frage der Voraussehbarkeit der Reiseabsage ist nur dann zu verneinen, wenn die ärztliche Prognose sowohl einen günstigen als auch einen komplikationslosen Heilverlauf voraussagt (AG Krefeld, VersR 90, 850).

Nicht voraussehbar ist die Reiseunfähigkeit, wenn ein Jahr zuvor eine Krankheit in leichter Form aufgetreten war, die seinerzeit die Reisefähigkeit nicht ausgeschlossen hätte. In diesem Fall ist das erneute Auftreten in schwerer Form mit daraus folgender Reiseunfähigkeit nicht voraussehbar (AG Duisburg, 27. 09. 1989, 49 C 619/88, A III Voraussehbarkeit 9).

d) Impfunverträglichkeit ist voraussehbar, wenn die persönliche gesundheitli- 19 **che Verfassung des Versicherten erkennbar Impfungen nicht verträgt.** Schwangere, Patienten mit Dauermedikation, z. B. von Cortison, und Kleinstkinder können nicht geimpft werden. Wird eine Reise in ein Land gebucht, für welches Impfungen vorgeschrieben sind, so können Versicherte, welche unter Dauermedikation stehen oder in anderer Weise in ihrer Gesundheit beeinträchtigt sind, gem. § 2 Nr. 2 keinen Versicherungsschutz erwarten. Vor Buchungen in afrikanische, südamerikanische und südost-asiatische Zielgebiete haben sich Menschen mit angegriffener Gesundheit zuvor nach ihrer Impffähigkeit bei dem ständig behandelnden Arzt zu vergewissern, wenn sie den Einwand der Voraussehbarkeit der späteren Reiseabsage entgehen wollen.

e) Das Ereignis der Reiseabsage wegen Schwangerschaft ist voraussehbar, 20 wenn die Reise im Zustand der Schwangerschaft gebucht wird und absehbar ist, daß zur Zeit der Durchführung der Reise keine Reisefähigkeit besteht, weil die Schwangerschaft weit fortgeschritten ist (AG Wedding, 27. 03. 1991, 13 C 8/91, A III Voraussehbarkeit 13).

Voraussehbar ist die Notwendigkeit zur Reiseabsage, wenn zur Zeit der 21 Reisebuchung eine Intensivbehandlung zur operativen Herbeiführung einer Schwangerschaft besteht. In diesem Fall muß die Versicherte damit rechnen, daß die Behandlung anschlägt und sie infolge der dann bestehenden Risikogravidität nicht reisefähig ist oder daß die Behandlung die Gesundheit in solchem Maß belastet, daß aus diesem Grund nicht gereist werden kann.

f) Schaden am Eigentum unter den genannten Voraussetzungen ist in 22 der Regel nicht voraussehbar. Der Ausschluß des § 2 Nr. 2 hat davon eine praktische Bedeutung.

2. Vorsätzliche oder grob fahrlässige Herbeiführung des Versicherungsfalles, § 61 VVG

Der **Ausschluß** bei vorsätzlicher oder grob fahrlässiger Herbeiführung des 23 Versicherungsfalles entspricht der Regelung des § 61 VVG. Für die einzelnen versicherten Ereignisse hat der Ausschluß des subjektiven Risikos unterschiedliche Relevanz.

a) Begeht der Versicherte **Selbstmord,** so können seine Erben nicht die 24 Erstattung der Stornokosten verlangen.

25 Personen, die zusammen mit dem Versicherten die Reise gebucht hatten, sind von dem Ausschluß nicht betroffen. Denn der Vorwurf der vorsätzlichen Herbeiführung des Versicherungsfalles trifft nicht ihre Person.

26 Der Ausschluß wegen vorsätzlichem Handeln hat gegenüber dem Ereignis „schwerer Unfall" keine praktische Bedeutung. Für das Ereignis einer unerwarteten schweren Erkrankung ist der Ausschluß gegenüber Suchtkrankheiten relevant. Auch gegenüber dem versicherten Ereignis der Impfungverträglichkeit ist der Ausschluß wegen vorsätzlichem Handeln ohne Relevanz.

27 Gegenüber dem versicherten Ereignis der Schwangerschaft kommt der Ausschluß zum Tragen, wenn die Versicherte eine Intensiv-Behandlung zur Herbeiführung einer Schwangerschaft unternimmt. In Fällen der Extrauterin-Insemination wird die Schwangerschaft vorsätzlich herbeigeführt.

28 Gegenüber den versicherten Ereignissen bei Schaden am Eigentum hat der Ausschlußtatbestand wiederum keine praktische Bedeutung.

29 Der Ausschluß des Versicherungsschutzes wegen grob fahrlässiger Herbeiführung des Versicherungsfalles hat letztlich nur bei schwerem Unfall – in diesem Zusammenhang für den Eintritt des Todes – Bedeutung.

§ 3 Versicherungswert, Versicherungssumme, Selbstbehalt

1. Die Versicherungssumme soll dem vollen ausgeschriebenen Reisepreis (Versicherungswert) entsprechen. Kosten für darin nicht enthaltene Leistungen (z. B. für Zusatzprogramme) sind mitversichert, wenn sie bei der Höhe der Versicherungssumme berücksichtigt wurden.
Der Versicherer haftet bis zur Höhe der Versicherungssumme abzüglich Selbstbehalt; sollten die nachweislich entstandenen zusätzlichen Rückreisekosten den Versicherungswert übersteigen, so ersetzt der Versicherer auch den über den Versicherungswert hinausgehenden Betrag abzüglich Selbstbehalt.
2. Bei jedem Versicherungsfall trägt der Versicherte einen Selbstbehalt. Dieser wird – soweit nicht anders vereinbart – auf DM 50,– je Person festgelegt.
Wird der Versicherungsfall durch Krankheit ausgelöst, so trägt der Versicherte von dem erstattungsfähigen Schaden 20 v. H. selbst, mindestens DM 50,– je Person.

Übersicht

I. Vorbemerkung

1 § 3 faßt drei unterschiedliche Regelungsbereiche zusammen, die jeweils die Höhe der Leistung betreffen. Grundlage ist die Regelung zur Höhe der Versicherungssumme. Diese soll dem vollen ausgeschriebenen Reisepreis (Versicherungswert) entsprechen. Zusatzprogramme sind mitversichert, soweit der Preis bei der Höhe der Versicherungssumme berücksichtigt wurde.

238

II. Die vereinbarte Versicherungssumme

Beruht der Versicherungsschutz auf einem Kollektiv-Vertrag, d. h. auf **2**
einem Vertrag zwischen dem Reiseveranstalter und dem Versicherer zugunsten eines jeden Reisebuchers dieses Veranstalters, so ist der Preis der gebuchten Reise jeweils der Versicherungswert. Das gleiche gilt bei Abschluß der Reise-Rücktrittskosten-Versicherung über das Buchungssystem des Reiseveranstalters.

Zusatzprogramme, die vor Ort gebucht werden, rechnen bei solchem Versicherungsabschluß nicht zum versicherten Reisepreis.

Wird die Reise-Rücktrittskosten-Versicherung gesondert für einen Reise- **3**
vertrag abgeschlossen, ergibt sich der Versicherungswert aus dem in der Versicherungspolice genannten Reisepreis bzw. aus dem Gesamtpreis der gebuchten und versicherten Reise.

Je höher der Stornosatz bei einer Reiseabsage kurz vor Reiseantritt ist, **4**
desto höher ist die Prämie für die Reise-Rücktrittskosten-Versicherung.

III. Die Versicherungssumme als Leistungsgrenze

§ 3 Nr. 1 Abs. 2 bestimmt die Haftung des Versicherers bis zur Höhe der **5**
Versicherungssumme abzüglich Selbstbehalt. Die Reise-Rücktrittskosten-Versicherung ist daher eine Erstrisikoversicherung. Hat der Versicherte bei Abschluß des Versicherungsvertrages eine zu niedrige Versicherungssumme gewählt, kann Unterversicherung nicht eingewendet werden, § 56 VVG (*Prölss/Martin*, § 3 ABRV, Anm. 1).

Sofern bei Abschluß des Versicherungsvertrages die Versicherungssumme **6**
entsprechend § 3 Nr. 1 Satz 1 in Höhe des vollen ausgeschriebenen Reisepreises vereinbart wurde, kann die Leistung bei Nichtantritt der Reise kaum höher liegen als die Versicherungssumme. Denn die Rücktrittskosten können den Reisepreis nicht übersteigen.

Bei **Abbruch der Reise setzt die vereinbarte Versicherungssumme keine Lei- 7
stungsgrenze für zusätzliche Rückreisekosten.** Der Grundsatz des § 50 VVG wird für diese Leistungen bei Abbruch der Reise außer Kraft gesetzt. Bei der Höhe der Leistung wird zwar auf Art und Qualität der gebuchten Reiseleistung abgestellt, § 1 Nr. 1 b. Damit wird der Grundsatz des § 50 VVG berücksichtigt. Ein Leistungslimit ist damit jedoch nicht verbunden.

Soweit abweichend von der gebuchten Reiseleistung die Rückreise per **8**
Flug notwendig ist, kann der Preis für einen Sitzplatz in der einfachsten Flugzeugklasse den Wert der gebuchten Reiseleistung weit übersteigen.

Für die mit der außerplanmäßigen Rückreise unmittelbar verursachten **9**
sonstigen Mehrkosten stellt die Versicherungssumme jedoch eine Leistungsobergrenze dar.

Die Ausnahmeregelung gegenüber dem Grundsatz des § 50 VVG gilt ausschließlich für die zusätzlichen Rückreisekosten.

IV. Selbstbehalt

10 Der Selbstbehalt hat in der Reise-Rücktrittskosten-Versicherung zum einen die Funktion, dem subjektiven Risiko bei Reiseabsagen wegen unerwarteter schwerer Erkrankung entgegenzusteuern (vgl. *Martin*, SVR, T 6).

11 Noch bedeutsamer ist die Funktion des Selbstbehaltes zur Begrenzung der Schadenaufwendung des Versicherers. Insbesondere der Selbstbehalt bei Reiseabsagen wegen Krankheit in Höhe von 20 % der Stornokosten ist notwendige Voraussetzung für Prämiensätze, die einerseits dem Schadenaufwand entsprechen und andererseits den Versicherten noch wirtschaftlich tragbar erscheinen (vgl. *Martin*, SVR, T I 13).

12 Bei jedem Versicherungsfall trägt der Versicherte einen Selbstbehalt, § 3 Nr. 2. Der Mindestselbstbehalt ist in der Regel auf DM 50,– je Person festgelegt.

13 Abweichende Vereinbarungen zur Höhe des Mindestselbstbehaltes sind zulässig. Für Kreuzfahrten bestimmt Klausel 1 einen Mindestselbstbehalt von DM 100,–; in Anbetracht des regelmäßig hohen Reisepreises und der meist sehr hohen pauschalen Stornosätze ist die Anhebung des Mindestselbstbehaltes gerechtfertigt.

14 Eine Herabsetzung des Mindestselbstbehaltes auf z. B. DM 30,– ist für Bus- und Jugendreisen bekannt. Damit wird wiederum dem regelmäßig niedrigeren Reisepreis und den niedrigeren Stornosätzen Rechnung getragen.

15 Der Selbstbehalt kann auch auf null gesetzt werden. Die Zulässigkeit dieser Vereinbarung in Anbetracht von § 3 Nr. 2 Satz 1 ist mit Klausel 6., VA **91**, 256, klargestellt.

16 Wird der Versicherungsfall durch Krankheit ausgelöst, so trägt der Versicherte von dem erstattungsfähigen Schaden 20 v. H. selbst, mindestens DM 50,– je Person. Die Festsetzung des Selbstbehaltes bei Reiseabsagen wegen Krankheit auf 20 % der Stornokosten oder der zusätzlichen Rückreisekosten samt damit unmittelbar verbundener sonstiger Mehrkosten trägt dem besonderen Risiko der Reiseabsagen wegen Krankheit Rechnung. Obgleich mit § 1 Nr. 2 a ausdrücklich **nur unerwartete** schwere Erkrankungen versichert sind, zeigt die Praxis häufig, daß dennoch ein latentes Risiko für den Eintritt des Versicherungsfalles bestand. Nicht zu verkennen ist darüber hinaus das Risiko der Vorlage von ärztlichen Gefälligkeitsattesten zur Erlangung der Versicherungsleistung bei Reiseabsagen aus nicht versichertem Anlaß (vgl. AG München, VersR **84**, 888).

17 Maßgebend für die Berechnung des Selbstbehaltes ist das Ereignis, das aktuell Anlaß zur Reiseabsage gegeben hat. Wird die Reise wegen Krankheit abgesagt und tritt später der Tod des Betreffenden ein, so ist der Selbstbehalt gleichwohl mit 20 % der Stornokosten zu berechnen (AG München, VersR **84**, 330 d; AG Bielefeld, 24. 04. 1985, 4 C 1197/84, A III Selbstbehalt). Umgekehrt ist bei einer Stornierung wegen Schwangerschaft der Mindestselbstbehalt zu berücksichtigen, auch wenn die Schwangerschaft später zu einer Erkrankung führt.

§ 4   Obliegenheiten des Versicherungsnehmers/Versicherten im Versicherungsfall

1. Der Versicherungsnehmer/Versicherte ist verpflichtet:
   a) dem Versicherer den Eintritt des Versicherungsfalles unverzüglich mitzuteilen und gleichzeitig die Reise bei der Buchungsstelle oder im Falle der schon angetretenen Reise beim Reiseveranstalter zu stornieren;
   b) dem Versicherer jede gewünschte sachdienliche Auskunft zu erteilen und ihm alle erforderlichen Beweismittel von sich aus zur Verfügung zu stellen, insbesondere ärztliche Atteste über Krankheiten, Unfälle, Impfunverträglichkeit bzw. Schwangerschaft im Sinne von § 1 Ziffer 2 unter Beifügung der Buchungsunterlagen einzureichen;
   c) auf Verlangen des Versicherers die Ärzte von der Schweigepflicht in bezug auf den Versicherungsfall zu entbinden, soweit diesem Verlangen rechtswirksam nachgekommen werden kann.
2. Verletzt der Versicherungsnehmer/Versicherte eine der vorstehenden Obliegenheiten, so ist der Versicherer von der Verpflichtung zur Leistung frei, es sei denn, daß die Verletzung weder auf Vorsatz noch auf grober Fahrlässigkeit beruht. Bei grobfahrlässiger Verletzung bleibt der Versicherer insoweit verpflichtet, als die Verletzung weder Einfluß auf die Feststellung des Versicherungsfalles noch auf die Feststellung oder den Umfang der dem Versicherer obliegenden Leistung gehabt hat.

Übersicht

I. Vorbemerkung

§ 4 regelt die **Obliegenheiten** zur unverzüglichen Anzeige des Versiche- **1** rungfalles, (§ 33 VVG) zur Schadenminderung, (§ 62 VVG) sowie die Auskunftspflicht (§ 34 VVG).

Die **Schadenminderungspflicht** wird in § 4 Nr. 1 a als Obliegenheit zur **2** unverzüglichen Reisestornierung konkretisiert. Der allgemeine Grundsatz der Schadenminderung, § 62 VVG, kommt bei Abbruch der Reise und nachträglicher Rückkehr zum Tragen.

Die **Auskunftspflicht**, § 34 VVG, wird mit der Obliegenheit, dem Versi- **3** cherer jede gewünschte sachdienliche Auskunft zu erteilen, bestätigt. Dem Hinweis, daß der Versicherte alle erforderlichen Beweismittel von sich aus zur Verfügung zu stellen hat, kommt ebenfalls deklaratorische Bedeutung zu. Wichtig ist die Konkretisierung der Auskunfts- und Beweispflicht mit der **Vorlagepflicht von ärztlichen Attesten** über Krankheiten, Unfälle, Impfunverträglichkeit bzw. Schwangerschaft und die Pflicht zur **Vorlage der Buchungsunterlagen.**

Die Obliegenheit, auf Verlangen des Versicherers die **Ärzte von der 4**

Schweigepflicht in Bezug auf den Versicherungsfall **zu entbinden,** ist eine besondere Ausformung der Auskunftspflicht.

5 § 4 Nr. 2 regelt die Folgen von Obliegenheitsverletzungen entsprechend § 6 III VVG. Vorsätzliche und grob fahrlässige Obliegenheitsverletzungen können zum Verlust des Anspruchs auf Versicherungsleistung führen.

II. Die Anzeigepflicht

6 Die Obliegenheit, dem Versicherer den Eintritt des **Versicherungsfalles unverzüglich mitzuteilen,** entspricht der allgemeinen Regel des § 33 VVG (Im einzelnen *Prölss/Martin,* § 33 VVG). Aus der Eigenart der Reise-Rücktritts-kosten-Versicherung ergeben sich keine Besonderheiten. Die Verletzung der Pflicht zur unverzüglichen Anzeige des Versicherungsfalles gewinnt erst Bedeutung, wenn die Aufklärung des Versicherungsfalles aufgrund der verspäteten Anzeige beim Versicherer erschwert ist (vgl. *Prölss/Martin,* § 34 VVG, Anm. 1).

III. Die Schadenminderungspflicht

1. Die Pflicht zur unverzüglichen Stornierung des Reisevertrages vor Reiseantritt

a) **Erklärungsempfänger**

7 § 4 Nr. 1 a verlangt bei **Reiseabsagen** vor Reiseantritt die Stornierung des Vertrages **bei der Buchungsstelle.**

8 Wesentlicher Inhalt der Obliegenheit ist **die unverzügliche Erklärung des Rücktritts vom Reisevertrag.** In welcher Form und gegenüber welcher Stelle der Rücktritt vom Reisevertrag zu erklären ist, bestimmt der Reisevertrag auf der Grundlage des § 651 i BGB. Der Reise-Rücktrittskosten-Versicherungsvertrag, der für diese Reisebuchung genommen wurde, kann den Inhalt des Reisevertrages nicht verändern. Die Bestimmung über den Erklärungsempfänger der Rücktrittserklärung in § 4 Nr. 1 a ABRV ist deshalb verfehlt.

9 Die Allgemeinen Reisebedingung der Großveranstalter verlangen häufig die Erklärung zum Rücktritt vom Reisevertrag gegenüber dem Veranstalter. Der Reiseveranstalter hat jedoch auch die Abgabe der Rücktrittserklärung vom Reisevertrag gegenüber der Buchungsstelle gegen sich gelten zu lassen, wenn die Buchungsstelle als Erfüllungsgehilfe des Veranstalters den Vertrag vermittelt hatte (vgl. *Eichinger,* a. a. O. S. 44 ff., *Isermann,* Reisevertragsrecht 2. Aufl., S. 199; OLG München, NJW-RR **87,** 493).

10 Die Obliegenheit zur unverzüglichen Reiseabsage umfaßt die Verpflichtung des Versicherten, sich anhand des Reise- oder Mietvertrages über den **Erklärungsempfänger für die Rücktrittserklärung zu vergewissern.** Denn nur die Abgabe der Rücktrittserklärung gegenüber dem zuständigen Erklärungsempfänger bewirkt die Stornierung des Reisevertrages.

b) Die Pflicht zur unverzüglichen Stornierung

Der Text des § 4 Nr. 1 a verlangt, die Reise **unverzüglich zu stornieren.** Un- 11
verzüglich bedeutet gem. **§ 121 BGB ohne schuldhaftes Zögern.** Eine Obliegenheitsverletzung liegt daher schon bei leicht fahrlässiger Verletzung der Verpflichtung vor. Gem. § 4 Nr. 2, § 6 III VVG können jedoch **nur grob fahrlässige und vorsätzliche Verstösse gegen die Obliegenheit zum Rechtsverlust führen.**

Der Versicherte verletzt die Obliegenheit zur unverzüglichen Reiseab- 12
sage, wenn er bei Eintritt einer schweren Krankheit, infolge derer er seine
Reiseunfähigkeit nach aller Lebenserfahrung zu erwarten ist, die Reise
nicht unverzüglich bei der Buchungsstelle storniert (LG München I,
VersR **84,** 328).

Die **Obliegenheit** zur unverzüglichen Reiseabsage ist **grob fahrlässig ver-** 13
letzt, wenn die Reise nicht abgesagt wird, obgleich **stationäre Behandlung
angeordnet** ist und der Verdacht auf eine schwere Krankheit in Frage steht
(AG München, 27. 5. 1980, 6. 8. 1980, VersR **84,** 179).

Bei der Beurteilung ist ein **objektiver Maßstab** anzulegen. Die äußeren 14
Fakten, nämlich die **Notwendigkeit der stationären Behandlung,** die vorausge-
gangene **Krankheitsdauer, vergebliche Heilversuche,** die latente Verschlechterung des Krankheitsbildes (Eintritt eines Kreislaufkolapses im Verlauf einer
längeren Krankheit: AG München, VersR **84,** 180; Unterschenkelfraktur
2 Monate vor Reiseantritt: AG München, VersR **84,** 328 b; Wirbelsäulenlei-
den mit schwerer Ischialgie und beginnenden Lähmungserscheinungen: AG
München, VersR **84,** 328 c; AG München 12. 03. 1986, 12 C 399/86, A III
Unverzügliche Stornierung 18; häufige Herzattacken mit der Möglichkeit
eines Infarkts und der Notwendigkeit Langzeitdiagnose und Therapie: LG
München, VersR **90,** 850).

Die Pflicht zur Reiseabsage gem. § 4 Nr. 1 a entsteht, wenn die **Unzumut-** 15
barkeit zum Reiseantritt zu erwarten ist. Die Obliegenheit wird grob fahrlässig verletzt, wenn der Versicherte die Buchung aufrecht erhält, ohne aufgrund ärztlicher Bestätigung damit rechnen zu können, daß er die gebuchte
Reise ohne medizinische Probleme antreten kann (Mundbodenkrebs: LG
München I; VersR **84,** 329).

Die **Kenntnis der vollen Diagnose ist nicht Voraussetzung zur Reiseabsage.** 16
Die Reiseunfähigkeit und damit die Verpflichtung zur Reiseabsage tritt ein,
wenn gediegene Anhaltspunkte dafür vorliegen, daß bestimmte Symptome
die Wahrnehmung der Reise mit den Hauptreiseleistungen nicht zuläßt
oder wenn eine entsprechende ärztliche Diagnose vorliegt. Die Pflicht zur
Reiseabsage besteht noch nicht, wenn sich der Versicherte mit unbedeutend
erscheinenden Symptomen in ärztliche Behandlung begibt. Wird als Ursache dieser Symptome eine schwere Erkrankung diagnostiziert, so knüpft an
diese Erkenntnis die Pflicht zur unverzüglichen Reiseabsage (AG Berlin-
Spandau, VersR **84,** 178; LG Koblenz, 21. 6. 1983, 6 S 38/83, A III Unverzügliche Stornierung 16).

Entsprechend ist bei der **Erkrankung Angehöriger** die Reise unverzüglich 17
zu stornieren, wenn die Krankheit so schwer ist, daß **nach allgemeiner**

Lebenserfahrung mit der Unzumutbarkeit zum Reiseantritt des Versicherten zu rechnen ist (Bauchspeicheldrüsenoperation eines Angehörigen in fortgeschrittenem Alter: AG München, VersR **84**, 328 d; Einweisung eines älteren Angehörigen in stationäre Behandlung: AG Köln, VersR **84**, 329; AG Heidelberg, VersR **84**, 330 k; Nierenoperation der Mutter des Versicherten drei Wochen vor Reiseantritt: AG München, VersR **88**, 1020; Einweisung der Mutter des Versicherten mit dem Verdacht auf Herzinfarkt fünf Wochen vor dem geplanten Reiseantritt: AG München, 15. 7. 1987, 3 C 2367/87, A III Unverzügliche Stornierung 20).

18   **Die Hoffnung auf rechtzeitige Wiedergenesung** bis zum geplanten Reiseantritt ist **grundsätzlich nicht versichert** (AG München, 6. 10. 1980, VersR **84**, 180; AG München, VersR **84**, 330 i; AG München, 19. 7. 1989, 143 C 14517/89, A III Unverzügliche Stornierung 21). Insbesondere kann sich der Versicherte nicht darauf berufen, daß er in zurückliegender Zeit von der selben Krankheit innerhalb kurzer Zeit genesen sei (AG München, 14. 12. 1984, 3 C 17893/84 A III Unverzügliche Stornierung 17; LG München I, VersR **91**, 662).

19   Kann der Versicherte jedoch **nach ausdrücklicher ärztlicher Bestätigung,** nach Art und Schwere der Verletzung oder der Schwere der Krankheit und seiner persönlichen gesundheitlichen Gesamtverfassung mit normalem Heilverlauf rechnen und bestätigt der Arzt, daß bis zum geplanten Reiseantritt mit Wiedergenesung zu rechnen ist, so verstößt der Versicherte nicht grob fahrlässig gegen die Obliegenheit zur unverzüglichen Reiseabsage, wenn er die Buchung zunächst aufrechterhält. Die Reise muß jedoch in einem solchen Fall unverzüglich abgesagt werden, wenn sich entgegen der ärztlichen Prognose doch eine Komplikation einstellt (AG Köln, 2. 11. 1982, 115 C 768/81, A III Unverzügliche Stornierung 14).

20   **Die günstige Prognose des Arztes muß sich in einem solchen Fall sowohl darauf beziehen, daß bei „normalem Heilverlauf" innerhalb der Zeit bis zum Reiseantritt Wiedergenesung eintritt, als auch darauf, daß der Versicherte mit komplikationsfreiem Heilverlauf rechnen kann** (AG Krefeld, bestätigt durch LG Krefeld, VersR **90**, 850).

21   Entschließt sich der Versicherte, ungeachtet einer schweren Krankheit oder einer schweren Verletzung, in der Hoffnung auf rechtzeitige Wiedergenesung, die Reisebuchung noch aufrechtzuerhalten, so können die höheren Stornokosten, die bei späterer Reiseabsage vom Reiseveranstalter berechnet werden, nicht auf den Versicherer abgewälzt werden. Wird die Reise jedoch aufgrund eines weiteren schweren Unfalles einer Risikoperson des Reisepartners storniert, so ist für die Frage der Rechtzeitigkeit des Rücktritts auf das spätere versicherte Ereignis abzustellen (AG Köln, VersR **91**, 690).

2. Die Schadensminderungspflicht bei Eintritt des Versicherungsfalles nach Reiseantritt

22   § 4 Nr. 1 a verlangt im Fall der schon angetretenen Reise die Stornierung der Reise beim Reiseveranstalter. Nach Inanspruchnahme eines Teiles der

gebuchten Reiseleistung ist jedoch ein Rücktritt vom Reisevertrag, d. h. die Stornierung des Reisevertrags, nicht mehr möglich. § 651 i BGB bestimmt den Rücktritt vom Reisevertrag vor Reiseantritt. Nach Antritt der Reise beinhaltet die Erklärung des Versicherten, daß er die gebuchte Reiseleistung nicht mehr in Anspruch nehmen werde keinen Rücktritt vom Reisevertrag.

Die **Schadenminderungspflicht** verlangt von dem Versicherten gleichwohl 23 **auch nach Antritt der Reise die Mitteilung an den Veranstalter, daß die gebuchte Reiseleistung nicht weiter genutzt wird.** In Ausnahmefällen kann der versicherte Reisekunde noch eine Rückzahlung des Reiseveranstalters auf nicht genutzte Reiseleistung erwarten. (s. u. Klausel 3 Rdnr. 7).

Bei vorzeitiger Aufgabe eines **gemieteten Wohnobjektes** kommt anderwei- 24 tige Vermietung in Betracht. Insoweit als der Vermieter anderweitige Nutzungen ziehen kann, hat er dem Reise-/Mietkunden den Reise-/Mietpreis zurückzuvergüten. Die Leistungen gem. b) der Sonderbedingungen zu den ABRV für gemietete Ferienwohnungen befassen sich in diesem Fall mit den anteiligen Mietkosten für die nicht genutzte Mietzeit, abzüglich der Rückvergütung des Vermieters (s. u. Sonderbedingungen zu den ABRV für gemietete Ferienwohnung RdNr. 14).

Die Schadenminderungspflicht bezieht sich **bei Abbruch von Reisen vor- 25 nehmlich auf die Wahl des kostengünstigsten Verkehrsmittels** zur vorzeitigen Rückkehr von der Reise. Die Schadenminderungspflicht hat sich sowohl auf die Wahl der Wegstrecke als auch auf die Wahl des Transportmittels zu beziehen (s. o. § 1 RdNr. 56).

IV. Auskunftspflicht

§ 4 Nr. 1 b und c enthält die Obliegenheit des Versicherten, **jede 26 gewünschte sachdienliche Auskunft zu erteilen** und dem Versicherer **alle erforderlichen Beweismittel von sich aus zur Verfügung zu stellen.** Die Regelung zur allgemeinen Auskunftspflicht entspricht § 34 VVG. Der Hinweis auf die Pflicht zur Vorlage aller Beweismittel hat deklaratorische Bedeutung. Denn die Beweislast für den Eintritt des Versicherungsfalles und für die Höhe des entstandenen Schadens liegt nach allgemeinem Beweisrecht beim Versicherten.

Die Regelungen zur Vorlage von Attesten und der Buchungsunterlagen 27 sowie der Pflicht zur Entbindung von der ärztlichen Schweigepflicht enthalten die Konkretisierung der Auskunftspflicht bezogen auf die besonderen Erfordernisse der Reise-Rücktrittskosten-Versicherung.

Der Versicherte hat zunächst den **Nachweis für die versicherte Reisebu- 28 chung** zu führen. Dazu ist jedenfalls die **Buchungsbestätigung** einzureichen. Allein der handschriftliche Antrag auf Abschluß des Reisevertrages reicht nicht aus. Maßgeblich für die Beurteilung ist die Buchungsbestätigung mit Angabe der gebuchten Reiseleistung und des Reisepreises.

Bei **Stornierung** des Reisevertrages vor Reiseantritt hat der Versicherte die 29 **Stornokostenrechnung des Veranstalters** einzureichen (AG München, 3. 11. 1982, 2 C 9274/82, A III Auskunftspflicht). Die Vorlage der Erklärung des Versicherten zum Rücktritt vom Reisevertrag gibt keine Auskunft über den

Zugang der Erklärung beim Reiseveranstalter und über die Höhe der Stornokosten. Aus den Buchungsunterlagen muß sich die Rechtsgrundlage für die Berechnung der Stornokosten ergeben (s. o. § 1 RdNr. 17 ff.).

30   Bei **Abbruch der Reise** und nachträglicher Rückkehr hat der Versicherte ebenfalls den **Nachweis über die gebuchte und versicherte Reiseleistung** durch Vorlage der **Buchungsbestätigung** zu führen.

31   **Zusätzliche Rückreisekosten** und sonstige damit unmittelbar verbundene Mehrkosten sind durch die Vorlage von **Originalbelegen** nachzuweisen. Zur Klarheit bestimmt § 1 Nr. 1 b ausdrücklich den Ersatz der **nachweislich entstandenen** zusätzlichen Rückreisekosten.

32   Zur Geltendmachung von Ansprüchen aus den **Sonderbedingungen für gemietete Ferienwohnungen** hat der Versicherte die Abrechnung oder die Erklärung des Vermieters über etwaige Rückerstattung des anteiligen Mietpreises vorzulegen. Ebenso hat der Versicherte zur Geltendmachung von Ansprüchen aus Klausel 3. den Nachweis über die anteilige Erstattung nicht genutzter Reiseleistungen durch den Veranstalter vorzulegen.

33   Zum Nachweis eines **personenbezogenen versicherten Ereignisses** hat der Versicherte insbesondere **ärztliche Atteste** über Krankheiten, Unfälle, Impfunverträglichkeit bzw. Schwangerschaft i. S. von § 1 Nr. 2 vorzulegen.
      Aus dem Attest müssen sämtliche Merkmale der Leistungsvoraussetzungen gem. § 1 Nr. 2 a–c ersichtlich sein. Allein die Bestätigung der Reiseunfähigkeit durch den Arzt reicht als Nachweis für den Eintritt des Versicherungsfalles nicht aus. Neben der **Schwere der Krankheiten** muß aus dem Attest ersichtlich sein, ob es sich um eine **unerwartete** schwere Erkrankung handelt, aufgrund derer nach der allgemeinen Lebenserfahrung mit Reiseunfähigkeit bzw. mit der Unzumutbarkeit zum Reiseantritt zu rechnen ist (vgl. AG München, 15. 7. 1979, 10 C 7570/79, A III Eintritt des Versicherungsfalles 1).

34   Das ärztliche Attest hat daher die **Diagnose der Krankheit zu benennen sowie Angaben zur Dauer der Krankheit,** unter Umständen auch zu Behandlungsdaten. Die ärztlichen Auskünfte bieten die Grundlage für die Beurteilung der Rechtsfrage, ob der gesundheitliche Zustand unter die versicherten Risiken des § 1 Nr. 2 a–c zu subsumieren ist. Die Beurteilung der Rechtsfrage ist nicht Sache des Arztes. Die Vorlage einer ärztlichen Bestätigung des Inhalts, daß die Reise wegen schwerer Krankheit nicht angetreten werden kann, genügt deshalb nicht der Auskunftspflicht gem. § 4 Nr. 1 b.

35   Die Versicherer halten neben den Schadenanzeigevordrucken auch Vordrucke für ärztliche Bescheinigungen bereit. Die Pflicht zur Vorlage von Attesten nach § 4 Nr. 1 b umfaßt die Verpflichtung, die ärztlichen Auskünfte auf der Grundlage der bereitgehaltenen Vordrucke des Versicherers vorzulegen. Sachbezogene Fragen über die bereitgehaltenen Vordrucke hinaus sind ebenfalls zu beantworten (vgl. *Prölss/Martin,* § 34 VVG, Anm. 2 A).

36   Die Kosten für die Erstellung der ärztlichen Atteste sind im Rahmen des § 66 VVG vom Versicherer zu vergüten.

37   Der Versicherte hat auf Verlangen des Versicherers die **Ärzte von der Schweigepflicht in Bezug auf den Versicherungsfall zu entbinden,** soweit diesem

Verlangen rechtswirksam nachgekommen werden kann, § 4 Nr. 1 c. Die Verpflichtung zur Entbindung der Ärzte von der Schweigepflicht ergänzt die allgemeine Auskunftspflicht.

Die Schweigepflichtsentbindung ist Voraussetzung dafür, daß der Versi- **38** cherer von sich aus Rückfragen bei den behandelnden Ärzten stellen kann. Der Versicherte kann die Ärzte nur in Bezug auf die eigene Person von der Schweigepflicht entbinden.

Bei Reiseabsagen aus Anlaß von **personenbezogenen Ereignissen einer nicht** **39** **mitreisenden Risikoperson** steht die Beweislast des Versicherten für den Eintritt des versicherten Ereignisses dem Persönlichkeitsrecht des Erkrankten oder Verunfallten gegenüber. Die nicht mitreisende Risikoperson verbindet mit dem Versicherer keine vertragliche Beziehung. Sie ist nicht verpflichtet, die Ärzte gegenüber dem Versicherer von der ärztlichen Schweigepflicht zu entbinden. Dem trägt § 4 Nr. 1 c Rechnung: Der Versicherte ist nur insoweit verpflichtet, die Ärzte von der Schweigepflicht zu entbinden, als er diesem Verlangen rechtswirksam nachkommen kann. In Bezug auf das Persönlichkeitsrecht des Dritten besteht daher diese Verpflichtung nicht.

Die Beweislast des Versicherten für den Eintritt des Versicherungsfalles **40** bleibt gleichwohl bestehen. Der Versicherte hat dem Versicherer zumindest die äußeren Daten des schweren Unfalles oder der unerwarteten schweren Erkrankung der Risikoperson darzutun und nachzuweisen. Dazu dient z. B. der Nachweis über die Einweisung in stationäre Behandlung per Notaufnahme. Inwieweit mit derartigen äußeren Behandlungsdaten der Nachweis für den Eintritt des versicherten Ereignisses geführt wird, ist Tatfrage.

Als Nachweis für den Eintritt eines versicherten Ereignisses durch Scha- **41** den am Eigentum nach § 1 Nr. 2 d dient die Vorlage des Polizeiprotokolls. Auch die Schadenmeldung gegenüber dem zuständigen Sachversicherer mit Bezug auf dessen Unterlagen, kann den Versicherungsfall glaubhaft machen.

Die **Auskunftspflicht zu den Vermögensverhältnissen** und zur wirtschaftli- **42** chen Lage des Geschädigten ist **restriktiv** auszulegen. Es kann dem Versicherten nicht zugemutet werden, seine gesamte wirtschaftliche Lage und seine Finanzen offenzulegen angelegentlich der Geltendmachung eines Schadens aus der Reise-Rücktrittskosten-Versicherung.

Die Nachweispflicht des Versicherten für Ereignisse gem. § 1 Nr. 2 d **43** betrifft insbesondere den Schaden am Eigentum, der Anlaß zur Reiseabsage gab. Soweit die Erheblichkeit dieses Schadens nachgewiesen werden kann, tritt die Frage, inwieweit dieser Schaden erheblich ist, im Verhältnis zum Vermögen des Geschädigten und zu seiner wirtschaftlichen Lage zurück.

V. Folgen der Obliegenheitsverletzung

Entsprechend § 6 III VVG besteht **Leistungsfreiheit** des Versicherers **nur** **44** **bei vorsätzlichen und grob fahrlässigen Verstößen gegen die Obliegenheiten.** Bei grob fahrlässigem Verstoß gegen die Obliegenheit bleibt die Leistungspflicht insoweit bestehen, als die Verletzung weder Einfluß auf die Feststellung des Versicherungsfalles, noch auf die Feststellung oder den Umfang der Leistungspflicht des Versicherers hat.

45   Besondere Bedeutung hat im Rahmen der Reise-Rücktrittskosten-Versicherung die Pflicht zur unverzüglichen Stornierung. Insoweit, als infolge der verspäteten Stornierung höhere Stornokosten berechnet werden, ist der Versicherer nicht eintrittspflichtig, wenn sich der Versicherte grobe Fahrlässigkeit entgegenhalten lassen muß (s. o. § 4 RdNr. 11 ff.).

46   Verletzungen der Aufklärungspflicht sind zum einen als Obliegenheitsverletzungen bei vorsätzlichem und grob fahrlässigem Verhalten relevant. Macht der Versicherte im Zusammenhang mit dem Schadenfall unzutreffende Angaben, so verliert er den Anspruch auf Versicherungsleistung. Weist der Versicherer nach, daß objektiv unzutreffende Angaben gemacht wurden, so liegt die Beweislast dafür, daß diese unzutreffenden Informationen weder auf Vorsatz noch auf grober Fahrlässigkeit beruhen, beim Versicherten (*Prölss/Martin*, § 34 VVG, Anm. 3 B). Der Versicherer muß zuvor auf die Folgen vorsätzlich unwahrer Angaben hingewiesen haben.

47   Kommt der Versicherte den Obliegenheiten zur Auskunft und zur Vorlage der Buchungs- und Stornounterlagen nicht nach, so fehlt es an der Grundlage für die abschließende Beurteilung und Feststellung der Leistungspflicht des Versicherers (s. u. § 5). Die Nichterfüllung der Obliegenheiten zur Aufklärung und zur Vorlage von Beweismitteln kann deshalb unabhängig davon Bedeutung haben, ob die Versicherten an der Verletzung der Obliegenheit Verschulden trifft.

§ 5   Zahlung der Entschädigung

Ist die Leistungspflicht des Versicherers dem Grunde und der Höhe nach festgestellt, so hat die Auszahlung der Entschädigung binnen zwei Wochen zu erfolgen.

1   § 5 bestimmt die Frist zur Auszahlung der Entschädigung nach Eintritt der Fälligkeit.
Die Versicherungsleistung wird erst fällig, wenn sie nach Grund und Höhe festgestellt ist.
Voraussetzung für den Eintritt der Fälligkeit der Versicherungsleistung ist der Nachweis aller Umstände, die für die Leistungspflicht des Versicherers nach Grund und Höhe von Bedeutung sind.

2   Der Versicherte hat insbesondere die **Buchungsunterlagen** und die **Stornokostenrechnung samt der Berechnungsgrundlage und ggf. der Berechtigung zur Berechnung der Stornokosten nachzuweisen.** Ist der Abschluß des Reisevertrages, auf welchen sich die Versicherung bezieht und die darin enthaltene Rechtsgrundlage für die Berechnung der Rücktrittskosten zweifelhaft, so hat der Versicherte ggf. gerichtliche Klärung gegenüber dem Vertragspartner des Reisevertrages herbeizuführen (s. o. § 1 RdNr. 22 ff.).

3   **Zusätzliche Rückreisekosten** und unmittelbar mit der Reise verbundene sonstige Mehrkosten hat der Versicherte durch Vorlage von **Original-Belegen** nachzuweisen.

Die Fälligkeit des Leistunganspruches tritt nicht ein, solange der Versi- 4
cherungsfall nicht erwiesen ist. Kommt der Versicherte seiner Obliegenheit
zur Vorlage von ärztlichen Attesten und zur Entbindung von der ärztlichen
Schweigepflicht nicht nach, so kann der Anspruch nicht fällig werden.

Hat das versicherte Ereignis eine nicht reisende Risikoperson betroffen, 5
so kann der Versicherte zwar die Ärzte nicht wirksam von der Schweigepflicht entbinden. Verwehrt die betroffene Risikoperson jedoch die ärztliche Auskunft gegenüber dem Versicherer, wird der Anspruch des Versicherten nicht fällig, weil der Eintritt des Versicherungsfalles nicht nachgewiesen
ist.

Voraussetzung für die Auszahlung der Entschädigungsleistung ist der 6
Nachweis der Anspruchsberechtigung.

Grundsätzlich ist jeder Versicherte berechtigt, seine Ansprüche gegen- 7
über dem Versicherer geltend zu machen. Die Rücktrittskosten aus dem
Reisevertrag schuldet jedoch in der Regel der Reiseanmelder dem Reiseveranstalter.

Der versicherte Anspruchsteller hat nachzuweisen, daß er hinsichtlich der
von ihm geltendgemachten Versicherungsleistung berechtigt ist.

Haben mehrere nicht miteinander verwandte Personen eine Reise 8
gebucht, so kann der Versicherer zur Klärung der Empfangsberechtigung
die übereinstimmende Erklärung aller Versicherten verlangen. Der Versicherungsanspruch betrifft die reisevertraglich geschuldeten Rücktrittskosten. Den Schuldner der Rücktrittskosten bestimmt der Reisevertrag. Da
formularmäßige Reiseverträge häufig nicht klar erkennen lassen, ob der
Reiseanmelder oder die Reiseteilnehmer einzeln für den Reisepreis und die
Stornokosten haften, hat der Versicherte dazu durch übereinstimmende
Erklärung der versicherten Reiseteilnehmer Klarheit zu schaffen.

Bei Tod eines Versicherten haben die ansprucherhebenden Erben die 9
Sterbeurkunde und den Erbnachweis vorzulegen und übereinstimmende
Erklärung der Erben über die Auszahlung des Entschädigungsbetrages
abzugeben.

Steht nach dem Tod des Versicherten noch eine Forderung des Reisever- 10
anstalters gegen den Nachlaß der Forderung auf Zahlung der Versicherungsleistung gegenüber, so kann der Versicherer mit befreiender Wirkung
gegenüber dem Nachlaß auf die Rücktrittskosten-Schuld an den Reiseveranstalter zahlen. Insoweit, als der Veranstalter die Zahlung erlangt, wird
der Nachlaß von der Forderung des Veranstalters auf Zahlung der Stornokosten befreit.

§ 5 erwähnt nicht das Recht auf Abschlagszahlungen: § 11 VVG wird 11
jedoch nicht abbedungen. In der Praxis besteht kein Bedarf für Abschlagszahlung, da die Leistungspflicht nach Klärung der Eintrittpflicht auch der
Höhe nach feststeht, so daß die Entschädigung insgesamt ausgezahlt werden kann.

C. Klauseln und Sonderbedingungen zu den ABRV

I. Vorbemerkung

1   Mit den Sonderbedingungen zu den ABRV für gemietete Ferienwohnungen und Klausel 3 wurden den Grundleistungstatbeständen der ABRV in § 1 Nr. 1 a und b Ergänzungen hinzugefügt. Über die Grunddeckung hinaus bieten diese Regelungen Versicherungsschutz für die nicht genutzte Reiseleistung bei Abbruch der Reise bzw. bei vorzeitiger Aufgabe einer Ferienwohnung. Klausel 7. bietet Deckungsschutz bei verspäteter Anreise für die zusätzlichen Anreisekosten.

2   Dem Deckungsangebot aus der Grunddeckung fügt Klausel 5. den Schutz gegen Zahlungsunfähigkeit des Reiseveranstalters an. Die Genehmigung für Klausel 5. ist zunächst bis zum 31. 12. 1991 vom Bundesaufsichtsamt befristet erteilt. Die Entwicklung zum Insolvenzschutz im Rahmen der Harmonisierung des Reiserechts der EG läßt erwarten, daß für dieses Risiko künftig nicht mehr Deckungsschutz aus der Reise-Rücktrittskosten-Versicherung geboten wird.

3   Klausel 2. und Klausel 4. erweitern das versicherte Risiko durch Aufhebung der Altersbegrenzung für betagte Angehörige und mit der Ausweitung des Kreises der Risikopersonen.

4   Klausel 1. und Klausel 6. erlauben die Veränderung des Selbstbehaltes gegenüber dem Regelmindestselbstbehalt von DM 50,– gem. § 3 Nr. 2.

5   Sämtliche **Sonderregelungen** stellen **Ergänzungen** zu dem Grundbedingungswerk der ABRV dar. Für die Voraussetzungen der Eintrittspflicht und für den Umfang der Leistung gelten die Grundregeln der ABRV, soweit die Sonderbedingungen und Klauseln nicht ausdrücklich Abweichungen und Erweiterungen vorsehen.

6   Die Sonderbedingungen und Klauseln gelten nur, wenn sie mit der Grunddeckung ausdrücklich vereinbart werden. Klausel 2: Aufhebung der Altersbegrenzung gilt jedoch auch ohne ausdrückliche Vereinbarung.

II. Sonderbedingungen zu den ABRV für gemietete Ferienwohnungen

Sofern die Versicherung bei Abschluß von Mietverträgen für Ferienwohnungen, Ferienhäuser oder Ferienappartements in Hotels genommen wird, erhält § 1 Ziffer 1 der Allgemeinen Bedingungen für die Reise-Rücktrittskosten-Versicherung (ABRV) folgende Fassung:

Der Versicherer leistet Entschädigung:

a) Bei Nichtbenutzung der Ferienwohnung, des Ferienhauses oder Ferienappartements im Hotel aus einem der in § 1 Ziffer 2 ABRV genannten wichtigen Gründe für die dem Vermieter oder einem anderen vom Versicherten vertraglich geschuldeten Rücktrittskosten;

b) bei vorzeitiger Aufgabe der Ferienwohnung, des Ferienhauses oder des Ferienappartements im Hotel aus einem der in § 1 Ziffer 2 ABRV genannten wichtigen Gründe für den nicht abgewohnten Teil der Mietkosten, falls eine Weitervermietung nicht gelungen ist.

Die übrigen Bestimmungen der ABRV gelten sinngemäß.

1. Anwendungsbereich

Die Sonderbedingungen zu den ABRV für gemietete Ferienwohnungen 1 berücksichtigen, daß bei der Anmietung von Ferienwohnungen die Anreise begrifflich nicht enthalten ist. Bei vorzeitiger Aufgabe der Ferienwohnung würde der Versicherte stets ohne Anspruch auf Entschädigung sein, da An- und Abreise bei der Anmietung einer Ferienwohnung grundsätzlich nicht im versicherten Arrangement enthalten sind. Die Buchung einer Ferienwohnung zusammen mit der Anreise dorthin ist ein Pauschalreisevertrag. Die Sonderbedingungen zu den ABRV für gemietete Ferienwohnungen finden auf die Buchung von Pauschalreiseverträgen auch dann keine Anwendung, wenn eine der gebündelten Reiseleistungen die Nutzung einer Ferienwohnung betrifft (AG München, VersR **86**, 996; AG München, VersR **90**, 852).

Keine Anwendung finden die Sonderbedingungen auch auf die Buchung 2 von **Hotelaufenthalten mit Verpflegung,** Unterkunft und Servicenebenleistungen. Solche Hotelbuchungen sind Pauschalreiseverträge i. S. des § 651 a BGB.

Die **Sonderbedingungen** beziehen sich jedoch auf die **Anmietung von** 3 **Ferienwohnobjekten jeder Art.** Unerheblich ist, ob der versicherte Mietvertrag rechtlich tatsächlich nach §§ 535 ff. BGB als Mietvertrag zu qualifizieren ist oder als Werkvertrag, §§ 631 ff. BGB (vgl. dazu *Tonner,* Der Urlaub im Ferienhaus, NJW **81**, 1921; BGHZ 61, 275; *Nies,* Leitfaden S. 84 m. w. N.). Wesentlich für die Anwendung der Sonderbedingungen ist, daß ausschließlich die Gebrauchsüberlassung eines Ferienwohnobjektes Gegenstand der versicherten Leistung ist.

2. Nichtbenutzung des Mietobjektes

Der Mietvertrag über ein Ferienhaus oder über eine Ferienwohnung 4 kann nur insgesamt genutzt oder insgesamt gekündigt werden. Eine Teilkündigung des Mietvertrages ist nicht möglich. Zur teilweisen Nutzung des Mietobjektes muß der Mietvertrag als solcher aufrechterhalten werden.

Bei Kündigung des Mietvertrages und bei Nichtbenutzung des Objektes 5

gelten die Regeln des § 1 Nr. 1a). Leistungsgegenstand sind die dem Vermieter vertraglich geschuldeten Rücktrittskosten.

6   Reist nur ein Teil der Personen an, für welche das Objekt gemietet
wurde, behält der Vermieter den vollen Anspruch auf den Mietpreis. Ein
Rücktritt vom Mietvertrag findet nicht statt. Vertraglich geschuldete Rücktrittskosten entstehen nicht. Die anreisenden Mieter können das gesamte
Objekt uneingeschränkt nutzen. Der vereinbarte Mietpreis ist zu entrichten.
Der anteilige Mietpreis, der von den Personen getragen werden sollte, die
ihre Teilnahme an der Benutzung des Mietobjektes absagen müssen, kann
rechtlich nicht als vertraglich geschuldete Rücktrittskosten bewertet werden.

7   Wird der Mietvertrag insgesamt abgesagt, weil einem der Benutzer die
Teilnahme wegen des Eintritts eines versicherten Ereignisses nicht möglich
oder nicht zumutbar ist, besteht Anspruch hinsichtlich der Stornokosten für
das gesamte Objekt, wenn aus diesem Anlaß die Benutzung des Objektes
für die übrigen Benutzung nicht zumutbar ist.

3. Teilnutzung von Mietobjekten

8   Die Sonderbedingungen für gemietete Ferienwohnungen regeln nur die
Nichtbenutzung der Ferienwohnung und die vorzeitige Aufgabe der Ferienwohnung. Damit wird jeweils der Mietvertrag insgesamt angesprochen. Für
die Teilnutzung des gemieteten Objektes erhalten die Sonderbedingungen
keine Regelung.

9   Das Alles oder Nichts-Prinzip wird weder den Interessen der versicherten Mieter noch den Interessen des Versicherers gerecht. Unter Gesichtspunkten der Schadenminderungspflicht einerseits und andererseits dem
Interesse der Versicherten, auch bei Absage eines Teiles der Mitreisenden
das Mietobjekt wie geplant zu nutzen, ist von folgenden Grundsätzen auszugehen.

10   Nimmt ein Teil der Personen, für welche das Mietobjekt gebucht wurde
aus versichertem Anlaß an der Nutzung nicht teil, so wird der anteilige
Mietpreis, der auf diesen Versicherten entfallen sollte, als vertraglich
geschuldete Rücktrittskosten behandelt (LG Frankfurt, NJW-RR **87**, 156).

11   Übersteigt der anteilige Mietpreis der Personen, die das Mietobjekt nicht
nutzen, die fiktiven Stornokosten bei unverzüglicher Reiseabsage nach Eintritt des Ereignisses, so ist die Buchung des Mietobjektes insgesamt abzusa-
gen. Entschließt sich ein Teil der Benutzer des Mietobjektes, das gesamte
Objekt für sich alleine zu benutzen, so beschränkt sich der Versicherungsanspruch auf die fiktiven Stornokosten bei unverzüglicher Stornierung und
Berücksichtigung des Selbstbehaltes (vgl. *Nies*, Leitfaden, S. 87 ff.).

12   Kann ein Versicherter von mehreren Benutzern an der Reise nicht teilnehmen, besteht für die Stornokosten insgesamt Versicherungsschutz, wenn
die Aufrechterhaltung der Buchung für die übrigen Mitbenutzer des gemieteten Objekts nicht zumutbar ist. Unzumutbarkeit tritt z. B. ein, wenn das
Ereignis den Führer des Fahrzeuges betroffen hat, mit dem zum Ferienort
angereist werden soll oder den Bootsführer, der allein mit der Handhabung
des gecharterten Bootes vertraut ist.

4. Vorzeitige Aufgabe des Mietobjektes

Ergänzend zu den Grundleistungstatbeständen bei Nichtantritt der **13**
Reise, § 1 Nr. 1 a und dementsprechend a der Sonderbedingungen und den
Leistungen bei Abbruch von Pauschalreisen, § 1 Nr. 1 b bietet b der Sonder-
bedingungen für gemietete Ferienwohnungen bei vorzeitiger Aufgabe des
Mietobjektes aus versichertem Anlaß die Erstattung des anteiligen Miet-
preises pro rata temporis der verbleibenden nicht genutzten Tage.

Der Versicherte hat den Nachweis zu führen über die vorzeitige Abreise **14**
aus dem Mietobjekt. Der Anspruch besteht nur, falls eine Weitervermietung
nicht gelungen ist. Zur Anspruchsbegründung hat der Versicherte eine
Bestätigung des Vermieters oder Inhabers des Mietobjektes vor Ort über
die vorzeitige Abreise vorzulegen. Dazu hat der Versicherte eine Abrechnung oder Erklärung des Vermieters vorzulegen, aus welcher ersichtlich ist,
in welchem Maß anderweitige Vermietung möglich war und ob der Vermieter infolgedessen einen Anteil des zuvor entrichteten Mietpreises rückver-
gütet hat.

III. Klauseln

Klausel 1: Änderung des Selbstbehalts bei Kreuzfahrten

**Bei jedem Versicherungsfall trägt der Versicherte einen Selbstbehalt. Dieser wird
auf DM 100,– je Person festgelegt. Wird der Versicherungsfall durch Krankheit ausgelöst, so trägt der Versicherte von dem erstattungsfähigen Schaden 20 v. H. selbst,
mindestens DM 100,– je Person.**

Bei Kreuzfahrten wird mit Klausel 1. der Selbstbehalt auf DM 100,– je **1**
Person festgelegt. Die Anhebung des Mindestselbstbehaltes berücksichtigt
die überdurchschnittliche Höhe des Reisepreises für Kreuzfahrten und die
Steigerung der Stornokosten bei Reiseabsagen kurz vor Reiseantritt.

Klausel 1. ist eine Konkretisierung des Hinweises aus § 3 Nr. 2, bei der **2**
ausdrücklich abweichenden Vereinbarungen vom Mindestselbstbehalt über
DM 50,– pro Person erlaubt.

Klausel 2: Aufhebung der Altersbegrenzung

**§ 2 Nr. 1 a findet keine Anwendung. (Die Aufhebung der Altersbegrenzung gilt
auch, wenn nicht ausdrücklich vereinbart).**

Die Aufhebung der Altersbegrenzung für nicht mitreisende Risikoperso- **1**
nen, § 2 Nr. 1 a trägt vielfachen Beschwerden der Versicherten Rechnung.
Für die Versicherten ist die Teilnahme an einer Reise nach Eintritt eines versicherten Ereignisses in der Person eines nahen Angehörigen unabhängig
von dessen Lebensalter unzumutbar. Maßgebend ist ausschließlich die fami-
liäre und persönliche Beziehung zu der betroffenen Person. Aus diesem
Grund stieß § 2 Nr. 1 a unter den Versicherten auf Unverständnis.

Die Aufhebung der Altersbegrenzung hat zu einer merklichen Auswei- **2**
tung des versicherten Risikos geführt. Das außerordentlich hohe Risiko von

Reiseabsage aus Anlaß von versicherten Ereignissen in der Person betagter Angehöriger liegt auf der Hand. Der Eintritt schwerer Krankheiten und des Todes betagter Angehöriger liegt nicht selten an der Grenze zur Voraussehbarkeit des Ereignisses, § 2 Nr. 2. Der Ausschluß diente der Begrenzung des hohen subjektiven Risikos (*Nies,* Die neuen Klauseln zu den ABRV, VersR **89**, 126).

Klausel 3: Nicht beanspruchte Reiseleistungen

Abweichend von § 1 Nr. 1 b) ABRV ersetzt der Versicherer bei Abbruch der Reise zusätzlich Aufwendungen des Versicherten für gebuchte, jedoch nicht in Anspruch genommene Leistungen, sofern dies im Versicherungsschein gesondert vereinbart wurde.

1   Die Klausel bietet bei der Buchung von Pauschalreisen Versicherungsschutz für die nicht genutzte Reiseleistung bei Abbruch der Reise aus versichertem Anlaß.

2   Der Deckungsschutz aus Klausel 3. wird von den Versicherern grundsätzlich nur unter besonderer Vereinbarung und gegen Zahlung einer Zusatzprämie angeboten. Da mit Klausel 3. ein wesentliches wirtschaftliches Risiko erfaßt wird, erscheint dies berechtigt.

3   **Klausel 3.** kann **ergänzend zum Grunddeckungsschutz aus den ABRV** für jede Art von Pauschalreisebuchung vereinbart werden. Die Vereinbarung allein der Zusatzdeckung aus Klausel 3. ohne Abschluß eines Versicherungsvertrages über die Grunddeckung ist nicht möglich. Die Einzahlung der Versicherungsprämie für das Risiko aus Klausel 3 führt nicht zu einem wirksamen Versicherungsvertrag, es sei denn, der Versicherte hat bereits einen Reise-Rücktrittskosten-Versicherungsvertrag mit der Grunddeckung vereinbart.

4   Versichert bei Abbruch der Reise ist der Wert der gebuchten, jedoch nicht in Anspruch genommenen Reiseleistung.

5   Zur **Anspruchsbegründung** hat der Versicherte den Nachweis zu führen, wann er die Reise abgebrochen hat und welche Reiseleistungen ab diesem Zeitpunkt nicht mehr genutzt worden sind.

6   Kein Versicherungsschutz besteht, solange der Versicherte während der Reise einzelne mitgebuchte Reiseleistungen aus versichertem Anlaß nicht nutzt. Waren etwa mit einer Kreuzfahrt verschiedene Landausflüge gebucht und nimmt der Versicherte wegen eines schweren Unfalles oder einer unerwarteten schweren Erkrankung an einem Landausflug nicht teil, setzt aber die Kreuzfahrt fort, so kann er keine Erstattung der anteiligen Kosten für den Landausflug erwarten. Ebenso kann bei einem Clubaufenthalt nicht die Vergütung der anteiligen Kosten für das Sportprogramm verlangt werden, wenn unfall- oder krankheitsbedingt das Sportprogramm nicht weiter genutzt wird.

7   Im Rahmen der Schadenminderungspflicht und zur Anspruchsbegründung hat der Versicherte die Abrechnung des Reiseveranstalters über die nicht genutzte Reiseleistung vorzulegen. Insoweit, als der Reiseveranstalter an den Versicherten anteilige Kosten durch Einsparungen zurückvergütet, erhält der Versicherte keine Leistung aus Klausel 3.

Teilt der Veranstalter nach Abbruch der Reise ohne Spezifizierung mit, **8**
daß ungeachtet des Reiseabbruches keine Rückvergütung auf den Reisepreis erfolgt, so ist der Wert der nicht genutzten Leistung anhand der Kata-
logausschreibung des Reiseveranstalters und nach der Zeitspanne der nicht
genutzten Leistung zu ermitteln.

Kann der Versicherte bei Reiseabbruch den für den späteren Zeitpunkt **9**
gebuchten Flug auf einen früheren Zeitpunkt umbuchen und für die Rückreise nutzen, so entsteht hinsichtlich der Flugkosten kein Erstattungsan-
spruch. Denn diese gebuchte und bezahlte Reiseleistung wurde von dem
Versicherten genutzt. Das Bereicherungsverbot, § 55 VVG verbietet die
Vergütung der genutzten Leistung auch dann, wenn sie für den Versicherten nicht den Nutzen erbracht hat, den er davon erhoffte.

Kann der mit der Pauschalreise gebuchte Rückflug nicht genutzt werden **10**
und ist der Versicherte infolgedessen genötigt, den Rückflug neu zu
buchen, so kann er insgesamt aus § 1 Nr. 1b) und Klausel 3. nur den Preis
für die Neubuchung des Rückfluges verlangen. Der Erstattung des nicht
genutzten gebuchten Fluges aus Klausel 3. und zusätzlich die Erstattung
der zusätzlichen Rückreisekosten für den Flug gem. § 1 Nr. 1b) ist nach
dem Grundsatz des § 55 VVG nicht zulässig (*Isermann*, Reisevertragsrecht,
S. 204).

Klausel 4: Personengruppen

**Der Versicherer ist im Umfang von § 1 Nr. 1 ABRV auch dann leistungspflichtig,
wenn sich die Risiken gem. § 1 Nr. 1a)–d) für die im Versicherungsschein namentlich
benannten Personen oder den im Versicherungsschein beschriebenen Personenkreis
verwirklicht haben.**

Klausel 4. fängt die Deckungslücken aus der Beschreibung des Kreises **1**
der Risikopersonen in § 1 Nr. 2 auf. Die Klausel wird von den führenden
Reiseversicherern seit August 88 prämienfrei auf alle bestehenden und neu
vereinbarten Versicherungsverträge angewendet.

Mit der Ausweitung des Kreises der Risikopersonen werden die Dek- **2**
kungslücken aus § 1 Nr. 2 abgerundet. Insbesondere bei der Buchung nicht
verheirateter Reisepartner bereitete die Beschränkung des Versicherungsschutzes bei Reiseabsagen aus Anlaß eines Ereignisses in der Person eines
nahen Anverwandten eines Reisenden Unverständnis. Der Reisepartner
konnte keine Versicherungsleistung erhalten, wenn die Reise von beiden
Partner abgesagt wurde. Bei Mehrpersonenbuchungen nicht verwandter
Personen konnte jeweils nur die erkrankte oder verunfallte versicherte Person unter Deckungsschutz vom Reisevertrag zurücktreten (s. o. § 1
RdNr. 118 ff., 128 ff., 135, 149).

Klausel 4 erweitert den Kreis der Risikopersonen in der Weise, daß die **3**
Personen einer gemeinsamen Reisebuchung untereinander jeweils Risikopersonen darstellen, unabhängig von ihrer verwandtschaftlichen oder fami-
liären Verbundenheit.

Darüber hinaus sind die Risikopersonen eines jeden Versicherten einer **4**
gemeinsamen gebuchten Reise auch Risikoperson der übrigen versicherten
Reisenden.

5   Mit der Ausweitung des Kreises der Risikopersonen werden die übrigen Voraussetzungen für die Eintrittspflicht des Versicherers nicht aufgehoben. Die Leistungspflicht des Versicherers hängt für jeden einzelnen versicherten Reisenden davon ab, ob der Antritt der Reise oder deren planmäßige Beendigung nach Eintritt des versicherten Ereignisses unzumutbar ist. Bei einer Reiseabsage eines von mehreren Teilnehmern wegen eines Ereignisses bei einer nicht mitreisenden Risikoperson tritt nicht in jedem Fall die Unzumutbarkeit zur Reise für die übrigen Teilnehmer ein.

6   Bei Zweipersonenbuchungen liegt allerdings die Unzumutbarkeit zur Durchführung des nicht betroffenen Reisenden zur Durchführung der Reise auf der Hand, wenn der Reisepartner storniert. Ebenso verhält es sich bei Buchungen für drei Personen, wenn zwei Personen absagen. In der Regel ist es bei Mehrpersonenbuchungen einer einzelnen Person nicht zuzumuten, die Reise dennoch alleine anzutreten (Im einzelnen vgl.: *Nies*, Die neuen Klauseln zu den ABRV, VersR **89**, 126).

7   Bei größeren Reisegruppen nicht verwandter Personen bleibt die Durchführung der Reise bei der Absage eines Teilnehmers in der Regel zumutbar, sofern diese Person während der Reise nicht eine besondere Funktion hatte. Handelt es sich bei der betreffenden Person, die die Reise nicht antreten kann, etwa um den Führer des Reisefahrzeuges oder des Bootes oder verfügte diese Person über die notwendigen Kontakte und Kenntnisse zur Durchführung der Reise im Reiseland, so kann auch bei Absage dieser Person für sämtliche Teilnehmer die Reise unzumutbar werden, wenn sie nicht in der Lage sind, die Reise selbständig durchzuführen.

8   Der Versicherte hat äußere Umstände darzustellen, welche zum Eintritt der Unzumutbarkeit der Reise führen. Trägt der einzelne Versicherte vor, daß der mit Rücksicht auf den persönlichen Bezug zur betroffenen Person die Reise nicht antreten will, hat der Versicherer das zu respektieren.

Klausel 5: Zahlungsunfähigkeit des Reiseveranstalters

Sofern im Versicherungsschein gesondert vereinbart, leistet der Versicherer Entschädigung:
a) bei Nichtantritt der Reise wegen Zahlungsunfähigkeit des Reiseveranstalters für den vom Versicherten im voraus gezahlten Reisepreis;
b) bei Abbruch der Reise wegen Zahlungsunfähigkeit des Reiseveranstalters für notwendige und nachweislich entstandene zusätzliche Rückreisekosten. § 1 Nr. 1 b) ABRV gilt entsprechend. Zusätzlich erstattet der Versicherer Aufwendungen des Versicherten für gebuchte, jedoch wegen Zahlungsunfähigkeit des Reiseveranstalters nicht in Anspruch genommene Reiseleistungen.
Zahlungsunfähigkeit des Reiseveranstalters liegt vor, wenn die für die Durchführung der Reise vorgesehenen Leistungsträger ihre Leistung gegenüber dem Versicherten wegen tatsächlicher oder vermuteter Zahlungsunfähigkeit des Reiseveranstalters verweigern und dadurch mindestens einer der unter a) oder b) genannten Tatbestände eintritt.
In Höhe des vom Versicherer wegen Zahlungsunfähigkeit des Reiseveranstalters geleisteten Entschädigung gehen ohne weitere Ansprüche des Versicherten gegen Dritte auf den Versicherer über.

1   Die Genehmigung für diese Klausel ist bis zum 31. Dezember 1991 befristet erteilt worden (VA **91**, 256).

Die Klausel wurde im Anschluß an das Urteil des BGH (NJW **87**, 1931) **2**
beantragt. Mit dem Deckungsschutz bei Zahlungsunfähigkeit des Reiseveranstalters sollte den Bedenken jener Rechtsprechung Rechnung getragen
werden. Das Problem der Insolvenz von Reiseveranstaltern ist jedoch nicht
von der Reise-Rücktrittskosten-Versicherung aufzufangen. Die Reise-Rücktrittskosten-Versicherung dient der Absicherung der Reiserisiken des
Reisekunden. Das Insolvenzrisiko liegt in der Tourismuswirtschaft. Es steht
deshalb zu erwarten, daß die Genehmigung für Klausel 5. über den 31. 12.
1991 hinaus nicht verlängert wird.

Klausel 6: Verzicht auf Selbstbehalt

In Abänderung von § 3 Nr. 1 und 2 ABRV wird auf einen Selbstbehalt verzichtet.

Klausel 6. erlaubt den Verzicht auf den Selbstbehalt gem. § 3 Nr. 2. **1**
Nachdem im Text des § 3 Nr. 2 eine Abänderung des Regelmindestselbstbehaltes von DM 50,– ausdrücklich gestattet wird, kommt Klausel 6. nur
deklaratorische Bedeutung zu. Denn bereits nach dem Wortlaut des § 3
Nr. 2 war eine Herabsetzung des Selbstbehaltes auf 0 zulässig.

Von der Herabsetzung des Selbstbehaltes wurde ersichtlich nur bei der **2**
Versicherung für Kinder- oder Jugendreisen für geringe Preise Gebrauch
gemacht. In einem solchen Fall würde ein Regelselbstbehalt von DM 50,–
den Versicherungsschutz weitgehend gegenstandslos machen.

Klausel 7: Nachreise

In Erweiterung des Versicherungsumfanges nach § 1 ABRV besteht auch Versicherungsschutz für die Hinreisemehrkosten, wenn die Reise verspätet angetreten wurde.

Klausel 7. erweitert den Deckungsschutz auf Kosten der Nachreise, **1**
wenn der Versicherte die Reise zumindest aus versichertem Anlaß nicht
antritt und sodann zusätzlich Kosten aufwendet, um bei verspäteter Anreise
die gebuchte Leistung im weiteren zu nutzen.

Solche Kosten wurden zurückliegend bereits vergütet, wenn auf diese **2**
Weise die Stornierung der Reisebuchung insgesamt verhindert wurde. In
einem solchen Fall diente die Nachreise der Schadenminderung.

Vierter Teil. Anhang

Anhang I

Allgemeine Bedingungen für die Versicherung von Beistandsleistungen auf Reisen und Rücktransporten (ABBR 1989)

§ 1 Gegenstand der Versicherung

1. Der Versicherer erbringt Beistandsleistungen bzw. leistet Entschädigung in folgenden Notfällen, die einer der versicherten Personen während der Reise zustoßen:
   a) Krankheit/Unfall (§ 2)
   b) Tod (§ 3)
   c) Such-, Rettungs- und Bergungskosten (§ 4 Nr. 1)
   d) Strafverfolgungsmaßnahmen (§ 4 Nr. 2)
   e) Verlust von Reisezahlungsmitteln (§ 4 Nr. 3)
   f) Verlust von Reisedokumenten (§ 4 Nr. 4)
2. Voraussetzung für die Erbringung einer Beistandsleistung ist, daß sich die versicherte Person oder ein von ihr Beauftragter bei Eintritt des Versicherungsfalls telefonisch oder in sonstiger Weise an den Versicherer wendet. Ersatz der versicherten Kosten wird unabhängig davon geleistet. Der Versicherer kann allerdings die aufgrund der unterbliebenen Benachrichtigung und Abstimmung entstandenen Mehrkosten abziehen.

§ 2 Krankheit/Unfall

1. Ambulante Behandlung
   Der Versicherer informiert auf Anfrage über die Möglichkeiten ärztlicher Versorgung. Soweit möglich, benennt er einen deutsch oder englisch sprechenden Arzt. Der Versicherer stellt jedoch nicht den Kontakt zum Arzt selbst her.
2. Krankenhausaufenthalt
   Erkrankt oder erleidet die versicherte Person einen Unfall und wird sie deswegen in einem Krankenhaus stationär behandelt, erbringt der Versicherer nachstehende Leistungen:
   a) Betreuung
   Der Versicherer stellt über einen von ihm beauftragten Arzt den Kontakt zum jeweiligen Hausarzt der versicherten Person und den behandelnden Krankenhausärzten her. Während des Krankenhausaufenthalts sorgt er für die Übermittlung von Informationen zwischen den beteiligten Ärzten. Auf Wunsch sorgt der Versicherer für die Information der Angehörigen.

b) Krankenbesuch

Dauert der Krankenhausaufenthalt länger als zehn Tage, organisiert der Versicherer die Reise einer der versicherten Person nahestehenden Person zum Ort des Krankenhausaufenthalts und von dort zurück zum Wohnort und übernimmt die Kosten für das Transportmittel. Die Kosten des Aufenthalts sind nicht versichert.

c) Garantie/Abrechnung

Der Versicherer gibt gegenüber dem Krankenhaus, soweit erforderlich, eine Kostenübernahmegarantie bis zu DM 25 000,– ab. Der Versicherer übernimmt namens und im Auftrage der versicherten Person die Abrechnung mit dem Krankenversicherer bzw. sonstigen Dritten, die zur Kostentragung der stationären Behandlung verpflichtet sind. Soweit die vom Versicherer verauslagten Beträge nicht von einem Krankenversicherer oder Dritten übernommen werden, sind sie von der versicherten Person binnen eines Monats nach Rechnungsstellung an den Versicherer zurückzuzahlen.

3. Krankenrücktransport

Sobald es medizinisch sinnvoll und vertretbar ist, organisiert der Versicherer den Rücktransport mit medizinisch adäquaten Transportmitteln (einschl. Ambulanzflugzeugen) an den Wohnort der versicherten Person bzw. in das dem Wohnort nächstgelegene Krankenhaus. Der Versicherer übernimmt die gegenüber der ursprünglich geplanten Rückreise entstehenden Mehrkosten.

§ 3 Tod

1. Bestattung im Ausland

Stirbt die versicherte Person auf der Reise, organisiert der Versicherer auf Wunsch der Angehörigen die Bestattung im Ausland und übernimmt hierfür die Kosten.

2. Überführung

Wahlweise zu § 3 Nr. 1 organisiert der Versicherer die Überführung des Verstorbenen zum Bestattungsort in der Bundesrepublik Deutschland einschließlich des Landes Berlin und übernimmt hierfür die Kosten.

§ 4 Sonstige Notfälle

1. Such-, Rettungs- und Bergungskosten

Erleidet die versicherte Person einen Unfall und muß sie deswegen gesucht, gerettet oder geborgen werden, erstattet der Versicherer hierfür die Kosten bis zu DM 5000,–.

2. Strafverfolgungsmaßnahmen

Wird die versicherte Person verhaftet oder mit Haft bedroht, ist der Versicherer bei der Beschaffung eines Anwalts und eines Dolmetschers behilflich. In diesem Zusammenhang anfallende Gerichts-, Anwalts- und Dolmetscherkosten verauslagt der Versicherer bis zu einem Gegenwert von DM 5000,–. Zusätzlich verauslagt der Versicherer bis zu einem Gegenwert von DM 25 000,– die von den Behörden eventuell verlangte

Strafkaution. Die versicherte Person hat die verauslagten Beträge unverzüglich nach Erstattung durch die Behörde oder das Gericht, spätestens
jedoch innerhalb von drei Monaten nach Auszahlung, dem Versicherer
zurückzuzahlen.
3. Verlust von Reisezahlungsmitteln
   Gerät die versicherte Person durch den Verlust ihrer Reisezahlungsmittel
   aufgrund von Diebstahl, Raub oder sonstigem Abhandenkommen in eine
   finanzielle Notlage, stellt der Versicherer den Kontakt zur Hausbank der
   versicherten Person her. Sofern erforderlich, ist der Versicherer bei der
   Übermittlung eines von der Hausbank zur Verfügung gestellten Betrages
   an die versicherte Person behilflich.
   Ist eine Kontaktaufnahme zur Hausbank binnen 24 Stunden nicht möglich, stellt der Versicherer der versicherten Person einen Betrag bis zu
   DM 3000,– zur Verfügung. Dieser ist binnen eines Monats nach dem
   Ende der Reise in einer Summe an den Versicherer zurückzuzahlen.
4. Verlust von Reisedokumenten
   Bei Verlust von Reisedokumenten aufgrund von Diebstahl, Raub oder
   sonstigem Abhandenkommen ist der Versicherer bei der Ersatzbeschaffung behilflich und übernimmt bei Ausweispapieren die amtlichen
   Gebühren.

§ 5 Örtlicher Geltungsbereich

1. Der Versicherungsschutz besteht für Versicherungsfälle, die während der
   versicherten Reise außerhalb der Bundesrepublik Deutschland (einschließlich des Landes Berlin) eintreten.
2. Der Versicherungsschutz kann auf die Länder beschränkt werden, die im
   Versicherungsschein genannt sind.

§ 6 Versicherte Personen

1. Versichert sind die im Versicherungsschein genannten Personen.
2. Die Versicherung gilt nur für Personen, die ihren Wohnsitz und ständigen Aufenthaltsort in der Bundesrepublik Deutschland einschließlich des
   Landes Berlin haben.

§ 7 Risikoausschlüsse

Versicherungsschutz wird nicht gewährt,
1. für Schäden, die durch Aufruhr, Terror, innere Unruhen, Kriegsereig-
   nisse, Kernenergie*, Verfügungen von hoher Hand oder Erdbeben
   unmittelbar oder mittelbar verursacht worden sind. Wird die versicherte
   Person von einem dieser Ereignisse überrascht, besteht Versicherungsschutz innerhalb der ersten 14 Tage seit erstmaligem Ausbrechen, soweit
   dem Versicherer eine Leistung möglich ist;
2. wenn der Versicherungsfall für die versicherte Person mit hoher Wahrscheinlichkeit vorhersehbar war.

* Der Ersatz dieser Schäden richtet sich ausschließlich nach dem Atomgesetz.

§ 8 Beginn und Ende des Versicherungsschutzes

1. Der Versicherungsschutz beginnt mit der Erlösung des Versicherungsscheins, jedoch nicht vor dem vereinbarten Zeitpunkt.
2. Der Versicherungsschutz endet mit dem vereinbarten Zeitpunkt.
3. Versicherungsverträge von mindestens einjähriger Dauer verlängern sich
von Jahr zu Jahr, wenn sie nicht jeweils spätestens drei Monate vor
Ablauf schriftlich gekündigt werden.
4. Bei Versicherungsverträgen von weniger als einjähriger Dauer verlängert
sich der Versicherungsschutz über die vereinbarte Laufzeit hinaus bis
zum Ende der Reise, wenn sich diese aus von der versicherten Person
nicht zu vertretenden Gründen verzögert und die versicherte Person
nicht in der Lage ist, eine Verlängerung zu beantragen.

§ 9 Prämie

Die Prämie ist gegen Aushändigung des Versicherungsscheins zu zahlen.
Bei mehrjährigen Verträgen ist die Folgeprämie jeweils am ersten Tag des
Monats, in dem das Versicherungsjahr beginnt, zu zahlen.

§ 10 Forderungsübergang

Die Ansprüche der versicherten Person gegen den Krankenversicherer oder
Dritte gehen auf den Versicherer über, soweit dieser den Schaden ersetzt
hat.

§ 11 Obliegenheiten nach dem Versicherungsfall

1. Die versicherte Person hat
   a) alles zu vermeiden, was zu einer unnötigen Kostenerhöhung führen
   könnte;
   b) dem Versicherer jede zumutbare Untersuchung über Ursache und
   Höhe seiner Leistungspflicht zu gestatten, jede hierzu dienliche Auskunft zu erteilen, Original-Belege einzureichen sowie gegebenenfalls
   die behandelnden Ärzte von ihrer Schweigepflicht zu entbinden.
2. Wird eine dieser Obliegenheiten vorsätzlich verletzt, kann der Versicherer von der Verpflichtung zur Leistung frei werden.
3. Ist dem Versicherer aufgrund der Obliegenheitsverletzung gemäß § 11
Nr. 1 b) eine Abrechnung mit dem Krankenversicherer oder Dritten nicht
möglich, ist er berechtigt, von der versicherten Person die verauslagten
Beträge binnen eines Monats in einer Summe zurückzufordern.

§ 12 Besondere Verwirkungsgründe

Der Versicherer ist von der Entschädigungspflicht frei, wenn
1. die versicherte Person den Versicherungsfall vorsätzlich herbeigeführt
hat;
2. die versicherte Person den Versicherer arglistig über Ursachen zu täu-
schen versucht, die für den Grund oder für die Höhe der Leistung von
Bedeutung sind;

3. der Anspruch auf die Leistung nicht innerhalb von sechs Monaten gerichtlich geltend gemacht wird. Die Frist geginnt erst, nachdem der Versicherer den erhobenen Anspruch unter Angabe der mit dem Ablauf der Frist verbundenen Rechtsfolge schriftlich abgelehnt hat.

§ 13 Zahlung der Entschädigung

1. Ist die Leitungspflicht des Versicherers dem Grunde und der Höhe nach festgestellt, so hat die Auszahlung der Entschädigung binnen zwei Wochen zu erfolgen. Jedoch kann einen Monat nach Anzeige des Schadens als Abschlagszahlung der Betrag beansprucht werden, der nach Lage der Sache mindestens zu zahlen ist.
2. Die Entschädigung ist seit Anzeige des Schadens mit 1% unter dem Diskontsatz der Deutschen Bundesbank zu verzinsen, mindestens jedoch mit 4% und höchstens mit 6% pro Jahr.
   Die Verzinsung entfällt, soweit die Entschädigung innerhalb eines Monats seit Anzeige des Schadens gezahlt wird. Zinsen werden erst fällig, wenn die Entschädigung fällig ist.
3. Die Entstehung des Anspruchs auf Abschlagszahlung und der Beginn der Verzinsung verschieben sich um den Zeitraum, um den die Feststellung der Leistungspflicht des Versicherers dem Grund oder der Höhe nach durch Verschulden der versicherten Person verzögert wurde.

§ 14 Kündigung im Schadenfall

1. Nach Eintritt eines Versicherungsfalls können beide Parteien den Versicherungsvertrag kündigen. Die Kündigung ist schriftlich zu erklären. Sie muß spätestens einen Monat nach dem Abschluß des Schadenfalls zugehen. Der Versicherer hat eine Kündigungsfrist von einem Monat einzuhalten; seine Kündigung wird in keinem Falle vor Beendigung der laufenden Reise wirksam. Kündigt der Versicherungsnehmer, so kann er bestimmen, daß seine Kündigung sofort oder zu einem späteren Zeitpunkt wirksam wird, jedoch spätestens zum Abschluß der laufenden Versicherungsperiode.
2. Hat der Versicherer gekündigt, so ist er verpflichtet, für die noch nicht abgelaufene Versicherungszeit den entsprechenden Anteil der Prämie zu vergüten.

Klausel 1 – Reiseabbruch/Verspätete Rückreise

Sofern im Versicherungsschein gesondert vereinbart, organisiert der Versicherer die Rückreise und übernimmt die gegenüber der ursprünglich geplanten Rückreise entstehenden Mehrkosten, soweit der versicherten Person die planmäßige Beendigung der Reise aus einem der nachstehenden Gründe nicht zuzumuten ist:
1. Tod, schwerer Unfall oder unerwartete schwere Erkrankung der versicherten Person oder seiner Reisebegleiter sowie seiner Reisebegleiter sowie deren Ehegatten, Kinder, Eltern, Geschwister, Großeltern, Enkel, Schwiegereltern, Schwiegerkinder oder Schwäger;
2. Schaden am Eigentum der versicherten Person oder, im Falle gemeinsa-

263

mer Reise, einer der in Klausel 1 Nr. 1 genannten Personen infolge von Feuer, Elementarereignis oder vorsätzlicher Straftat eines Dritten, sofern der Schaden im Verhältnis zu der wirtschaftlichen Lage und dem Vermögen des Geschädigten erheblich oder die Anwesenheit der versicherten Person zur Schadenfeststellung notwendig ist.

Klausel 2 – Vorübergehende Verlegung des Wohnsitzes

Versichert sind auch Personen, die ihren Hauptwohnsitz aus beruflichen Gründen vorübergehend ins Ausland verlegt haben. Der Versicherungsschutz besteht für Versicherungsfälle, die während der versicherten Reise außerhalb der Bundesrepublik Deutschland (einschließlich des Landes Berlin) und außerhalb des Landes, in dem der vorübergehende Hauptwohnsitz besteht, eintreten.

Klausel 3 – Gruppenverträge

Bei Gruppenverträgen entfallen die §§ 8, 9 und 14 der Allgemeinen Bedingungen für die Versicherung von Beistandsleistungen auf Reisen und Rücktransportkosten.

Anmerkungen

1. Im Jahre 1987 wurden vom Bundesaufsichtsamt für das Versicherungswesen die Allgemeinen Bedingungen für die Versicherung von touristischen **Beistandleistungen** und **Rücktransportkosten** (ABBR, vgl. Geschäftsbericht des BAV 1987, Seite 67) genehmigt. Im Jahre 1989 wurden diese Bedingungen überarbeitet; die aktuelle Fassung des Bedingungswerks wurde 1990 (vgl. VerBAV 3/1990, 150 f.) veröffentlicht.
2. Anlaß für das Angebot dieses Versicherungszweiges war zum einen die Beobachtung des Versicherungsmarktes im europäischen Ausland sowie das Bemühen der Spezialversicherer um eine sinnvolle Fortentwicklung der speziell für Reisen zugeschnittenen Versicherungsprodukte.
   Die **Bestandsleistungs-Versicherung** ist keine der üblichen Versicherungsarten, die ausschließlich auf dem Prinzip des Kostenersatzes beruhen.
   Während in der Bundesrepublik Deutschland Hilfeleistungen für Reisende vor 1987 im wesentlichen nur für PKW-Reisen angeboten wurden, bildete damals in den meisten anderen europäischen Ländern bereits seit vielen Jahren die sog. „**Assistance**" die eigentliche Grundlage des Reiseversicherungsschutzes.
3. Nachdem zunächst umstritten war, ob bei der Gewährung von „Assistance" überhaupt von einer Versicherungsleistung gesprochen könne, wurde in der Richtlinie des Ministerrats der Europäischen Gemeinschaften vom 10. 12. 1984 (vgl. VerBAV 10/85, Seite 386 f.) der Anwendungsbereich der Ersten Koordinierungsrichtlinie vom 8. 11. 1965 ausdrücklich auf die Beistandstätigkeit ausgedehnt.

4. Die Versicherung von Beistandsleistungen auf Reisen und Rücktransportkosten hat seit ihrer Einführung eine breite Marktakzeptanz gefunden. Vornehmlich für die **Spezialversicherer** hat sie erhebliche Bedeutung erlangt. Da das darin enthaltene Leistungsversprechen vor allem Naturalleistungen, also die unmittelbare Hilfe vor Ort, zum Gegenstand hat, stellen diese Versicherungsbedingungen für die Versicherungswirtschaft auch eine neue Herausforderung dar. Die Einrichtung von jederzeit erreichbaren **Notrufzentralen** sowie eines international tragfähigen Netzes von Hilfsorganisationen, Einsatzstellen und Korrespondenten hat in diesem Zusammenhang an Bedeutung gewonnen.

5. § 1 zählt die einzelnen versicherten Beistandsleistungen ausdrücklich auf und folgt damit dem inzwischen üblichen Muster des Bedingungsaufbaus. Voraussetzung für die Erbringung einer Beistandsleistung ist gemäß § 1 Nr. 2, daß sich die versicherte Person oder ein von ihr Beauftragter bei Eintritt des Versicherungsfalles **telefonisch** oder in sonstiger Weise an den Versicherer wendet. In Betracht kommt hier insbesondere eine Benachrichtigung per **Telegramm, Telex** oder **Telefax**, d. h. Benachrichtigungsformen, die in der Geschwindigkeit einem Telefonanruf vergleichbar sind. In Satz 2 von § 1 Nr. 2 wird ausdrücklich klargelegt, daß der Ersatz der versicherten Kosten von der in § 1 Nr. 2 Satz 1 verlangten Meldung unabhängig ist. Als Regulativ ist diesem Zugeständnis allerdings i. S. der allgemeinen **Schadenminderungspflicht** des Versicherungsnehmers gegenübergestellt, daß der Versicherer solche Mehrkosten von seiner Leistung abziehen kann, die ausschließlich dadurch entstanden sind, daß die sofortige Benachrichtigung unterblieben ist.

6. § 2 ist im übrigen entsprechend dem zunehmenden Aufwand an Beistandsleistungen stufenweise aufgebaut. Die Herstellung eines Kontakts mit einem Deutsch oder Englisch sprechenden Arzt i. S. von § 2 Nr. 1 ist eine organisatorisch vergleichsweise einfach zu bewältigende Leistung. Die während eines Krankenhausaufenthalts gemäß § 2 Nr. 2 a vorgesehene Betreuung stellt den Kontakt zwischen dem behandelnden Arzt und dem jeweiligen Hausarzt sowie die Information der Angehörigen in den Vordergrund. Auf Wunsch kann der Versicherte eine ihm nahestehende Person zum Ort des Krankenhausaufenthalts und von dort zurück zum Wohnort auf Kosten des Versicherers reisen lassen. Die reinen Aufenthaltskosten, also z. B. Aufwendungen für Hotel oder Verpflegung, werden jedoch nicht ersetzt.

7. Mit der Abgabe einer Kostenübernahmegarantie gegenüber dem Krankenhaus bis zu DM 25 000,– steht die Abwicklung des Schadenfalles im Auftrage der versicherten Person gemäß § 2 Nr. 3 in unmittelbarem Zusammenhang. Das bedeutet, daß der Versicherer auch die Abwicklung der entstandenen Kosten gegenüber anderen Leistungsverpflichteten übernimmt. Eine Überschneidung mit der **Krankenversicherung** wird dadurch vermieden, daß die im Rahmen der Kostenübernahmegarantie verauslagten Kosten letzten Endes nicht vom ABBR-Versicherer getragen werden. Sofern kein Krankenversicherer oder ein anderer Leistungsträger hierfür gerade steht, muß der Versicherte diese Kosten binnen eines Monats nach Rechnungsstellung an den Versicherer zurückzahlen.

8. Aus der Darstellung der versicherten Ereignisse in § 4 wird deutlich, daß es sich bei der Versicherung von Beistandsleistungen auf Reisen und Rücktransporten nicht mehr ausschließlich um den klassischen Versicherungsgedanken handelt, nach dem auf Reisen erlittene Schäden nach Beendigung der Reise am Heimatort beim Versicherer liquidiert werden können, sondern daß es vor allem darum geht, für den Reisenden **vor Ort** im **Zeitpunkt des Schadenereignisses** präsent zu sein. Sowohl in Fällen von **Krankheit** oder **Unfall, Tod, Strafverfolgungsmaßnahmen** oder **Verlust von Reisezahlungsmitteln** bzw. **Reisedokumenten** hat sich erwiesen, daß der Reisende der unmittelbaren Unterstützung sehr viel mehr bedarf als der Bereitschaft zur Entgegennahme von Krankenhausrechnungen, Überführungsrechnungen und ähnlichem.

9. Außerdem wird im Zusammenhang mit Krankheit oder Unfall gemäß § 2 gewährleistet, daß – soweit medizinische Belange betroffen sind – **Gespräche von Arzt zu Arzt** stattfinden. Dies gilt zum einen mit Hinblick auf die zu beachtenden Geheimhaltungsvorschriften sowie zum anderen für die Abklärung medizinischer Fragen im Zusammenhang mit dem Rücktransport. Gerade im Hinblick auf den **Krankenrücktransport** ist der Leistungsbereich gegenüber anderen Versicherungsarten erheblich ausgedehnt worden (vgl. § 2 Nr. 3). Während in der Krankenversicherung oder auch im Falle der Mitgliedschaft bei Ambulanzunternehmen in der Regel die ärztliche Anordnung des Rücktransportes Voraussetzung für die Kostenübernahme ist, wird nach den ABBR eine Ersatzleistung bereits dann erbracht, wenn dieser Transport „medizinisch sinnvoll und vertretbar" ist. Hinzu kommt, daß dem Reisenden die gesamte Organisation des Rücktransportes bzw. auch die übrigen notwendigen Maßnahmen (incl. Arzt- oder Sanitäterbegleitung) abgenommen werden.

10. Für **Such-Rettungs- und Bergungskosten** gemäß § 4 Nr. 1 wurde eine Kostentragungspflicht des Versicherers bis zu einem Betrag von DM 5000,– ausdrücklich statuiert.

11. Im Falle der **Verhaftung** des Reisenden oder seiner Bedrohung mit Haft ist der Versicherer gemäß § 4 Nr. 2 ABBR bei der Beschaffung eines **Anwalts** oder eines **Dolmetschers** behilflich. Anfallende **Gerichtskosten** sowie eine evtl. verlangte **Strafkaution** werden **verauslagt**.
Im Falle des Verlusts von **Reise-Zahlungsmitteln** wird dem Versicherten durch den Kontakt mit seiner **Hausbank** oder über eine **Kredit-Gewährung** weitergeholfen. Auch der Verlust von Reisedokumenten ist häufig nur durch unmittelbare Hilfe vor Ort zu überbrücken.

Anhang II
Rechtsprechung zur Reisegepäck-Versicherung

Die Numerierung der zitierten Rechtsprechung folgt der Systematik eines in Vorbereitung befindlichen Werks zur Rechtsprechung des materiellen Reiserechts und Reise-Versicherungsrechts; daher sind nicht alle Nummern besetzt.

Auto-Verschluß

4. OLG München, 23. 05. 1986, 18 U 1794/86 zu
LG München I, 28 O 21095/83

Es ist nicht treuwidrig, wenn der Versicherer sich auf Leistungsfreiheit bei Diebstahl von Gepäck aus dem Inneren eines Citroen 2 CV beruft, weil das Fahrzeug keinen fest umschlossenen Innenraum aufweist.

Die Reisegepäck-Versicherung beruht nicht auf dem Grundsatz der Allgefahrendeckung; vielmehr wird für Gepäck in Fahrzeugen nur in begrenztem Umfang Versicherungsschutz gewährt, § 5 AVBR 80.

Das Gericht läßt es dahingestellt, ob § 5 AVBR 80 eine Risikoabgrenzung oder eine verhüllte Obliegenheit enthält. Werde die Klausel als Risikoabgrenzung angesehen, bestehe schon deshalb kein Versicherungsschutz, weil die dort genannten Tatsachen nicht vorlagen. Werde die Bestimmung als verhüllte Obliegenheit angesehen, geschah die Verletzung der Obliegenheit – das Zurücklassen des Gepäcks in unbeaufsichtigtem Fahrzeug – jedenfalls nicht ohne Verschulden des Versicherten.

Die Versicherte und ihre Begleiterin hatten in dem Pkw Citroen 2 CV Gepäck im Wert von ca. DM 25000,– zurückgelassen. Der große Gepäckumfang war von außen zu erkennen. Das unbeaufsichtigte Zurücklassen des Gepäcks im Fahrzeug wurde deshalb als grob fahrlässig bewertet.

5. AG München, 14. 11. 1986, 3 C 17712/86

Ein Jeep, dessen Faltdeck lediglich mit Druckknöpfen verschlossen ist, hat keinen verschlossenen und durch Verschluß gesicherten Innenraum i. S. des § 5 Nr. 1 AVBR 80.

Beaufsichtigung

(Autoklausel)

1. AG Gladbeck, 10. 03. 1982, 11 C 118/82

Ein in Sichtweite abgestelltes Fahrzeug ist nur dann beaufsichtigt, wenn von der Überwachung eine gewisse Präventivwirkung ausgeht. Das ist nicht der Fall, wenn sich der Versicherte in 20 m Entfernung vom Fahrzeug am Strand zum Baden aufhält.

§ 5 Nr. 3 AVB enthält eine Risikobeschränkung, da weitgehend an objektive Bedingungen angeknüpft wird.

Das Wohnmobil war an der Uferstraße des Gardasees für die Dauer von 1½ Stunden abgestellt. Die Versicherten badeten in 20 m Entfernung im Gardasee. Das Fahrzeug wurde von der abgewandten Seite aufgebrochen. Aus dem Wohnmobil wurden Schmuck und andere Gegenstände gestohlen.

3. AG München, 20. 02. 1985, 8 C 23 938/84
Überwacht der Wächter am Ausgang eines Parkplatzes die Ein- und Ausfahrschranke, beaufsichtigt er die geparkten Fahrzeuge nicht i. S. des § 5 Nr. 3 AVBR 80.
Der Parkwächter war vorrangig damit beschäftigt, die Aus- und Einfahrschranke zu öffnen und die vorbei fahrenden Fahrzeuge zu beobachten. Eine Beaufsichtigung eines bestimmten einzelnen Fahrzeuges auf dem Parkplatz konnte deshalb von vornherein nicht stattfinden.

7. AG Hameln, 18. 03. 1988, 22 C 645/87 bestätigt durch
LG Hannover, 26. 08. 1988, 8 S 127/88
Eine Beaufsichtigung des Fahrzeugs i. S. des § 5 Nr. 3 AVBR 80 findet nicht statt, wenn sich die Versicherten in einigen Metern Entfernung am Strand aufhalten und Blickkontakt zum Fahrzeug haben.
Die Versicherten hatten behauptet, sie hätten sich in nur 11,5 m Entfernung vom Pkw am Strand niedergelassen und in Zeiträumen zwischen ½ und 1½ Minuten ständig auf das Auto geschaut. Gleichwohl gelang es dem Dieb, während des 2 stündigen Strandaufenthaltes der Versicherten das Fahrzeug unbemerkt aufzubrechen und unter anderem eine Kamera zu stehlen.
Unter den gegebenen Umständen war der Vortrag der Versicherten, sie hätten unablässig auf das Fahrzeug geschaut, nicht realistisch.

9. AG München, 29. 11. 1989, 112 C 35 263/89
Eine Beaufsichtigung i. S. des § 5 Nr. 3 AVBR 80 setzt voraus, daß der Versicherte aufgrund seiner räumlichen Nähe in der Lage ist, einen Angriff auf den Fahrzeuginhalt abzuwehren.
Der Versicherte hatte aus einer Entfernung von 500–800 m vom Fahrzeug beobachtet, wie die Diebe eine Scheibe einschlugen und sich des Fahrzeuginhalts bemächtigten. Aus dieser Entfernung konnte der Versicherte dem zu sichernden Objekt nicht ausreichenden Schutz gewährleisten, so daß eine Beaufsichtigung nicht stattgefunden hatte.

14. LG Stuttgart, 29. 05. 1991, 5 S 477/90
Ein Kfz (Bus) ist nicht beaufsichtigt, wenn sich der Versicherte oder beauftragte Personen in einer Entfernung von 200 bis 250 m am Strand aufhalten. Beaufsichtigung findet nur statt, wenn der Beaufsichtigende in der Lage ist, ohne Schwierigkeiten zu erkennen, daß sich ein Unbefugter am Fahrzeug zu schaffen macht und wenn er imstande ist, einen Diebstahl durch sofortiges Eingreifen zu verhindern.
Die Videokamera hatte sich in einem verschlossenen Bus auf einem unbewachten Parkplatz befunden. Der Versicherte und 16 Mitreisende hielten sich 200 bis 250 m entfernt am Strand auf. Von dort konnte man die Vorderfront des Busses sehen. Daß eine Vertrauensperson mit der Beaufsichtigung des Busses beauftragt worden wäre, war nicht vorgetragen worden.

Beweis

2. OLG München, 31. 10. 1980, 8 U 3797/79
zu LG München I, 03. 10. 1979, 32 O 5539/79
Es gibt keinen Lebenserfahrungssatz dahin, daß die Angaben, die jemand anläßlich einer Anzeigenerstattung bei der Polizei macht, in aller Regel auch inhaltlich wahr sind. Der Anscheinsbeweis kann deshalb nicht auf Angaben gegenüber der Polizei gegründet werden.
Die Nichtangabe der Anschaffungszeiten der angeblich gestohlenen Gegenstände stellt eine Verletzung der Auskunftspflicht dar.

(Fluggepäck)
4. OLG Celle, 30. 04. 1982, 8 U 183/81
zu LG Hannover, 05. 10. 1981, 20 O 265/81
Zum Nachweis für die Nichtauslieferung von aufgegebenem Fluggepäck ist neben der Bestätigung der Fluggesellschaft über die Nichtauslieferung (Property Irregularity Report) die Bestätigung der Fluggesellschaft einzureichen über die vergebliche Suche nach dem Gepäckstück und damit über dessen endgültigen Verlust.
Der Versicherte hatte zwar den PIR eingereicht, nicht aber die Bestätigung der Fluggesellschaft über etwaige Nachforschungen und über den endgültigen Verlust des Gepäckstückes. Dies erachtete das Gericht nicht als ausreichenden Nachweis für den Eintritt des Versicherungsfalles, zumal das Gericht dem Vortrag des Versicherten nicht folgte, daß bei nachträglicher Auslieferung des vermißten Gepäckstückes eine unmittelbare Nachricht an die betroffene Versicherungsgesellschaft ergehe.

(Anscheinsbeweis)
5. LG München, 02. 06. 1982, 31 S 19 778/81 zu
AG München, 20. 10. 1981, 2 C 12 507/81
Der Beweis des ersten Anscheins kommt dem Versicherten bei einem typischen Geschehensablauf zugute, der nach der Lebenserfahrung in der Regel auf eine bestimmte Ursache hinweist und in eine bestimmte Richtung zu verlaufen pflegt. Der Anscheinsbeweis ist entkräftet, wenn der Versicherer Tatsachen behauptet und beweist, aus denen sich die ernsthafte Möglichkeit eines anderen Geschehensablaufs ergibt.
Legt ein Polizeibeamter im Schlußbericht seine Zweifel an der Richtigkeit der Angaben des Geschädigten schriftlich nieder, so ist dieser Schlußsatz als Resümee nach durchgeführter Spurensicherung zu werten.

(Redlichkeitsbeweis)
6. LG Kleve, 26. 07. 1983, 3 S 76/83 zu
AG Moers, 13. 01. 1983, 5 C 152/82
Der Versicherte genügt seiner Beweislast grundsätzlich dadurch, daß er einen äußeren Sachverhalt dartut und beweist, aus dem sich der Eintritt des Versicherungsfalles ergibt. Diese Beweiserleichterung kann dem Versicherten nur zugute gehalten werden, wenn die Redlichkeit des Versicherten und die Glaubwürdigkeit seiner Angaben vermutet werden können. Beweist der Versicherer Umstände, aus denen sich die Unredlichkeit des Versicherten oder seiner Angaben ergibt, so ist der Versicherte nach den allgemeinen Beweisregeln in vollem Umfang beweispflichtig.

Bedenken gegen die Redlichkeit des Versicherten ergeben sich z. B., wenn er einen weiteren Schaden, der sich wenige Tage später ereignet, nicht dem Versicherer mitteilt oder wenn die Menge des genannten Stehlgutes nicht in dem Kofferraum den benutzten Fahrzeug Platz finden kann.
Zwei Tage nach dem betreffenden Schadenereignis war angeblich der gesamte Pkw, wiederum mit Reisegepäck von erheblichem Umfang, gestohlen worden. Das Stehlgut des betreffenden Versicherungsfalles hätte im Kofferraum des VW-Käfer keinen Platz gehabt. Als Stehlgut wurde umfangreiche und teure, teilweise den Klimaverhältnissen nicht angepaßte Garderobe genannt. Der Schaden ereignete sich im Verlauf eines Campingurlaubs mit einfacher Ausrüstung. Im übrigen wurde einfache Kleidung getragen.

(Falsche Belege)
7. LG Hamburg, 14. 09. 1983, 5 O 993/82
Reicht der Versicherte zu zwei Bekleidungsstücken aus einer längeren Schadenliste unzutreffende Belege ein, so können ihm Beweiserleichterungen nicht zugute gehalten werden. Er hat den vollen Beweis zu führen.
Der Versicherte hatte zu zwei T-Shirts Kaufbelege eingereicht, die in Wahrheit Kinderbekleidung betrafen. Allein aus diesem Grund sah das Gericht die Redlichkeitsvermutung für den Versicherten erschüttert.
Aus dem weiteren Vortrag des Versicherten ergaben sich noch Widersprüchlichkeiten. Z. B. bekundete ein Zeuge, der Versicherte habe die Gepäckaufgabe für den Rückflug erledigt. Tatsächlich fanden sich auf seinem Flugticket nicht die entsprechenden Etiketten.

(Redlichkeitsbeweis)
13. OLG München, 25. 05. 1984, 18 U 2126/84 zu
LG München I, 20. 12. 1983, 28 O 18 220/83
Der Versicherte genügt zunächst seiner Beweislast für den Eintritt des Versicherungsfalles durch den Nachweis eines Sachverhalts, aus dem nach der Lebenserfahrung mit hinreichender Wahrscheinlichkeit auf den Schadenhergang im einzelnen geschlossen werden kann. Die dabei zugrunde liegende Redlichkeitsvermutung ist jedoch erschüttert, wenn widersprüchliche Angaben des Versicherten zum Schadenhergang Zweifel an der Richtigkeit seines Vorgangs aufkommen lassen.
Der Versicherte hatte vorgetragen, er sei am 02. 10. 82 in die CSSR mit dem eigenen Pkw gereist. Am 10. 11. habe er sich nach Prag begeben, wo er telefonisch ein Zimmer im Hotel reserviert gehabt habe.
In der Nacht sei er auf dem Weg vom Fahrzeug zum Hotel von 2 unbekannten Männern überfallen und beraubt worden. Der Schaden wurde mit DM 20 342,– beziffert.
Aus dem Polizeiprotokoll ergab sich dagegen, daß der Versicherte bei seinen Eltern gewohnt hatte. Im Rechtsstreit behauptete er, er sei in jener Nacht von Prag 6 nach Prag 7 gefahren und dort sei er auf dem Weg zur Wohnung seiner Eltern, um Gepäck zu holen, und weiter zum Hotel sodann überfallen worden.
Diese widersprüchlichen Angaben machten die Redlichkeitsvermutung zugunsten des Versicherten zunichte. Er hatte den Strengbeweis zu

führen, der nach Art des Schadenherganges nicht geführt werden konnte.

16. LG München I, 30. 10. 1984, 28 O 13 757/84

Der Versicherten kommen Beweiserleichterungen nicht zugute, wenn der Sachvortrag der Lebenserfahrung widerspricht und wenn ihr Verhalten nach dem Schadenfall widersprüchlich erscheint.

Die Behauptung, die Hotelleitung habe angewiesen, das Gepäck noch vor dem Frühstück zur Abreise in der Hotelhalle bereit zustellen, widerspricht der Lebenserfahrung. Die Versicherte verhält sich widersprüchlich, wenn sie einerseits eine Liste mit über 50 Positionen erstellt und sodann vorträgt, sie habe davon abgesehen, Diebstahlanzeige zu erstatten, da sie nicht sicher gewesen sei, daß die Sachen gestohlen worden seien.

Aus dem widersprüchlichen Verhalten der Versicherten folgerte das Gericht, daß die Versicherte Anlaß hatte, die Einschaltung der Polizei zu vermeiden. Dabei kannte die Versicherte die Obliegenheit zur Diebstahlanzeige aus einem Schadenfall ihres Ehemannes vom selben Jahr.

19. LG Düsseldorf, 01. 03. 1985, 11 U 552/83

Dem Vortrag der Versicherten, nach Ankunft mit dem Pkw in Rom habe sie nicht sogleich das reservierte Hotel bezogen sondern habe zuerst Gepäck im Fahrzeug belassen und einen längeren Spaziergang unternommen, steht nicht die Lebenserfahrung zur Seite. Die Versicherte kann sich für die Behauptung des Diebstahls ihres Reisegepäcks während dieser Zeit nicht auf den Beweis des ersten Anscheins berufen.

Die Versicherte war zu einem mehrtägigen Besuch in Rom angekommen. Sie suchte vor dem vereinbarten Treffen mit ihrem Bruder nicht das Hotel auf, obgleich dazu ausreichend Zeit war. Auch der weitere Vortrag der Versicherten zu der Ersatzbeschaffung von Bekleidung war ungereimt und widersprüchlich.

20. LG Trier, 20. 08. 1985, 1 S 63/85 zu
AG Trier, 01. 03. 1984, 31 C 177/84

Das Protokoll über die polizeiliche Anzeige eines Raubes ist als Nachweis für den behaupteten Vorfall nicht geeignet.

Eine Zeugenbestätigung reicht als Nachweis für den Kauf wertvollen Schmucks nicht aus, wenn der Versicherte weder einen Kassenbon noch ein Zertifikat oder Garantieschein vorlegen kann und er sich zur Zeit des angeblichen Kaufs in angespannten finanziellen Verhältnissen befand.

Der Versicherte hatte behauptet, ihm sei am 27. 01. 84 in Recife, Brasilien, Schmuck im Wert von DM 9000,– geraubt worden.

Auffallend war, daß sich der Versicherte die Bescheinigung über den Kauf hatte vor dem Schaden ausstellen lassen. Das Kaufdatum war dort nicht genannt worden. Zur Zeit der behaupteten Käufe war der Versicherte wiederholt zur Abgabe der eidesstattlichen Versicherung aufgefordert worden. Auffallend war die Serie von Versicherungsfällen, in die der Versicherte bereits verwickelt war. Bedenken gegen seine Glaubwürdigkeit ergaben sich nicht zuletzt aus gegen ihn eingeleiteten bzw. abgeschlossenen Ermittlungsverfahren wegen falscher Angaben.

Demgegenüber vermochte der Versicherte auch mit Zeugen nicht den Nachweis für den behaupteten Raub zu führen.

(Fluggepäckverlust)
21. LG München I, 03. 12. 1985, 28 O 17 593/85

Die Bestätigung der Fluggesellschaft über die Nichtauslieferung von Reisegepäck bestätigt lediglich die Tatsache der Meldung; sie ist nur ein schwaches Indiz für den behaupteten Fluggepäckverlust.

Der Versicherte verliert die Vermutung der Redlichkeit seiner Angaben, wenn er auf der Schadenanzeige die Frage nach mitreisenden Personen nicht oder unzutreffend beantwortet.

Der Versicherte hatte Fluggepäckverlust auf der Strecke Berlin – Hannover angezeigt. Der Mitreisende des Versicherten hatte vor Jahren auf der selben Strecke ebenfalls einen Fluggepäckverlust behauptet. Diesen Mitreisenden hatte der Versicherte auf der Schadenanzeige nicht genannt.

Überdies hatte der Versicherte im September 84 die eidesstattliche Versicherung abgegeben. Die zum 17. 03. 85 als verloren gemeldete Fotoausrüstung war im Vermögensverzeichnis zur eidesstattlichen Versicherung nicht enthalten. Die Glaubwürdigkeit des Versicherten war erschüttert, da er entweder in der eidesstattlichen Versicherung oder aber gegenüber dem Versicherer unzutreffende Angaben gemacht hatte. Die Meldung des Gepäckverlustes bei der Fluggesellschaft war demgegenüber nicht zur Führung des Strengbeweises geeignet.

(Redlichkeitsbeweis, Fluggepäck)
22. LG München I, 11. 02. 1986, 28 O 13 742/85
Rechtskraft nach Rücknahme der Berufung zum
OLG München, 18 U 2617/86

Der Versicherte kann sich auf Beweiserleichterungen nach Regeln des Redlichkeitsbeweises nicht berufen, wenn er in den zurückliegenden Jahren mehrfach Reisegepäckschäden gemeldet hatte.

Der Strengbeweis für die Nichtauslieferung von Fluggepäck ist nicht geführt, wenn der Versicherte nachweist, daß das Gepäckstück aufgegeben wurde und der Versicherte nach Ankunft an der Flughafenzollabsperrung den Zoll ohne das Gepäckstück verlassen hat.

Der Versicherte hatte in den zurückliegenden Jahren insgesamt 5 Gepäckschäden gemeldet. Im Verlauf des Schriftwechsels hatte der Versicherte die Frage nach Mitreisenden zunächst nicht beantwortet. Auch später gab er nur ausweichende Antworten auf die Frage nach Zeugen und Reisebegleitern. Tatsächlich hatte der Versicherte die gesamte Hin- und Rückreise mit dem später benannten Zeugen unternommen.

23. LG München I, 15. 10. 86, 31 S 7705/86 zu
AG München, 06. 03. 1986, 12 C 23 600/85

Ist im Flugschein beurkundet, daß der Versicherte 4 Gepäckstücke mit einem Gewicht von 42 kg aufgegeben hat und ein Handgepäckstück bei sich geführt hat, besteht kein Anscheinsbeweis für die Behauptung des Versicherten, er habe nur ein Gepäckstück aufgegeben.

Es besteht keine Vermutung, daß Gepäckstücke von zufällig mitreisenden Personen auf dem Flugschein des Versicherten vermerkt wurden. Denn jener Dritte könnte bei einem Gepäckverlust Stückzahl und Gewicht seines eingecheckten Gepäcks nicht nachweisen.

Auf dem Flugschein des Versicherten waren 4 Gepäckstücke mit einem Gewicht von 42 kg eingetragen. Das Gericht ließ demgegenüber nicht den Anscheinseweis zu, der Versicherte habe nur 1 Gepäckstück mitgeführt. Der Versicherte hatte entweder unzutreffende Angaben zu den Rettungswerten gemacht, oder er hatte die Reise nicht allein angetreten. Zutreffende Angaben zur Menge des verlorenen Gepäcks waren für die Frage einer möglichen Unterversicherung von Bedeutung.

(Fluggepäckverlust)
24. LG Düsseldorf, 09. 01. 1987, 11 O 125/86
Der Nachweis für das Einchecken eines Koffers zur Fluggepäckbeförderung und die Anzeige über die Nichtauslieferung des Gepäcks bei der Fluggesellschaft samt der Tatsache, daß die Fluggesellschaft den behaupteten Schaden anteilig erstattet hat, erfüllt nicht die Voraussetzungen des Strengbeweises.
Weichen die Angaben des Versicherten und der Zeugen zur Beschaffenheit des aufgegebenen Gepäcks und zum zeitlichen Ablauf beim Reiseantritt wesentlich voneinander ab, so steht dem Versicherten die Beweiserleichterung des Anscheinsbeweises nicht zu.
Der Versicherte hatte nachgewiesen, daß er bei seiner Abreise nach Bangkok einen Koffer zur Beförderung aufgegeben hatte. Der Versicherte hatte die Nichtauslieferung des Koffers der Fluggesellschaft angezeigt. Die Fluggesellschaft hatte Entschädigung nach dem Warschauer Abkommen geleistet. Das Gericht ließ offen, ob diese Beweisanzeichen nach der Lebenserfahrung ausreichten zur Führung des Anscheinsbeweises.
Diese Beweiserleichterungen gestand das Gericht dem Versicherten nicht zu, da die Beschaffenheit des Gepäckstückes einmal als „geschmeidiger Koffer" ein anderes Mal als „stabiler Koffer mit festem Rahmen" beschrieben wurde. Überdies ergaben sich widersprüchliche Angaben zum zeitlichen Ablauf des Vormittags, an welchem die Reise angetreten wurde.

25. LG München I, 10. 02. 1987, 28 O 16 716/86
Den Versicherten kommt die Beweiserleichterung des Redlichkeitsbeweises nicht zustatten, wenn zuvor Haftanordnung zur Ableistung der eidesstattlichen Versicherung ergangen war und der Versicherte behauptet, ihm seien hochwertige Gegenstände geraubt worden.
Im auffälligen Kontrast zu der Haftanordnung zur Abgabe der eidesstattlichen Versicherung hatte der Versicherte unter anderem den Raub einer Videoausrüstung behauptet. Im Gegensatz dazu stand der geringe Wert des geretteten Gepäcks. Angesichts dieser Diskrepanz war das vorgelegte Polizeiprotokoll für die Behauptungen des Versicherten kein ausreichendes Indiz.

30. AG München, 06. 02. 1987, 1 C 20 198/86,
bestätigt von LG München I, 13. 01. 1988, 31 S 5219/87
Der Versicherte hatte den Beweis des ersten Anscheins für den Diebstahl eines Reisekoffers mit Gepäck nicht geführt, wenn er auf dem Rückflug aus dem Urlaub mehr Gepäck eincheckt als auf dem Hinflug und er diese Gepäckmenge unter Berücksichtigung des behaupteten Diebstahls nicht plausibel begründen kann.

Der Versicherte hatte behauptet, am Urlaubsort sei aus dem Leihwagen ein kompletter Koffer samt Inhalt und die Kameratasche gestohlen worden. Auf den Hinflug waren 15 kg mitgeführt worden. Für den Rückflug waren 25 kg eingecheckt worden. Der Versicherte vermochte die zurückgeführte Gepäckmenge unter Berücksichtigung des behaupteten Diebstahls nicht plausibel zu erklären.

31. LG München I, 26. 07. 1988, 28 O 26 085/87
Der Versicherte kann sich zum Nachweis des Raubs einer Videoausrüstung im Wert von ca. DM 5000,– nicht auf den Redlichkeitsbeweis berufen, wenn kurze Zeit vor dem Kauf der Videokamera Haftanordnung zur Abgabe der eidesstattlichen Versicherung erging und der Kaufpreis für die Videoausrüstung nicht gezahlt worden war.
Der Versicherte hatte zur Zahlung des Kaufpreises für die später angeblich geraubte Kamera einen Scheck gegeben, der nicht eingelöst wurde. Eine plausible Begründung dafür, weshalb der Scheck nicht bedient werden konnte, gelang dem Versicherten nicht.
Darüber hinaus hatte der Versicherte wechselnde Anschriften angegeben, so daß der Verkäufer der Videoausrüstung den Vollstreckungsbefehl nicht zustellen konnte.

Campingklausel

2. AG München, 24. 02. 1983, 6 C 19 852/82
Wird der Versicherte bestohlen, während er am Strand unter freiem Himmel übernachtet, besteht gem. § 3 Nr. 2 b i. V. m. der Campingklausel zu den AVBR 80 keine Eintrittspflicht für den Diebstahlschaden.
Der Versicherte hatte sich in den frühen Morgenstunden an den Strand begeben um dort in der Nähe der Bushaltestelle auf den Bus zu warten. Dabei war er eingeschlafen. Während dieser Zeit wurde er bestohlen.
Aus den Schadenberichten ergab sich, daß der Versicherte am Strand übernachtet hatte. Ersichtlich war kein offizieller Campingplatz benutzt worden. Das Übernachten unter freiem Himmel wurde als „Zelten oder Camping" i. S. des § 2 Nr. 2 b AVBR 80 und der Campingklausel bewertet.

Foto

(Grobe Fahrlässigkeit)
3. LG Berlin, 10. 06. 1982, 7 S 46/81 zu
AG Tempelhof-Kreuzberg, 10. 12. 1981, 13 C 275/81
Wer seine Kameraausrüstung in einer Hotelbar in Tunesien während des Tanzens in die Obhut Einheimischer gibt, führt den Diebstahl der Geräte grob fahrlässig herbei.
Der Versicherte hatte behauptet, er habe die beiden Tunesier bereits 2 Wochen gekannt und ihnen seine teure Fotoausrüstung wiederholt in Obhut gegeben und von dort unversehrt und vollständig zurückerhalten. Dem hielt das Gericht entgegen, daß der Versicherte damit rechnen mußte, daß die potentiellen Diebe ihr Opfer möglicherweise in Sicherheit wiegten um den Tag der Abreise für die Tat zu nutzen, so daß der Ver-

sicherte die Verfolgung der ihm bekannten Personen nicht betreiben konnte.

(Videoausrüstung)
5. LG Frankfurt 19. 05. 1983, 2/5 O 628/82
Videoausrüstungen sind unter den Begriff der Foto und Filmapparate und Zubehör i. S. des § 1 Nr. 4 AVBR 80 zu fassen.
Der Versicherte hatte neben anderem Gepäck eine Videoausrüstung im unbeaufsichtigt abgestellten Fahrzeug zurückgelassen. Die Gegenstände wurden gestohlen. Der Versicherte konnte sich nicht darauf berufen, daß er den Begriff der Foto und Filmausrüstung unrichtig verstanden habe.

(Autoklausel)
6. OLG Düsseldorf, 29. 05. 1984, 4 U 182/83 zu
LG Wuppertal, 01. 09. 83, 7 O 529/82
Videoausrüstungen fallen unter den Sammelbegriff der Foto- und Filmapparate i. S. des § 5 Nr. 1. d) AVBR 80.
Die Haftungsbeschränkung der Regelung gilt nach ihrem wirtschaftlichen Zweck auch für diese wertvollen Geräte.
Die Videoausrüstung des Versicherten war aus einem unbeaufsichtigt abgestellten Fahrzeug gestohlen worden. Das Gericht faßte die Gerätegruppe der Videoausrüstungen unter den Begriff der Foto- und Filmapparate nach allgemeinem Sprachgebrauch. Im übrigen habe der Versicherer aufgrund des hohen Wertes dieser Ausrüstungen ein berechtigtes Interesse an der – zumindest analogen – Anwendung des § 1 Nr. 5 AVBR 80 auf diese Geräte.
Das Gericht bewertet § 1 Nr. 5 d AVBR 80 als Risikoabgrenzung.

Garderobe, bewacht

(Pelz, Polizeianzeige)
2. LG München, 02. 09. 1986, 28 O 6695/86
Der Versicherer haftet nicht für den Diebstahl eines Pelzmantels, der aus einer nur zeitweilig bewachten Garderobe gestohlen wird, § 1 Nr. 4 AVBR 80.
Das Risiko, ob und wie lange eine Garderobe bewacht wird, trägt der Versicherte.
Der Versicherte hatte am 05. 11. 85 im „Berliner Kaffeehaus" am Alexanderplatz in Ost-Berlin seinen Pelzmantel an der Garderobe abgegeben. Die Garderobe war nur zeitweilig bewacht. Beim Verlassen des Lokals war der Pelz nicht mehr auffindbar. Der Versicherte unterließ es, an Ort und Stelle oder spätestens am Grenzübergang den Diebstahl der Polizei anzuzeigen.

Gleitschirm

(Fluggerät, Luftfahrzeug, Hängegleiter)
1. AG München, 25. 01. 90, 111 C 27762/89
Gleitschirme und Rettungsschirme sind als Luftfahrzeuge gemäß § 1 II LuftVG vom Versicherungsschutz der Reisegepäck-Versicherung ausgeschlossen, § 1 Nr. 5 AVBR 80. Die Regelung zum Versicherungsschutz für andere

Sportgeräte, § 1 Nr. 3 AVBR 80 begründet keinen Deckungsschutz für Luftfahrzeuge im Sinne des § 1 III Luftverkehrsgesetz.
Soweit Sportgeräte zu den Sachgruppen Land-, Luft- und Wasserfahrzeugen zählen, besteht nur in den einzeln aufgeführten Fällen Versicherungsschutz. Im übrigen greift der Risikoausschluß des § 1 Nr. 5 AVBR 80.
Zubehörteile wie Variometer, Sturzhelm und Schuhe sind als persönlicher Reisebedarf versichert.

Grobe Fahrlässigkeit – Auto

2. LG München I, 23. 12. 1982, 32 O 17 087/82
Grob fahrlässig handelt, wer in einen Pkw Ford Granada auf einem nicht bewachten Parkplatz am Fährdamm Hamburg in der Zeit zwischen 17.00 und 20.30 Uhr Musikinstrumente und anderes Gepäck im Wert von ca. DM 9000,– unbeaufsichtigt zurückläßt.
Der Versicherte hatte durch sein Verhalten eine besonders hohe Diebstahlgefahr geschaffen, weil er im Fond des Autos für jedermann sichtbar einen Lederkoffer und eine Ledertasche zurückließ, die auf Gepäck von hohem Wert hindeutete. In Anbetracht der langen Parkdauer hatten die Diebe ausreichend Zeit, ihre Vorgehensweise zu bedenken und den Diebstahl mit Bedacht auszuführen.

7. OLG München, 18 U 2615/87 zu
LG München I, 17. 02. 1987, 28 O 20 484/86
Der Versicherte hat den Diebstahl seiner Taucherausrüstung im Wert von DM 6407,– grob fahrlässig herbeigeführt, wenn er die Gegenstände sichtbar im verschlossenen Pkw zurückgelassen hat, während er sich außer Sichtweite in einem Lokal aufhält.
Der Versicherte hatte mit seinen Begleitern in Costa Rica die Taucherausrüstung im Wert von insgesamt mehr als DM 15 000,– in einem Fahrzeug zurückgelassen, das keinen ausreichenden Sichtschutz bot. Er hatte den Türsteher des Lokals gebeten, auf das Fahrzeug zu achten. Dies zeigte einerseits, daß sich der Versicherte des hohen Diebstahlrisikos bewußt war. Zum anderen mußte der Versicherte erkennen, daß der Portier das Fahrzeug und den Inhalt dessen nicht wirksam bewachen konnte.

9. LG Karlsruhe, 22. 05. 1987, 9 S 54/87 zu
AG Karlsruhe, 27. 11. 1986, 8 C 628/865
Der Versicherte führt den Diebstahl seines Reisegepäcks grob fahrlässig herbei, wenn er es über einen Zeitraum von drei Tagen hinweg Tag und Nacht im verschlossenen Fahrzeug in Rom zurückläßt.
Der Versicherte hatte in Rom bei Freunden Unterkunft gefunden. Er trug vor, er habe sein Gepäck im Fahrzeug gelassen, weil in der 3-Zimmer-Wohnung 6 Personen übernachtet hätten und deshalb kein Platz für das Gepäck gewesen sei. Dies vermochte das Gericht nicht zu überzeugen. Das besonders hohe Diebstahlrisiko in Touristengebieten und insbesondere in Rom erforderte ein besonderes Maß an Sorgfalt. Das Gericht hielt es – auch bei beengten räumlichen Verhältnissen – ohne weiteres für möglich und zumutbar, das Reisegepäck von dem Fahrzeug in die Wohnung des Freundes zu bringen und dort in einer Ecke zu verstauen.

Grobe Fahrlässigkeit

(Busbahnhof)

1. LG Bielefeld, 11. 01. 1990, 22 O 443/89

Grob fahrlässig handelt, wer am Busbahnhof in Istanbul Gepäck im Wert von annähernd DM 10 000,– einem Toilettenwärter, mit dem überdies nur mangelhafte Verständigung möglich ist, in Obhut gibt.

Das Gericht hielt es für zumutbar, eine Gaststätte oder einen anderen Ort aufzusuchen, an dem das wertvolle Gepäck in sichere Obhut oder sichere Verwahrung gegeben werden konnte. Es verlangte von dem Reisenden im übrigen, zumindest besonders wertvolle Einzelteile, wie z. B. die Videokamera, mit in die Kabine zu nehmen.

Abgesehen von den rechtlichen Einwendungen gegen die Eintrittspflicht bestanden auch aus tatsächlicher Sicht Bedenken gegen den Klagvortrag.

Grobe Fahrlässigkeit – Hotelzimmer

1. AG Nürnberg, 07. 04. 1988, 21 C 871/88

Der Versicherte führt den Diebstahl seiner Videoausrüstung grob fahrlässig herbei, wenn er in Brasilien nach dem Besuch eines Nachtclubs eine Dame mit auf sein Hotelzimmer nimmt und am nächsten Morgen die Dame mitsamt der Videoausrüstung verschwunden ist.

Grobe Fahrlässigkeit – öffentliche Gebäude

4. AG Tettnang, 22. 02. 1990, 7 C 1465/89

Der Versicherte führt den Diebstahl grob fahrlässig herbei, wenn er seine Lederjacke und seine Kameraausrüstung an der Talstation einer Seilbahn auf einer Rampe ablegt und die begleitende Personengruppe beiläufig bittet, darauf aufzupassen, während er das WC aufsucht.

Der Versicherte hatte die anderen Gruppenmitglieder, die im Begriff waren zu den Fahrzeugen zurückzukehren, nur beiläufig gebeten, auf die Lederjacke und die Kamera aufzupassen. Er hatte nicht sichergestellt, daß seine Ehefrau oder ein anderes Gruppenmitglied tatsächlich auf die Gegenstände aufpaßten. Er hat sie ihnen nicht in Verwahrung gegeben. Während sich der Versicherte zur Toilette begab, hatten die anderen Gruppenmitglieder die Seilbahnstation verlassen. Das Gepäck war nicht mehr auffindbar.

Grobe Fahrlässigkeit – Trampen

1. AG München, 16. 06. 1982, 7 C 5569/82

Grob fahrlässig handelt der Versicherte, wenn er wertvolles Gepäck beim Trampen im Kofferraum des Fahrzeugs eines ihm unbekannten Fahrers ablegt, so daß dieser beim Ein- oder Aussteigen ungehindert mit dem Gepäck davonfahren kann.

Die Versicherte fuhr zusammen mit einem Bekannten per Autostop durch Portugal. Während einer Fahrt war das gesamte Reisegepäck im Kofferraum des Pkw untergebracht. An einer Straßenkreuzung ließ der Fahrer beide Tramper aussteigen und fuhr mitsamt dem Gepäck davon.

2. OLG München, Beschluß vom 29. 09. 1982, 8 W 1495/82 zu
LG München I, Beschluß vom 21. 05. 1982, 32 O 3022/82
Der Versicherte führt den Diebstahl seines Gepäcks nicht grob fahrlässig herbei, wenn er es beim Trampen in den Kofferraum eines fremden Fahrzeugs lädt und der Fahrer nach kurzer zurückgelegter Strecke die Tramper aussteigen heißt und mit ihrem Gepäck davonfährt.
Der Versicherte hatte in Südfrankreich beim Trampen Gepäck im Kofferraum eines fremden Fahrzeugs geladen. Als der Versicherte und seine Begleiter nach kurzer Fahrt aufgefordert wurden, auszusteigen, fuhr der Fahrer mitsamt dem Gepäck davon.

Anmerkung:
Die sich widersprechenden Entscheidungen machen die Problematik deutlich. Zum einen liegt beim Trampen das Risiko des Gepäckdiebstahls in der beschriebenen Form auf der Hand. Dem Versicherten, der diese Form zu reisen gewählt hat, darf dementsprechend äußerste Sorgfalt abverlangt werden. Das bedeutet, daß – soweit dies technisch möglich ist – das Gepäck in das Innere des Fahrzeugs genommen werden soll. Sind zwei Tramper gemeinsam unterwegs, so sollte ihnen als Sorgfaltsmaßnahme abverlangt werden, daß beim Ein- und Aussteigen eine Person solange im Fahrzeug bleibt, bis der Reisepartner das Gepäck ein- bzw. ausgeladen hat.

Höhere Gewalt
1. AG München, 03. 07. 1990, 152 C 14901/90
Kippt auf einem Schiff ein Becher mit Flüssigkeit durch die Schiffsbewegung auf ein Kleidungsstück, so ist nicht höhere Gewalt die Schadenursache sondern Nachlässigkeit bei dem Abstellen des Gefäßes.
Die Versicherte hatte Ihr Cocktailkleid auf einem Kreuzfahrtschiff zum Bügeln gegeben. Als sie es dort abholen wollte, kippte ein Becher Saft um und ergoß sich auf das Kleid. Die Versicherte berief sich darauf, höhere Gewalt, d. h. unvorhergesehene starke Wellenbewegung, hätte zu dem Schaden geführt.

Kaufbeleg
(Wahrheitspflicht, Aufklärungspflicht)
1. LG Köln, 27. 02. 1978, 74 O 423/77
Der Versicherer ist von der Verpflichtung zur Leistung frei, wenn der Versicherte als Schadennachweis einen gefälschten Beleg einreicht.
Die „Quittung" über den Kauf einer Kamera zum Preis von DM 5705,50 war weder von einem Angestellten des Fotohauses S. ausgestellt, noch war die Kamera im Geschäftslokal der Firma S. erworben worden.

2. LG Wiesbaden, 29. 04. 1982, 7 bO 1657/81
Der Versicherer ist von der Verpflichtung zur Leistung frei, wenn als Nachweis für den Kauf Rechnungen vorgelegt werden, denen kein entsprechender Kaufsachverhalt zugrunde liegt.
Die Versicherte hatte als Nachweis für einen Kofferkauf eine Rechnung

vorgelegt, bei der der Name des Käufers verändert worden war. Angeblich war dies mit Einverständnis des Betreffenden geschehen. Die Versicherte hatte weiter als Nachweis für den Kauf umfangreicher Damenmode Rechnungen mit fortlaufenden Rechnungsnummern eingereicht. Diese Rechnungen hatte die Versicherte selber ausgestellt. Die Ware entstammte dem Geschäft Ihrer Mutter. Diese bestätigte zwar die Tatsache des Kaufes. Der Kaufpreis sei allerdings nicht zu den genannten Daten gezahlt worden. Vielmehr habe die Mutter der Versicherten, Inhaberin des betreffenden Modehauses, den Kaufpreis nach und nach vom Taschengeld der Tochter abgezogen.

6. LG München I, 19. 11. 1987, 11 O 457/87
Die Versicherte verliert den Versicherungsanspruch, wenn sie zu einer Reihe von angeblich gestohlenen Gegenständen Kaufbelege einreicht, die nicht den Kauf der gestohlenen Gegenstände betreffen.
Als Nachweise für gestohlene Gegenstände im Wert von mehr als DM 5000,– reichte die Versicherte eine Reihe von Belegen und Kaufquittungen ein, die auf Nachfrage bei den betreffenden Geschäften nicht die Artikel betrafen, die die Versicherte in der Schadenliste aufgeführt hatte. Da eine ganze Reihe der Belege nicht das Stehlgut betrafen, für welche sie als Nachweis eingereicht worden waren, konnte der Versicherten kein Versehen zugute gehalten werden.

Persönlicher Gewahrsam

1. LG München I, 20. 07. 1983, 31 S 3546/83 zu
AG München, 30. 12. 1982, 6 C 16072/82
Der Versicherte hat an seiner Fotoausrüstung nur dann persönlichen Gewahrsam i. S. des § 1 Nr. 4 AVBR 80, wenn er seine Sachherrschaft jederzeit durch unmittelbaren Zugriff auf sein Reisegepäck konkretisieren kann. Der strafrechtliche Gewahrsambegriff findet keine Anwendung.
Entlädt der Versicherte aus dem Kofferraum eines Taxis zunächst anderes Gepäck um danach das Gepäckstück mit der Fotoausrüstung an sich zu nehmen, befindet sich die Fotoausrüstung nicht im persönlichen Gewahrsam des Versicherten sicher verwahrt.
Der Versicherte hatte nach einer Taxifahrt in Lima zunächst anderes Gepäck aus dem Taxi geladen und es 5–6 m entfernt zum Hoteleingang getragen. Der Rucksack, in dem auch die Fotoausrüstung war, befand sich noch im Kofferraum des Taxis. Der Taxifahrer nutzte die Gelegenheit und fuhr mitsamt dem restlichen Gepäck des Versicherten davon.

Reiseantritt

(Fahrten, Gänge)
2. AG München, 26. 02. 1987, 9 C 23 232/86, bestätigt durch
LG München, 01. 07. 1987, 31 S 6281/87
Der Versicherte kann auch dann keinen Ersatz für den Diebstahl seines Gepäcks verlangen, das aus seinem verschlossenen Fahrzeug gestohlen wird, welches er an seinem Heimatort zu einem Einkaufsstop im Parkhaus eines Warenhauses abgestellt hat, wenn er von dort aus seine Fahrt zum Antritt einer Fernflugreise fortsetzen will.

Der Versicherte, wohnhaft in Duisburg, wollte ab Brüssel nach Thailand fliegen. Noch in Duisburg machte er am Kaufhaus H. Halt um etwas einzukaufen. Dabei wurde die Bekleidung aus dem Fahrzeug gestohlen. Der Einkaufsaufenthalt noch an seinem Heimatort D. wurde nach § 6 Nr. 1, Nr. 5 AVBR 80 als Fahrt bzw. Gang innerhalb des ständigen Wohnorts bewertet. Der Versicherte konnte nicht beweisen, daß er sich tatsächlich schon auf der Fahrt nach Brüssel befunden hatte. Der Versicherte hatte auch nicht auf entsprechende Frage des Versicherers den mitreisenden Reisebegleiter benannt.

Reisebedarf

5. LG München I, 18. 08. 1987, 28 O 3404/87
Der Versicherte kann nicht Ersatz für den Diebstahl von EDV-Hardware verlangen, die er am Reiseziel erworben hat, um sie an seinen Heimatort zu bringen und dort zu benutzen.
Der Versicherte hatte in M. eine EDV-Einrichtung erworben und in seinem Pkw verpackt um sie an seinen Heimatort in Ungarn zu bringen. Während das Fahrzeug in der Tiefgarage eines Einkaufszentrums abgestellt war, wurde die Anlage laut Vortrag des Versicherten gestohlen.

Reisedauer

4. LG München I, Beschluß vom 12. 01. 1987, 31 S 22 473/86 zu AG München, 23. 10. 1986, 9 C 14 722/86
Der Versicherte kann keine Entschädigung für den Diebstahl seines Gepäcks verlangen, das er bei Rückkehr an seinen Heimatort in ein Schließfach am Bahnhof gelegt hat, während er selbst in seine Wohnung zurückkehrt, § 1 Ziff. 2 AVBR 80.
Der Versicherte hatte bei Rückkehr von seiner Reise das Gepäck in einem Schließfach seines Heimatbahnhofes aufbewahrt. Als er zwei Tage später das Gepäck abholen wollte, war es gestohlen. Der Versicherte konnte nicht nachweisen, daß sich der Diebstahl ereignete, während er sich noch auf Reisen befand.

Sichere Verwahrung

1. Beschluß des AG München, 21. 03. 1983, 6 C 2835/83
bestätigt durch Beschluß des LG München I, 25. 04. 1983, 13 T 6251/83
Legt die Versicherte ihren Fotokoffer während einer längeren Bahnfahrt ins Gepäcknetz und verfällt sie während der Reise in Halbschlaf, so befindet sich die Fotoausrüstung nicht in persönlichem Gewahrsam der Versicherten sicher verwahrt, § 1 Nr. 4 AVBR 80.

(Schmuck)
2. AG Wiesbaden, 16. 08. 1983, 98 C 807/83
Schmuck befindet sich nicht in persönlichem Gewahrsam des Versicherte sicher verwahrt, wenn die Tasche in welcher der Schmuck verwahrt ist, am Strand außerhalb des Blick- und/oder Körperkontakts des Versicherten abgelegt ist.

Die Versicherte hatte am Strand von Marbella einen diamantbesetzten goldenen Anhänger mit Halskette im Wert von DM 3500,– in einer Reißverschlußtasche an den Liegestuhl gehängt. Das Fehlen bemerkte sie erst bei Aufbruch nach dem Sonnenbaden.

12. LG München I, 28. 03. 1990, 31 S 12070/89 zu
AG München, 07. 04. 1989, 171 C 2095/89
Eine Videokamera ist auch dann noch in persönlichem Gewahrsam sicher verwahrt, § 1 Nr. 4 AVBR 80, wenn sie in einem Einkaufszentrum neben dem Versicherten abgestellt ist, während dieser seine Einkäufe zahlt.

Übergabe/Beförderungsunternehmen

(Sichere Verwahrung, Foto)
2. AG München, 14. 02. 1990, 151 C 39955/89
Gepäck auf dem Dach eines Busses, auf das Fahrer und Fahrgäste in gleicher Weise Zugriff haben, befindet sich nicht im Gewahrsam des Beförderungsunternehmens i. S. des § 2 Nr. 1 AVBR 80.

Eine Kamera wird nicht in persönlichem Gewahrsam sicher verwahrt mitgeführt, wenn sie auf einem Autodach befestigt ist, so daß beim Anhalten des Fahrzeuges jedermann darauf freien Zugriff hat.

Der Versicherte hatte auf der Fahrt zum Flughafen zwei Reisetaschen und eine Jutetasche auf dem Dach des Jeepneys befestigt, mit dem er fuhr. Bei Beendigung der Fahrt habe die Reisetasche mit Foto- und Videokamera gefehlt. Das Gericht erachtete die Kamera weder in persönlichem Gewahrsam des Versicherten sicher verwahrt mitgeführt, noch konnte bei den Gegebenheiten anerkannt werden, daß das Gepäck dem Beförderungsunternehmen übergeben worden war.

Wahrheitspflicht

(Schadenumfang)
1. LG Frankfurt, 25. 03. 1982, 2/23 O 432/81
Der Versicherte verliert den Anspruch auf Entschädigung, wenn er in der Schadenliste Gegenstände des nicht versicherten Reisebegleiters nennt, ohne diese entsprechend zu kennzeichnen.

Der Versicherte hatte in der Schadenliste Damenbekleidung seiner Partnerin genannt, die nicht versichert war. Im Verlauf der Vorkorrespondenz hatte der Versicherte nicht aus freien Stücken sondern erst auf entsprechenden Vorhalt des Versicherers diesen Sachverhalt eingeräumt.

3. LG Nürnberg-Fürth, 02. 07. 1986, 13 O 1511/86
Die Versicherte verliert den Anspruch auf Entschädigung, wenn sie in der Schadenliste Bekleidungsstücke unter Vorlage von Belegen und Zweitbelegen doppelt aufführt.

Derart falsche Angaben zur Schadenhöhe sind generell geeignet, die Interessen des Versicherers zu gefährden, § 11 AVBR 80.

Bei objektiv falschen Angaben gegenüber dem Versicherer trägt der Versicherte die Beweislast für mangelndes Verschulden oder einen geringeren Schuldgrad als Vorsatz und grobe Fahrlässigkeit.

Die Versicherte hatte in einer umfangreichen Schadenaufstellung unter anderem ein Lederkleid, einen Lederpulli und ein Lederkostüm unter Vorlage von Zweitrechnungen und Lieferschein doppelt benannt. Ihr Vortrag, sie habe die Schadenmeldung mit Hilfe der aufbewahrten Kleidungsbelege erstellt, ohne darüber nachzudenken, welche Kleidung sich tatsächlich in dem verloren gegangenen Koffer befand, begründete den Vorwurf des bedingten Vorsatzes hinsichtlich der unzutreffenden Schadenliste.

(Schadenumfang)
5. LG Berlin, 17. 01. 1990, 2 O 1854/90
Der Versicherte verwirkt den Anspruch auf Versicherungsleistung gem. § 11 Nr. 1, 2. Alternative AVBR 80, wenn er in der Schadenaufstellung gegenüber dem Versicherer Gegenstände aufführt, die er zuvor verschenkt hat.
Der Versicherte verlangte Ersatz seines Reisegepäcks, das während der Reise aus der Wohnung seines Schwagers aus Danzig gestohlen worden war. In der Schadenaufstellung nannte er unter anderem eine Compactanlage, die er zuvor seiner Schwägerin zu Weihnachten geschenkt hatte. Der Versicherer hatte ausdrücklich danach gefragt, welche der entwendeten Gegenstände zu seinem Reisebedarf zählten und welche Mitbringsel und Geschenke waren.

Anhang III

Rechtsprechung zur Reise-Rücktrittskosten-Versicherung

Die Numerierung der zitierten Rechtsprechung folgt der Systematik eines in Vorbereitung befindlichen Werks zur Rechtsprechung des materiellen Reiserechts und Reise-Versicherungsrechts; daher sind nicht alle Nummern besetzt.

Adoption

(Schwangerschaft, Analogie)
1. AG Frankfurt, 13.07. 1987, 32 C 1246/87–72

Die Adoption eines Kindes ist kein versichertes Ereignis i. S. des § 1 Nr. 2 c ABRV. Die Aufzählung der versicherten Ereignisse in § 1 Nr. 2 ABRV ist abschließend. Die Ausweitung des Deckungsrahmens über diesen Katalog hinaus im Wege der Analogie ist unzulässig.

Das Gericht betont die Schutzwürdigkeit der Adoption und des Adoptivkindes. Eine Ausweitung des Deckungsrahmens auf dieses Ereignis ist jedoch im Wege der Vertragsauslegung nicht möglich.

Alkoholabusus

(chronische Krankheit, Suchtkrankheiten, unerwartete schwere Erkrankung)
1. AG München, 21.03. 1986, 4 C 2240/86

Die Einweisung in stationäre Behandlung wegen depressiver Verstimmung bei Alkoholabusus zeigt nicht den Eintritt einer unerwarteten schweren Erkrankung an, § 1 Nr. 2 a ABRV. Bei einer solchen Suchtkrankheit muß generell mit phasenhafter Verschlechterung des Zustandes gerechnet werden.

Als Grundursache für die Behandlungsbedürftigkeit stellte sich der Alkoholabusus dar. Besondere Umstände, die die Annahme einer unerwarteten Erkrankung gerechtfertigt hätten, waren nicht vorgetragen worden.

Auskunftspflicht

(Buchungsunterlagen)
1. AG München, 03. 11. 1982, 2 C 9274/82

Gemäß § 4 ABRV ist der Versicherte verpflichtet, Auskunft zu erteilen und alle erforderlichen Beweismittel von sich aus zur Verfügung zu stellen. Legt der Versicherte weder die Stornorechnung noch eine andere Bestätigung des Veranstalters vor, aus der die Berechnung der Stornogebühren für die abgesagte Reise hervorgeht, so fehlt es an dem Nachweis des Versicherungsfalles.

Die Verletzung der Obliegenheit ist für die Feststellung des Versicherungsfalles relevant, da erst mit der Vorlage der Stornorechnung nachgewiesen wird, daß nicht etwa ein Dritter in den Reisevertrag eingetreten ist.

Eigentum

(Eigentumsgefährdung, Vertragsauslegung)

1. AG Charlottenburg, 14. 05. 1985, 6 C 74/85

Die Gefährdung des Eigentums des Versicherten begründet nicht die Leistungspflicht des Versicherers nach § 1 Nr. 2 d ABRV. Bei einer Reiseabsage wegen der Untersagung der Weiterbenutzung der Mietwohnung wegen Einsturzgefahr des Gebäudes besteht noch kein Schaden am Eigentum des Versicherten in der Mietwohnung.

Das Gericht weist darauf hin, daß eine erweiternde Auslegung des § 1 Nr. 2 d ABRV auf die Gefährdung des Eigentums des Versicherten nicht zulässig ist. Eine Ausweitung des Deckungsrahmens auf den Fall der Gefährdung des Eigentums würde zu Unsicherheiten bei der Abgrenzung der Eintrittspflicht führen und das Versicherungsrisiko unkalkulierbar ausweiten. Im übrigen kann der Versicherte bei der Gefährdung seines Eigentums noch Vorsorge treffen.

Eintritt des Versicherungsfalles

(Schwerer Unfall)

1. AG München, 15. 11. 79, C 7570/79

Zum Eintritt des Versicherungsfalles gehört neben dem Vorliegen eines schweren Unfalles auch das alternative Merkmal, daß die Reiseunfähigkeit nach der allgemeinen Lebenserfahrung zu erwarten ist oder dem Versicherten der Reiseantritt nicht zugemutet werden kann.

Beruft sich der Versicherer auf die Verletzung der Obliegenheit zur unverzüglichen Reiseabsage, § 4 Nr. 1, Nr. 2 ABRV, so trägt der Versicherer die Beweislast dafür, daß das versicherte Ereignis zu einem früheren Zeitpunkt eingetreten war und daß zu jenem Zeitpunkt nach der Lebenserfahrung die Reisefähigkeit des Versicherten zu erwarten war.

Der Versicherte hatte sich am 27. 12. 1978 einen Bänderriß zugezogen. Storniert wurde die Reise jedoch erst am 19. 01. 1979. Der Versicherer wurde zur Leistung aus den vollen Stornokosten verpflichtet, da er den Beweis fällig geblieben war, daß bereits zur Zeit des Unfalles die Reiseunfähigkeit zum 02. 02. 1979 zu erwarten war.

Eine Reise

(Reiseabbruch, Reiseantritt, Pauschalreise)

1. AG München, 20. 05. 1987, 11 C 2275/87

Mit Bestätigung durch das LG München 1, 25. 11. 1987, 31 S 12625/87

Werden mehrere Reiseabschnitte zu einem Pauschalarrangement zusammengestellt, so liegt vom Abreiseort im Heimatland bis zur Rückkehr dorthin eine einheitliche Reiseleistung vor. Bei Abbruch der Reise kann der Versicherte nicht die Erstattung anteilig nicht genutzter Reiseleistung verlangen.

Der Versicherte hatte einen Clubaufenthalt mit anschließender Rundreise gebucht. Er mußte die Reise vor Beginn der Rundreise abbrechen. Den Wert der Rundreise verlangte er nach § 1 Nr. 1 a ABRV. Sowohl das Amtsgericht als auch das Landgericht als Berufungsinstanz bewerteten das Gesamtreisearrangement als eine Reise, so daß keine Leistungen wegen Nichtantritt einer Reise geltend gemacht werden konnten.

Risikoperson

(Auslegung)
4. AG Bielefeld, 24. 04. 1985, 4 C 1197/84
  Die schwere Krankheit des Bruders eines Reisepartners begründet keinen Versicherungsschutz für den anderen (verlobten) Reisepartner. Diese Auslegung ergibt sich eindeutig unter Beachtung grammatikalischer Regeln aus der Bestimmung des § 1 ABRV. Eine Unklarheit, die zu Lasten des Versicherers ausgelegt werden müßte, ist nicht gegeben.

(Schwager)
5. AG München, 24. 06. 1986, 1 C 8380/86
  Der Tod des Schwagers ist in § 1 Nr. 2 a ABRV nicht als Versicherungsfall aufgenommen. Der eindeutige Wortlaut der Regelung läßt keine andere Auslegung zu. Wenn sich ein in § 1 Nr. 2 a ABRV aufgeführtes Risiko beim mitversicherten Ehegatten verwirklicht, ist der Versicherungsschutz nicht aufgrund des Eheverhältnisses gegeben. Eine solche Regelung müßte ausdrücklich getroffen sein.

Selbstbehalt

(Kausalzusammenhang)
1. AG Bielefeld, 24. 04. 1985, 4 C 1197/84
  Der Selbstbehalt ist gemäß § 3 Nr. 2 ABRV mit 20% der Stornokosten zu berücksichtigen, da der Bruder der Versicherten zur Zeit der Reiseabsage schwer erkrankt, nicht aber bereits verstorben war. Diese schwere Krankheit war auslösend für den Versicherungsfall, nicht dessen später eingetretener Tod.

Schwerer Unfall

2. LG München, 30. 06. 1986, 28 O 1707/86
  Das Vorliegen eines schweren Unfalles i. S. des § 1 Nr. 2 a ABRV ist nicht nachgewiesen, wenn der Versicherte vorträgt, er sei reiseunfähig, weil er sich bei einem Sturz vom Pferd Prellungen und Blutergüsse zugezogen habe, und sich der Versicherte wegen dieser behaupteten Verletzungen nicht unverzüglich in ärztliche Behandlung begibt.
  Der Versicherte hatte die Reise zwei Tage nach dem behaupteten Unfall storniert. Erst vier Tage nach dem Unfallereignis suchte er den Arzt auf. Der Arzt erstellte das Attest im wesentlichen nach Aussagen des Versicherten über die angeblichen Beschwerden. Dies erschien dem Gericht als Nachweis für den Eintritt eines versicherten Ereignisses nicht ausreichend. Die Bedenken ergaben sich nicht zuletzt auch daraus, daß der Versicherte nach Absage der Großwild-Jagd-Reise an einer Schiffsfahrt teilgenommen hatte.

Unerwartete schwere Erkrankung

(Krankheitsentwicklung, Pflegebedürftigkeit)
4. LG München, 07. 10. 1981, 32 O 10365/81
  Starke Diarrhö ist keine schwere Krankheit i. S. des § 1 Nr. 2 a ABRV.

Der Versicherte hatte keinen Arzt aufgesucht. Im Prozeß war er nach Abtretung der Forderung als Zeuge aufgetreten.

(Krankheitsverlauf, Erschöpfungszustand, Voraussehbarkeit)

7. AG München, 18. 11. 1985, 6 C 10709/85

Die Beurteilung, ob eine Krankheit unerwartet eintritt ist nicht allein nach dem subjektiven Vorstellungsbild des Versicherten zu beurteilen sondern danach, wie ein verständiger Dritter in der Lage des Versicherten nach allgemeiner Lebenserfahrung urteilen würde.

Bei Krebserkrankungen können akute Verschlechterungen nach allgemeiner Lebenserfahrung nicht als unerwartet angesehen werden. Diese Kenntnis gehört zum allgemeinen Wissensstand.

Ein psycho-physischer Erschöpfungszustand, der nur mit leichten Psychopharmaka behandelt wird und nicht zur Reiseunfähigkeit führt, stellt keine unerwartete schwere Erkrankung dar.

Die Schwiegermutter der Versicherten litt seit 1984 an Krebs. Am 30. 01. 1985 wurde eine Notfalleinweisung wegen Herzversagen notwendig. Gleichwohl buchten die Schwieger-/kinder am 06. 12. 1985 eine Reise. Wegen des schlechten gesundheitlichen Befindens der Schwieger-/mutter wurde die Buchung am Tag vor dem geplanten Reisetermin Mitte März 1985 wieder abgesagt.

(Nervenzusammenbruch)

9. AG München, 15. 04. 1986, 5 C 1895/86

Ein psychisch bedinger Angina pectoris-Anfall ist eine unerwartete schwere Erkrankung i. S. des § 1 Nr. 2 a ABRV.

Nach dem plötzlichen Verschwinden seiner Ehefrau hatte der Versicherte einen Nervenzusammenbruch erlitten. Dies hatte die Angina pectoris-Anfälle ausgelöst. Das Gericht anerkannte den gesundheitlichen Zustand des Versicherten als unerwartete schwere Erkrankung.

10. AG München, 11. 07. 1986, 4 C 9228/86

Erleidet der Versicherte bei der Pkw-Anreise zum Abflughafen eine Autopanne und organisiert er zunächst das Abschleppen und die Reparatur des Fahrzeugs, so kann sich der Versicherte nicht darauf berufen, er habe infolge der Autopanne einen Nervenzusammenbruch erlitten, der als unerwartete schwere Erkrankung, § 1 Nr. 2 a ABRV, die Ursache für den Nichtantritt der Reise gewesen sei.

Der Versicherte war zunächst per Anhalter in den nächsten Ort gefahren um dort ein Abschleppunternehmen aufzusuchen. Er trug vor, er habe sich danach sofort ins Bett gelegt. Ein Arzt wurde nicht aufgesucht. Angesichts dessen überzeugte die Behauptung des Versicherten nicht, Ursache für den Nichtantritt der Reise sei der Nervenzusammenbruch gewesen.

14. AG München, 18. 10. 1989, 151 C 16294/88

Eine reaktive Depression ist als unerwartete schwere Erkrankung i. S. des § 1 Nr. 2 a ABRV anzuerkennen, wenn der Zustand derart heftige psychosomatische Symptome hervorbringt, daß mit starken Psychopharmaka behandelt werden muß.

Die reaktive Depression war durch die schwere Erkrankung des

Lebenspartners ausgelöst worden. Die Depression war nicht mit einer reaktiven Verstimmung vergleichbar. Der Zustand der Betroffenen schloß den Reiseantritt aus. Die Behandlung mit starken Psychopharmaka war notwendig.

15. AG München, 27. 11. 1989, 1133 C 30208/89
Der Versicherungsfall i. S. des § 1 Nr. 2 a ABRV tritt nicht ein, wenn der Versicherte nach längerer unfallbedingter Rekonvaleszenz von der Berufsgenossenschaft zu Arbeitsversuchen einberufen wird und die Reise aus diesem Grund abgesagt werden muß.
Der Versicherte hatte im Juni 1988 eine Ellenbogenfraktur erlitten. Nach einer Rückfrage zur voraussichtlichen Reisefähigkeit im Oktober 1988 buchte er am 09. 11. 1988 eine Reise mit Reisetermin 16. 03. 1989. Der Heilverlauf gestaltete sich zum einen nicht so günstig wie erhofft. Überdies wurde der Versicherte von der Berufsgenossenschaft zu Kontrolluntersuchungen einbestellt. Zwar handelte es sich dabei um unfallbedingte Ereignisse. Jedoch wurden keine therapeuthischen Maßnahmen kurz vor der Reise anberaumt, die auf eine dramatische Verschlechterung des Zustandes hingedeutet hätten.

Unverzügliche Stornierung

14. AG Köln, 02. 11. 1982, 115 C 768/81
Erleidet der Versicherte eine Verletzung, die bei normalem Heilverlauf bis zum geplanten Reisetermin ausgeheilt ist und muß nach Art der Verletzung nicht mit Komplikationen gerechnet werden, so verstößt der Versicherte nicht gegen die Obliegenheit zur unverzüglichen Reiseabsage, § 4 Nr. 1 a ABRV, wenn er die Buchung zunächst aufrecht erhält und die Reise erst dann absagt, wenn unerwartete Komplikationen im Heilverlauf auftreten.
Der Versicherte hatte am 16. 06. 1981 einen Strecksehnenabriß des rechten Kleinfingers erlitten. Nach der Gipsabnahme am 10. 07. 1981 stellte sich eine Entzündung heraus. Daraufhin stornierte der Versicherte die zum 24. 07. 1981 gebuchte Reise. Nach Aussagen der Ärzte war der Unfall kein so schwerwiegendes Ereignis, daß der Nichtantritt der Reise wahrscheinlich war. Die Verletzung des kleinen Fingers im Endstadium der Heilung mußte nicht als Hindernis für den Reiseantritt gelten. Der Versicherte konnte deshalb die Reisbuchung zunächst ohne Verletzung der Obliegenheit nach § 4 Nr. 1 aufrecht erhalten. Als sich Komplikationen zeigten, sagte er die Reise unverzüglich ab.

16. LG Koblenz, 21. 06. 1983, 6 S 38/83 zu
AG Koblenz, 10. 01. 1983, 14 C 36/82
Allein aufgrund diffuser Rückenschmerzen und Herzstiche mit linksseitiger Ausstrahlung ist für einen Versicherten die Reiseunfähigkeit für eine Fernost-Reise noch nicht voraussehbar.
Wird dem Versicherten als Diagnose Herzrhythmusstörungen mit der Notwendigkeit fachklinischer Betreuung mitgeteilt, so tritt der Versicherungsfall ein und der Versicherte hat zu diesem Zeitpunkt die Reise unverzüglich zu stornieren, § 4 Nr. 1, Nr. 2 ABRV.

Das Amtsgericht hatte die Klage bereits wegen Voraussehbarkeit bei Reiseabsage aufgrund der gravierenden Symptome abgewiesen. Das LG Koblenz kam ebenfalls zur Klagabweisung und hielt dem Versicherten entgegen, daß er ungeachtet der gravierenden Diagnose weder die Ärzte eingehend nach der voraussichtlichen Reisefähigkeit gefragt hatte, noch die Reise unverzüglich storniert hatte.

(Zumutbarkeit)

17. AG München, 14. 12. 1984, 3 C 17893/84
Die Obliegenheit gemäß § 4 Nr. 1 a ABRV verlangt die unverzügliche Stornierung zu dem Zeitpunkt, an dem erstmals die Reiseunfähigkeit erkennbar wird. Der Umstand, daß der Patient neun Jahre zuvor von derselben Krankheit kurzfristig wieder gesund wurde, rechtfertigt im Fall erneuter Erkrankung nicht das Abwarten mit der Stornierung.
Der krankheitsbedingte Ausfall eines Teilnehmers von insgesamt 7 Reisenden rechtfertigt nicht ohne weiteres die Stornierung der gesamten Reise.

18. AG München, 12. 03. 1986, 12 C 399/86
Wird der Versicherte wegen Bandscheibenvorfall in stationäre Behandlung eingewiesen und hält er gleichwohl die Buchung für eine Reise, die nur 3 ½ Wochen später beginnen soll, aufrecht, so verletzt er grob fahrlässig die Obliegenheit nach § 4 Nr. 1 a, Nr. 2 ABRV.
Der Versicherte hatte ungeachtet der akuten Verschlechterung des Bandscheibenleidens und der Einweisung zur Krankenhausbehandlung die Buchung aufrecht erhalten. Die Stornokosten, die sich aus der verspäteten Stornierung ergaben, waren als Folge der grob fahrlässigen Obliegenheitsverletzung nicht versichert.

20. AG München, 15. 07. 1987, 3 C 2367/87
Wird die Mutter des Versicherten mit dem Verdacht auf Herzinfarkt vom Notarzt in die Klinik eingewiesen und hält der Versicherte die Buchung für eine Reise, die er fünf Wochen später antreten will, gleichwohl aufrecht, so verstößt er grob fahrlässig gegen die Obliegenheit gemäß § 4 Nr. 1 a ABRV.
Die Erkrankung der Mutter war ausweislich der Bestätigung des Krankenhauses so ernst, daß jedem verständigen Menschen klar sein mußte, daß die gebuchte Reise nicht mehr möglich sein werde. Die fünf Wochen spätere Stornierung stellte deshalb eine Obliegenheitsverletzung mit der Folge der Leistungsfreiheit nach § 4 Nr. 2 ABRV dar.

21. AG München, 19. 07. 1989, 143 C 14517/89
Treten bei einer betagten Versicherten nach zuvor durchgemachter Kurbehandlung akute schwere Herzrhythmusstörungen auf, die zur Bettlägerigkeit führten, tritt zu diesem Zeitpunkt der Versicherungsfall gemäß § 1 Nr. 2 a ABRV ein. Die Versicherte hat die Reise unverzüglich zu stornieren. Die Hoffnung auf Besserung des Gesundheitszustandes kann dem Einwand der schuldhaften Obliegenheitsverletzung gemäß § 4 Nr. 1 a ABRV nicht entgegengestellt werden.
Bei Buchung der Seereise traten bei der Versicherten am 25. 04. 1988 schwere Herzrhythmusstörungen auf. Noch im April 1988 folgte ein Schlaganfall mit halbseitiger Lähmung. Gleichwohl wurde die zum 04. 06. 1988 gebuchte Reise erst am 20. 05. 1988 storniert. Die Erben

der Versicherten mußten sich hinsichtlich der erhöhten Stornokosten, die sich aus der verspäteten Stornierung ergaben, den Einwand nach § 4 Nr. 2 ABRV entgegenhalten lassen.

(Eintritt des Versicherungsfalles)

24. AG Neunkirchen, 07. 02. 1990, 4 C 593/89

Stellt sich bei vorbestehenden Rückenbeschwerden eine Verschlechterung ein, die als Bandscheibenschaden mit Wurzelreizsyndrom diagnostiziert wird, so tritt der Versicherungsfall spätestens mit der Verschlechterung des Gesundheitszustandes und dem Erfordernis der stationären Behandlung ein.

Der Versicherte verstößt zumindest grob fahrlässig gegen die Obliegenheit zur unverzüglichen Stornierung gemäß § 4 Nr. 1 a ABRV, wenn er die Buchung aufrecht erhält ungeachtet der Tatsache, daß das Reiserisiko nach dem Eintritt der schweren Erkrankung unvertretbar hoch war und er bei verständiger Würdigung und erforderlicher Sorgfalt mit einer Gefährdung der Reise rechnen mußte.

Der Versicherte hatte schon seit Jahren an Rückenbeschwerden gelitten, so daß allein aufgrunddessen unklar war, ob nicht Reiseunfähigkeit bestand. Nach einer weiteren erheblichen Verschlechterung seines Zustandes hatte er die Buchung aufrecht erhalten. Das Gericht ließ es dahingestellt, ob die Leistungspflicht des Versicherers gemäß § 2 Nr. 2 ABRV insgesamt ausgeschlossen war. Jedenfalls hätte die Reise unverzüglich bei Auftreten der gravierenden Verschlechterung und der Notwendigkeit zur stationären Behandlung abgesagt werden müssen. Für die erhöhten Kosten infolge der verspäteten Reiseabsage wurde die Leistungspflicht des Versicherer verneint.

Voraussehbarkeit

4. AG München, 15. 12. 1983, 10 C 14935/83

Wird zwei Wochen nach der Operation wegen einer lebensbedrohenden Krankheit eine Reise gebucht und versichert, so besteht bei einer späteren Reiseabsage wegen Komplikationen im Krankheitsverlauf kein Versicherungsschutz, § 2 Nr. 2 ABRV. Die lebensbedrohende Krankheit und die Operation sind ein vorvertragliches bestehendes Risiko, für das nach Allgemeinen Versicherungsgrundsätzen kein Deckungsschutz besteht.

Die Versicherten hatten längere Zeit zuvor eine Reise gebucht, die aus Anlaß der Krankheit und der Operation abgesagt wurde. Zwei Wochen nach der Operation attestierten die Ärzte der Patientin Reisefähigkeit etwa „Mitte März". Daraufhin wurde die zuvor abgesagte Reise für die Zeit ab 13. 03. bis 27. 03. 1983 gebucht. Aufgrund von Komplikationen mußte auch diese Reise wieder abgesagt werden. Das Gericht lehnte ungeachtet des ärztlichen Attestes die Eintrittspflicht des Versicherers ab, mit dem Hinweis, daß es sich bei dem Risiko des weiteren Krankheits- und Heilverlaufes nach der Operation um ein bekanntes bestehendes Risiko handelte.

7. AG München, 26, 04. 1988, 4 C 5781/87

Der Eintritt der Reiseunfähigkeit durch einen Rückfall einer Lumboischialgie schließt den Versicherungsschutz gemäß § 2 Nr. 2 ABRV nicht aus, wenn

der Arzt vor der Buchung erklärt hat, die Reise sei ungeachtet der rezidivie-
renden Lumboischialgie bedenkenlos durchführbar.
Der Versicherte litt an rezidivierender Lumboischialgie. Er war aus diesem Grund seit 15. 09. 1986 arbeitsunfähig. Am 07. 10. 1986 buchte er
eine Reise nach Brasilien. Die Buchung wurde abgesagt, weil ein neuer
Rückfall bei der Krankheit eingetreten war, der eine operative Versorgung erforderte. Das Gericht erachtete es nicht als voraussehbar, daß
ein so ungewöhnlich starker Rückfall, der eine Operation erforderte,
den Reiseantritt unmöglich machen würde. Allein die Tatsache, daß
zurückliegend rezidivierend leichtere Anfälle aufgetreten waren, machte
den weiteren Krankheitsverlauf mit dem Auftreten des schweren Rezi-
divs nicht voraussehbar.

8. LG München I, 22. 06. 1988, 31 S 14531/87 zu
   AG München, 24. 06. 1987, 15 C 4482/87
   **Das Risiko der Reiseabsage ist voraussehbar, § 2 Nr. 2 ABRV, wenn nach
   einer Nasenoperation noch während der Heilphase eine Reise gebucht wird
   und später wieder abgesagt werden muß, weil die Heilung nicht den
   gewünschten positiven Verlauf nimmt.**
   Die Klägerin hatte eine schwere Nasenoperation durchgemacht und
   befand sich noch in schlechtem Zustand, als sie die Reise buchte. Ihr
   Zustand verschlechterte sich noch weiter, so daß die Reise wieder abgesagt werden mußte. Der Zustand der Versicherten war zur Zeit der Reisebuchung derart, daß sie selbst bei günstigerem Heilverlauf mit der
   Fortdauer der Reiseunfähigkeit bis zum Reiseantritt rechnen mußte.

9. AG Duisburg, 27. 09. 1989, 49 C 619/88
   **Das Auftreten einer Sonnenallergie bei einem Kind mit Fieber und Allge-
   meinveränderungen ist nicht voraussehbar i. S. des § 2 Nr. 2 ABRV, wenn das
   Kind 1 Jahr zuvor eine leichte Form der Sonnenallergie durchgemacht hat
   und danach ohne gesundheitliche Probleme an einem Spanienurlaub teilnehmen konnte.**
   Die Erkrankung im Jahr zuvor hatte sich nur in Hitzepickeln gezeigt,
   die mit Calzium-Brausetabletten behandelt worden waren. Die im
   Juni 1988 aufgetretene Sonnenallergie bewirkte bei dem Kind dicke
   Augen, hohes Fieber und Schüttelfrost. Diese Art und die Heftigkeit
   dieser Krankheit war nicht voraussehbar, nachdem die Sonnenallergie
   im Jahr zuvor nur mit leichten Symptomen in Erscheinung getreten war.

11. AG Bückeburg, 06. 03. 1990, 3 C 935/89
    **Das Risiko, daß eine bei Vertragsschluß vorliegende Erkrankung eine ungün-
    stige oder nicht die erwartete günstige Entwicklung nimmt, kann nicht auf
    den Versicherer abgewälzt werden.**
    **Besteht zur Zeit der Reisebuchung und des Abschlusses der Versicherung
    bereits seit 10 Monaten ein Herpes zoster des Kopfes, so kann nicht damit
    gerechnet werden, daß nun kurzfristig bis zum geplanten Reiseantritt eine
    entscheidene Besserung eintritt. Das Risiko ist gemäß § 2 Nr. 2 ABRV nicht
    versichert.**
    Der Versicherte litt bereits seit April 1988 an Herpes zoster am Kopf.
    Gleichwohl buchte er am 28. 02. 1989 eine Reise nach Djerba/Tunesien

mit Reisetermin 13.09.1989. Da auch in den folgenden Monaten keine entscheidende Besserung des Zustandes eintrat, wurde die Reise am 16.08.1989 wieder abgesagt. Der Versicherer berief sich mit Erfolg auf Leistungsfreiheit gemäß § 2 Nr. 2 ABRV.

(unerwartete schwere Erkrankung)
12. AG Bad Iburg, 16.03.1990, 4 C 1220/89
Der Eintritt des Versicherungsfalles ist voraussehbar, wenn zur Zeit der Reisebuchung therapieresistente Kreislaufregulationsstörungen bestehen und die Reise später wegen einer Verschlechterung dieses Zustandes abgesagt werden muß.
Der behandelnde Arzt hatte den Zustand der Patientin zunächst mit der Diagnose „schwere therapieresistente Kreislaufregulationsstörungen" und „chronische Sinusitis" beschrieben. An anderer Stelle wurde dieser Zustand als „nicht schwere Krankheit" bezeichnet. Die Gesundheitstörungen seien erst später unerwartet aufgetreten. Das Gericht stellte die Widersprüchlichkeit der ärztlichen Aussagen dar und folgerte daraus, daß keine unerwartete schwere Erkrankung Ursache der Reiseabsage war.

13. AG Wedding, 27.03.1991, 13 C 8/91
Die Reiseunfähigkeit ist voraussehbar, wenn eine Schwangere eine Reise nach Mallorca für einen Zeitpunkt bucht, in welchem sie im 8. Monat der Schwangerschaft ist. Der Versicherer ist bei Absage dieser Reise leistungsfrei, § 2 Nr. 2 ABRV.
Am 15.04.90 war die Schwangerschaft festgestellt worden. Gleichwohl wurde am 13.08.90 eine Reise nach Mallorca gebucht mit Reisetermin 09.09.90. Die Reise wurde wegen Schwangerschaftsbeschwerden am 29.08.90 wieder storniert.

Sachregister

Der fette Buchstabe **G** bezeichnet die AVBR (Gepäckversicherung), der fette Buchstabe **R** die ABRV (Reise-Rücktrittskosten-Versicherung); **KG** (fett) bezeichnet die Klauseln zu den AVBR (Klauseln Gepäck), **KR** (fett) die Klauseln zu den ABRV (Klauseln Rücktritt). Die fetten Ziffern geben die Paragraphen, die mageren die Randnummern an.

KG = AVBR-Klauseln; KR = ABRV-Klauseln   **Register**

Gastgeschenk **G 1** 52
Gebäudegebundenheit **G 9** 60
Gebrauchsrisiko **G 1** 66 ff.; **KG 5** 6, 13;
  KG 6 28
Gebühren für Ausweispapiere **G 9** 33 ff.
Gefahrengemeinschaft **G 1** 150
Gefahrverwaltung **G 1** 140
Gegenstand **G 1** 93 ff.; **KG 1** 6
Geld **G 1** 207
Gemeinsame Reise **G 1** 20
Geographischer Geltungsbereich **G 6**
  43 ff.
Gepäckaufbewahrung **G 1** 201, 204; **G 2**
  7, 42 ff.; **G 5** 33
Gepäckbeförderung **R 1** 46
Gepäckträger **G 1** 205; **G 2** 7, 39 ff.
Gepäckverlust **G 9** 48
Gepäck wiedererlangt **G 2** 18
Gerichtsstand **G 1** 8
Geschenke **G 1** 44, 55; **G 4** 9; **G 7** 5
Gewahrsam **G 2** 27, 51
Gewahrsamsbetrug **G 2** 53, 57
Gewerblicher Zweck **G 1** 26
Gleitschirm **G 1** 214
Grobe Fahrlässigkeit **G 1** 169; **G 10** 9,
  127 ff.; **G 11** 19 ff.; **R 2** 23
Grunderkrankungen **R 1** 106
Grundwehrdienst **G 1** 18
Gruppenrabatt **R 1** 16
Gruppenversicherungsvertrag **G 1** 4, 10;
  KG Vorb. 4; **KG 7** 1
Gutachterkosten **G 9** 34

H
Hängegleiter **G 1** 228
Haftung des Versicherers **G 13** 4
Haftung für Dritte **G 10** 11 ff.
Handelsware **G 1** 48
Handgepäck **G 2** 30, 44
Handlungsnorm **G 1** 122, 167
Hauptwohnsitz **G 6** 22
Hausangestellte **G 1** 19, 220; **KG 7** 7
Hausrat **G 1** 29, 45
Hausrat-Versicherung **G 9** 4, 5, 55
Häufung von Schädenfällen **G 12** 23
Häusliche Gemeinschaft **G 1** 16
Heilkosten **R 1** 60
Heilverlauf **R 1** 83; **R 4** 20
Hofraum **G 5** 52
Hotel **R 1** 36, 45; **R 1** 10; **KR Anm.** 2
Hotelportier **G 1** 154; **G 5** 73
Hotelzimmer **G 1** 194
Höhere Gewalt **G 1** 71; **G 2** 99 ff.
Hörgerät **G 1** 211

I
Impfunverträglichkeit **R 1** 124 ff.; **R 2** 19
Individualreise **G 12** 9
Innenraum **G 5** 64
Innere Unruhen **G 3** 4 ff., 6, 8
Inventar **G 1** 58

J
Jagdwaffen **KG 4** 20, 22
Jahresvertrag **KG Vorb.** 2; **KG 3** 1;
  KG 10 ff.

K
Kamera (s. Foto- und Filmapparate)
Kajüte **G 5** 63
Kaufrechnungen **G 12** 11
Kausalität **G 1** 125, 176, 185; **G 3** 9, 25;
  G 5 11; **G 10** 104, 105, 113
Kernenergie **G 3** 11, 37
Kind **G 1** 157
Klagefrist **G 11** 100 ff.
Klauseln **KG Vorb.** 1 ff.
Knochenbrüche **R 1** 84
Kofferraum **G 5** 49
Kollektivvertrag **G 1** 4, 9; **G 13** 3; **R Einf.**
  12; **R 1** 24; **R 3** 2
Kontaktlinsen **G 1** 211
Körperkontakt **G 1** 182
Kraftfahrzeug **G 1** 30; **G 5** 1 ff., 8, 29,
  35, 67; **G 6** 26
Krafträder **G 5** 22
Krankenfahrstuhl **G 1** 29, 213
Krankenrücktransport **R 1** 60, 62
Krebserkrankungen **R 1** 108
Kreuzfahrten **KR 1** 1
Kriegsgefahr **G 3** 4 ff.; **R 2** 5
Kunst- und Liebhaberwert **G 1** 57, 210
Kündigung (Form und Frist) **G 13** 8 ff.
Kündigung aus wichtigem Grund **G 13**
  19
Kündigungserklärung **G 13** 1, 5, 15, 16

L
Land-, Luft- und Wasserfahrzeug **G 1**
  63, 212
Latenter Reisebedarf **G 1** 62
Laufzeit des Vertrages **G 6** 4
Lebensgefährte **G 1** 219; **KG 7** 7; **R 1**
  122
Lebensmittelpunkt **G 1** 16
Leistungsbegrenzung **KG 5** 17; **KG 6**
  31
Leistungsbeschreibung **R 1** 67
Leistungsfreiheit **G 10** 133 ff.
Leistungsgrenze **G 2** 112; **G 5** 16
Leistungstatbestände **R Einf.** 7

Register

G = AVBR (GepäckVers); R = ABRV (Rücktritt)

Register